Dina Schäfer, Astrid Hille (Hrsg.)

MEDIEN PÄDAGOGIK

Ein Lehr- und Arbeitsbuch
für sozialpädagogische Berufe

Lambertu

Die Deutsche Bibliothek – CIP-Einheitsaufnahme

Ein Titeldatensatz für diese Publikation ist bei
Der Deutschen Bibliothek erhältlich.

Alle Rechte vorbehalten
© 2000, Lambertus-Verlag, Freiburg im Breisgau
Gesamtgestaltung: Christa Berger, Solingen
Herstellung: Druckerei Franz X. Stückle, Ettenheim
ISBN 3-7841-1304-4

INHALT

Medienerziehung als pädagogische Aufgabe
Eine Einführung   *Dina Schäfer/Astrid Hille*   7

MEDIENPÄDAGOGISCHE THEORIE

I.   Grundlagen der Medienpädagogik   17

Ziele und Konzepte der Medienpädagogik
                              Stefan Aufenanger 17

Entwicklungsaufgaben und Sozialisation
                              Matthias Brungs 25

II. Medienangebote

Printmedien   *Horst Künnemann/Dina Schäfer* 36

Audiovisuelle Medien   *Detlef Ruffert* 114

Interaktive Medien   *Andreas Kupfer* 163

III. Mediennutzung und -rezeption am Beispiel Fernsehen 195

Wie Kinder und Jugendliche mit Medien umgehen
                              Maja Götz 195

Medien, Angst und Gewalt   *Norbert Neuß* 217

Medien und Sprache   *Werner Holly* 234

MEDIENPÄDAGOGISCHE PRAXIS

I.   Medienarbeit in der Einrichtung   245

Anregungen zur Reflexion eigener
Medienerfahrung   *Stefan Aufenanger* 245

Medienerlebnisse spielerisch bearbeiten
                        Norbert Neuß/Jürgen Zipf 249

Medienpädagogische Elternabende im
Kindergarten   *Norbert Neuß* 261

II. Medieneinsatz in der Arbeit mit Kindern — 273

Printmedien — 274

Audiovisuelle Medien — 288

Interaktive Medien — 317

MEDIENERZIEHUNG ALS PÄDAGOGISCHE AUFGABE

DINA SCHÄFER
ASTRID HILLE

EINE EINFÜHRUNG

Einen Tag ohne Zeitungen, Bücher, Radio, Fernseher, Kassetten- oder Videorecorder, CD-Spieler oder Computer können wir uns kaum noch vorstellen: Die Medien haben Besitz ergriffen von nahezu allen Bereichen unseres gesellschaftlichen Lebens.

Erwachsene nutzen die neuen technischen Geräte – sofern sie diese bedienen können – ganz selbstverständlich und ohne moralisch-ethische Vorbehalte; für ihre Kinder befürchten viele Eltern jedoch negative Auswirkungen des Medienkonsums. Die Liste der Bedenken ist lang: Konzentrationsstörungen, verminderte Kommunikationsfähigkeit, Motivationsmangel, Verlust von Kreativität und Fantasie, Zunahme von Aggressionen und Vieles mehr.

Während die elektronischen Medien als bedenklich gelten, genießt Lesen den Ruf einer pädagogisch anerkannten Beschäftigung. Das Lesen besitzt die positiven Attribute, die dem Fernsehen angeblich fehlen, wie z. B. Sprachförderung, Verbesserung der Konzentrationsfähigkeit, Beflügelung der Fantasie. Das war nicht immer so. Noch Anfang des letzten Jahrhunderts wurde – für uns heute kaum nachvollziehbar – vor den sozialen und psychischen Schäden des Lesens gewarnt:

„Fast urplötzlich wird das Kind von der Sucht befallen, seine ganze Zeit durch Lesen auszufüllen. Nichts anderes gewährt dann den Reiz. Die Spiele der Kameraden, das schönste Wetter, ein strahlender Himmel, selbst Eisenbahn und Rodelschlitten – alles verschwindet hinter den Wundern, die sich dem Kind plötzlich in der Welt der Bücher auftun (...). Und es wird alles verschlungen, was dem Kinde in die Hände fällt. Indianergeschichten und Räuberromane, Kriegserzählungen und Abenteuerfahrten (...) werden von dem Kinde hintereinander, nebeneinander verschlungen. Denn „Verschlingen" ist das einzige richtige Wort dafür – eine der schlagendsten Bezeichnungen, die unsere Sprache geprägt hat. Nur die weit aufgerissenen Augen, die fieberhaft und gierig gespannten Züge des lesewütigen Kindes gemahnen an die hastige und massenhafte Nahrungsaufnahme eines Menschen" (Schulze, 1909, S. 40 f).

EINE EINFÜHRUNG

Heute freuen sich Eltern darüber, wenn ihre Kinder Bücher „verschlingen". Das eigentlich Interessante an dieser Bewertung aus dem Jahr 1909 ist jedoch ihre Ähnlichkeit mit pädagogischen Warnungen vor dem Fernsehen aus unserer Zeit. Standen damals die Printmedien im Kreuzfeuer der Kritik, so sind es heute die elektronischen Medien, vor deren Einfluss die Kinder geschützt werden sollen.

Entsprechende Handlungskonzepte für den Umgang mit Medien müssen in einer sich rasant verändernden Medienlandschaft sehr schnell erstellt werden. Man führe sich einmal vor Augen, in welch kurzer Zeit die elektronischen Medien in unseren Alltag eingedrungen sind: Der Hörfunk begann, sich zu Beginn der 20er Jahre zu entwickeln, das Telefon in den 30er und 40er Jahren. Weihnachten 1952 zog das Fernsehen in die deutschen Wohnzimmer ein, zunächst mit Schwarz-Weiß-Bildern, später mit farbigen. In den 80er Jahren kamen Videogerät und Computer in die privaten Haushalte. In den 90er Jahren brachte die weltweite Vernetzung durch das Internet eine neue Dimension der Kommunikation. Auch die zunehmend gezielte und multimediale Vermarktung einzelner Produkte verändert das Konsumverhalten beträchtlich. Hierfür steht der Begriff „Merchandising", d. h. dass der Inhalt einer Fernsehserie auch in Büchern, Zeitschriften, Hörkassetten, Videos, CD-Roms usw. verwertet oder die Heldenfigur auf Tassen, Stofftaschen, Badetüchern usw. abgebildet werden darf. Diese Entwicklung der letzten 50 Jahre stellt für Pädagoginnen und Erzieherinnen eine große Herausforderung dar, denn sie müssen Kinder zu einem kompetenten Umgang mit Medien befähigen.

WAS VERSTEHT MAN UNTER MEDIEN?

Wer sich mit Medienpädagogik beschäftigt, muss sich zunächst mit dem Begriff „Medium" auseinandersetzen. Das ist nicht ganz einfach, weil unter „Medium" so Unterschiedliches wie ein Bleistift, ein gemaltes Bild, Kabelfernsehen und Computer zusammengefasst wird. Als kleinster gemeinsamer Nenner kann gelten: „Medium ist alles, was Informationen aller Art speichert und/oder vermittelt" (Reetze, 1993, S. 2).

MEDIENERZIEHUNG ALS PÄDAGOGISCHE AUFGABE

Für Pädagoginnen und Erzieherinnen sind vor allem die Begriffe „Massenmedien", „neue Medien" und „kreative Medien" von Bedeutung. Presse, Hörfunk, Kino und Fernsehen werden traditionellerweise als Massenmedien bezeichnet. Ihre Gemeinsamkeit besteht darin, dass sie sich überwiegend mit aktuellen Themen indirekt und einseitig an ein unbegrenztes anonymes Publikum wenden. Dagegen handelt es sich bei der Individualkommunikation um den Informationsaustausch zwischen einzelnen Personen (z. B. über Telefon oder E-Mail). Bedingt durch die technische Entwicklung des Computers mit E-Mail und Internet sind die Grenzen zwischen Individual- und Massenkommunikation fließend geworden. Der Einzelne kann z. B. über das Internet Texte, Töne, Bilder und sogar Filme abrufen (vgl. Informationen zur politischen Bildung, 1998).

Die medienpädagogische Forschung beschäftigt sich heute hauptsächlich mit den „neuen Medien" wie Video, Kabel- und Satellitenfernsehen und Computer und untersucht deren Nutzen und Risiken. In der medienpädagogischen Praxis spielen aber auch die älteren Medien wie Bücher, Comics, Kassetten weiterhin eine bedeutende Rolle.

In der Kindergarten-, Spiel- und Theaterpädagogik wird häufig der Begriff der „kreativen Medien" verwendet. Darunter versteht man natürlich die Sprache, aber auch Stimmen und Töne, darstellendes Spiel, Bewegung, Farben, Formen usw., d. h. alle Ausdrucksmittel, Gestaltungsmittel und -möglichkeiten – von der Gestik bis zum Bastelmaterial –, die im pädagogischen Alltag zum Einsatz kommen (vgl. Bachmair, 1981).

In unserem Buch folgen wir der Einteilung der Medien nach praktischen Gesichtspunkten in Medien, die gelesen werden (Printmedien), Medien, die gehört und gesehen werden (audiovisuelle Medien), und Medien, die einen aktiven Austausch zwischen Nutzer und Gerät erfordern (interaktive Medien).

BEDEUTUNG DER MEDIENPÄDAGOGIK FÜR DIE PRAXIS

Die Kindergartenpraxis selbst weist auf die Bedeutung von Medienerziehung hin, denn Medienerlebnisse machen auch vor dem Gruppenraum nicht halt. So klagen fast alle Erzieher über das so genannte Montagssyndrom: Überaktive und aggressive Kinder stören nach einem langen und intensiven Fernseh- bzw. Video-Wochenende das Gruppengeschehen, um ihre Medienerlebnisse auszutoben und zu verarbeiten.

EINE EINFÜHRUNG

Erzieherinnen wissen oftmals nicht, wie sie auf dieses Verhalten der Kinder reagieren sollen. Viele zeigen noch eine bewahrpädagogische medienfeindliche Haltung, das heißt, sie versuchen, die Kinder vor den Einflüssen der elektronischen Medien zu schützen. Das geht so weit, dass sie medienbezogene Spiele im Kindergarten unterbinden und z. B. entnervt das lautstarke Power Rangers-Spiel oder ein Nachahmen des „albernern Geplappers" der Teletubbies verbieten. Eine aktive Form der Auseinandersetzung mit den Medienerlebnissen der Kinder, etwa durch gezielte Gespräche oder Rollenspiele, findet eher selten statt, nicht zuletzt deshalb, weil medienpädagogisches Wissen und dessen Umsetzung in die pädagogische Praxis fehlen. Hier ist eine Verbesserung der Qualifikation erforderlich, denn der Kindergarten kann dem Einfluss der Medien nicht mehr entgehen. Die „heimlichen Miterzieher" spielen für die Sozialisation der Kinder inzwischen eine zu bedeutende Rolle.

Auch Eltern erwarten von den Erzieherinnen Hilfestellung für die familiäre Medienerziehung. Auf Elternabenden kommt dieses Thema jedoch häufig nur zögerlich zur Sprache. Die Eltern befürchten, aufgrund unterstellter negativer Einstellungen der Erzieher zu elektronischen Medien, besonders zum Fernsehen, reglementiert und in ihrem eigenen Medienverhalten und in ihrer Medienerziehung kritisiert zu werden. Eine offenere Haltung und situationsgerechte Medienerziehung im Kindergarten ist wesentliche Voraussetzung für einen konstruktiven Dialog zwischen Eltern und Erzieherinnen über dieses pädagogisch brisante Thema.

„Heimliche Miterzieher"
Ärzte beklagen übermäßigen Fernsehkonsum bei Kleinkindern

„Weimar (dpa). Deutschlands Kinderärzte gehen angesichts der Medienflut im Kinderzimmer auf die Barrikaden. Das Fernsehen sei in allen Altersgruppen die Freizeitbeschäftigung Nummer eins, sagte der Beauftragte für Jugendmedizin in Hessen, Bernhard Stier, in Weimar vor Beginn eines Kongresses für Jugendmedizin.
Schon drei- bis fünfjährige Kinder verbrächten im Schnitt fast 80 Minuten täglich vor dem Bildschirm. Ein Drittel der Neun- bis Zehnjährigen hätten sogar einen eigenen TV-Apparat.
Der Fernseher, so Stier, sei der „heimliche Miterzieher in 99 Prozent der Haushalte".

Kinderärzte seien täglich mit den gesundheitlichen Folgen des Dauerkonsums konfrontiert: Immer häufiger seien Kinder überreizt, könnten sich kaum konzentrieren und seien hyperaktiv, zeigten Verhaltensstörungen und Aggressivität. Sprach- und Wahrnehmungsstörungen nähmen dramatisch zu.
Es gehe nicht darum, die Medien zu verteufeln, sagte Stier. Fernsehen, Videos und Computer seien aus dem Alltag der Jugend nicht mehr wegzudenken. Aber Kinder müssten dringend zu einem bewussten Umgang mit Medien angeleitet werden. Oft könnten sie virtuelle Szenen und die Wirklichkeit nicht auseinanderhalten.

13. März 1999, Badische Zeitung

MEDIENERZIEHUNG ALS PÄDAGOGISCHE AUFGABE

VERMITTLUNG VON MEDIENKOMPETENZ

Medienkompetenz gilt als eine der Schlüsselqualifikationen des 21. Jahrhunderts. Den Kindern müssen daher frühzeitig Fähigkeiten zu einem sinnvollen Umgang mit Medien vermittelt werden. Die Jugendkultusministerkonferenz fordert Medienerziehung bereits im Kindergarten:

„(...) Auf der Grundlage der Situationsanalyse sieht die Jugendkultusministerkonferenz die Notwendigkeit medienpädagogischen Handelns vor allem in Bezug auf die elektronischen Medien (...), da dies die Leitmedien von Kindern und Jugendlichen sind.
Da heute bereits Vorschulkinder mit diesen Medien Umgang pflegen und präventives Handeln schon frühzeitig ansetzen muss, soll im Kindergarten auf einen kompetenten Medienumgang hingewirkt und einer negativen Beeinflussung durch die Medien durch für diese Altersgruppe geeignete medienpädagogische Maßnahmen entgegengewirkt werden (...) Die Jugendkultusministerkonferenz setzt sich dafür ein, dass die Weiterentwicklung der Medienpädagogik im außerschulischen Bereich, die Maßnahmen zur Qualifizierung der Fachkräfte, insbesondere der Erzieherinnen und Erzieher sowie Sozialpädagoginnen und Sozialpädagogen, im Bereich der Aus- und Fortbildung intensiviert und ausgeweitet werden (und) unterstreicht die Notwendigkeit, (...) eine kontinuierliche Medienforschung zu ermöglichen, die auch die Gruppe der Drei- bis Sechsjährigen erfasst." (Jugendkultusministerkonferenz, 1996, S. 90-91).

Die Oberste Landesjugendbehörde betont darüber hinaus, dass es nicht ausreiche, Medien nur als didaktisches Hilfsmittel zu verwenden, und verlangt, dass die vorhandenen Medien auch aktiv genutzt werden. Deshalb gelte es vor allem in Kindergärten, Fernseherziehung zu etablieren; aber auch der Umgang mit Kindercomputern sollte Gegenstand der Bildungsarbeit von Kindergärten werden (vgl. Jugendkultusministerkonferenz, 1996, S. 96).

In den Lehrplänen der einzelnen Bundesländer für die Fachschulausbildung zur Erzieherin wird das Unterrichtsfach „Medienpädagogik" unterschiedlich gewichtet. Auch bestehen zwischen den Bundesländern hinsichtlich des Fachstatus (Pflichtfach, Wahlfach) und der Fachbezeichnung, im Stundenumfang sowie in der Verbindlichkeit einzelner Themenbereiche große Unterschiede. Das liegt daran, dass Medienpädagogik eine relativ neue und zugleich interdisziplinäre Fachrichtung ist – sie berührt neben der Pädagogik z. B. die Psychologie und die Soziologie – und noch keinen festen Standort in den Lehrplänen hat. So erklärt sich, dass medienpädagogische Inhalte

EINE EINFÜHRUNG

auch in andere Fächer, wie z. B. Sozialkunde, Deutsch, Verwaltungskunde oder auch Musik integriert sind. Ein Vergleich zwischen den Ausbildungssituationen in den verschiedenen Bundesländern gestaltet sich somit sehr schwierig.

Früher beschränkte sich die Medienerziehung auf die Kinder- und Jugendliteratur, also auf Printmedien. Wenn überhaupt elektronische Medien in den Unterrichtsfächern eine Bedeutung hatten, dann nur am Rande. Heute sind die neuen Medien fester Bestandteil der Medienpädagogik. In den Lehrplänen der Fachschulen für Sozialpädagogik wird Medienpädagogik als eigenständiger Bestandteil meistens dem früheren Fach „Kinder- und Jugendliteratur" zugeordnet (z. B. Baden-Württemberg, Bayern, Hessen, Nordrhein-Westfalen). Hier wird eine intensive Beschäftigung mit medienpädagogischen Inhalten gefordert. Die Lehrpläne bildeten den thematischen Leitfaden für dieses Lehr- und Arbeitsbuch. Die dort gesetzten Schwerpunkte wurden aufgenommen und umfassend ausgeführt.

INTENTION UND AUFBAU DES BUCHES

Das vorliegende Buch ist als Lehr- und Arbeitsbuch für angehende Pädagoginnen und Erzieher gedacht, die sich erstmals mit Medienpädagogik auseinandersetzen und in deren Ausbildung von Anfang an die Verknüpfung von Theorie und Praxis gefordert wird. Deshalb stehen hier nicht die unterschiedlichen wissenschaftlichen Theorien und die Darstellung der neuesten Forschungsergebnisse im Vordergrund, vielmehr geht das Werk von den eigenen praktischen Medienerfahrungen der 17- bis 19jährigen Schülerinnen und Schüler aus und führt sie zu einer offenen Medienerziehung. Dabei werden die komplexen und zum Teil widersprüchlichen Befunde der Medienpädagogik unter Berücksichtigung psychologischer, soziologischer und pädagogischer Aspekte vorgestellt.

Das Buch soll die Schülerinnen und Schüler motivieren, eine eigenständige Position im Umgang mit Medien zu finden. Dafür ist es notwendig, einerseits die eigene Medienbiografie zu reflektieren und sich andererseits in die Situation von Kindern und Jugendlichen hineinzuversetzen, um deren Rezeptionsverhalten verstehen zu können. Im Mittelpunkt stehen jedoch Anregungen, wie die gewonnenen Erkenntnisse im pädagogischen Alltag konstruktiv aufgenommen und umgesetzt werden können.

MEDIENERZIEHUNG ALS PÄDAGOGISCHE AUFGABE

Das Buch gliedert sich in zwei Teile: Im ersten Teil, Medienpädagogische Theorie, wird über die Grundlagen der Medienpädagogik sowie über die verschiedenen Medien und das Medienverhalten von Kindern und Jugendlichen informiert. Aber auch hier steht der Praxisbezug im Vordergrund. Fragen zur Diskussion und Übungsaufgaben greifen die persönlichen Erfahrungen der Schüler auf und verdeutlichen die Relevanz medienpädagogischer Arbeit im erzieherischen Alltag. Die Fragen und Übungen können sowohl in Einzelarbeit als auch in Gruppenarbeit, im Klassenraum, zu Hause oder im Rahmen eines Praktikums bearbeitet werden.

Konkrete Beispiele für die praktische Arbeit mit Medien im Kindergarten folgen im zweiten Teil des Buches, Medienpädagogische Praxis. Hier geht es im ersten Abschnitt zunächst um die Beobachtung von Spielsituationen, um die Reflexion eigener Medienerfahrungen und um die Gestaltung von Elternabenden und im zweiten Abschnitt dann um Spiel- und Projektvorschläge mit unterschiedlichsten Medien zu entwicklungsrelevanten Themen.

Dabei ist es nicht zwingend notwendig, dass die Beiträge in der hier vorgestellten Reihenfolge bearbeitet werden. Vielmehr kann eine eigene, dem Unterrichtsrahmen entsprechende Abfolge festgelegt werden.

Vier Thesen ziehen sich durch alle Beiträge des Buches:

(1) Nur medienkompetente Pädagoginnen und Erzieherinnen können Kindern Medienkompetenz vermitteln!

(2) Die zukünftigen Pädagoginnen und Erzieher müssen sich mit der Lebenswelt von Kindern und Jugendlichen auseinandersetzen und sich auf deren Medienerfahrungen einlassen.

(3) Medienwirkungen können nur individuell betrachtet werden, da verschiedene Einflüsse wie z. B. der soziale und wirtschaftliche Hintergrund sowie die Persönlichkeit des Kindes zusammenwirken.

(4) Schon im Kindergarten müssen die Grundlagen für die Entwicklung der Medienkompetenz vermittelt werden: Selbst wenn die Kinder heute häufig den Erwachsenen an technischem Know-how voraus sind, werden von den Pädagogen und Erzieherinnen verstärkt Konzepte verlangt, die die Kinder zu einem souveränen und verantwortlichen Umgang mit Medien befähigen.

EINE EINFÜHRUNG

Gerade bei den elektronischen Medien geht die Entwicklung mit Riesenschritten voran. Die Medienlandschaft wird sich in naher Zukunft wieder stark verändern. Das Internet findet im Wohnzimmer seinen Platz, die Eingabe in den Computer wird routinemäßig durch Sprechen ersetzt, dreidimensionale Bilder, Musik und Film direkt aus dem Computer werden zum technischen Alltag gehören. Deshalb muss man gerade in der Medienpädagogik auf dem Laufenden bleiben. Das heißt nicht, dass gerade entwickelte Handlungskonzepte morgen schon wieder veraltet sind – auf das Prinzip Fernsehen, Video und Hörmedien wird man auch in Zukunft nicht verzichten –, sondern dass sich das Spektrum erweitert und die technische Form sich ändert. Es kommt darauf an, ein medienpädagogisches Konzept zu entwickeln, dass eine flexible und offene Stuktur vorgibt, die entsprechend der technischen Entwicklungen ergänzt, angepasst und weitergeführt werden kann.

Dina Schäfer, Astrid Hille

MEDIEN-PÄDAGOGISCHE THEORIE

I. GRUNDLAGEN DER MEDIENPÄDAGOGIK   17

ZIELE UND KONZEPTE DER MEDIENPÄDAGOGIK
Stefan Aufenanger 17

ENTWICKLUNGSAUFGABEN UND SOZIALISATION
Matthias Brungs 25

II. MEDIENANGEBOTE   36

PRINTMEDIEN *Horst Künnemann/Dina Schäfer* 36
Einleitung 36
Merchandising und Marketing 37
Bilderbuch 39

    Das Bilderbuch – von der ersten Idee bis zum fertigen Buch   *Pieter Kunstreich* 46

Kinderlyrik 58
Märchen 63
Klassiker der Kinder und Jugendliteratur 71
Abenteuerbuch 73
Kinderbuch 75

    Warum Kinderbücher schreiben? – Interview mit Ursel Scheffler   *Astrid Hille* 78

Mädchenbuch 82
Religion im Kinderbuch 85
Jugendbuch 87
Sachbuch 94
Comics 97
Kinderzeitschriften 103
Jugendzeitschriften 107
Allgemeine Beurteilungskriterien 111

15

AUDIOVISUELLE MEDIEN
Detlef Ruffert 114

Einleitung 114
Wirkungsnutzen – Wie Kinder von audiovisuellen
Medien profitieren können 118
Wirkungsrisiken – Was Kindern Probleme
machen kann 127
Die Angebote der audiovisuellen Medien 135
Fernsehen 135

Wer hat Angst vor den Teletubbies?
Maya Götz 142

CD und MC 147
Radio 151
Video 153
Kino 155
Audiovisuelle Medien in der
pädagogischen Einrichtung 158

Medieneinflüsse in unserer Zeit – Interview mit dem Medienwissenschaftler Michael Charlton
Astrid Hille 161

INTERAKTIVE MEDIEN
Andreas Kupfer 163

Einleitung 163
Berührungspunke zwischen Kindern
und dem Computer 169
Der Computer und das Internet
als Massenmedium 185
Der Computer in der sozialen Einrichtung 190
Ausblick: Unsere Zukunft in der neuen
Medienwelt 194

III. MEDIENNUTZUNG UND -REZEPTION AM BEISPIEL FERNSEHEN
195

Wie Kinder und Jugendliche mit Medien umgehen
Maya Götz 195

Medien, Angst und Gewalt
Norbert Neuß 217

Medien und Sprache
Werner Holly 234

1. GRUNDLAGEN

ZIELE UND KONZEPTE DER MEDIENPÄDAGOGIK

STEFAN AUFENANGER

AUFWACHSEN MIT MEDIEN

Fast alle Menschen in den modernen Industriegesellschaften wachsen mit Medien auf. Die Medien, besonders die elektronischen Medien, nehmen während der kindlichen Entwicklung einen bedeutenden Raum ein, so dass man heute schon von einer „Medienkindheit" sprechen kann. So ist das Erlernen eines sinnvollen Umgangs mit Medien eine wichtige pädagogische Aufgabe in unserer Gesellschaft. Hierbei spielt nicht nur die Familie eine hervorgehobene Rolle, auch der Kindergarten und die Schule bekommen zunehmend entsprechende Aufgaben übertragen. Dabei gilt es nicht nur, den traditionellen Medien wie dem Buch ihren Raum zu lassen, sondern sich mit jeweils „neuen" Medien kritisch und konstruktiv auseinanderzusetzen. Zwar erscheint es nicht immer sinnvoll, jedem neuen Medienspielzeug, wie vor einiger Zeit dem Tamagochi, viel Aufmerksamkeit zu widmen, doch ist es wichtig, sich mit Hörkassetten, Fernsehen, Computern und Videospielen eingehend zu beschäftigen. Medienpädagogik fragt zum einen nach den möglichen Einflüssen von Medien auf Menschen, auf ihr Denken und Handeln, und versucht dabei, die jeweiligen Stärken und Schwächen, positive und negative Aspekte, herauszuarbeiten und in ein pädagogisches Konzept zu integrieren. Zum anderen hat sie die Absicht, Menschen mit Medien vertraut zu machen, ihnen zu helfen, sich mit Medien auszudrücken, sie zur Informationsübermittlung, für kreative Zwecke und zur Verständigung zu benutzen. Auch hierbei kommt es darauf an, ein ausgeglichenes Verhältnis zwischen dem Möglichen und dem pädagogisch Sinnvollen herzustellen.

I. GRUNDLAGEN DER MEDIENPÄDAGOGIK

MEDIENPÄDAGOGIK UND MEDIENERZIEHUNG

Medienpädagogik wird als eine Teildisziplin der Erziehungswissenschaft angesehen. Sie soll zum einen wissenschaftlich begründete Konzepte und Orientierung für den praktischen Umgang mit Medien bereitstellen und muss diese Konzepte auf ihre pädagogische Umsetzbarkeit und ihre Wirksamkeit hin überprüfen. Zum anderen untersucht die Medienpädagogik kritisch den bestehenden Umgang mit Medien in der Alltagswelt von Menschen und Institutionen. Sie gibt die Ergebnisse dieser Reflexion an die Praxis, die „Medienerziehung" weiter, jedoch ohne diese bevormunden zu wollen. Medienerziehung setzt medienpädagogische Konzepte in die Praxis um und versucht, die in der Medienpädagogik erarbeiteten Ziele mit den unterschiedlichsten Methoden zu erreichen. Dabei sollen diese Ziele und Methoden wiederum hinterfragt werden.
Um in der Medienpädagogik bzw. Medienerziehung zu arbeiten, muss man die Grundlagen kennen, die für das Handeln und die Auseinandersetzung mit Medien notwendig sind. Hierzu gehören die Forschungsergebnisse über die Mediensozialisation, also die Bedingungen und Folgen des Aufwachsens in einer Medienwelt. Auch die Medienpsychologie, die nach dem Einfluss von Medien auf Denken, Fühlen und Handeln fragt, und die Erziehungswissenschaft, die Konzepte und Methoden für das auf Medien bezogene pädagogische Handeln bereitstellt, gehören zu den Bereichen, deren Grundlagen erlernt werden müssen.

Die Medienpädagogik gliedert sich in unterschiedliche Bereiche: Da ist zuerst natürlich die Medienerziehung. Dann gibt es die Mediendidaktik, die nach dem Einsatz von Medien in Lehr- und Lernprozessen fragt. Die Medientheorie versucht eine Bestimmung der unterschiedlichen Medien vorzunehmen und legt dabei eine wesentliche Grundlage für die Medienpädagogik. Fragen des verantwortungsvollen Umgangs mit Medien thematisiert die Medienethik. Zu guter Letzt muss natürlich die Medienkunde genannt werden, die uns Wissen über die Medien und ihre Handhabung vermittelt. Sie spielte traditionell in der Medienpädagogik eine große Rolle, muss heute aber erweitert als das Wissen über Mediensysteme, d. h. die gesellschaftlichen, kulturellen und politischen Dimensionen von Medien gesehen werden.
Ziel der Medienpädagogik bzw. Medienerziehung ist es, Menschen kompetentes, selbstbestimmtes, sozialverantwortliches, kritisches und solidarisches Handeln in einer durch Medien geprägten Welt zu ermög-

ZIELE UND KONZEPTE DER MEDIENPÄDAGOGIK

lichen. Dieses Ziel wird auch Medienkompetenz genannt. An Methoden bedient sich die Medienerziehung einer Vielzahl pädagogischer Ansätze, im Zentrum steht dabei eine aktive Auseinandersetzung mit den Medien.

Medienerziehung umfasst folgende Aufgabenbereiche (vgl. Tulodziecki, 1995):

- Medieneinflüsse erkennen und aufarbeiten,
- Medienbotschaften verstehen und bewerten,
- Medienangebote unter Abwägung von Handlungsalternativen auswählen und nutzen,
- Medien selbst gestalten und verbreiten,
- Medien hinsichtlich ihrer gesellschaftlichen Bedeutung analysieren und beeinflussen.

GESCHICHTE UND ANSÄTZE DER MEDIENPÄDAGOGIK

Die Entwicklung von Konzepten und Ansätzen der Medienpädagogik ist eng mit ihrer Geschichte verknüpft. Das Aufkommen „neuer" Medien in einer bestimmten Zeit hat jeweils heftige kulturkritische und pädagogische Reaktionen hervorgerufen. Dies musste das Buch erfahren, als es zum Massenmedium wurde, das Kino um die Jahrhundertwende und natürlich ganz besonders die elektronischen Medien im zwanzigsten Jahrhundert. Dem Buch wurde vorgeworfen, dass es das Erzählen verdränge, dem Fernsehen, dass die Menschen nicht mehr läsen. Den ersten Filmen im Kino wurde unterstellt, dass Jugendliche durch die dort dargestellten – aus heutiger Sicht natürlich harmlosen – Schlägereien und Gaunereien kriminell würden. Neben diesen kritischen Auseinandersetzungen gab es jedoch auch eine Vielzahl von Ansätzen, die Medien und ihre vielfältigen Möglichkeiten im pädagogischen Alltag zu nutzen:

Traditionsreich und auch heute noch wirksam ist die kulturkritisch-geisteswissenschaftliche Position. Sie ist durch zwei Strömungen bestimmt: die Bewahrpädagogik und die Filmerziehung. Die Bewahrpädagogik sieht vor allem die negativen Einflüsse von Medien und will deshalb die Menschen vor deren schädlichen Einflüssen schützen. Historisch ist sie mit die älteste Position und hat sich jeweils mit den „neuen" Medien kritisch auseinandergesetzt. Sie ist heute noch in vielen Köpfen von Pädagoginnen und Pädagogen und den entsprechenden pädagogischen Einrichtungen wirksam, wenn etwa elektronische Medien in der pädagogischen Arbeit nicht zugelassen werden, da man ihre negativen

I. GRUNDLAGEN DER MEDIENPÄDAGOGIK

Einflüsse fürchtet oder glaubt, sie führten nur zu Zeitverschwendung. Es hat sich jedoch gezeigt, dass die oftmals heftig angefeindeten Medien schnell zum Alltag der Menschen gehörten und eine gesellschaftliche Akzeptanz fanden. So waren etwa in den fünfziger und sechziger Jahren des letzten Jahrhunderts Comics verpönt und in der Schule verboten. Heute sind sie Bestandteil der schulischen Lehrpläne und werden im Deutsch- oder Kunstunterricht besprochen. Ein typisches Kennzeichen der bewahrpädagogischen Position ist, dass sie die Menschen und insbesondere Kinder und Jugendliche als hilflose Opfer der Medien sieht.

In eine ähnliche Richtung geht auch der Ansatz der Filmerziehung, der jedoch nicht alle schlechten Medien verbieten, sondern die Stärken und das Gute mancher Medien nutzen wollte. So wird das gemeinsame Ansehen eines „guten" Films und das damit verbundene Gespräch vor allem in der Jugendarbeit eingesetzt, um zur Persönlichkeitsentwicklung von Jugendlichen beizutragen.

Eine Verbesserung von Lernen durch und mit Hilfe von Medientechnologien und eine Optimierung von Lernprozessen erhoffte sich die technologisch-funktionale Position. Sie besaß vor allem in den sechziger und siebziger Jahren großen Einfluss. Ihre Vertreter forderten schon recht früh den Einsatz elektronischer Medien in Schulen und anderen Bildungseinrichtungen. Dazu gehörte etwa das Lesenlernen mithilfe des Computers, der Einsatz des Schulfernsehens als auch des Schulfunks sowie das Sprachlabor. Die mangelnde technische Entwicklung dieser Medien im Vergleich zu den heutigen Möglichkeiten und auch die sehr einfach gestrickte Lerntheorie, die diesem Ansatz zugrunde lag, führten jedoch zu keinen großen Erfolgen. Glaubte man damals noch, dass eine einfache Verstärkung von Lernerfolgen für optimales Lernen ausreichen würde, so weiß man heute, dass Lernen ein komplexer sozialer Prozess ist.

Eine Reaktion auf diesen Technik-Optimismus war die Ausbildung von ideologie- und gesellschaftskritischen Positionen. Diese vor allem in den sechziger und siebziger Jahren mit der Studentenbewegung aufkommenden Ansätze stellten die Massenmedien generell unter einen Manipulationsverdacht, gingen also davon aus, dass den Menschen gezielt Informationen, die für die politische Willensbildung notwendig seien, vorenthalten und ihnen zugleich eine schöne heile Konsumwelt vorgespielt würden. Sie forderten eine Medienerziehung, die sich kritisch mit den Massenmedien wie Zeitungen und Fernsehen auseinandersetzt und die Medien selbst zur Herstellung einer Gegen-

ZIELE UND KONZEPTE DER MEDIENPÄDAGOGIK

öffentlichkeit nutzt. Die ideologiekritische Position sah zwar auch den Menschen als Opfer der Medien, ähnlich dem bewahrpädagogischen Ansatz, sie unterstellte aber die Möglichkeit, durch Aufklärung und über die kritische Aneignung der Medien eine mündige Position ihnen gegenüber zu entwickeln.

Mit dem letztgenannten Aspekt ist auch der Übergang zu einem heute noch dominierenden und von vielen Medienpädagogen praktizierten Ansatz geschaffen: die handlungsorientierte Medienpädagogik. Durch eine aktive und erfahrungsbezogene Auseinandersetzung mit den Medien – vor allem durch den Einsatz handhabbarer Medien wie Fotoapparat und Videokamera – sollten die positiven Aspekte von Medien sowie ihre Stärken für gestalterische Momente zum Ausdruck kommen.

Die gegenwärtige Medienpädagogik ist nicht mehr durch eine einheitliche Position gekennzeichnet. Neuere Ansätze zeichnen sich vielmehr dadurch aus, dass sie sich an sozial- und medienwissenschaftlichen Forschungsergebnissen orientieren, selbst empirische Studien durchführen und den Umgang wie auch die Rezeption von Medien als einen komplexen Vorgang betrachten. Diese Ansätze sehen den Menschen in seinem Umgang mit Medien als aktives Subjekt an und nicht als Opfer. Daraus ergeben sich folgende Aufgabengebiete der Medienerziehung:

- Aufarbeitung von Medienwirkungen, die differenziert werden als Aufarbeitung von medienbedingten Emotionen, von medial vermittelten Vorstellungen über die Realität und von medienvermittelten Verhaltensorientierungen;

- Beeinflussung der Mediennutzung unter Abwägung von Handlungsalternativen;

- Ausarbeitung von Strategien für eine aktive Medienarbeit;

- Durchführung und Anleitung von Medienanalyse und Medienkritik.

Die Lebenswelten von Kindern und Jugendlichen berücksichtigen die Ansätze von Jan-Uwe Rogge (1990) sowie von Ben Bachmair (1993). Mehr auf die Bedeutung und Funktion von Medien für die Lebensbewältigung als auch für die Identitätsentwicklung gehen Michael Charlton und Klaus Neumann-Braun (1992) in ihrem Ansatz der strukturanalytischen Rezeptionsforschung ein: Medienerziehung darf aus dieser Perspektive nicht einfach nur auf Wirkungen von Medien

I. GRUNDLAGEN DER MEDIENPÄDAGOGIK

zielen, sondern sollte berücksichtigen, welche Rolle und Funktion Medien im Leben von Kindern und Jugendlichen spielen, wo sie eingesetzt werden und welche positive Bedeutung diese haben können. Kennzeichen der aktuellen Ansätze ist, dass sie von einem aktiv handelnden Subjekt in Interaktion mit seiner Umwelt ausgehen. Dieses Subjekt, der Mensch, soll mithilfe der Medienpädagogik einen kompetenten und kritischen Umgang mit der Medienwelt erlernen.

THEMENFELDER DER MEDIENPÄDAGOGIK

Die Medienerziehung wird immer wieder vor die Aufgabe gestellt, sich mit den vermeintlich negativen Einflüssen von Medien zu beschäftigen. Zwei Themen sind in diesem Zusammenhang besonders bedeutsam: Die Auswirkung von Gewaltdarstellungen und von Werbung. Auch wenn die Forschungsergebnisse zur Frage, wie die Darstellung von Gewalt auf Kinder und Jugendliche wirkt, nicht so eindeutig sind, wie man häufig annimmt, werden doch oft medienpädagogische Gegenmaßnahmen gefordert. Medienpädagogik hat in diesem Zusammenhang die Aufgabe, die Wirkung von Medienkonsum zu untersuchen, medienethisch zu bewerten und entsprechende Konzepte für die Praxis zu entwerfen. Dazu könnte z. B. gehören, die Programmgestalter an ihre Verantwortung im Rahmen eines Kinder- und Jugendmedienschutzes zu erinnern, aber auch Kindern durch kreative Medienarbeit zu zeigen, wie etwa Gewalt im Film inszeniert wird. Im Falle der Werbung geht es in erster Linie darum, ob Kinder durch Werbung in den Medien zum Konsum verführt werden. Auch hierauf gibt es keine einfache Antwort. Medienerziehung kann dazu beitragen, dass Kinder und Jugendliche über die Absichten und Macharten von Werbung informiert und diese dadurch für sie durchschaubarer werden.

Medienerziehung darf sich aber nicht nur reaktiv verhalten – sie muss auch eine aktive Rolle bei der Vermittlung von Medienkompetenz einnehmen. Dazu gehört verstärkt die Entwicklung von Konzepten für eine familienbezogene Medienerziehung, da hier schon wichtige Grundlagen für den sinnvollen Umgang mit Medien gelegt werden. Dabei erscheint es wichtig, dass sich die Pädagogen/Pädagoginnen den Medienerlebnissen der Kinder öffnen und bereit sind, diese zum Thema zu machen. Da die Medienerlebnisse aus der Alltagswelt der Kinder stammen, ist eine Zusammenarbeit mit den Eltern eine wichtige Voraussetzung für eine gelungene Medienerziehung im Kindergarten und in der Schule.

ZIELE UND KONZEPTE DER MEDIENPÄDAGOGIK

PERSPEKTIVEN

Wie sich die Medienpädagogik in der Vergangenheit mit dem Aufkommen so genannter „neuer Medien" und deren Ausbreitung im Alltag der Menschen gewandelt hat, so wird sie sich auch in Zukunft mit Veränderungen der Medienlandschaft und den möglichen Folgen für pädagogisches Handeln auseinandersetzen müssen. Die rasante Entwicklung unterschiedlichster Medien macht es allerdings unmöglich, für jedes neue Medium eine eigene Medienpädagogik zu entwickeln. Viel wichtiger dürfte es in Zukunft sein, Kindern und Jugendlichen allgemeine Fähigkeiten zu vermitteln, die es ihnen ermöglichen, auf unbekannte Medienangebote kompetent und selbstbestimmt zu reagieren. Zunächst wird auf die Medienpädagogik die Aufgabe zukommen, sich intensiv mit dem Lernen durch elektronische Medien zu beschäftigen. „Multimedia" ist in diesem Zusammenhang ein Zauberwort. Die Medienpädagogik hat zu fragen, ob mit der Verlagerung von Lernprozessen aus traditionellen pädagogischen Situationen in einer Gruppe hin zum Selbstlernen mittels eines Mediums wirklich eine Verbesserung stattfindet oder ob es hier nur um mehr Effizienz zu Lasten der Lernenden geht. Auch die Kommerzialisierung der Medien betrifft die Medienerziehung. So geht es im Zusammenhang mit dem Merchandising, der so genannten Zweitverwertung von Rechten, nicht mehr nur darum, die Medienangebote zu konsumieren, sondern auch die dazugehörigen Produkte zu kaufen. Gerade für Kinder und Jugendliche wird es damit immer schwieriger, das Erleben von Medien von seiner kommerziellen Seite zu trennen.

Nicht zuletzt tauchen auch weitere Fragen über die Wirkungen der neuen elektronischen Medien auf. Dazu gehört das Problem der Konstruktion von Wirklichkeit durch Medien. Es wird den Menschen immer schwerer fallen, den Medien zu vertrauen, da die Manipulationsmöglichkeiten immer größer werden. Ebenfalls stellt sich die Frage nach der Rolle des Menschen in der Mediengesellschaft. Es gibt immer weniger Möglichkeiten, persönlich Einfluss auf die Durchdringung unserer Lebenswelt durch Medien zu nehmen. In diesem Zusammenhang gewinnt der Begriff der Medienkompetenz eine besondere Bedeutung, da er auf die notwendigen Fähigkeiten hinweist, in einer durch Medien geprägten Welt selbstbestimmt und kompetent handeln zu können und sich dabei zugleich sozial verantwortlich und solidarisch zu zeigen. Gelingt es der Medienpädagogik, diese Zielstellung in angemessene pädagogische Konzepte für die medienpädagogische

I. GRUNDLAGEN DER MEDIENPÄDAGOGIK

Praxis umzusetzen, kommt einer entsprechenden Medienerziehung in der Zukunft die eine hervorgehobene Rolle zu: den Umgang mit Medien in einer durch Medien bestimmten Welt zu ermöglichen.

ZUSAMMENFASSUNG

Die Medienpädagogik ist zwar an den Hochschulen eine noch recht junge Wissenschaft, war historisch gesehen jedoch schon immer ein Teil der pädagogischen Auseinandersetzungen mit den jeweils neuen Medien. Heute ist die Lebenswelt von Kindern und Jugendlichen stark durch Medien bestimmt. Deswegen ist eine Medienerziehung notwendig, die diesen hilft, selbstständig und kompetent in der Medienwelt zu handeln.

FRAGEN ZUR DISKUSSION UND ÜBUNGEN

(1) Bilden Sie zwei Gruppen. Eine, die sich für eine aufgeschlossene Medienpädagogik im Kindergarten einsetzt und eine andere, die eine Bewahrpädagogik befürwortet. Diskutieren Sie kontrovers.

(2) Welche Medien spielen in Ihrem Alltag eine Rolle? Halten Sie diese entsprechend ihrer Wertigkeit schriftlich fest.

(3) Stellen Sie alle Medien zusammen, die Sie in Ihrer Einrichtung vorfinden. Unterscheiden Sie Medien für die pädagogisch-praktische Arbeit und solche für die Verwaltungsaufgaben.

WEITERFÜHRENDE LITERATUR

AUFENANGER, S. (Hrsg.) (1991): „Neue Medien – Neue Pädagogik", Ein Lese- und Arbeitsbuch zur Medienerziehung in Kindergarten und Grundschule, Bonn

HIEGEMANN, S., SWOBODA, W. (Hrsg.) (1994): „Handbuch der Medienpädagogik", Opladen

TULODZIECKI, G. (1997): „Medien in Erziehung und Bildung", Grundlagen und Beispiele einer handlungs- und entwicklungsorientierten Medienpädagogik, Heilbrunn/Obb.

I. GRUNDLAGEN

ENTWICKLUNGSAUFGABEN UND SOZIALISATION

MATTHIAS BRUNGS

Viele Eltern, Erzieherinnen und Erzieher sind der Überzeugung, Medien im Vorschulalter dienen vor allem als Mittel der Zerstreuung und Unterhaltung, bisweilen wird ihnen auch eine generell schädigende Wirkung zugeschrieben. Diejenigen Pädagogen und Psychologen, die dem Fernsehen, Bilderbuch, Hörspiel und anderen Medien positive, das heißt entwicklungsfördernde Einflüsse zuschreiben, halten sich dagegen meist mit allgemeinen Aussagen zurück. Dies hat unter anderem damit zu tun, dass Medien einerseits die Realität in einer oft schwer zu beurteilenden Weise in Geschichten und Bilder umsetzen. Andererseits deuten Kinder diese Abbildungen immer gemäß dem Weltbild, das ihrem Entwicklungsstand entspricht (vgl. Keller, 1995). Unbestritten ist, dass Medien Anregungen zur Auseinandersetzung sowie Hilfeleistung zur Verarbeitung von psychischen Spannungen bieten können sowie gesellschaftliche Normen und Verhaltensmuster vermitteln.

Die Unterstützung des Entwicklungsprozesses von Kindern durch Medienangebote setzt entwicklungspsychologische Kenntnisse sowohl über altersgemäße Denk- und Wahrnehmungsweisen als auch über alterstypische Fragen und Reaktionen voraus. Die nachfolgenden Ausführungen betreffen die kognitive, emotionale und moralische Entwicklung, die für die Medienrezeption des Kindes von grundlegender Bedeutung sind.

KOGNITIVE ENTWICKLUNG

Eine der Grundlagen moderner Entwicklungspsychologie ist die Theorie von Jean Piaget (1896-1980). Er beschreibt die kognitive, das heißt die geistige Entwicklung des Menschen von der Geburt bis ins Jugendalter. Der Mensch wird von ihm in erster Linie als ein aktives und fragendes Wesen betrachtet, das in einem ständigem Austausch mit und in einem Prozess der Aufnahme und Verarbeitung von Informationen aus seiner Umwelt steht. Diese Sichtweise bietet auch

I. GRUNDLAGEN DER MEDIENPÄDAGOGIK

einen Schlüssel zum Verständnis kindlicher Medienrezeption (vgl. Sturm, 1990). Nach Piaget lassen sich mehrere Stadien im Verlauf der kognitiven Entwicklung des Menschen unterscheiden (s. Abb. 1): Bis zu einem Alter von etwa 18 bis 24 Monaten verhalten sich Kinder vorwiegend reflexhaft. Dieser Zeitraum wird als sensumotorisches Stadium bezeichnet. Das angeborene Verhaltensrepertoire Saugen, Greifen, Festhalten und Loslassen eines Gegenstands wird an immer mehr Dingen geübt. Dabei dehnt das Kleinkind seinen Handlungsspielraum stetig aus und entdeckt immer neue Bereiche seiner Umwelt. „In diesem Stadium ist der Körper sein Geist, das Begreifen mit der Hand eine konkrete Vorform des Begreifens mit dem Kopf" (Kegan 1991, S. 54). Deshalb wollen Kleinkinder alles in den Mund nehmen. Einen bewussten Kontakt mit Medien suchen Kinder diesen Alters in der Regel noch nicht. Erst später gewinnen diese zunehmend an Bedeutung.

Abb. 1
Kognitive
Entwicklung und
Medienrezeption

Kognitive Entwick-lung nach Piaget	Medienrelevante Denk- und Wahrnehmungsleistungen/-fehler	Auswirkungen auf die Medienrezeption
Sensumotorisches Stadium 0-2 Jahre	Übung des angeborenen, reflexhaften Verhaltensrepertoires	Nachahmung von literarischen Figuren/ Fernsehmodellen Symbolhafte Deutung von Geschichten/ Gegenständen
Symbolisches Denken 2-4 Jahre	(bildliche) Vorstellungsfähigkeit Nachahmungs- und Symbolhandlungen	Ineinanderfließen von Fantasie und Realität Erfassen von Geschichten mit linearem Handlungsaufbau („Wenn-dann", z. B. Märchen, Werbung) Verwirrung bei abruptem Situations- und Szenenwechsel (z. B. Vergangenheit/ Gegenwart)
Anschauliches Denken 4-7 Jahre	Unangemessene Generalisierungen Egozentrismus (Mangel an Fähigkeit zur Rollen- und Perspektivenübernahme) eingeschränkte Beweglichkeit Zentrierung auf einen oder wenige Aspekte	
Konkret-logisches Denken 7-9 Jahre	Ausgereiftere Kombinationsfähigkeit und größere Flexibilität (z. B. Verständnis für Hierarchien und Gruppierungen)	Erfassen von Geschichten mit Perspektivenwechsel und Zeitsprüngen Fähigkeit zur Beurteilung von Einzelheiten nach ihrer Wichtigkeit für das Gesamtgeschehen Zeitvorstellung (Zeitdauer, Zeitabläufe)
Formal-abstraktes Denken ab 10 Jahre	Fähigkeit zum hypothetischen Denken	Hineinversetzen/-denken in Personen und Handlungen (Identifikation)

ENTWICKLUNGSAUFGABEN UND SOZIALISATION

Im Alter von etwa zwei Jahren entwickeln Kinder nach Piaget das von ihm so benannte symbolische Denken. Sie können nun häufig bei Nachahmungsspielen beobachtet werden, was darauf hinweist, dass sie eine erste Vorstellung von Gegenständen und Handlungsabläufen erworben haben. Die Kinder werden zunehmend fähig, Dinge zu „begreifen", auch wenn diese nicht zugegen oder sichtbar sind. Kinder dieser Altersstufe haben ihre eigenen Symbole, die in enger Beziehung zu ihren Erfahrungen stehen, aber sehr oft nicht mit denen der Erwachsenen übereinstimmen: Für das Kleinkind kann der dunkle Wald ein wildes Tier oder den Teufel darstellen. Hörspiele, Geschichten und andere Medienangebote können daher im Alter von zwei bis vier Jahren Ängste hervorrufen, die für Erwachsene nicht unmittelbar verständlich sind. Für die Erwachsenen ist häufig nicht erkennbar, was Kinder in Gesehenes oder Gehörtes hineindeuten. Das Fernsehen ist für Kinder dieser Altersstufe normalerweise noch Nebensache. Sie sind ungleich stärker mit den Beziehungen zu anderen Personen und dem Entdecken von Gegenständen beschäftigt. Anfangs unterscheiden sie allenfalls grob Personen und Szenen. Ihr Hauptinteresse am gemeinsamen Fernsehen liegt meist darin, mit den Eltern oder anderen Erwachsenen zusammen zu sein und so am Familienleben teilzuhaben. Auch ihre Konzentration hält nur kurz an, sie wenden sich immer wieder vom Bildschirmgeschehen ab, um sich den anwesenden Personen oder ihrem Spielzeug zu widmen.

Charakteristisch für vier- bis siebenjährige Kinder ist nach Piaget das anschauliche Denken: Denken und Wahrnehmen sind weitgehend an ein verinnerlichtes Abbild der konkreten äußeren Erscheinungen gebunden. Dominierend ist der Glaube, alles, was dem Kind real erscheint, wie Träume, Gefühle oder Vorstellungen, besitzt objektive Realität und, von anderen Menschen geteilt, wird auch so wahrgenommen. Piaget spricht vom Egozentrismus des Kindes und meint damit das Unvermögen, die eigene Sichtweise als eine unter mehreren zu begreifen. Die Welt wird vom Mittelpunkt des kindlichen Ichs her erlebt, ausgestattet mit den Fähigkeiten und Kräften, die das Kind selbst besitzt und von sich aus auf die Welt überträgt. So können Gegenstände beseelt, gut oder böse und aktiv agierend erlebt werden. In diesem „magischen" Alter lassen sich Fantasie und Realität noch nicht voneinander trennen. Phantastische, märchenhafte Figuren oder Szenen aus Fernsehen, Hörspiel und anderen Medien können als Wirklichkeit erlebt werden.

I. GRUNDLAGEN DER MEDIENPÄDAGOGIK

Ein weiteres Merkmal dieser Altersstufe besteht in der Eingleisigkeit des Denkens. Das vier- bis siebenjährige Kind richtet sich nach dem tatsächlichen Verlauf der Ereignisse, das heißt, Geschichten können beispielsweise noch nicht rückläufig verfolgt werden. Es kann Darstellungen verstehen, wenn sie so erzählt werden, dass sich ein Ereignis aus dem anderen in einer fortlaufenden Handlung ergibt. Die meisten Märchen haben einen solchen „Wenn-dann"-Aufbau und sind deshalb für das Vorschulkind gut zu verstehen. Die vereinfachte Gegenüberstellung von Gut und Böse sowie die klare Handlung erleichtern das Verständnis und kommen dem kindlichen Bedürfnis, die Welt über- und durchschaubar zu machen, entgegen. Auch die Fernsehwerbung mit ihrer einfachen Sprache, der klaren Trennung von „schwarz und weiß", den einprägsamen Reimen und Melodien folgt meist diesem Muster und fasziniert daher Kinder diesen Alters. Hinzu kommt, dass die zeitlich komprimierten Werbespots die noch gering ausgeprägte Konzentrationsfähigkeit der Kinder nicht überfordern. Dabei interessieren sich diese weniger für die angepriesenen Waren, häufig verstehen sie gar nicht, für welches Produkt ein Spot überhaupt wirbt.

In ihrer Wahrnehmung sind vier- bis siebenjährige Kinder noch auf einen von mehreren möglichen Aspekten beschränkt. Erhält es etwa von der Mutter lediglich ein Stück Kuchen, während seinem älteren Geschwister zwei zugeteilt werden, wird sich das Vorschulkind wahrscheinlich zufrieden geben, wenn die Mutter sein Kuchenstück in zwei Hälften teilt. Es kann die beiden Dimensionen Anzahl und Größe noch nicht gleichzeitig in sein Denken integrieren. Auf die Medienrezeption übertragen bedeutet das, längere Handlungsverläufe werden verstanden, solange aus einer Perspektive berichtet wird, aus dem Blickwinkel des Kindes oder der Sichtweise der Mutter. Zeitsprünge, Rückblenden, Zeitraffungen oder Rahmenhandlungen machen dem Kind hingegen Schwierigkeiten.

Etwa zwischen sieben und neun Jahren setzt nach Piaget das konkretlogische Denken ein. Die neuartigen Leistungen dieses Alters bestehen vor allem in einer ausgereifteren Kombinationsfähigkeit und einer größeren Flexibilität. Denken und Wahrnehmen sind nun nicht mehr an konkrete, anschauliche Gegebenheiten gebunden. Das Kind kann mehreren Strängen einer Handlung gleichzeitig folgen und eine Geschichte auch dann verstehen, wenn sie aus verschiedenen Perspektiven erzählt wird (vgl. Sturm, 1990).

Sieben- bis Neunjährige können nun alle Einzelheiten eines bewegten Bildes (Fernsehsendung, Kinofilm) erfassen und gemäß ihrer Wichtigkeit

ENTWICKLUNGSAUFGABEN UND SOZIALISATION

für das Gesamtgeschehen einordnen. Auch das Zeitverständnis hat sich weiter entwickelt. Während Vier- bis Fünfjährige weder in der Lage sind, Zeitabläufe klar wiederzugeben, noch eine Zeitdauer richtig einzuschätzen, verfügen Kinder im Grundschulalter über genauere Zeitvorstellungen.

Etwa mit zehn Jahren erwirbt das Kind schließlich die Fähigkeit, Einflüsse, die auf eine Situation einwirken, zu registrieren und in sein Denken einzubeziehen. Es ist nicht mehr an die konkrete Wirklichkeit gebunden, sondern vermag den Bereich des Hypothetischen zu beschreiten. Nach Piaget hat es die Fähigkeit zum formal-abstrakten Denken erlangt. Das Kind kann sich gleichzeitig in verschiedene Personen einer Geschichte hineindenken, deren Handeln und die zugrundeliegenden Motive begreifen und aufeinander beziehen.

EMOTIONALE ENTWICKLUNG

Schon am ersten Lebenstag äußert das Neugeborene Bedürfnisse. Es schreit, wenn es Hunger hat, wenn es nass oder wenn ihm kalt ist. Bedürfnisse verursachen eine Spannung, die als Unlust erlebt wird. Entspannung infolge Bedürfnisbefriedigung wird dagegen als lustvoll empfunden. Lust- und Unlustzustände bilden die Gegenpole in der emotionalen Entwicklung. Beim Säugling haben sie zunächst den Charakter eines allgemeinen Erregungszustandes, aber bereits nach etwa einem Monat beginnen sich spezifische Emotionen herauszubilden. Das Kind äußert durch Schreien oder Abwehrbewegungen Unwohlsein, lächelt nach einer Liebkosung und zeigt lange vor dem ersten Geburtstag Angst oder Zorn.

Mit fortschreitender Entwicklung können immer differenziertere Emotionen bzw. individuelle Vorlieben und Abneigungen beobachtet werden. Das Kleinkind genießt die Erprobung seiner Möglichkeiten, es interessiert sich für eigene und bei anderen beobachtete Bewegungen, es erkundet mit großer Neugierde seine Umgebung, solange eine Rückzugsmöglichkeit zu den Eltern gegeben ist. Medien dienen dem Kind in diesem Alter hauptsächlich dazu, durch die Anwesenheit der engsten Bezugspersonen Sicherheit und Geborgenheit zu erfahren. Das gemeinsame Betrachten von Bilderbüchern oder Hören von Kassetten nutzt es, um sich an Mutter oder Vater zu kuscheln und sich so ihrer Gegenwart zu versichern. Entfernt sich die Mutter oder der Vater, verliert das Medium meist seine Attraktivität.

I. GRUNDLAGEN DER MEDIENPÄDAGOGIK

Im frühen Kindergartenalter wird das Kind selbstbewusster und kann sich normalerweise eine Zeitlang ohne Mutter und Vater in einer ihm unvertrauten Umgebung den dortigen Medienangeboten und deren unterschiedlichen Inhalten zuwenden. In diesem Entwicklungsabschnitt ist häufig die Vorliebe für Wiederholungen und Rituale sowie für das Erkennen, Verlieren und Wiederfinden von Spielzeug (Versteckspiel) zu beobachten. Diese Vorgänge unterstützen auf psychischer Ebene die Loslösung von der engen Beziehung zur Mutter. Geschichten und Lieder hören Kinder diesen Alters bevorzugt auf stets gleiche Art und Weise (zum Beispiel mit dem Kassettenrekorder). Sie interessieren sich auch für einfache Bilderbücher, in denen sie ihnen bekannte Gegenstände immer besser wiedererkennen und benennen können und dadurch emotionale Sicherheit erfahren (vgl. Jörg, 1994).

Generell werden emotionale Reaktionen vom gesamten Entwicklungsstand beeinflusst. Ein Kind bis zu zwei Jahren hat zum Beispiel normalerweise keine Angst vor einem großen Hund, während ein Vorschulkind vorsichtiger ist. Jüngere Kinder wissen noch nicht, dass manche Tiere gefährlich sein könnten, weil ihre Erfahrungen dafür nicht ausreichen, keine Modelle zur Verfügung stehen und ihr Urteilsvermögen noch wenig entwickelt ist.

Eltern und andere enge Bezugspersonen haben insbesondere in den ersten Lebensjahren einen gravierenden Einfluss auf die emotionale Entwicklung eines Kindes. Physiologisch unreif und in völliger Abhängigkeit von der elterlichen Fürsorge kommt der Säugling zur Welt. Nur wenn es positiv angenommen wird und Geborgenheit erfährt, erwirbt das Kind ein Grundvertrauen in sich und andere, das unerlässliche Voraussetzung für den Aufbau des Selbstwertgefühls, sozialer Kompetenz und einer stabilen emotionalen Entwicklung insgesamt ist. Liegen hier Defizite vor, wirken diese unter Umständen bis weit ins Erwachsenenalter hinein.

In den vorangegangenen Ausführungen wurde die emotionale Entwicklung der ersten Jahre angesprochen. Von den verschiedenen Emotionen wie Freude, Traurigkeit, Ärger, Wut soll hier ausführlicher auf die Angst eingegangen werden. In allen Phasen des menschlichen Lebens spielen Angst, Unsicherheit und das Gefühl des Bedrohtseins eine zentrale Rolle. Die angstmachende Wirkung, die von Medien und vor allem vom Fernsehen ausgeht, wird von Eltern, Erzieherinnen und Erziehern dennoch häufig falsch eingeschätzt, weil sie aus der Erwachsenenperspektive urteilen und nicht berücksichtigen, dass Kinder das

ENTWICKLUNGSAUFGABEN UND SOZIALISATION

Bildschirmgeschehen anders wahrnehmen. Immer wieder erleben Erwachsene, dass sich Kinder bei anderen Szenen ängstigen oder abwenden, als sie vermutet hätten. Dagegen verhalten sich Kinder bei Szenen, die für Erwachsene besonders schockierend sind, oft erstaunlich gelassen. Kinder beurteilen Handlungen nicht nach einem „erwachsenen" Maßstab, sondern ausschließlich in Bezug auf ihr eigenes Ich, ihre Empfindungen und sozialen Bindungen.
Die wichtigste psychologische Angsttheorie stammt von Sigmund Freud (1856-1939). Nach ihm verwandeln sich seelische Bedürfnisse, wenn sie nicht befriedigt werden, in Ängste. Hat beispielsweise ein Kind Sehnsucht nach seiner abwesenden Mutter, wird aus dieser Sehnsucht Angst. Ebenso treten entsprechend dieser Auffassung verdrängte aggressive oder sexuelle Bedürfnisse in Form von Ängsten auf, falls sie aus moralischen Gründen unterdrückt werden. Freud zufolge tauchen im Laufe der kindlichen Entwicklung verschiedene Bedürfnisse auf und stehen während einer bestimmten Altersspanne im Vordergrund: So zum Beispiel orale Bedürfnisse in den ersten Lebensmonaten, die durch Saugen bei der Nahrungsaufnahme und durch Lutschen am Daumen, an Stoffzipfeln usw. befriedigt werden. Werden sie durch Verbote unterdrückt, entwickeln sich Ängste, die symbolhaft für diese nicht zugelassenen Bedürfnisse stehen. In Märchen, Bilderbüchern oder anderen Medienangeboten entdecken Kinder oft diese Konflikte in verkleideter Form wieder und sind deshalb gerade von einer bestimmten Geschichte fasziniert oder wollen sie umgekehrt auf keinen Fall hören oder sehen. Lässt die Intensität des Bedürfnisses mit der Zeit nach, verliert auch das Verbot seine Bedeutung: Häufig beobachten Eltern, dass ein Bilderbuch, das für ihr Kind während einer gewissen Zeit wichtig war, zur Seite gelegt wird, – es hat für die augenblickliche Gefühlswelt des Kindes seine Relevanz verloren (vgl. Keller, 1995).
Mit zunehmendem Alter wachsen die elterlichen Einschränkungen und Forderungen an ihr Kind. Es lernt, bestimmte Gefühle zu zeigen, andere zu verstecken, so dass es den eigenen seelischen Regungen immer weniger körperlichen Ausdruck verleiht („Ein Junge ist stark und weint nicht"). Viele kindliche Ängste lassen sich auf das Anwachsen der moralischen Forderungen im Laufe der Entwicklung zurückführen, wobei altersspezifische Unterschiede im Hinblick auf Art und Intensität der Bedürfnisse bestehen. Kinder verfügen über eine Vielfalt an Möglichkeiten, ihre Ängste zu bewältigen bzw. zu verarbeiten. Sie malen ihre Erlebnisse, fantasieren eine Geschichte, stellen ihre

I. GRUNDLAGEN DER MEDIENPÄDAGOGIK

Eindrücke im Rollenspiel nach oder ritualisieren die Bedrohungssituationen in Form von Spielen („Wer hat Angst vorm schwarzen Mann?"). Oft spielen sie dabei nicht sich selbst, sondern den, der ihnen Angst gemacht hat. Sie identifizieren sich mit der bedrohlichen Gestalt und lernen, sie dadurch zu beherrschen.

Medien können für die Verarbeitung von Ängsten eine wichtige Funktion übernehmen. Bilderbücher können zum Beispiel Angstsituationen widerspiegeln und Handlungsmuster anbieten, die dem Kind Auswege zeigen und gleichzeitig Schutz vermitteln, da es aus sicherer Distanz an den Ängsten anderer teilnehmen kann. Gerade Märchen, deren Handlungsverlauf nach einer Reihe von bedrohlichen Situationen meist zu einem positiven Schluss führt, sind hier von großer Bedeutung. Solche Medien dienen den Kindern auch als Mittel, ihre Gefühle der Erwachsenenwelt indirekt mitzuteilen. Die Eltern erfahren anhand der Auswahl der Geschichten und im Gespräch, wie ihre Kinder die Dinge sehen und was sie ängstigt.

Kinder benutzen oft eine Schmusedecke oder ein Kuscheltier, um Bedrohliches zu vertreiben. Solche „Übergangsobjekte" bieten greifbaren Schutz und erleichtern die Loslösung von der ursprünglich symbiotischen Mutter-Kind-Beziehung. Sie sind, im Gegensatz zu den vergänglichen Fernseh- oder Geschichtenfiguren, außerdem immer da und können angefasst, herumgetragen und als Spielobjekt gebraucht werden. Das heißt, diese Gegenstände werden von den Kindern in ihre Wirklichkeit eingefügt und sind für sie ständig verfügbar. Je nach Alter und Selbstvertrauen verzichten Kinder auf diese „magischen Mutmacher" (vgl. Kübler et al., 1987), indem sie die Ursachen der Bedrohung untersuchen oder die angstauslösende Situation auf ihren Wahrheitsgehalt hin überprüfen. Kinder können ihre Ängste jedoch auch verdrängen, indem sie in eine Scheinrealität der Fantasie, des Tagträumens flüchten oder in die Wunschwelt des Fernsehens. In diesem Fall werden Gefühlsregungen unterdrückt und aufgeschoben.

MORALISCHE ENTWICKLUNG

Wo Menschen zusammenleben, gibt es Gebote und Verbote, Regeln und Pflichten, die ein geordnetes Miteinander sichern. Solche Handlungsgrundsätze nennt man Normen und Werte. Sie bilden die Grundlage für das moralische Verhalten innerhalb einer Gesellschaft; Verstöße werden mit Sanktionen geahndet. Schon von Kleinkindern wird moralisches Verhalten erwartet bzw. moralwidriges Verhalten bestraft: Den Eltern muss gehorcht werden, Geschwister dürfen nicht

ENTWICKLUNGSAUFGABEN UND SOZIALISATION

miteinander streiten, man erwartet ein Dankeschön usw. Das Hineinwachsen der Kinder in das Normen- und Wertesystem der Gesellschaft wird als moralische Sozialisation bezeichnet. Dabei geht es vor allem um zwei Fragen. Welche Prozesse führen zur Übernahme der moralischen Überzeugungen? Welche Veränderungen des Moralverständnisses machen Kinder im Laufe ihrer Entwicklung durch?

Die Frage, welche Prozesse zur Übernahme moralischer Überzeugungen führen, entspricht der Frage nach der Vermittlung von Werten und Normen. Diese Vermittlung geschieht durch Lernprozesse. Man geht davon aus, dass Verhaltensvorschriften zunächst von außen, das heißt von den Eltern festgesetzt und mit der Zeit vom Kind verinnerlicht werden. Die Lernpsychologie vermutet dabei Prozesse der Belohnung und Bestrafung. Natürlich wünscht sich jedes Kind Zuwendung und Lob von den Eltern, und wird daher nach Möglichkeit Verhaltensweisen zeigen, auf die positive Reaktionen folgen.

Alle die Moral betreffenden Verhaltensweisen können grundsätzlich auch durch Nachahmung erlernt werden. Dabei lernen bereits kleine Kinder nicht nur durch Beobachtung ihrer Eltern oder älteren Geschwister, sondern in erheblichem Maße auch durch so genannte stellvertretende Beobachtung. Damit ist die Nachahmung von Vorbildern gemeint, die Kinder im Fernsehen, auf Video, in Hörspielen oder Geschichten kennengelernt haben. Dieses Lernen am „medialen Modell" erscheint besonders dann zu erfolgen, wenn das „Modell" – in vielen Fällen die Heldin oder der Retter – in den Augen der Kinder einen „gerechten Kampf" führt, sich für eine gute Sache einsetzt und schließlich für dieses Verhalten belohnt wird.

Um die Frage nach den Veränderungen des Moralverständnisses, die Kinder im Laufe ihrer Entwicklung durchmachen, beantworten zu können, muss man die altersabhängigen Voraussetzungen hinsichtlich der Auseinandersetzung mit Normen und Werten kennen. Die Aneignung moralischer Überzeugungen geschieht nicht allein durch Erziehung und Imitation, sie wird gleichermaßen durch die entwicklungsbedingte Art der Auseinandersetzung mit Normen und Werten geprägt. Je nach Alter unterscheiden sich die Begründung von Normen, die Bewertung von Verfehlungen sowie das Urteil darüber, was gut und böse ist. Die Entwicklung eines solchen Moralverständnisses ist eng an die kognitive Entwicklung gebunden.

Das Kleinkind befolgt elterliche Anordnungen, weil diese in seinen Augen unfehlbar sind. Verhaltensweisen, Menschen und Dinge werden als richtig oder falsch im Sinne von gut und böse beurteilt. Ent-

I. GRUNDLAGEN DER MEDIENPÄDAGOGIK

scheidend ist die Frage, wie die Handlung mit den vorgeschriebenen Regeln in Einklang steht und ob sie eine Bestrafung oder Belohnung zur Folge hat. Die Mehrheit der Sechsjährigen schätzt noch das folgende Verhalten einer Mutter als gerecht ein: Die Mutter überträgt Tochter und Sohn je eine Aufgabe. Der Sohn geht jedoch lieber spielen. Daraufhin muss die Tochter auch die Aufgabe des Bruders übernehmen. Erst Acht- oder Neunjährige beginnen, Normen zu reflektieren und würden diese Mutter als ungerecht beurteilen (vgl. Piaget, 1973). Kinder fragen nun nach der Begründung bestehender Normen oder zweifeln immer häufiger an ihrer Berechtigung. Sie beobachten, dass in anderen Familien andere Regeln gelten. Durch den Einfluss der Medien entdecken sie abweichende Urteile etwa über die Gerechtigkeit von Pflichtenverteilung. Fernsehen, Bücher und Informationen aus anderen Medien können den Erfahrungsraum der Kinder im Grundschulalter erweitern und damit zu einer Ausdifferenzierung des Moralverständnisses beitragen.

Eine ähnliche Entwicklung findet in Bezug auf die Unterscheidung zwischen Absicht und Wirkung einer Handlung statt. Wenn Kinder im Vorschulalter gefragt werden, wer von zwei Jungen die schlimmere Tat begangen hat, einer, der versehentlich mehrere Tassen zerbrochen oder ein anderer, der absichtlich nur eine Tasse kaputtgemacht hat, hält die Mehrheit entwicklungsbedingt noch den ersten für den größeren Übeltäter und urteilt, dieser sollte auch strenger bestraft werden (vgl. Piaget, 1980). Erst später, im Grundschulalter, sind Kinder in der Lage, die Absicht einer Handlung in ihre Beurteilung einzubeziehen; erst jetzt beginnen die Kinder auch in den Medienangeboten die Absicht einer handelnden Person wahrzunehmen und zu bewerten.

ZUSAMMENFASSUNG

Die Psychologie unterscheidet zwischen einer kognitiven, einer emotionalen und einer moralischen Entwicklung. Diese sind eng miteinander verbunden und können nicht isoliert voneinander betrachtet werden. Kognitiv durchläuft das Kind das sensumotorische Stadium, das Stadium des symbolischen, des anschaulichen Erfassens, des konkretlogischen Lernens bis zum formal-abstrakten Denken. Medien als wichtiger Teil der Umwelt haben einen wesentlichen Einfluss auf den Entwicklungsprozess. Die Lebenswelt der Familien hat sich in den letzten Jahrzehnten stark verändert. Gesellschafts- und Familienstrukturen, Erziehungsformen, Freizeit- und Spielräume etc. unterlagen und unterliegen einem ständigen Wandel. Medien spielen heute

ENTWICKLUNGSAUFGABEN UND SOZIALISATION

im Alltag der meisten Kinder eine zentrale Rolle. Sie können helfen, die vielfältigen Eindrücke und Anforderungen der Umwelt zu verarbeiten. Medienangebote müssen jedoch dem Entwicklungsstand der jeweiligen Ziel- bzw. Altersgruppe entsprechend gestaltet und konzipiert sein.

FRAGEN ZUR DISKUSSION UND ÜBUNGEN

(1) Versuchen Sie, Bilderbücher den Stadien der kognitiven Entwicklung (s. Abb. 1, S. 26) zuzuordnen.

(2) Welche emotionalen Themen werden in den Bilderbüchern angesprochen und welche moralischen Botschaften werden vermittelt?

(3) Überprüfen Sie die Altersangaben auf Bilder- und Kinderbüchern („ab 4", „ab 6" etc.). Wie lassen sich diese entwicklungspsychologisch begründen?

(4) Untersuchen Sie Kinder-Fernsehsendungen auf ihre moralischen Aussagen. Welche Botschaften werden präsentiert?

WEITERFÜHRENDE LITERATUR

BATTEGAY, R., RAUCHFLEISCH, U. (1991): „Das Kind in seiner Welt", Göttingen

FLAMMER, A. (1988): „Entwicklungstheorien", Bern

FRAIBERG, S. (1991): „Die magischen Jahre in der Persönlichkeitsentwicklung des Vorschulkindes", Reinbek

KELLER, H. (1998): „Lehrbuch der Entwicklungspsychologie", Göttingen

OERTER, R., MONTADA, L. (Hrsg.) (1995): „Entwicklungspsychologie", Weinheim

II. MEDIENANGEBOTE
PRINTMEDIEN

HORST KÜNNEMANN
DINA SCHÄFER

EINLEITUNG

HISTORISCHE ENTWICKLUNG DER KINDER- UND JUGENDLITERATUR

Die Anfänge der heutigen Kinder- und Jugendliteratur reichen bis in die zweite Hälfte des 18. Jahrhunderts zurück. Zu dieser Zeit wurden erstmals Texte eigens für Kinder und Jugendliche geschrieben und in Form von Kinder- und Jugendzeitschriften veröffentlicht. Beispiele dafür sind das *Leipziger Wochenblatt für Kinder* von Johann Christoph Adelung (1732-1806) und *Der Kinderfreund* von Christian Felix Weisse (1726-1804). Zwar wurden bereits lange vor dieser Zeit Märchen, Sagen und Fabeln erzählt oder auch gemalte Moritatentafeln mit begleitendem Gesang auf Jahrmärkten ausgestellt. Diese Überlieferungen erfolgten jedoch hauptsächlich in mündlicher Form und zudem richteten sich die Erzählungen gleichermaßen an Kinder und Erwachsene. Mit der Erfindung des Buchdrucks durch Johannes Gutenberg im 15. Jahrhundert hatte eine Entwicklung eingesetzt, welche die „Erzählgesellschaft" allmählich in eine „Buchgesellschaft" verwandelte. Zur Zeit Gutenbergs dominierte in vielen Büchern, die vor allem religiöse Themen beinhalteten, das Bild über den Text. Schließlich konnte die Mehrheit der Menschen damals nicht lesen. Solche illustrierten Bücher sind die Vorläufer des eigentlichen Bilderbuchs.

Bei den ersten Texten für Kinder und Jugendliche im 18. Jahrhundert stand die Belehrung im Vordergrund. Ganz im Sinne der Aufklärung sollten diese moralisierenden Schriften Kinder zu mündigen Bürgern erziehen. Zu Beginn des 19. Jahrhunderts versuchte man dagegen im Geiste der Romantik zu zeigen, dass Kinder die eigentlich mündigen, da unverbildeten Menschen seien. Kinder wurden als unverdorbene Menschen verherrlicht, die noch nicht wie Erwachsene durch zivilisatorische Einflüsse geprägt seien. Die Volksliteratur wurde wieder entdeckt und erstmals, z. B. von den Gebrüdern Grimm, systematisch gesammelt und aufgeschrieben: Kinderreime und Volkslieder, Märchen, Legenden, Götter-, Helden-, Heimat- und Volkssagen, aber auch Schelmengeschichten wie *Die Schildbürger* und *Till Eulenspiegel*.

PRINTMEDIEN

Heute erscheint sowohl die aufklärerische als auch die romantische Position als zu einseitig. Die Kinder- und Jugendliteratur unserer Zeit soll vor allem Spaß machen. Der hohe Unterhaltungswert wirkt lesemotivierend und in spannenden Geschichten kann Wissen und Bildung vermittelt werden. Zwar ist das derzeitige Angebot an Kinder- und Jugendliteratur nahezu unüberschaubar geworden, jedoch sollte diese Vielfalt nicht abschrecken, sondern vielmehr dazu anregen, zusammen mit Kindern auf spannende Buch-Entdeckungsreisen zu gehen.

AKTUELLE BEDEUTUNG DER KINDER- UND JUGENDLITERATUR

Alle Gattungen der Kinder- und Jugendliteratur – vom Bilderbuch, der Vorlesegeschichte und dem Märchen bis hin zur Sachliteratur und dem Jugendbuch – können junge Leser anregen. Besonders Kindergarten- und Schulkinder lernen anhand von Büchern, Einzelheiten in Bildern und Texten detailliert zu erfassen und sich über längere Zeit auf ein Bild oder einen bestimmten Inhalt zu konzentrieren. Bücher fördern neben der Aufnahmefähigkeit auch das Gedächtnis. Das ästhetische Empfinden und das sprachliche Ausdrucksvermögen werden verfeinert, das Selbstverständnis wird vertieft und die Kommunikationsfähigkeit verbessert. Nicht zuletzt schulen Bücher auch spielerisch das Wortbildgedächtnis und die Lesefähigkeit.

Bücher spielen somit auch in der multimedialen Gesellschaft eine bedeutende Rolle für Erziehung und Sozialisation. Grundsätzlich sind die Lesefähigkeit und das Vermögen, kritisch und kreativ mit Sprache umzugehen, wichtige Voraussetzungen, um in der heutigen Informationsflut die Orientierung zu behalten. Lesekompetenz ist unverzichtbar für die Medienkompetenz: Kein Mensch kann einen Computer bedienen, wenn er nicht lesen kann.

MERCHANDISING UND MARKETING

Bilder- und Kinderbücher können heute nicht mehr isoliert betrachtet werden. Viele Motive aus Informations- und Sachbüchern, „Klassikern", Märchen oder Fantasiegeschichten sind den Kindern bereits aus anderen Medien vertraut, bevor ihnen die dazugehörigen Bücher begegnen. Rudyard Kiplings *Dschungelbuch* etwa kennen viele Kinder und Jugendliche nur in der Musical-Verfilmung der Disney Corporation. *Benjamin Blümchen* von Elfy Donelly und Gisela Fischer oder

II. MEDIENANGEBOTE

Oh wie schön ist Panama von Janosch ist ihnen oft nicht als Buch, sondern als Zeichentrickfilm, Musikkassette oder durch Non-Book-Produkte wie Schreibtasche, Textilaufdruck oder Plüschpuppe bekannt.
Astrid Lindgren hat über ihre 50 Bücher hinaus auch bei mehr als 40 Verfilmungen dieser Bücher als Drehbuchautorin mitgewirkt. Natürlich wurde etwa *Pippi Langstrumpf* mehrfach als Spielfilmheldin, Zeichentrickfigur, Comiczeichnung und auf CD-ROM umgesetzt.
Kindertheater und Weihnachtsmärchen, wie z. B. *Peterchens Mondfahrt* von Gerd Bassewitz oder die Neufassung des *Teufels mit den drei goldenen Haaren* von Friedrich Karl Waechter, sind den Erwachsenen noch als Buch oder Märchentext bekannt. Die Kinder hingegen lernen diese Stoffe meist als Bühnenspektakel oder Trickfilm kennen, ohne dass sie notwendigerweise zuvor mit dem Buch in Kontakt kommen.
Erzieherinnen sollten diese unterschiedlichen Kreuz- und Querverbindungen kennen. Vielfach werden dabei die Kinder die Initiative ergreifen und von ihren Kassetten- und Bildschirmerfahrungen erzählen. Die Aufarbeitung des Gehörten, Gesehenen und schließlich auch Gelesenen kann den Kindern als auch den Erzieherinnen zu vertieften Erkenntnissen über Freizeitverhalten, Vermarktungsstrategien und Gestaltungsparallelen verhelfen.
In den letzten Jahren erleben wir eine zunehmende Kommerzialisierung beliebter Gestalten und Figuren des Bilder- und Kinderbuchmarkts. Diese offensive Vermarktung umfasst ein kaum noch zu überschauendes Spektrum an Non-Book-Produkten. Dabei handelt es sich um Erzeugnisse, deren Verbindung zur Literatur allein darin besteht, dass die in Plüsch, Kunstfaser und Plastik erzeugten Spielpuppen anfangs nur im Buch existierten. Non-Book-Produkte können z. B. mit Leitfiguren bedrucktes Briefpapier, Bettwäsche, T-Shirts, Baseball-Kappen, Servietten und Sticker sein. Sie finden sich als Kalender, Aufdrucke von Federmäppchen und Schulranzen oder als Spielgerät auf Rollen wieder (*Janoschs Tigerente*). Wie weit diese Produkte den Umsatz der Bücher fördern, ist bisher noch nicht untersucht worden. Fest steht: Auch diese Nebenprodukte tragen wesentlich dazu bei, den Bekanntheitsgrad der Figuren und ihrer Urheber aktiv lebendig zu halten.
Ausgelöst wurden diese Vermarktungsstrategien zuerst in Amerika und Großbritannien, wo sich bestimmte Modeerscheinungen bis ins vergangene Jahrhundert zurückverfolgen lassen. Sie entfalteten sich etwa im Gefolge der Bilderbücher von Beatrix Potter (1866-1943), der *Häschen-Schule* von Fritz Koch-Gotha (Hahn-Verlag, bei Diogenes,

PRINTMEDIEN

Zürich, und Meisinger, München), mit den zahlreichen Tier-Bilderbüchern der Kate Greenaway (1846-1901) und mit der Geburt des Teddys. Nach dem Zweiten Weltkrieg war ein ähnlicher Dauererfolg den Plüschpuppen zu Maurice Sendaks *Wilden Kerlen* beschieden (Diogenes, Zürich). Bis in die Gegenwart hinein profitieren Erfolgsautoren wie Dick Bruna, Wilhelm Schlote, Helme Heine (vor allem mit seinem Erfolg der *Freunde*-Bücher), Janosch und Leo Lionni (mit Postern, Kalendern, Postkarten sowie Kindergeschirr mit *Frederick*-Motiven) nicht zuletzt von den Gewinnen aus Nebenprodukten.

Seit Beginn der sechziger Jahre setzte ein ähnlicher Boom im Gefolge der *Sesamstraße* ein. Jüngste „Renner" des Markts sind die Plüschraben zu *Alles meins* von Nele Moost und Anett Rudolph (Esslinger) und die Eisbären von Hans de Beer (Nord-Süd) mit einem ganzen Buchprogramm und Plüschtieren unterschiedlicher Größe. Mobiles zum *Regenbogenfisch* von Markus Pfister (Nord-Süd) und die Hasen samt vieler Kaufartikel zum Bilderbuch *Felix* von Annette Langen und Constanza Droop (Coppenrath) sind ebenfalls Verkaufsschlager.

BILDERBUCH

FRAGEN ZUM EINSTIEG

(1) Welche Bilderbücher und Kindergeschichten sind Ihnen aus der eigenen Kindheit in Erinnerung?

(2) Welche erscheinen Ihnen als so wichtig, dass sie an heutige Kinder weitergegeben werden sollten?

(3) Von welchen Büchern wird ständig behauptet, man müsse sie gelesen haben?

(4) Wie sind Sie selbst als Kind mit Büchern bekannt gemacht worden, und was unternehmen Erzieherinnen und Eltern heute, um Kinder mit Büchern zusammen zu bringen?

Im Bilderbuch verfolgt das Kind Inhalt und Handlungsablauf vorrangig über Bilder, hier entdeckt es seine eigene Welt wieder und beginnt, diese in Worte zu fassen. Es gibt Bilderbücher ganz ohne Text, in denen Gegenstände, Tiere oder Personen dargestellt werden oder eine Geschichte ausschließlich über Illustrationen vermittelt wird. In Bilderbüchern mit wenig Text dominiert das Bild, das durch kurze Sätze

II. MEDIENANGEBOTE

ergänzt wird. Bilderbücher, in denen Text und Bild gleichwertig nebeneinander stehen, setzen schon ein größeres Sprachverständnis voraus. In der Zeit der ersten Bilderbücher sind meist die Erwachsenen Vermittler des Buchs: Sie geben Anregungen zu Gesprächen über Bild und Text.

So reichhaltig das Titelangebot des Bilderbuchmarkts ist, so vielfältig sind auch die Gestaltungsweisen und Ausgabeformate. Ein Erfolgstitel wie *Die kleine Raupe Nimmersatt* von Eric Carle (Gerstenberg, Hildesheim) gibt es in Normal-, Mini-, Papp- und Ganzgroßausgabe. Im Pappbilderbuchbereich können Bücher für die ganz Kleinen neben dem normalen Buchformat auch als Leporello (Seitwärtsbilderbuch), als Spielgerät zum Aufstellen und Begehen sowie als Pop-up mit dreh-, zieh- und veränderbaren Mechanismen publiziert werden. Durch Stanzlöcher lassen sich verschiedene Durchblick- und Durchgreifeffekte erzielen.

Moderne Bilderbücher gehen über den eingängigen Realismus und Naturalismus der Vergangenheit weit hinaus und experimentieren mit vielen neuen und überraschenden Stilen. Neben fotografisch detailgetreuen Abbildungen finden sich z. B. abstrakte und futuristische Elemente. Zum Einsatz gelangen auch Karikaturen und Cartoons.

Bilderbücher gibt es in jeder Preislage von „Pixi"-Büchern vom Carlsen Verlag für 1,80 DM, Minibilderbüchern für 3,00 DM bis hin zu hochpreisigen künstlerischen Bilderbüchern. Herausragend sind hier z. B. die anspruchsvollen Bildmontagen der tschechischen Künstlerin Kveta Pacovska. Sie experimentiert mit einer Mischung von plakativer Grafik und Papierskulpturen. Auch die raffinierten Verwandlungsbücher von Wilfrid Blecher und Eva Johanna Rubin gehören in diese Preisklasse.

Da Geldknappheit die Anschaffung von Büchern in der Kindertagesstätte oder dem Hort beschränken, gibt es in vielen Städten die Möglichkeit, öffentliche Büchereien zu nutzen. Sie stellen in der Regel auf Anfrage gerne eine Buchauswahl zusammen. Selbst bei beschränktem Buchbestand und gekürzten Finanzmitteln ist der Umgang mit Bilderbüchern in Kindertagesstätten möglich: Kinder können von Zuhause ihre eigenen Bücher mitbringen und sie in der Gruppe vorstellen. Gemeinsam mit Buchhandlungen können Verkaufsausstellungen organisiert werden – vor allem in der Vorweihnachtszeit. Spendenaufrufe und Sponsoring helfen weiter, magere Buchbestände aufzufüllen. Bei all diesen Aktionen ist es natürlich wichtig, auf Elternabenden die Bedeutung von Bilderbüchern und Kinderliteratur zu verdeutlichen.

PRINTMEDIEN

DAS ELEMENTARBILDERBUCH

Die ersten Bilderbücher gibt es schon für Kinder im Alter von etwa fünf Monaten. Sie zeigen in der Regel Objekte aus der nächsten Umgebung und wollen kleine Kinder dazu anregen, ihre Umgebung wahrzunehmen, wieder zu erkennen und sie bald auch zu benennen. Elementarbilderbücher sind klein, handlich und umfassen meist nur acht bis zwölf Seiten. Viele dieser Pappbücher haben das Prädikat „unzerreißbar". Das bedeutet, Kinder können sie unbedenklich auch in den Mund nehmen.

Meist liefern die Bilder in plakativem oder realistischem Stil ein Abbild dessen, was kleinen Kindern bekannt sein dürfte: Spielpuppen, das eigene Zimmer, vertraute Einrichtungsgegenstände und Haustiere. Empfehlenswerte Erstbilderbücher stammen z. B. von Lucy Cousins *Huhn auf dem Hof* und *Teddy im Haus* (Sauerländer, Aarau): Sie sind waschbar, auf farbenfrohen Stoffen gedruckt und umfassen acht Seiten.

Pappbücher für etwas ältere Kinder, etwa ab zwei Jahren, folgen dem pädagogischen Prinzip vom Nahen zum Fernen und vom Bekannten zum Unbekannten. Die Verlage bieten Pappbilderbücher häufig auch als Spielbücher zusammen mit einem kleinen Plastikspielzeug an. Beispiele hierfür sind die Duplo-Spielbücher vom Arena Verlag. Oft tauchen in Pappbüchern erste Gestalten und Figuren auf, die zum Mitmachen einladen, im Einzelfall auch zur Identifikation. Das Szenenbilderbuch zeigt textlos einen Bereich bzw. eine Szene der alltäglichen Umwelt: den Spielplatz, einen Bauernhof, die Stadt oder ein Dorf. Hier werden auch schon Stimmungen thematisiert: Freude, Angst vor dem Einschlafen, Streit mit Spielgefährten und Trauer über einen Verlust.

In Wimmelbilderbüchern werden komplexe Szenen mit vielen Aktionen abgebildet. Diese Bücher sind in der Regel ebenfalls textlos, oft großformatig und eignen sich gut zum konzentrierten Betrachten, zum Suchen und Erkennen von Einzelheiten. Dazu gehören unter anderem von Ali Mitgutsch *Rundherum in meiner Stadt* oder *Bei uns auf dem Dorf*, Amrei Fechners *Mein großes Tierbuch* im Format 41 x 61 cm und von Constanza Droop *Auf dem Bauernhof* im Format 87,3 x 20,5 cm (Ravensburger).

II. MEDIENANGEBOTE

Auch erste Bildwörterbücher, welche die Wiedererkennung und den Spracherwerb fördern sollen, gehören in diesen Bereich. Zum Beispiel *Erste Bilder, Erste Wörter* von Helmut Spanner (Ravensburger).

Die Bilderbuchgattung Pop-up hat durch internationale Co-Produktionen und neuartige Erfindungen in den letzten Jahren einen bemerkenswerten Aufschwung erlebt. Zu Bilderbuchtextern und -malern treten hier die paper engineers (Papieringenieure) hinzu. Der international erfolgreichste paper engineer ist der Niederländer Ron van der Meer. Deutsche Übersetzungen seiner Pop-ups erschienen bei Coppenrath (Münster), ars edition (München) und Esslinger (Esslingen).

Pop-ups sind bei Kindern wegen ihrer Überraschungseffekte und der oft verblüffenden Mechanik sehr beliebt. Da sie eine gute Feinmotorik verlangen und aufgrund ihrer komplizierten Gestaltung auch entsprechend teuer sind, gelangen sie in den Kindertagesstätten nur ausnahmsweise zum Einsatz. Mit den meisten Pop-ups verhält es sich ähnlich wie mit kostbar ausgestatteten Kunstbilderbüchern oder Spielzeugeisenbahnen: Sie werden überwiegend von Erwachsenen gekauft, gesammelt und benutzt.

Besonders beliebt bei vielen Eltern sind Ausmalbücher. Kinder können sich mit ihnen eine Weile still beschäftigen. Die meisten Formen der Kaufhaus-Malhefte und -bücher bieten den Kindern entweder Vorlagen, die genau nachgezeichnet werden müssen, oder stark konturierte Bilder zur Umwelt der Kinder und zu Märchenthemen, die mit Farbe auszufüllen sind. Die Gefahr besteht, dass bei besonders genauen und scheinbar perfekten Zeichenvorlagen, wie etwa bei gängigen Comicfiguren, die eigene Bildsprache der Kinder vernachlässigt oder überformt wird und schlimmstenfalls ganz verloren geht. Eine kreative Alternative bieten Weitermalbücher. Sie ermuntern zum Ausgestalten und zu Ende malen.

PRINTMEDIEN

DAS MÄRCHENBILDERBUCH

Der Anteil von Märchenbilderbüchern am gesamten gegenwärtigen Bilderbuchangebot ist sehr groß. Durch die einfache Struktur und den übersichtlichen Handlungsaufbau (vgl. S. 64) sind viele Märchen auch schon für kleinere Kinder verständlich. In Märchenbilderbüchern sind die Texte zudem meist stark gekürzt und in eine kindgerechte Sprache umgesetzt, so dass auch schwierigere Märchen und Kunstmärchen (vgl. S. 66) wie *Das Mädchen mit den Schwefelhölzchen* und *Der Tannenbaum* von Hans Christian Andersen für Kinder im Bilderbuchalter zugänglich sind.

Die Faszination der Symbol- und Bildsprache des Märchens sollte sich auch in den Illustrationen widerspiegeln. Dabei müssen die Abbildungen genügend Spiel- bzw. Freiräume für eigene Fantasien und Vorstellungen bieten. Ebenso wie das erzählte Märchen sich nicht an Details von Milieu und Personen festmacht, sollten auch die Märchenillustrationen das Geheimnisvolle nicht durch zu viele Details entzaubern.

„KLASSIKER"

Der Rückgriff auf familiäre Buchbestände, auf „Klassiker" und „humoristische Hausschätze", wird Erzieherinnen immer wieder mit bekannten Titeln konfrontieren, von denen manche schon über 150 Jahre auf dem Markt sind. Dabei werden sich Erzieherinnen beispielsweise auch den Diskussionen um Heinrich Hoffmanns *Struwwelpeter* und Wilhelm Buschs *Max und Moritz* stellen müssen. Natürlich sollten die pädagogischen Aussagen dieser Bücher kritisch hinterfragt werden und nicht als „erzieherische Vorlage" dienen. Sie müssen in ihrem historischen Zusammenhang gesehen werden und geben Aufschluss über Erziehung und Gesellschaft zur Zeit ihres Erscheinens. *Die Häschenschule* von Koch-Gotha, *Peterchens Mondfahrt* von Gerd von Bassewitz oder Elsa Beskows *Hänschen im Blaubeerwald* sind ebenfalls gute Beispiele dafür. Die meisten Klassiker der Volksliteratur, z. B. *Till Eulenspiegel* und *Die Schildbürger*, sowie der internationalen Abenteuerliteratur, z. B. *Gullivers Reisen* (Jonathan Swift), *Robinson Crusoe* (Daniel Defoe) oder Charles Dickens *Weihnachtsgeschichte*, liegen auch als Bilderbücher vor, oft natürlich mit stark gekürzten Texten.

II. MEDIENANGEBOTE

SACHBILDERBÜCHER

Sachbilderbücher setzen gezeichnete oder gemalte Bilder ein, um Wissen zu vermitteln. Die Neugier auf Sachthemen ist bei Kindergartenkindern sehr stark ausgeprägt. Sachbilderbücher begegnen diesem Wissensdrang auf kindgerechte, spielerische Art. Das Themenfeld reicht von der unmittelbaren Umwelt der Kinder bis hin zu Fragen aus Technik, Geschichte, Natur und Kultur. Das Angebot ist übersichtlich nach Themenbereichen gegliedert. In den vergangenen 50 Jahren haben sich die Sachbilderbücher als gleichwertig neben den erzählenden und fantastischen Bilderbüchern etabliert. Bedingt durch die meist aufwendigen Herstellungskosten erscheint der Großteil heutiger Sachbilderbücher in internationalen Co-Produktionen, also in mehreren Sprachen und Ländern gleichzeitig. Sachbilderbücher richten sich an verschiedene Altersgruppen, in der Regel an Kinder von vier bis zehn Jahren.

Führende Verlage im Sachbuchbereich sind Tessloff mit mehr als 100 Titeln der Reihe *Was ist was?*, Gerstenberg mit der Reihe *Sehen, staunen, wissen*, die aus Großbritannien übernommen wird, und die Natur- und Tierbildbände der Franckh-Kosmos-Kinderreihe.

FOTOBILDERBÜCHER

In Fotobilderbüchern werden meist sachbezogene Themen behandelt. Sie bieten genaue Einblicke in die nähere Umgebung der Kinder. Aber auch das Leben der Tiere und ferne Länder gehören zu den Themenbereichen dieses Genres. In den Fotobilderbüchern werden alle Möglichkeiten der modernen Aufnahmetechnik genutzt. Sie erscheinen seltener als Einzelausgaben, sondern meist im Rahmen einer Reihe. Gegenwärtig finden sich Fotobilderbücher unter anderem in Bilderbuchangeboten der Verlage Neugebauer Press, Salzburg/Frankfurt, bei Franckh-Kosmos, Stuttgart, beim Kinderbuchverlag Luzern, Aarau, sowie bei Gerstenberg, Hildesheim.

Eine besondere Gruppe von Fotobilderbüchern zielt darauf ab, das kindliche Umweltbewusstsein zu wecken und zu fördern. Zwei Beispiele im Kinderbuchverlag Luzern: Monika und Hans D. Dossenbach: *Augen auf!*, Heiderose und Andreas Fischer-Nagel: *Seerose und Wasserfrosch. Ein Biotop wird vorgestellt.*

PRINTMEDIEN

PROBLEMBILDERBÜCHER

Der gesellschaftliche Wandel bringt es mit sich, dass über Bilderbücher auch Themen an die kindlichen Leser herangetragen werden, die früher in der Kinderbuchliteratur nicht vorkamen. Dazu gehören familiäre Konflikte wie Trennung, Krankheit und Tod sowie politisch und gesellschaftlich brisante Themen wie Krieg und Frieden, Reichtum und Armut. Viele Titel beschäftigen sich mit der Nord-Süd-Problematik und den Schwierigkeiten von Kindern in der so genannten Dritten Welt. Grundsätzlich sollten Problembilderbücher pädagogisch begleitet werden, um den Kindern die „Übersetzung" in die eigene Erlebniswelt zu ermöglichen und gegebenenfalls ihre emotionale Betroffenheit aufarbeiten zu können.

In diesen Zusammenhang gehören auch Bücher, die sich mit dem Zusammenleben verschiedener Kulturen und Nationalitäten beschäftigen. Seit vielen Jahren leben ausländische Kinder in Deutschland. Hier kann man neben der rein thematischen Bearbeitung auch zwei- und mehrsprachige Bilderbücher für Kinder in Kindertagesstätten einsetzen. Dabei lernen fremdsprachige Kinder Deutsch, deutsche Kinder hingegen erfahren, wie andere Sprachen klingen. Beispiele dafür sind das beliebte Bilderbuch von Hans de Beer *Kleiner Bär* in deutsch und türkisch (Nord-Süd, Zürich) und von Ursula Kirchberg *Selim und Susanne* (Ellermann, München).

Einen guten Überblick über die Literatur zur interkulturellen Erziehung bieten der Katalog *Guck mal übern Tellerrand! Lies mal, wie die andern leben! Empfehlenswerte Kinder- und Jugendbücher aus der Einen Welt 1997/98* mit Kriterien der Beurteilung (Herausgeber: Deutsche Welthungerhilfe), *Deine, meine, eine Welt* (Börsenhandel des deutschen Buchhandels, Frankfurt) und *Fremdes Kind, fremdes Land. Ausländische Kinder im Kinder- und Jugendbuch* (Stadtbibliothek Duisburg).

45

II. MEDIENANGEBOTE

DAS BILDERBUCH – VON DER ERSTEN IDEE BIS ZUM FERTIGEN BUCH

PIETER KUNSTREICH

Eine wahre Flut von Neuerscheinungen überschwemmt jedes Jahr den Buchmarkt, und jedes einzelne Buch hat seine eigene Entstehungsgeschichte mit vielen kleinen, oft mühsamen Arbeitsschritten.

Wir wollen uns an dieser Stelle genauer mit der Entstehung eines Bilderbuchs befassen. Unter dem Aspekt des Marketings (Werbung, Verkauf usw.) besteht die Besonderheit eines Bilderbuchs darin, dass es sich bei der eigentlichen Zielgruppe nicht um die Käufer selbst handelt. Bilderbücher werden in der Regel von Erwachsenen für Kinder gekauft. Man muss in der Werbung also beide Gruppen ansprechen.

Eine weitere Besonderheit ist, dass an der Entstehung eines Bilderbuchs neben Autor und Verlag eine dritte wichtige Instanz mitwirkt, der Illustrator. Denn bei dieser Kinderbuchgattung kommt es nicht nur auf den Text, sondern auch auf die Illustrationen an, und besonders wichtig ist natürlich, ob die Illustrationen zum Text passen und ob sie kindgerecht, das heißt leicht erfassbar sind.

Vorarbeiten

Die Anregung zu einem bestimmten Bilderbuch kann von Seiten des Verlags oder vom Autor kommen. Oft entwickeln sich die Themen aus alltäglichen Situationen, der Beobachtung von Kindern oder dem gesellschaftlichen Zeitgeschehen heraus. Dabei kommt die Idee für ein Buch dem Lektor bzw. Autor oft spontan. Eigene Erlebnisse, eine zufällig aufgeschnappte Geschichte oder ein Zeitungsartikel können der Anstoß sein.

Kommt die Idee von Seiten des Verlags, wird der zuständige Lektor einen geeigneten Autor ansprechen und mit der Anfertigung eines Exposés beauftragen. Im Exposé wird der Inhalt einer Geschichte kurz umrissen, so dass der Lektor oder Verleger bereits anhand dieses Exposés entscheiden kann, ob der Text ins Verlagsprogramm passt, bevor das gesamte Manuskript geschrieben ist. Hatte der Autor selbst die Idee, kann er seine Geschichte einem oder mehreren Verlagen anbieten.

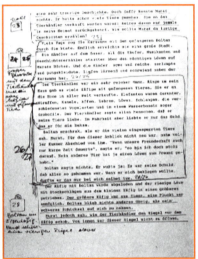

Wenn das Exposé überzeugend war, wird das vollständige Manuskript im Bilderbuchlektorat gelesen, beurteilt und gegebenenfalls zur Veröffentlichung vorgeschlagen. In einer Konferenz zwischen Lektoren und Verleger wird dann endgültig entschieden, ob die Gechichte ins Verlagsprogramm aufgenommen wird. Falls

PRINTMEDIEN

die Geschichte diese Hürde genommen hat, folgt als nächster Schritt die Suche nach einem passenden Illustrator. Diese wichtige Aufgabe übernimmt in der Regel der Lektor. Bei den Bilderbuchillustratoren gibt es nicht selten Spezialisten, die sich entweder auf Sachbücher oder auf erzählende Werke konzentrieren.

Ein Sachbuch-Manuskript verlangt vom Illustrator meist eine umfangreiche Vorarbeit, da es sich hier um an Natur oder Technik orientierte Themen handelt. Bevor der Illustrator mit der eigentlichen Arbeit beginnt, muss er sich in Bibliotheken, Instituten oder im Fachhandel kundig machen. Häufig wird er zur Orientierung bereits veröffentlichte Sachbücher zum gleichen Thema zu Rate ziehen. Beim erzählerischen Text ist die Informationsbeschaffung sekundär. Hier geht es eher darum, das Manuskript genau zu studieren und nach jenen Szenen zu suchen, die sich illustrativ am besten umsetzen lassen.

Für beide Gattungen gilt, daß der Illustrator die Bilder gleichmäßig auf den gesamten Text verteilen muß, so dass ein einheitliches Gesamtbild entsteht. Hierbei spricht man vom „Layout", der graphisch ausgewogenen Anordnung von Bild und Text. Eine weitere Gemeinsamkeit von Sach- und erzählenden Bilderbüchern ist, dass sich der Illustrator zuerst mit der Thematik bzw. dem Inhalt der Geschichte intensiv beschäftigen muss, um diese praktisch zu verinnerlichen. Dafür wird er wahrscheinlich viele Entwürfe und Scribbles (kleine schnelle Ideenskizzen) anfertigen, die Personen und Situationen aus verschiedenen Perspektiven darstellen, und immer wieder verschiedene Szenen sowie Farbgebungen ausprobieren, bevor er mit der eigentlichen Skizzenarbeit beginnen kann.

Skizzen

Die Geschichte nimmt mit den Bleistiftskizzen konkrete Formen an. Die Bilder haben bereits ihre endgültige Größe, das heißt das Format, in dem sie gedruckt werden. Da die Schrift die Gestaltung einer Seite wesentlich mitbestimmt, ist es günstig, wenn dem Illustrator für die Skizzenarbeit die Textfahnen schon vorliegen. Unter „Textfahnen" versteht man die Vorläufer (Andrucke) der späteren Buchseiten, auf denen die Schrift bereits fertig gesetzt ist.

Die Skizzenarbeit ist für den Illustrator eine kreative und interessante Herausforderung. Er kann einerseits seiner Fantasie freien Lauf lassen, muss aber andererseits schon darauf achten, den Text möglichst gelungen umzusetzen und bei der Gestaltung bereits das ganze Buch im Auge behalten.

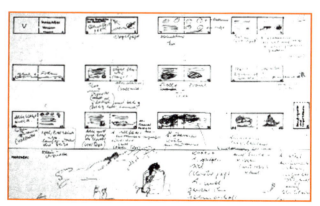

II. MEDIENANGEBOTE

Kontrolle
Hat der Illustrator die Skizzenarbeit beendet, stellt er seine Arbeit Lektor und Autor vor. Alle drei Parteien überprüfen nun gemeinsam, ob die Bilder zum Text passen oder ob sich Widersprüche eingeschlichen haben. Auch die Geschichte selbst wird an dieser Stelle noch einmal genau unter die Lupe genommen.

Reinzeichnung
Mit der Reinzeichnung erhalten die Skizzen ihre endgültige Fassung. Dabei kommt es besonders auf eine gute farbliche Ausarbeitung und bei der Darstellung von Menschen auf die Wiedererkennbarkeit an. Die Kreativität weicht hier einer eher handwerklichen Feinarbeit. Doch auch an dieser Stelle können noch Änderungen an Bild und Text durch den Lektor, Autor oder Illustrator vorgenommen werden. Wenn die Arbeit an den Illustrationen, die oft mehrere Monate dauern kann, beendet ist, kommt der Zeitpunkt, an dem der Illustrator seine Bilder aus den Händen geben und dem Verlag anvertrauen muss.

PRINTMEDIEN

Andrucke

Bei den Andrucken handelt es sich um die allerersten reproduzierten und drucktechnisch vervielfältigten Kopien der gemalten Originale. Sie werden in bestimmter Anordnung auf große Bögen gedruckt und sind farblich noch korrigierbar. Der Illustrator überprüft die Andrucke zum Beispiel auf Farbabweichungen. Dies ist seine letzte Möglichkeit, noch korrigierend einzugreifen, danach geht das Buch endgültig in den Druck.

Das fertige Buch

Von der ersten Idee für ein Bilderbuch bis zum Druck kann mehr als ein Jahr vergehen. Nach dem Druck wird das Buch gebunden, eingeschweißt oder in Papier verpackt und ausgeliefert. Von der Programmplanung des Verlages hängt es letztendlich ab, wann es erscheint. Es gibt in der Regel zwei Auslieferungstermine: einen im Frühjahr und einen im Herbst. Zuvor wird das Buch in der Frühjahrs- oder Herbstvorschau angekündigt und vorgestellt. Bei der Vorschau handelt es sich um das Programmheft des Verlages, in dem er seine Neuerscheinungen bei den Buchhandlungen bewirbt. Neben der Vorschau gibt es die Verlagsvertreter, die persönlich die Buchhandlungen besuchen und das Verlagsprogramm vorstellen. Bei ihnen können die Buchhändler ihr Start-Kontingent an Büchern direkt bestellen.

Ist das Buch endlich im Regal einer Buchhandlung gelandet, sieht ihm niemand an, was für eine lange Entstehungsgeschichte es hinter sich hat! Nur wer einmal an der Entstehung eines Bilderbuches beteiligt war, weiß, was an Einfühlungs- und Durchhaltevermögen nötig ist, bis eine Geschichte als fertiges Buch auf dem Ladentisch liegt oder in Kinderhänden gehalten wird.

II. MEDIENANGEBOTE

PÄDAGOGISCHE BEDEUTUNG VON BILDERBÜCHERN

Erste Bilderbücher unterstützen Kinder beim Kennenlernen und Verstehen ihrer Umwelt. Später zeigen Bilder und Geschichten auch Ausschnitte einer unbekannten Welt, bieten neue Informationen und regen Kinder an, neugierig zu sein und ihre Fantasie zu entwickeln.

Sie fördern die sprachliche Entwicklung des Kindes, angefangen vom Benennen einzelner Gegenstände bis zum Nacherzählen und freien Sprechen über Bücher. Auch wird das Kind bereits in den Bilderbüchern mit den literarischen Gattungen wie Märchen, Sachbuch und erzählende Literatur vertraut gemacht und zum Lesen und zur Beschäftigung mit Büchern hingeführt.

In den meisten Bilderbüchern stecken mehr oder weniger offensichtliche erzieherische Absichten. Soziales Lernen, Bewusstmachen ethischer und gesellschaftlicher Werte sind didaktische Ziele der Bilderbücher. Aber auch Bilderbücher, die vordergründig keine pädagogische Botschaft erkennen lassen und mit ihren lustigen Inhalten der puren Unterhaltung dienen, haben wichtige didaktische Absichten: Wertevermittlung, Lesemotivation, Sprachförderung und Vermittlung von Wissen geschieht – sogar sehr effektiv, weil unbemerkt und scheinbar unabsichtlich – über Unterhaltungsliteratur.

Nicht zuletzt sind Bilderbücher eine Schule des Sehens. Das Kind lernt verschiedene Stilrichtungen kennen, das Verständnis für Farb- und Formgebung (ein Apfel ist rot oder grün und rund) wird geschult und es können erste ästhetische Maßstäbe entwickelt werden.

VORLESESTUNDE

Für Kinder bedeutet Vorlesen oft die erste Begegnung mit Literatur. Diese Erfahrungen können für das spätere Verhältnis zu Literatur und Lesen prägend sein. Vorlesezeiten haben im Kindergarten und meist auch im Elternhaus einen festen Platz. Die Kinder freuen sich auf diese Stunden. Es geht ihnen nicht allein um das Hören einer Geschichte, sondern die gesamte Vorlesesituation ist von Bedeutung: Das Zusammensitzen, das gemeinsame Zuhören und Erleben von Geschichten und das anschließende Gespräch vermittelt den Kindern ein Gefühl von Geborgenheit und Gemeinschaft. Auch der körperliche Kontakt, der während des Vorlesens von den Kindern gesucht wird, ist ein wichtiger Aspekt der Vorlesesituation. Sie lehnen sich an, halten bei spannenden Stellen einander die Hände und genießen das enge Zusammensitzen. Der äußere Rahmen der Vorlesestunde muss

PRINTMEDIEN

bewusst in die Planung einbezogen werden, d. h. die Erzieherin sollte den Kindern vor dem Vorlesen genügend Zeit geben, ihren Platz auf dem Teppich oder in der Kuschelecke zu finden und ebenso nach dem Vorlesen Raum geben, das Gehörte zu verarbeiten.

Je besser es die Vorleserin versteht, ihre Geschichte „rüberzubringen", umso aufmerksamer und konzentrierter ist ihre Zuhörerschaft. Keinesfalls sollte sie den Text einfach ablesen, vielmehr sich als Interpretin der Geschichte verstehen, die mit Gestik, Mimik und Pausen den Text auf ihre Weise gestaltet und deutet. Wer die folgenden „Goldenen Regeln für Vorlesende" beachtet, ist in jedem Fall ein guter Vorleser:

GOLDENE REGELN FÜR VORLESENDE

(1) Stelle dich nie selbst dar!
Das Posieren und schauspielerische Auftreten hat mit pädagogischem Vorlesen nichts zu tun. Vorlesende sollen sich soweit wie möglich zurücknehmen. Wer Selbstverfasstes vorliest, erliegt nicht selten der Gefahr der übertriebenen Eigendarstellung.

(2) Deklamiere nicht!
Deklamieren („laut reden, laut vortragen") gehört den Salons der Jahrhundertwende an und ist heute nicht einmal mehr bei Erwachsenen angebracht. Bloß keine „rhetorischen Kunstgriffe" oder pathetischen Töne!

(3) Lies nicht Wort für Wort!
Es gibt manchmal Kernstellen des Textes, die eine wortgetreue Wiedergabe vor der Zuhörerschaft erfordern. Viele Redestellen, Redewendungen, auch Übergangspassagen sollten aber freier wiedergegeben werden. Damit wird auch der Langeweile vorgebeugt. Macht sie sich breit, empfiehlt es sich – zumal bei längeren Vorleseprojekten – bestimmte Passagen zusammenfassend frei zu erzählen, um dann mit dem wortwörtlichen Vorlesen fortzufahren.

(4) Lasse Pausen zu!
Kindern fällt es schwer, lange stillzusitzen. Deshalb müssen Pausen gemacht werden. Auch für Zwischenfragen und Bemerkungen „zur Sache" soll Zeit sein. Manchmal muss ein Ausdruck geklärt, ein Wort interpretiert, an eine ähnliche Stelle erinnert werden. Vorlesende müssen besonders in diesem Punkt sensibel mit ihrem Publikum umgehen.

(5) Bereite dich gut vor!
Kein Vorlesender verlasse sich auf die Eingebung der „guten Stunde"! Der Text muss inhaltlich gut erarbeitet sein. Dem Vorlesenden muss sein Aufbau, die Abschnittsgliederung mit ihren markanten Inhaltspunkten deutlich sein, bevor er überhaupt mit dem Vorlesen beginnt.

(6) Sorge für Störungsfreiheit!
Erst beginnen, wenn alle ruhig sind. Der Kreis der Zuhörenden muss sich auf den Vorlesenden eingestellt haben. Hüsteln, Räuspern, Schniefen, Scharren sind natürlich nicht ganz auszuschalten. Was vermieden werden kann, sind Stühlerücken und andere Lärmquellen (Geschirrscheppern, Lautsprecherdurchsagen, Türöffnen).

II. MEDIENANGEBOTE

(7) Stelle immer wieder Zusammenhänge her!
Bei Kindern (auch bei Erwachsenen!) müssen Vorlesende mit Abschweifungen ihrer Zuhörer rechnen. Nicht mitgehörte Passagen führen dann aber meistens zu Verstehenslücken, diese lösen Geräuschkulissen aus, die wiederum stören. Zwischendurch sollte deshalb immer wieder ein Kontext hergestellt werden: Wie war das doch gleich? Das will ich gern noch einmal vorlesen...

(8) Moduliere deine Stimme!
Eintönige Sprechweise ist ermüdend für die Zuhörer. Die Stimme kann moduliert werden, ohne künstlich zu wirken. Nachdruck und Hervorhebungen, Laut-Leise-Varianten, Phrasierung, Pausen usw. müssen vom Vorlesenden mit feinem Gespür angewendet werden.

(9) Passe dich der Zuhörersituation an!
Stets ist die Situation ausschlaggebend, auf die sich die vorlesende Person einzustellen und einzulassen hat. Länge und Intensität, Abbrechen oder Überschlagen langer Vorlesepassagen – all dies ist der jeweiligen Situation anzupassen.

(10) Gewöhne dir Grundlegendes an!
Alt bewährt ist die Formel „l-l-d": langsam-laut-deutlich. Was nicht heißt, dass nicht gelegentlich ins pure Gegenteil verfallen werden kann: zügig, leise, vernuschelt. Auch Kinder verstehen das Quentchen Vorleseironie, wenn eine Textstelle einmal absichtlich undeutlich vorgetragen wird. Das geschieht dann z. B., um anzuzeigen: Ich bin mit eurem störenden Verhalten nicht einverstanden.

(Gärtner, 1997, S. 73 ff)

IDEEN UND VORSCHLÄGE ZUM UMGANG MIT BILDERBÜCHERN

Bilderbücher, auch großformatige, sollten nur im Ausnahmefall mit einer großen Kindergruppe von 15 bis 20 Kindern betrachtet werden. Besser sind kleine Gruppen, die in einer Bücherecke mit einer Erzieherin gemeinsam ein Bilderbuch betrachten. So kommen die Kinder leichter ins Gespräch und die Erzieherin kann besser auf einzelne Fragen und Bedürfnisse eingehen.

Jede Buch- und Bildbegegnung kann reizvoll sein. Wo das Interesse an anderen Medien wie Hörspiel oder Musikkassetten, Video und Fernsehen vorherrscht, genügt es für den Anfang, Bücher in der Gruppe auszulegen und abzuwarten, wie die Kinder darauf reagieren. Wenn Kinder sehen, wie Erzieherinnen selbst in Büchern blättern und stöbern, wie sie Bilder und Illustrationen intensiv betrachten, werden sie neugierig danach fragen, was sich zwischen den Buchdeckeln verbirgt. Liegen Bilderbücher aus, kommen Kinder meist von sich aus, stellen Fragen, wollen etwas gezeigt oder vorgelesen bekommen. Manchmal genügt es, den Kindern nur das Umschlagbild eines attraktiven Bilderbuchs zu zeigen, sie raten zu lassen, was für eine Geschichte sich dahinter verbirgt und wie sie wohl weiter- und zu Ende gehen mag. Die so

PRINTMEDIEN

geweckte Neugierde reicht häufig aus, um den ersten Einstieg in eine Betrachtung der Bücher zu finden. Kinder im Vorschulbereich können sich jedoch meist noch nicht sehr lange auf ein und dieselbe Sache konzentrieren. Merkt die Erzieherin, dass Aufmerksamkeit und Konzentrationsfähigkeit der Kinder nachlassen oder abgelenkt werden, sollte schon nach wenigen Minuten unterbrochen werden.

Für Erzieherinnen ist es wichtig, Geduld zu haben und die Kinder nicht mit zu vielen Fragen zu überfordern. Am Anfang muss es keineswegs Ziel sein, ein Buch von der ersten bis zur letzten Seite zu betrachten oder durchzusprechen. Es können immer wieder Unterbrechungen, auch über mehrere Tage hin, gemacht werden.

Kinder wollen oft eine Geschichte wieder und wieder hören. Obwohl sie jedes Wort auswendig können, durchleben sie die Geschichte in ihrer Fantasie jedes Mal aufs Neue und erwarten das bekannte Ende mit Spannung. Kinder suchen Sicherheit und finden sie im immergleichen Ablauf der Geschichte: Der Hamster, der wieder zu seiner Familie zurückfindet, die Freunde, die sich versöhnen, der Ausgeschlossene, der wieder dazugehört usw. Kinder verinnerlichen gleichsam die Strukturen der Geschichten, die somit auch zu Handlungsmustern für eigenes Verhalten werden.

In den Vorlesepausen könnte die Erzieherin die Eigenaktivität der Kinder anregen. Zum Beispiel kann ein Gespräch oder ein Streit zwischen den Figuren aus dem Buch nachgespielt werden. In vielen Fällen lässt sich auch erst einmal nur die Geschichte erzählen oder der knappe Text vorlesen, ohne die Illustrationen zu zeigen. Besonders spannende Handlungen lassen sich nachmalen: Kinder zeichnen Episoden, die ihnen interessant und aufregend erschienen.

Für eine vertiefende Bildbetrachtung eignen sich sehr gut die Wimmelbilderbücher von Ali Mitgutsch wie *Komm mit ans Wasser* oder *Bei uns in der Stadt* (Ravensburger). Die Kinder können eine beliebige Doppelseite aufschlagen und erzählen, was sie sehen. Konzentration und Aufmerksamkeit lassen sich üben, indem ihnen nach den ersten Äußerungen der Denkanstoß gegeben wird: „Da ist ja noch viel mehr zu sehen!" oder: „Ich sehe etwas, was ihr nicht seht!"

Bilderbücher können auf die gezeigten Wirklichkeitsausschnitte dahingehend untersucht werden, ob sie auch tatsächlich der Realität entsprechen. Wenn z. B. in einem Bilderbuch die Szene „Arbeiten auf der Baustelle" abgebildet ist, könnten die Erzieherinnen mit den Kindern eine nahe Baustelle aufsuchen, um zu überprüfen, ob das Dargestellte auch „richtig" abgebildet ist.

II. MEDIENANGEBOTE

Erzieherinnen sollten sich überlegen, was sie mit Bilderbüchern bei den Kindern bewirken wollen, z. B. bewusstes Beobachten und Erkennen von Bildeinzelheiten, erste Beurteilung des Gesehenen oder die Schulung der Sprachfähigkeit. Ebenso wichtig sind aber thematische Vorüberlegungen: Welches Thema ist gerade in der Gruppe aktuell? Gibt es Probleme und Interessen, die über Bücher bearbeitet oder vertieft werden können? Oder umgekehrt: Welches Buch kann die Erzieherin einsetzen, um von ihr vorgegebene Themen zu verfolgen?

Ein „Bilderbuchkino", die im abgedunkelten Raum projizierte Diareihe zu vorher fotografierten Büchern, wird bereits in vielen Kindergärten eingesetzt. Mit guten Kameras und handelsüblichen Projektoren lassen sich solche Reihen selbst herstellen, falls nicht auf die verfügbare Ausleihe öffentlicher Büchereien zurückgegriffen werden kann.

Empfehlenswert ist auch, gemeinsam mit den Kindern und Kolleginnen Buchhandlungen und öffentliche Bibliotheken zu besuchen. In vielen Buchhandlungen und Bibliotheken gibt es spezielle Kinderabteilungen. Die dort arbeitenden Buchhändlerinnen oder Bibliothekarinnen helfen meist gerne bei der Auswahl.

Eine weitere Möglichkeit, Kinder für Bücher zu begeistern, besteht darin, diejenigen zu einem Gespräch einzuladen, die an der Entstehung eines Bilderbuchs maßgeblich beteiligt sind: Autoren, Illustratoren, Übersetzer, Lektoren. Auch der Besuch einer Druckerei ist für Kinder spannend und anregend. In vielen Städten bieten die Kulturämter oder andere Institutionen spezielle Autorenlesungen für Kinder an. Erzieherinnen können sich mit solchen Veranstaltern in Verbindung setzen und eine Lesung organisieren.

KITSCH UND KUNST

Was Kitsch von Kunst unterscheidet, ist nur im Vergleich zu ermitteln. Bücher mit künstlerischem Anspruch heben sich durch eine ungewöhnliche Bildsprache oder Gesamtgestaltung vom Durchschnitt ab. Jedes Buch stellt ein Original dar, das zu neuen Abenteuern anregen möchte. Das lässt sich besonders gut am Bilderbuch von Maurice Sendak *Wo die wilden Kerle wohnen* (Diogenes, Zürich) nachweisen. Hier begegnen dem Kind ungewöhnliche Gestalten, die es noch nie zuvor zu betrachten gab. Die Zeichnungen zeigen uns grimmige, individuell gestaltete Monster, denen der Knabe Max im Wolfsfell gegenübertritt. Jedes Ungeheuer hat ein anderes Fell- oder Schuppenkleid.

PRINTMEDIEN

Traum und Wirklichkeit scheinen unlösbar ineinander verwoben. Die dramatische Bildinszenierung des Buchs arbeitet mit kleinen, danach immer größer und größer werdenden Bildern, die sich schließlich zu einer Weltbühne ausdehnen. Passend zur Geschichte ist die Farbigkeit: Die Wahl von vorwiegend grünen und bläulichen Tönen hilft mit, die Atmosphäre im Schwebezustand zwischen Wachsein und Träumen zu verdichten.

Ausgehend von einer scheinbar alltäglichen Situation, dem Konflikt zwischen Mutter und Kind, geraten wir in ein vermeintlich bedrohliches Traumland, aus dem nur durch mutigen Einsatz die Rückkehr in den Alltag wieder möglich ist. Der Trotz des Knaben Max wird nicht gebrochen. Das Kind gewinnt Autonomie und Selbstbehauptung. Die unsichtbar bleibende Mutter lässt ihr Kind gewähren und akzeptiert seine Haltung, denn am Ende steht Max' Mahlzeit noch immer zum Verzehr bereit. Das filmische Moment der rasenden Zeit ist in die Geschichte fugenlos integriert, denn offenbar läuft die Handlung in so kurzer Zeit ab, dass nicht einmal die unterbrochene Mahlzeit kalt werden konnte.

Ein „kitschiges" Bilderbuch hingegen sucht nicht, entdeckt nicht, schlägt nichts vor. Im Gegenteil: Es vereinfacht, vereinheitlicht, erschöpft sich in Klischees. Seine Oberflächlichkeit und sein Mangel an Genauigkeit machen verständlich, wieso viele Eltern und Erzieherinnen ihre Kinder davor „bewahren" möchten. Dabei kommt jedoch der größte Widerstand meist von den Kindern selbst. Erwachsenen- und Kindergeschmack klaffen oft meilenweit auseinander. Es ist nicht nötig, Kinder vor Kitsch zu „schützen". Schließlich erhält das „Verbotene" dadurch noch zusätzlichen Reiz. Vielmehr sollten Eltern und Erzieherinnen die Möglichkeit ergreifen, auch mit kleineren Kindern

II. MEDIENANGEBOTE

ansatzweise über kitschige und künstlerische Bilder zu sprechen. So können neue Standpunkte erkundet, Vergleiche gezogen und letztlich auch Entscheidungen gefällt werden.

Die persönliche Geschmacksbildung ist ein langer Prozess. An erster Stelle steht hierbei die Auseinandersetzung des Kindes mit seiner Umwelt. Erst durch ein ständiges Spiel von Abgrenzung und Annahme kann sich ein ganz persönlicher Geschmack herausbilden, der nicht unbedingt mit dem der Erwachsenen übereinstimmen muss.

ZUSAMMENFASSUNG

Bilderbücher sind insbesondere für Kinder zwischen zwei und zehn Jahren gedacht. Ihr wesentlichstes Merkmal ist die Dominanz des Bildes über den Text. Den Gestaltungsweisen scheinen angesichts der großen Vielfalt keine Grenzen gesetzt.

Bilderbücher können Mittel sein, die Sprach- und Denkleistung der Kinder zu fördern und zu trainieren. Mit den Bilderbüchern besteht das Kind Abenteuer, wird seine Neugierde geweckt, lernt es zu kombinieren und zu assoziieren. Neben ihrer Unterhaltungsfunktion bieten Bilderbücher auch Hilfe und Anregung bei der Realitätsbewältigung der Kinder. Sie können dazu dienen, die eigene Umwelt zu erklären und zu verstehen.

So wie die Gestaltungsmöglichkeiten des Bilderbuchs vom Comic-Stil bis hin zu hochwertigen künstlerischen Illustrationen reichen, umfasst die Themenvielfalt sowohl Märchendarstellungen als auch problemorientierte, gesellschaftskritische Inhalte.

PRINTMEDIEN

Bei der großen Auswahl der Bilderbücher gibt es eine Diskrepanz zwischen Kitsch und Kunst. Was Erwachsene möglicherweise als „furchtbar kitschig" empfinden, können Kinder heiß und innig lieben. Hier sollte das Kind nicht davor „bewahrt" werden, sondern vielmehr die Möglichkeit gezeigt bekommen, zu vergleichen und auch selbst zu entscheiden.

FRAGEN ZUR DISKUSSION UND ÜBUNGEN

(1) Betrachten Sie das Bilderbuch *Die Häschenschule* von Koch-Gotha. Warum ist dieses Buch auch heute noch bei Kindern so beliebt? Was vermittelt es den Kindern?

(2) *Der Regenbogenfisch* von Markus Pfitzer ist ein Bestseller. Es gibt Fachleute, die das Buch als kitschig empfinden. Können Sie Anhaltspunkte für diese Einstellung finden?

(3) Gehen Sie in die Bilderbuchabteilung einer Buchhandlung und schauen Sie sich die ausgestellten Bücher an. Welches würden Sie spontan kaufen? Beschreiben Sie die Gründe, die Sie zum Kauf veranlasst hätten.

(4) Gehen Sie in die Bibliothek und stellen Sie ein Bilderbuchpaket, z. B. zu den Themen „Eifersucht", „Freundschaft" oder „Scheidung" zusammen. Diskutieren Sie in Ihrer Arbeitsgruppe die Auswahl und beurteilen Sie die didaktische, sprachliche und ästhetische Aufbereitung des Themas (siehe dazu auch „Beurteilungskriterien" S. 111).

(5) Gibt es Bilderbücher, die Ihnen als Kind gut gefallen haben und die Sie heute als kitschig empfinden? Was genau hat Ihnen damals daran gefallen? Wieso empfinden Sie die Bücher heute als kitschig?

(6) Nennen Sie Bilderbücher, die Ihnen gar nicht gefallen, die aber bei Kindern sehr beliebt sind. Sammeln Sie die Argumente der Kinder für diese Bücher. Können Sie die Argumente akzeptieren und so stehen lassen, oder sollten Sie bewertend eingreifen?

II. MEDIENANGEBOTE

KINDERLYRIK

FRAGEN ZUM EINSTIEG

(1) Erinnern Sie sich an einen Vers, der Ihnen noch aus der Kindheit bekannt ist?

(2) Nutzen unsere Kinder Abzählreime bei ihren Spielen und haben sie noch Spaß an Fingerversen?

(3) Werden in Ihnen bekannten Familien oder Gruppen noch Einschlaf- und Wiegenlieder gesungen oder Scherzgedichte genutzt, um eine ernste Situation zu entspannen? Wenn ja, welche?

(4) Kennen Sie Unsinnverse bzw. Gedichte von einer verkehrten Welt?

Kinderlyrik wendet sich an Kinder aller Altersgruppen. Für kleine Kinder sind Fingerverse und Kniereiter, Abzählreime, Trostreime, Schlaflieder und kurze Gedichte geeignet. Zur Kinderlyrik gehören zum einen uralte, teilweise ins gesungene Lied übergegangene Reime und Verse, deren Herkunft anonym ist und bis in frühere Jahrhunderte zurückreicht. Zum anderen umfasst Kinderlyrik Verse, Reime und Gedichte, die Dichter unserer Zeit verfasst haben. Zur Kinderlyrik zu rechnen sind aber auch die von Kindern selbst geschaffenen Verse und Gedichte.

Während im 18. oder 19. Jahrhundert Kinderlyrik als Erziehungsmittel diente und Reim und Rhythmus lediglich die Moral transportierten, wandelte sich diese Zeigefinger-Pädagogik Anfang des 20. Jahrhunderts: Man entdeckte den Eigenwert der Kindheit. Immer mehr Dichter stellten sich mit den Kindern auf eine Stufe und versuchten, aus deren Perspektive heraus zu schreiben (z. B. Christian Morgenstern und Joachim Ringelnatz). Die Kinderliteratur öffnete sich für das Lebensumfeld und für politische Themen: Naturschutz, Tod, Straßenverkehr – aber auch das eigene Ich, der Körper, Zärtlichkeit und Sexualität tauchten erstmals in den Texten auf. Wesentlich ist dabei die Abkehr von Verhaltensanweisungen. Es entstand eine Alltagslyrik für Kinder, die nicht vordergründig belehren soll, sondern mit Hintersinn und einem Augenzwinkern geschrieben wurde.

PRINTMEDIEN

Wie kein anderes Medium sind Fingerverse, Kniereiter, Abzählreime und Spaßverse dazu geeignet, mit Kindern Sprach-, Sing- und Bewegungsspiele durchzuführen. Oft weist der Text schon darauf hin, dass körperliches Mittun gefordert ist. Bei Fingerversen werden ja nicht nur die Finger und Hände eingesetzt, sondern das Gesicht und der ganze Körper. Vielfältige Vorlagen können spielerisch umgesetzt werden.

THEMENFELDER

Alte Kinderreime werden oftmals durch Großeltern und ältere Menschen weitergegeben. Inhaltlich beziehen sie sich vorwiegend auf traditionelle Themen und zum Teil auf in Vergessenheit geratenes Kulturgut, wie z. B. die Darstellung von Handwerken und Berufszweigen, die es heute nicht mehr gibt. Manche alten Kinderreime transportieren aber auch Vorurteile. Erinnert sei nur an die *Zehn kleinen Negerlein*.
Neuere Fingerverse und Kniereiter haben als Themen und Motive die nächste Umwelt des Kindes, Eltern, Familie, Wohnung und Nachbarschaft, ferner Märchenmotive, utopische und fantastische Themen. Auch die Traumwelt spielt in der Kinderlyrik eine große Rolle. Die Übergänge von Kinderlyrik und -gedichten zum Liedgut für Kinder und zum Volkslied sind fließend. Viele Gedichte sind vertont worden, z. B. *Hänsel und Gretel verliefen sich im Wald* und *Es geht ein Bibabutzemann*.
Die Kinderlyriker unserer Zeit haben die Themen und Formen des Kindergedichts erheblich erweitert. Neben Heiterem und Unterhaltsamem finden wir in den Gedichten von James Krüss, Josef Guggenmos und Peter Hacks auch Nachdenkliches oder Gedichte mit gesellschaftskritischem Anspruch.

FORMALES

Das alte Volksgut der Kinderlyrik wurde in erzählender Balladenform von Generation zu Generation überliefert: *Der Herr, der schickt den Jockel aus, Die Vogelhochzeit, Das bucklicht Männlein* sind Beispiele dafür. Der in diesen Gedichten immer präsente moralisierende Zeigestock war durch die erzählende Gedichtform am besten zu übermitteln. Solche in Erzählreimen geschriebenen, belehrenden Gedichte sind selten geworden. Heute dominiert stattdessen eine Alltagslyrik, die ebenso wie die Erwachsenenlyrik eine grenzenlose Vielfalt an Form, Stil und Inhalt aufweist.

II. MEDIENANGEBOTE

Der größte Teil der gegenwärtigen Kinderlyrik bevorzugt die kurze, knappe Form:

> Haben Katzen auch Glatzen?
> So gut wie nie!
> Nur die fast unbekannte
> so genannte Glatzenkatze
> die hat 'se
> und wie!
> *(Michael Ende)*

Länger ausgesponnene Erzählgedichte, wie z. B. *Was macht die Maus am Donnerstag?* (Josef Guggenmos) sind eher die Ausnahme.

PÄDAGOGISCHE BEDEUTUNG

Die meisten Abzählreime, alte und moderne, alle Kniereiter, Fingerverse und Trostlieder sprechen das Kind ganzheitlich an. Sie setzen Kontakt und körperliche Berührung voraus. Die Finger verwandeln sich zu Realfiguren, aber auch zu Märchen- und Fantasiegestalten, zu magischen Wesen oder anderen Geschöpfen, die eine ganz eigene Sprache sprechen. Viele dieser frühen Reime wandern über Finger, Hände, Kopf, Schultern und Arme. Sie fordern beinahe automatisch eine rhythmische Begleitung heraus, sei es durch Sprechen, Singen, Stampfen, Klatschen oder mit Hilfe von Klanghölzern, Klappern, Rasseln und Trommeln. So wird auch die motorische Entwicklung gefördert.

Werden Kinder schon früh mit diesen elementaren Anfängen lyrischer Sprache vertraut gemacht, lernen sie diese sehr schnell auswendig. Das setzt natürlich voraus, dass Erzieher und Erzieherinnen einen Grundstock dieser Literatur auswendig können und jederzeit verfügbar haben. Kinderreime können in allen nur erdenklichen Situationen eingesetzt werden. Kinderlyrik der unterhaltsamen Art, Sprachspielereien, laut- und klangimitierende Verse, verdrehte und scheinbare Sinnlosigkeiten bieten ein unerschöpfliches Vergnügen. Aus purer Lust an Sprachspielen beginnen Kinder oft von selbst, Worte zu verdrehen, Silben rückwärts zu sprechen und wieder neu zu verbinden. Die nächste Stufe der Entwicklung wird durch die Erfindung eigenständiger „Geheimsprachen" markiert.

PRINTMEDIEN

Kindern macht es sehr viel Spaß, sich über die Erwachsenen lustig zu machen, sich über ihre Gebote oder Verbote lachend hinwegzusetzen und geltende Tabus zu brechen:

Eine kleine Micki	Ene mene Mopel
Muss mal Pipi	Du frisst Popel
Macht vorbei	Süß und saftig
Du bist frei.	Einemarkundachtzig
(Peter Rühmkorf)	Einemarkundzehn
	Und du musst gehen.
	(anonym)

Kinderlyrik kann somit zu einer Art Freiraum werden, in dem Kinder das aussprechen, was sie sonst nicht zu sagen wagen: Autoritätspersonen wie Eltern und Erzieher (später Lehrer) werden lächerlich gemacht. Obszönes und Vulgäres wird beim Namen genannt. Dabei spielt auch der soziale Aspekt des gemeinsamen Erfindens und Singens eine wesentliche Rolle.
Von Kindern selbst geschaffene Reime und Verse können somit durchaus zur Abgrenzung von den Erwachsenen dienen. Ebenso wie Respektspersonen angegriffen und Tabus gebrochen werden, wird auch der Sprache selbst ihre Autorität genommen: Nonsens-Gedichte und Wortspielereien zeigen, dass Sprache veränderbar ist und zum grenzenlosen Spiel werden kann.
Die Respektlosigkeit vor gesellschaftlichen Tabus ist zwar manchmal für Erwachsene schockierend, hat aber durchaus ihre Berechtigung: Nirgends können Grenzen besser überschritten und auf ihre Festigkeit hin überprüft werden. Es ist ihre befreiende Funktion, die Kinderlyrik für Kinder so attraktiv macht.

IDEEN UND VORSCHLÄGE ZUM EINSATZ VON KINDERLYRIK

Kinderlyrik kann in vielen unterschiedlichen Situationen im Kindergartenalltag eingesetzt werden, z. B. als Trost-, Glückwunsch- und Abschiedsverse. Aber sie eignet sich auch hervorragend zur Entwicklung eigener kleiner Spielszenen, die dann bei Festen aufgeführt werden können, wie das vertonte Gedicht *Elf kleine Hexenfrauen* von Barbara Cratzius (Impulse), das gut zum Karneval aufgeführt werden kann. Erzieherinnen sollten den Kindern durch Requisiten Anregungen zur Ausgestaltung solcher Spielszenen geben, ihnen aber großen Freiraum bei der Umsetzung lassen. Kindern macht es großen Spaß, bekannte

II. MEDIENANGEBOTE

Verse weiterzudichten. Besonders beliebt dafür sind Nonsens- und Quatschgedichte.

Bewährt hat sich auch der Einsatz von Hörkassetten, auf denen die unterschiedlichsten Formen der Kinderlyrik, meist musikalisch untermalt, festgehalten sind. Sie sind ein weiteres gutes Medium, um sich ein Grundwissen in diesem Bereich anzueignen und können mit Kindern gemeinsam genutzt werden.

Empfehlenswert für die Beschäftigung mit Kinderlyrik sind folgende Bücher: Joachim Gelberg: *Die Stadt der Kinder* und *Überall und neben dir* (Bitter, Recklinghausen, und Beltz & Gelberg, Weinheim), der Sammelband *Das große Buch der Kinderreime* (Diogenes, Zürich) sowie die Sammlungen von Peter Rühmkorf (*Über das Volksvermögen*, Rowohlt, Reinbek) und Hans Magnus Enzensberger (*Allerleirauh*, Insel und Suhrkamp, Frankfurt).

ZUSAMMENFASSUNG

Kinderlyrik umfasst sowohl Kinderlieder als auch Kinderreime. Man unterscheidet dabei zwischen Kinderkunstlyrik von Dichtern unserer Zeit und Kindervolkslyrik, die von Generation zu Generation mündlich weitervermittelt wurde. Zur Kinderlyrik gehören jedoch auch die von Kindern selbst geschaffenen Verse und Reime.

Vor allem die Kindervolkslyrik kann als ständige Aufforderung zum Spielen verstanden werden: Spielerisch dient sie der Unterhaltung, Belehrung, Erklärung oder auch Problemlösung. Auch Tabus können mit ihr gebrochen werden, ohne dass es der Betreffende übel nehmen kann.

FRAGEN ZUR DISKUSSION UND ÜBUNGEN

(1) Wie gehen Sie in der praktischen Arbeit im Kindergarten mit beleidigenden und obszönen Versen der Kinder um? Wo sehen Sie eine Grenze und bremsen derartige Aktivitäten?

(2) Versuchen Sie, in kleinen Arbeitsgruppen selbst Nonsensgedichte oder Abzählreime zu entwerfen. Wählen Sie ein Thema als Grundelement.

(3) Stellen Sie alle Fingerspiele, Abzählreime u. Ä., die Sie kennen, in einer eigenen Sammlung zusammen.

PRINTMEDIEN

MÄRCHEN

> **FRAGEN ZUM EINSTIEG**
>
> (1) Welches waren Ihre Lieblingsmärchen?
>
> (2) Welche Märchen haben Ihnen Angst gemacht?
>
> (3) Kennen Sie Märchen durch Vorlesen oder eher durch Erzählen?
>
> (4) Gibt es Märchen, die Sie auswendig erzählen können?

Volks- und Kunstmärchen richten sich an alle Leser und Hörer, unabhängig vom Alter oder Geschlecht. Die Entwicklungspsychologin Charlotte Bühler hat den Begriff des Märchenalters (vier bis fünf Jahre) geprägt, der sich besonders auf das Kind der Vorschulstufe bezieht und eine mythisch-magische Entwicklungsphase einkreist. Märchen jeder Art, ob als Bilderbuch, Einzelmärchen oder Märchensammlung, spielen im Erziehungsprozess der Kindertagesstätte eine wichtige Rolle. Zur existenzialen Bedeutung der Märchen für Kinder meint der Kinderpsychologe Bruno Bettelheim:

„Die psychologischen Probleme des Heranwachsens sind vielfältig. Das Kind muss narzisstische Enttäuschungen, das ödipale Dilemma und Geschwisterrivalitäten überwinden, es muss sich aus kindlichen Abhängigkeiten lösen und Selbstbewusstsein, Selbstwertgefühl und moralisches Pflichtbewusstsein erwerben. Um diese Probleme zu meistern, muss es verstehen, was sich in seinem Unbewussten abspielt. Dieses Verständnis und diese Fähigkeit erringt es nicht durch rationales Erfassen seines Unbewussten, sondern nur, indem es mit ihm vertraut wird: indem es als Reaktion auf unbewusste Spannungen über entsprechende Elemente aus Geschichten nachgrübelt, sie neu zusammensetzt und darüber fantasiert. Dabei formt das Kind unbewusste Inhalte zu bewussten Fantasien, die es ihm dann ermöglichen, sich mit diesem Inhalt auseinander zu setzen. In dieser Hinsicht haben die Märchen einen unschätzbaren Wert, weil sie der Fantasie des Kindes neue Dimensionen eröffnen, die es selbst nicht erschließen könnte. Was noch wichtiger ist: Form und Gestalt der Märchen bieten dem Kinde Bilder an, nach denen es seine Tagträume ausbilden und seinem Leben eine bessere Orientierung geben kann." (Bettelheim, 1999, S. 13).

II. MEDIENANGEBOTE

Man unterscheidet Märchen, je nach ihrem Ursprung, in Volks- und Kunstmärchen. Volksmärchen sind älter. Sie wurden bis vor etwa 200 Jahren vornehmlich in mündlicher Form überliefert. Erst zu Beginn des 19. Jahrhunderts haben Johann Karl August Musäus und die Gebrüder Grimm diese mündlichen Überlieferungen gesammelt und aufgeschrieben.

VOLKSMÄRCHEN

Die Herkunft der Volksmärchen ist nicht genau festzulegen. Einige Märchenforscher verfolgen ihre Ursprünge zum Teil bis in die vorchristliche Zeit zurück. Andere gehen davon aus, dass Märchen ursprünglich ein Mittel der niederen Stände waren, sich zu solidarisieren und Widerstand gegen die Mächtigen zu leisten. Wieder andere vertreten die Auffassung, der Ursprung der Märchen sei in der Seele des Menschen zu suchen. Demnach hätten Menschen aller Völker gemeinsame Urideen und Urbilder, aus denen sich Märchen, Mythen und Sagen entwickeln. Der Tiefenpsychologe C. G. Jung bestätigte und begründete diese These der Märchenentstehung in seiner Lehre vom kollektiven Unbewussten, dessen Inhalte die archetypischen Bilder und Symbole seien. Diese Urbilder fänden sich in allen Mythen und Märchen dieser Welt wieder.

FORMALES

Der Aufbau der meisten Märchen ist klar und einfach: Die Handlung ist überschaubar, straff gegliedert und meist in drei Schritten dramatisch zugespitzt. Diese Dreier-Strukturierung kommt Kindern sehr entgegen. Die Handlung wird durch die dreimalige Wiederholung bzw. Steigerung übersichtlich. Auch die Eingangs- und Schlussformeln der Märchen wie „Es war einmal…" oder „Wenn sie nicht gestorben sind…" und formelhaft wiederkehrende Sätze erleichtern es den Kindern, der Handlung zu folgen und die emotionale Anspannung zu bewältigen. Zumindest bei den meisten europäischen Volksmärchen gibt es ein versöhnliches und ausgleichendes Ende, das die gute Ordnung wieder herstellt.

Ein weiteres Kennzeichen der Volksmärchen ist die Flächenhaftigkeit der Darstellungen. Dazu gehört die Unbestimmbarkeit der Region, in der das Märchen spielt. Es werden keine genauen Orts- und Landschaftsangaben, sondern nur ungefähre Zuweisungen vorgenommen, z. B.: „In einem finsteren, finsteren Wald…", „Hinter den Bergen bei den sieben Zwergen…". Ebenso bleiben Zeitabläufe unbestimmt und

PRINTMEDIEN

werden mit „Es war einmal", „Viele Jahre später" oder „Vor langer Zeit" umschrieben. Auch die Märchengestalten selbst werden nicht ausführlich charakterisiert, sondern ihre Eigenschaften nur knapp skizziert. Der Mut oder die Güte des Helden werden vielmehr sofort in Handlungen ausgedrückt. Diese Flächenhaftigkeit eröffnet den Kindern Fantasieräume, in denen sie sich die Figuren und Landschaften ausmalen können.

Wirkliches und Außerwirkliches in einer Welt zugleich zu erleben, ist für Kinder sehr anziehend. In den Märchen sind alle Grenzen aufgehoben; Mysteriöses und Reales wirken unlösbar ineinander, ohne dass dies einer besonderen Erklärung bedürfte: Menschen können fliegen, sich unsichtbar machen, sich verwandeln und mit Hexen, Elfen, Riesen und Tieren sprechen, als wären diese ihresgleichen.

Das Volksmärchen lebt von deutlichen Kontrasten. Die Gegensätze schön und hässlich, gut und böse, arm und reich treten immer scharf hervor. Die Märchenfiguren werden nicht als individuelle Persönlichkeiten charakterisiert, sondern als Typen gezeichnet. Auch die Rollenzuweisung scheint fest zementiert: Jungen oder Männer sind meist die aktiven Helden, Frauen und Mädchen dagegen treten eher in passiven Rollen auf wie in *Dornröschen* oder *Schneewittchen*. Ein Gegenbeispiel ist allerdings *Hänsel und Gretel*; hier ist das Mädchen die Aktive, stößt die Hexe in den Ofen und rettet Hänsel.

Die meisten Volksmärchen sind von striktem Rechtsbewusstsein und festem Normengefüge bestimmt. Der Sieg der Gerechtigkeit fordert erbarmungslose, häufig tödliche Strafen für die begangenen Untaten: In *Hänsel und Gretel* wird am Schluss die Hexe verbrannt. Bei *Frau Holle* wird die Pechmarie mit heißem Pech übergossen. In *Schneewittchen* muss die Stiefmutter sterben. Über die Wirkung der dargestellten Grausamkeiten wurde immer wieder sehr kontrovers diskutiert. Viele Pädagogen haben die Anwendung von Gewalt zur Lösung von Konflikten heftig angegriffen.

FRAGEN ZUR DISKUSSION

Diskutieren Sie die folgenden zwei Positionen, die sich über Grausamkeiten in Märchen äußern. Welcher Meinung würden Sie zustimmen und warum?

„Die Kinderfantasie kann aber auch überreizt werden durch zu viel Märchennahrung, und wenn die Empfänglichkeit des Kindes für Schauer-

II. MEDIENANGEBOTE

geschichten genährt wird, so dass Furcht und Aberglauben einwurzeln. So schön z. B. die Grimmschen Märchen in ihrer volkstümlichen Eigenart uns Erwachsenen erscheinen, den Kindern im Kindergarten dürfen wir sie nicht unverändert erzählen. Die böse Stiefmutter z. B. muss verschwinden; die Gerechtigkeit muss in allen Geschichten siegen. Seit mir einmal nach dem Erzählen von Rotkäppchen ein Kind gesagt: „Der böse Wolf durfte doch nicht die gute Großmutter auffressen; da hat der liebe Gott sie nicht gut beschützt", erzählte ich künftig: die Großmutter war gerade ausgegangen und hatte die Türe offen gelassen, als der Wolf in ihr Haus kam" (Mecke, 1913).

„Fasste man (Märchen) als Tatsachenberichte auf, so wären sie wirklich in jeder Beziehung empörend, grausam, sadistisch und alles mögliche. Die Darstellung des Bösen und Grausamen im Märchen will klare Verhältnisse schaffen. Das Märchen entfernt den Helden von zu Hause, wie auch immer. Freiwillig oder unfreiwillig. Warum diese Härte? Der Held soll aus alten Bindungen abgelöst und isoliert werden. Denn er muss ja wachsen und reifen. Seine Prüfungen sind oft grausam, sehr grausam. Aber sie dienen dazu, die Unerschütterlichkeit und Lauterkeit des Helden, die Hilfe der guten Mächte, ihre Treue und Kraft, aber auch das Ausmaß des Bösen überzeugend genug zu beweisen" (Schaufelberger, 1987, S. 99).

KUNSTMÄRCHEN

Kunstmärchen entstanden im 19. Jahrhundert. Im Gegensatz zum Volksmärchen ist hier der Verfasser bekannt. Die im deutschsprachigen Raum bekanntesten Autoren sind der dänische Märchendichter Hans Christian Andersen (1805-1875) und der deutsche Erzähler Wilhelm Hauff (1802-1827). Kunstmärchen sind in der Regel anspruchsvoller und länger als Volksmärchen, obwohl sie viele Motive der Volksmärchen aufgreifen und weiterspinnen. Autoren unseres Jahrhunderts, wie z. B. Hermann Hesse und Michael Ende, haben die Form des Kunstmärchens aufgenommen. Auch in den Kunstmärchen gibt es viele für Kinder ansprechende und herausfordernde Aspekte: Tiere, Steine und Pflanzen, die menschliche Stimmen haben, fantastische Elemente und viel Staunenswertes. Kunstmärchen und Volksmärchen wollen Hörer, Leser und Betrachter verzaubern, sie aus dem Alltag entrücken.

PRINTMEDIEN

PÄDAGOGISCHE BEDEUTUNG VON MÄRCHEN

Die Frage, ob Märchen als wertvolles Medium für die Kindererziehung betrachtet werden können, ist vor allem in den 70er und 80er Jahren vehement diskutiert worden. Kritiker betonen, die Märchen, vor allem die der Brüder Grimm, seien überholt und zeigten eine Welt, die längst vergangen sei. Die in Märchen vermittelten Machtstrukturen, das Wirken von Königen, Fürsten und Mächtigen der Kirche seien reaktionär, ebenfalls die Darstellung von Frauen- und Männerrollen in festgefügten Strukturen. Kinder lernten aus Märchen nicht, autonome und selbstbestimmte Persönlichkeiten zu werden, sondern hilfesuchend auf Wunder zu warten. Auch sprechende Tiere, Pflanzen und Steine sowie logisch nicht erklärbare Wunderkräfte förderten nur irrationale Denk- und Verhaltensweisen. Die direkte Folge dieser Auseinandersetzung war ein Bücherboom von „Anti-Märchen", oft sehr erheiternd und unterhaltsam geratene Variationen, Parodien und Gegenentwürfe der ursprünglichen Märchen. Hierzu gehören beispielsweise F. K. Waechters Anti-Struwwelpeter (Diogenes, Zürich) und Iring Fetchers *Wer hat Dornröschen wachgeküsst?* sowie *Janosch erzählt Grimms Märchen* (Beltz & Gelberg, Weinheim).

Allen Einwänden zum Trotz wird heute der Einsatz von Märchen in der Kindererziehung sehr befürwortet. Märchen sind mehr als eine anspruchsvolle Unterhaltung. Sie ermöglichen dem Kind, seine Fantasie zu entfalten, Urmotive menschlichen Verhaltens nachzuempfinden und vielleicht auch schon kritisch zu überdenken. Gerade wenn uns in Märchen Normen, Rechtsprechung und Strafen als nicht mehr verbindlich erscheinen, können wir mit den Kindern in fruchtbare und fördernde Diskussionen einsteigen. Den bekannten Hausmärchen, in denen die männlichen Helden dominieren, sollten Märchen mit Mädchengestalten gegenübergestellt werden. Die Sammlung von Ethel Johnston und Gabriele Phelps ist dabei hilfreich: *Mensch Märchen. Die schönsten Märchen von schlauen Mädchen.* 40 Märchen aus unterschiedlichen Ländern und Regionen zeigen Frauen und Mädchen in aktiven Rollen (Elefanten Press, Berlin).

II. MEDIENANGEBOTE

FRAGEN ZUR DISKUSSION

Diskutieren Sie die beiden folgenden Textstellen zum Thema „Märchen als Beschreibung damaliger Lebensrealität". Welcher Bewertung würden Sie sich anschließen? Finden Sie Beispiele in Märchen, in denen Historisches erkennbar wird.

„Ein Märchen ist ein ‚eingewecktes' Stück historischer, gesellschaftlicher Natur einer bestimmten Zeit, hat also nichts Ewiges, nichts Archetypisches, ist vielmehr ein zeitlich genau bestimmbares (!) Abbild aus dem Museum der menschlichen Geschichte (...) Achten wir darauf, dass ihm (dem Kind) nicht ständig veraltete Modellvorstellungen eingeträufelt werden, die es nicht mehr vorfinden wird und die nicht einmal für unsere Tage gültig sind. Alle Staaten würden zusammenbrechen, wenn sie so regiert würden, wie in den zahllosen Kasperlegeschichten, Märchenmodellen (...) gelebt, regiert und gehandelt wird. Warum aber serviert man trotzdem den literarischen Müll den eigenen Kindern?" (Gmelin, 1972, S. 25-29).

„Oberflächlich betrachtet, lehren Märchen zwar wenig über die Verhältnisse des modernen Lebens in der Massengesellschaft, denn sie wurden erfunden, ehe diese entstand. Über die inneren Probleme des Menschen jedoch und über die richtigen Lösungen für seine Schwierigkeiten in jeder Gesellschaft erfährt man mehr aus ihnen als aus jeder anderen Art von Geschichten im Verständnisbereich des Kindes" (Bettelheim, 1999, S. 11).

IDEEN UND VORSCHLÄGE FÜR DEN UMGANG MIT MÄRCHEN

Am besten werden Märchen erzählt. Erzählen ist eine Kunst, ohne Frage. Doch sie ist erlernbar: Das freie Sprechen vor einer Gruppe kann geübt werden. Gerade Märchen bieten hierfür eine gute Möglichkeit, gehören sie doch zur Erzählliteratur und geben durch ihren klaren Handlungsaufbau, Formeln und Wiederholungen dem Erzählenden ein Geländer, an dem er sich orientieren kann. Erzählen heißt nicht, sich vor eine Gruppe zu stellen und einen Text „herunterzurattern". Erzählen heißt direkte Anrede: „Ich rede mit dir und erwarte Fragen, Antworten, Lob und Kritik." Die Hörer sitzen nicht still und unbeweglich auf ihren Stühlen, sie beteiligen sich aktiv an der Geschichte und sind Gesprächspartner des Erzählenden. „Lern doch mal zuhören" wäre der falsche Ansatzpunkt. Die Zuhörer reden dazwischen, weil sie so gut zuhören. Kinder sind die besten Zuhörer.

PRINTMEDIEN

Sie zeigen allerdings auch sehr deutlich, wenn die Erzieherin sie mit einer Geschichte langweilt. Um dem vorzubeugen, gibt es ein paar Grundsätze, die beim Erzählen beachtet werden sollten: Wichtig ist, sich ganz in die Geschichte hineinzuversetzen, ohne dabei die Zuhörer aus den Augen zu verlieren. Das ist wörtlich gemeint: Der Blickkontakt muss gehalten werden, um die Zuhörer in die Geschichte einzubeziehen. Nach Hans Gärtner sollte z. B.

- „schlüssig,
- zügig,
- bilderreich,
- dem Inhalt angemessen (lustig, besinnlich, traurig, tröstlich),
- ohne schauspielerische „Penetranz",
- den Zuhörenden einbeziehend,
- in Maßen mimisch, vor allem aber die sprechende Hand einsetzend,
- (und) sprachverständlich"

erzählt werden (Gärtner, 1997, S. 44 f.)

Natürlich können Märchen auch vorgelesen werden. Aber wenn die Erzieherin die Märchen mit eigenen Worten erzählt, kann sie in ihrer Wortwahl auf emotionale Reaktionen der Kinder besser eingehen. Die Erzieherin ermuntert die Kinder durch das freie Erzählen, selbst einmal ein Märchen zu erzählen oder eines in eigene Worte zu fassen. Hilfreich dafür sind folgende Impulse:

- Kinder erzählen zu einem gezeigten Märchenbild ihren eigenen Text.
- Von einem weniger bekannten Märchen wird nur das Ende erzählt. Den Kindern bleibt die Aufgabe, die vorangegangenen Ereignisse zu rekonstruieren.
- Von einem weniger bekannten Märchen wird der Schluss ausgespart und nur bis zu einem Höhepunkt erzählt. Wie mag es wohl weitergehen und enden?

69

II. MEDIENANGEBOTE

Kinder erfahren Märchen aber nicht nur durch das Hören. Sie erleben die Märchen im eigenen Tun. Besonders reizvoll kann es für sie sein, die Gestalten der Märchen nach ihren Vorstellungen und Fantasien zeichnen, malen und formen zu dürfen. Sie erleben Märchen aber auch, indem sie Motive und Szenen selbst nachspielen oder im Kindertheater anschauen. In den Kinderstunden des Fernsehens begegnen ihnen Märchen als Trick- oder Spielfilm und als Parodien, etwa in der *Sesamstraße*.

ZUSAMMENFASSUNG

Märchen üben nach wie vor eine große Faszination auf Menschen jeglichen Alters aus. Herkunft und Entstehungsweise unserer Volksmärchen sind weitgehend ungeklärt. Sie wurden mündlich von Generation zu Generation weitergegeben und erst vor ca. 200 Jahren schriftlich festgehalten und gesammelt (z. B. von den Brüdern Grimm). Im 19. Jahrhundert entdeckten Autoren der Romantik das Märchen für sich und schufen so genannte „Kunstmärchen" (z. B. Andersen, Hauff).
Typisch für Märchen sind ihre ritualisierte Form („Es war einmal...") und ihre zahlreichen inhaltlichen Wiederholungen. Ebenfalls charakteristisch für Märchen ist ihre Flächenhaftigkeit: die Unbestimmbarkeit von Ort und Zeit und die typenhafte Darstellung der Figuren. Dabei verwischen die Grenzen von Realität und einer magischen, rätselhaften Welt, was vor allem Kinder im Vorschulalter („Märchenalter") anspricht.
Es empfiehlt sich eine didaktische Auswahl der Märchen. Dabei sollten erzählte oder vorgelesene Märchen mit den Kindern auf ihre Gegenwartsgültigkeit hin überprüft und diskutiert werden.

FRAGEN ZUR DISKUSSION UND ÜBUNGEN

(1) Versuchen Sie, vor der Gruppe ein Märchen Ihrer Wahl frei zu erzählen.

(2) Bereiten Sie einen Elternabend zum Thema „Grausames in Märchen" vor. Entwerfen Sie hierzu auch einen Elternbrief.

(3) Führen Sie im Rollenspiel eine Pro- und Contradiskussion über die pädagogische Bedeutung von Märchen.

PRINTMEDIEN

KLASSIKER DER KINDER- UND JUGENDLITERATUR

Der Begriff „Klassiker" wird zwar häufig gebraucht, ist aber bis heute schwammig geblieben. Er umfasst viele Arten von Kinder- und Jugendbüchern. Klassiker im engeren literarischen Sinn umfassen sowohl Bilder- als auch Textbücher mit kürzeren und längeren Erzählungen. „Klassisch" meint dabei unter anderem zeitlos, an keine Sprach- und Kulturgrenze gebunden, d. h. häufig in andere Sprachen übersetzt und in vielen Ländern der Welt verbreitet. Der Klassikerbegriff umfasst vornehmlich ältere Werke, die unterschiedliche Zeiten und modische Schwankungen überlebt haben. Viele Klassiker der Kinder- und Jugendliteratur waren ursprünglich für Erwachsene gedacht. Erst durch Kürzungen und Veränderungen wurden sie Kindern zugänglich. Klassiker finden wir heute in jeder Veröffentlichungsform, ungekürzt, bearbeitet, stark verkürzt und zum Teil so reduziert, dass der jeweils gewählte Stoff auch als Bilderbuch genutzt werden kann.

In Klassikern werden Grundmuster menschlichen Verhaltens thematisiert, z. B. durchmisst *Robinson Crusoe* von Daniel Defoe, auf einer einsamen Insel gestrandet, in verkürzter Form die Entwicklungsgeschichte der Menschheit, vom Sammler und Jäger zum Ackerbauern. *Gullivers Reisen* von Jonathan Swift war ursprünglich eine Satire auf Missstände der englischen Gesellschaft. Des Helden abenteuerliche Begegnungen mit Riesen, Zwergen und pferdeähnlichen Wunderwesen ließen das Buch jedoch wegen seines Reichtums an ungewöhnlichen, dramatischen Ereignissen bald zum Klassiker der Kinderliteratur werden. *Die Schatzinsel* von Robert Louis Stevenson stürzt einen einsamen Jungen in wilde Abenteuer mit unberechenbaren Seeräubern. Die mehrbändigen *Lederstrumpf*-Geschichten von James Fenimore Cooper führen die Lesenden in die letzte Phase indianischen Widerstands gegen die Übermacht der landgierigen weißen Siedler und Fallensteller in der Neuen Welt. Bis heute aktuell blieben auch Herman Melvilles *Moby Dick* und die sozialkritischen Werke *Oliver Twist* und *David Copperfield* von Charles Dickens.

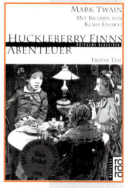

71

II. MEDIENANGEBOTE

Besondere Verbreitung und Beliebtheit erfahren Klassiker mit Kinderhelden: *Entführt* von Robert Louis Stevenson und *Tom Sawyer* und *Huckleberry Finn* von Mark Twain zeigen jugendliche Helden oder Hauptdarsteller im Kindesalter, die sich mit einer vermeintlich übermächtigen Erwachsenenwelt erfolgreich auseinandersetzen. In den Abenteuern des *Pinocchio* von Carlo Collodi gewinnt eine lebende Holzpuppe die Sympathie der Kinder.

Zu den älteren Klassikern der Kinder- und Jugendliteratur gehören neben den bekannten Märchensammlungen die Volksbücher zu *Till Eulenspiegel*, *Die Schildbürger* und die *Lügenmärchen des Münchhausen* von Gottfried August Bürger. Klassische illustrierte Bücher sind *Der Struwwelpeter* von Heinrich Hoffmann und die Bildergeschichten von Wilhelm Busch, vor allem *Max und Moritz*. Neuere „Klassiker" sind zum Beispiel *Wo die wilden Kerle wohnen* von Maurice Sendak, *Die kleine Raupe Nimmersatt* von Eric Carle, und *Frederick* von Leo Lionni.

In modernen Klassikern unseres Jahrhunderts wird das Motiv sich bewährender Kinder weiter durchgespielt und variiert. In Erich Kästners *Emil und die Detektive* ist ein Junge, der sich einer Gruppe Berliner Straßenkinder anschließt, erfolgreich bei der Jagd nach einem Taschendieb. *Heidi* von Johanna Spyri muss sich unter gewandelten Bedingungen städtischen Lebens durchsetzen und behaupten lernen. *Die rote Zora* von Kurt Held zeigt eine weitere Kindergruppe, diesmal angeführt von einem Mädchen, das sich in feindlicher Umwelt behauptet und erfolgreich durchschlägt. *Pippi Langstrumpf* von Astrid Lindgren nutzt vor allem das Moment der fantastischen Übertreibung, um den Beweis anzustellen, dass einem aktiven und entschlussfreudigen Mädchen nichts unmöglich ist.

Weitere „Klassiker der Moderne" sind *Die kleine Hexe* und *Der Räuber Hotzenplotz* von Otfried Preußler und Michael Endes *Momo* und *Jim Knopf*. Bei letzteren Titeln vollzieht sich interessanterweise der umgekehrte Weg: Ursprünglich in einem Kinderbuchverlag publiziert (Thienemanns, Stuttgart) wurden beide Bücher zu Kulttiteln junger Erwachsener.

PRINTMEDIEN

ZUSAMMENFASSUNG

Unter Klassikern der Kinder- und Jugendliteratur versteht man Bücher, die scheinbar zeitlos und an keine sprachlichen und kulturellen Grenzen gebunden sind und somit nicht an Aktualität verlieren. Dabei sind viele dieser Klassiker ursprünglich der Erwachsenenliteratur zuzuordnen. Durch entsprechende Bearbeitungen konnten sie jedoch auch für Kinder und Jugendliche zugänglich gemacht werden. Weder in Gestaltung noch in Thematik sind ihnen Grenzen gesetzt. Sie bilden daher eine Art Querschnitt durch die Literatur.

FRAGEN ZUR DISKUSSION UND ÜBUNGEN

(1) Stellen Sie zusammen, welche Klassiker Sie als Kind oder Jugendlicher gelesen haben: Aus welchen Gründen können Sie bestimmte Klassiker empfehlen? Welche Rolle spielt dabei der eigene Bezug zum jeweiligen Buch?

(2) Welche aktuellen Bücher könnten Ihrer Meinung nach zu Klassikern werden?

ABENTEUERBUCH

Viele der genannten Klassiker gehören zur Abenteuerliteratur. Ihre Merkmale sind vor allem spannende Inhalte sowie Persönlichkeiten und Helden, die sich in ungewöhnlichen Situationen bewähren müssen. Die meisten Abenteuerbücher spielen in fernen Ländern und unter ungewöhnlichen Bedingungen. Zu den klassischen Abenteuermotiven zählen Robinsonaden, Geschichten von gefährlichen Wander-, See- und Flugreisen. Bekannteste zeitgenössische Autorin von Abenteuerbüchern ist Enid Blyton mit ihren Serien *Fünf Freunde* und *Geheimnis um*...-Bücher.

Das moderne Abenteuerbuch nutzt ähnliche Spielräume und Protagonisten, Haupthelden und Darsteller wie das klassische, gibt aber bei Expeditionen, Mondflügen, Wüstendurchquerungen, Tiefsee- und Arktiserkundungen dem technisch bestens ausgerüsteten Team den Vorrang. Im modernen Abenteuerbuch werden die letzten weißen Flecken der Erde erforscht, wird der Zugriff auf ferne Gestirne im Weltraum gewagt. Neben den Weltreisen per Fahrrad und Motorrad wird der Zugang zum Verständnis fremder Länder und ihrer Bewohner zumindest in Ansätzen unter ökologischer Perspektive versucht.

II. MEDIENANGEBOTE

Anspruchsvolle Abenteuerbücher bieten interessante und kritische Einblicke in neue geografische, historische und naturkundliche Gegebenheiten. In den Teilen der Klassiker- und Abenteuerliteratur, die Auskünfte über die Fremde oder andere Welten geben, finden sich natürlich Berührungen zum Sachbuch. Zu empfehlen sind z. B. Liselotte Welskopf-Henrich: *Die Söhne der großen Bärin* (Altberliner Verlag) sowie die Bücher der Autoren Karl Rolf Seuffert (*Die Karawane der weißen Männer*) und Frederik Hetmann (*Amerika-Saga*, Herder, Freiburg). Autoren von trivialen Abenteuerbüchern, wie z. B. *TKKG* von Stefan Wolf (Bertelsmann, München) dagegen lassen ihre Helden in geballten Aktionen und vordergründigen Spannungsbögen konstruierte Konflikte und Scheinprobleme erleben. Diese Spielart der Unterhaltungsliteratur ist meist vom Happy End her aufgebaut. Heldinnen und Hauptpersonen können noch so viele Entbehrungen und Gefahren durchmessen – am Ende findet doch immer der Hans die Grete, kommt der Gebeutelte gesund zu Hause an. Triviale Abenteuer finden sich vielfach in Heftchenform oder in oberflächlich konstruierten Krimi-Taschenbüchern. Das unterschiedliche literarische Niveau ist leicht erkennbar, wenn beide Formen der Abenteuerliteratur nebeneinander gelesen werden. Kinder, die durch Erzieherinnen zu dieser Vergleichslektüre angehalten werden, merken bald, wie mit billigen Effekten größtmögliche Wirkung erreicht werden soll. Der bis heute aktuelle, durchaus aber auch weiterhin umstrittene Karl May liegt mit dem Großteil seiner mehr als 70 Bücher im Grenzbereich der trivialen zur anspruchsvollen Abenteuerliteratur.

PÄDAGOGISCHE BEDEUTUNG

Die Entwicklungspsychologin Charlotte Bühler ließ auf das fantastisch-magisch-mythische „Märchenalter" (vier bis acht/neun Jahre) die Phase des realistisch orientierten „Robinsonalters" (acht bis zwölf Jahre) folgen. Klassische Abenteuerbücher lassen menschliche Bewährung in Krisen und Gefahren miterleben. Ungewöhnliches bestehen, sich durchschlagen, interessiert Kinder wie Erwachsene. Für erzieherische Prozesse ist wesentlich, dass viele Abenteuerbücher zur Identifikation der Lesenden mit den vorgeführten Helden und Leitbildfiguren anregen. Mit klassischer Abenteuerliteratur können Kinder wie Erwachsene den Zugang zu einer erweiterten und vertieften Weltsicht gewinnen. Abenteuerliteratur hat aber auch einen großen Unterhaltungswert. Ihr Handlungsreichtum und die anhaltende Spannung sorgen für eine hohe Lesemotivation. Den Erziehern muss aller-

PRINTMEDIEN

dings auch bewusst sein, dass Kinder triviale Bücher wie *TKKG* massenhaft konsumieren. Sie sollten diese Bücher kennen und sich offen und ohne Vorurteile auf Gespräche darüber einlassen.

ZUSAMMENFASSUNG

In Abenteuerbüchern können Kinder ungewöhnliche und gefährliche Wagnisse mit den Protagonisten bestehen. Charakteristisch für das Abenteuerbuch ist die gesteigerte Dynamik des Handlungsablaufs (Spannung) und die Betonung des Fremdartigen und Außergewöhnlichen. Dabei geben Abenteuerbücher oft Einblicke in geografische, historische oder naturkundliche Zusammenhänge, was einen engen Bezug zu Sachbüchern herstellt. Die Aufgabe der Erzieherinnen liegt vor allem darin, an konkreten Beispielen die Unterschiede zwischen trivialer und anspruchsvoller Abenteuerliteratur mit den Kindern zu diskutieren.

FRAGEN ZUR DISKUSSION UND ÜBUNGEN

(1) Versuchen Sie, sich an die Lektüre Ihres eigenen Märchen- und Robinsonalters zu erinnern!
(2) Stellen Sie Buchtitel zusammen, die Sie zwischen vier und zwölf Jahren gelesen haben und ordnen Sie diese auf der Klassentafel den jeweiligen Phasen zu. Können Sie die Altersangaben für die beiden Phasen bestätigen oder haben Sie andere Erfahrungen gemacht?
(3) Sind Abenteuerheftchen oder triviale Krimis abzulehnen oder sollten sich Eltern und Erzieherinnen freuen, dass Kinder und Jugendliche überhaupt lesen?

KINDERBUCH

Unter Kinderbuch versteht man einerseits das gesamte Angebot von Büchern für Kinder. Andererseits ist Kinderbuch auch ein Teilbereich, der speziell Bücher für Schulkinder im Alter von sechs bis 12/13 Jahren umfasst. Diese Sparte soll im Folgenden näher betrachtet werden. In Kinderbüchern wenden sich die Autoren direkt an die Kinder und beziehen die Leserinnen und Leser in die Erzählung ein. Erich Kästner z. B. verfolgt in einigen seiner Kinderbücher, vor allem in *Emil und die Detektive*, dieses Gestaltungsprinzip. Schon an den Titeln vieler Kinderbücher wird deutlich, dass Mädchen oder Jungen als Handelnde im Mittelpunkt des Geschehens stehen.

II. MEDIENANGEBOTE

FORMALES

Thematisch sind Kindergeschichten keine Grenzen gesetzt. Sie besitzen ähnlich reichhaltige Gestaltungsformen wie die gesamte Literatur überhaupt: Es gibt sowohl Kurzgeschichten als auch umfangreiche Romane. Ursula Wölfel etwa hat Minutengeschichten verfasst, die auch in entsprechender Kürze vor den Lesenden abrollen (*Die grauen und die grünen Felder*, Anrich, Weinheim). Die Geschichten von Peter Härtling *Ben liebt Anna, Oma, Das war der Hirbel* (Beltz & Gelberg, Weinheim) erzählen von wichtigen, existenzprägenden Abschnitten aus dem Leben von Kindern auf jeweils etwa 120 Seiten. Noch umfangreicher sind die Erfolgsbücher von Michael Ende *Jim Knopf und Lukas der Lokomotivführer, Momo* und *Die unendliche Geschichte* (Thienemanns, Stuttgart). Der größte Teil dieser „Longseller" der Kinderliteratur ist verfilmt und liegt auch auf Kassette oder CD als Hörspiel vor (Patmos, Düsseldorf; Hörverlag, München u. a.).

Kindergeschichten lassen sich in viele Untergruppen einteilen. Die einfachste Gliederung ist die in „realistische" und „fantastische" Erzählungen. Realistische Geschichten folgen dabei den Regeln des Alltags; fantastische hingegen setzen Gesetze des wirklichen Lebens außer Kraft. Im Extremfall werden Kinder in eine Welt versetzt, die chaotisch-anarchische Züge aufweist. Beispiele hierfür sind Geschichten von Edward Lear (Insel, Frankfurt), Lewis Carrolls *Alice im Wunderland* und *Hinter dem Spiegel* (Ausgaben Insel, Frankfurt, Neugebauer, Zürich), Otfried Preußlers *Die Kleine Hexe* und Peter Bichsels *Ein Tisch ist ein Tisch* (Luchterhand, Neuwied, Berlin). Die Einteilung in fantastische und realistische Kindergeschichten dient jedoch nur einer ersten Orientierung. Es gibt sehr viele Geschichten, die beide Elemente miteinander verbinden, wo eine genaue Zuordnung nicht möglich ist, z. B. *Die Geschichten vom kleinen Sams* von Paul Maar (Oetinger, Hamburg) und *Pumuckl* von Ellis Kaut (Ueberreuter, Wien).

PRINTMEDIEN

PÄDAGOGISCHE BEDEUTUNG

Die Fülle von Kindergeschichten und ihr Formenreichtum machen den erzieherischen Umgang mit ihnen besonders interessant. Kindern dabei behilflich zu sein, ihren Erlebens- und Erfahrungshorizont zu erweitern, ist ein wesentlicher Aspekt des Umgangs mit Kinderbüchern. Gegenüber den knappen Bilderbuchtexten und der einfachen Form von Kindermärchen oder Tierfabeln werden Kindergeschichten bezüglich Form und Inhalt entsprechend komplexer und anspruchsvoller. Viele Kindergeschichten wenden sich aktuellen Krisen und Schwierigkeiten der Gegenwartswelt zu. Umweltprobleme und die Existenzschwierigkeiten von Kindern in fremden Ländern fordern zur persönlichen Stellungnahme heraus. Diese Bücher bedürfen genauso wie das problemorientierte Bilderbuch einer pädagogischen Begleitung. Mehr noch als in fantastischen Bilderbüchern bieten entsprechende Kindergeschichten größere Möglichkeiten zur Entfaltung kindlicher Vorstellungen und Imagination.

Das Angebot an Kinderbüchern ist sehr groß. Um die Auswahl zu erleichtern, hier ein paar Kriterien, die bei der Beurteilung von Kinderbüchern helfen können:

- Sind die gewählten Themen stilistisch überzeugend?
- Welche mögliche Wirkung hat das Thema auf Kinder?
- Motivieren die Geschichten zum Lesen?
- Wirken die auftretenden Personen überzeugend?
- Ist die Handlung spannend und mitreißend?
- Wirken Ausstattung, Schriftbild, Illustration anziehend, herausfordernd und leserfreundlich?

ZUSAMMENFASSUNG

Kinderbücher sind für Mädchen und Jungen von etwa sechs bis zwölf Jahren gedacht. Sie lassen sich grob in „realistische" und „fantastische" Geschichten unterteilen, wobei die Grenzen fließend sind. Realistische Kinderbücher handeln vom Umfeld der Kinder oder beschäftigen sich mit sozialkritischen und ökologischen Themen. Dabei wird das lesende Kind selbst zum Handelnden und erfährt durch das Buch vielleicht sogar eine Hilfestellung für die Bewältigung des eigenen Alltags. In fantastischen Kinderbüchern werden die Träume und Wünsche der Kinder wahr. Auch sie dienen sowohl zur Unterhaltung als auch zur Emanzipation der Kinder durch Identifikation oder auch Ablehnung des Gelesenen.

II. MEDIENANGEBOTE

FRAGEN ZUR DISKUSSION UND ÜBUNGEN

(1) Fast alle Kindergeschichten haben ein Happy End. Ist dies für Kinder wichtig?

(2) In Kindergeschichten sollte es keine Tabuthemen geben. Stimmen Sie dieser These zu?

(3) Welche Mädchen- und Jungenbilder finden sich in den Blyton-Romanen?

WARUM KINDERBÜCHER SCHREIBEN? – INTERVIEW MIT URSEL SCHEFFLER

ASTRID HILLE

Frau Scheffler, warum schreiben Sie gerade Kinder- und Jugendbücher?

...weil zu der Zeit, als ich zu schreiben anfing, Kinder meinen Lebensmittelpunkt bildeten. Außerdem hatte „das Kind in mir" schon immer Spaß am Geschichtenerfinden. Wenn mich Kinder fragen, warum ich Kinderbücher schreibe, antworte ich meist: „Ich mag beides sehr: Kinder und Bücher. Da liegt es doch nahe Kinderbücher zu schreiben, oder nicht?"

Wie finden Sie Ihre Themen?

...fast immer gibt es Anlässe. Beim Bilderbuch „Alle nannten ihn Tomate" (vgl. Beitrag <Tomate>, S. 274) war es der abgerissene Penner auf der Straße, den meine Kinder nach der Lektüre des „Hotzenplotz" für einen „Räuber" hielten. Da versuchte ich mit einer Geschichte, Beurteilungsmaßstäbe zu differenzieren.
Oft sind eigene Erlebnisse oder Menschen, die mir begegnen, unauffällig in die Geschichten verwoben, aber immer so „verfremdet", dass sie allgemeingültig werden. Die Betroffenen würden sich bestimmt nicht wiedererkennen. Hoffentlich auch der Prüfer vom Finanzamt nicht, den ich zu einem Vampir umfunktioniert habe!

Die Grundideen für meine Krimis finde ich oft in der Presse. Manchmal entsteht die Idee für eine Geschichte im Gespräch mit Lektoren oder Illustratoren. Gelegentlich kommt mir eine Idee auch unverhofft in der U-Bahn, während einer Reise oder direkt am „Tatort", dem Schreibtisch.

Wie sieht der Arbeitstag einer Kinderbuchautorin aus?

Das ist sicher bei jedem Autor anders. Ich bin Frühaufsteherin und schaffe vormittags am meisten. Der Montag vergeht meist mit Korrespondenz: Kinderbriefe, Faxe, Telefonate, E-mails. Anschließend arbeite ich einen Wochenplan aus und nehme mir für bestimmte Tage bestimmte Projekte vor.
Von Zeit zu Zeit wird mein Wochenplan allerdings ganz schön durcheinander wirbelt. Anrufe stören häufig, wenn ich mitten in einer Geschichte stecke und weiterschreiben möchte. Bei „Schreibhemmungen" können sie andererseits eine sehr willkommene Ablenkung

PRINTMEDIEN

sein. Auch sich plötzlich dazwischen drängende Arbeiten an bereits geschriebenen und „abgehakten" Büchern durchkreuzen meinen Wochenplan: Text-Bildabstimmungen mit den Illustratoren oder Lektoren, Korrekturen fertig gesetzter Texte, Kürzungen, Projektbesprechungen, Meinungsverschiedenheiten, Interviews, Diskussionen um Verträge...
Manchmal wird die reguläre Schreibtischarbeit außerdem durch Lesereisen und natürlich auch durch private Dinge unterbrochen.

Sind die neuen technischen Entwicklungen (E-Mail, Fax) eine Hilfe bei Ihrer täglichen Arbeit?

Das Fax lässt sich aus meiner Zusammenarbeit mit Verlagen und Illustratoren gar nicht mehr wegdenken. Außerdem spart man eine Menge Portokosten.
Obendrein bin ich ein Computerfreak. Angestiftet wurde ich vor vielen Jahren von unserem computerbegeisterten Sohn. Das heißt nicht, dass ich ein „Hacker" oder „Spiele-Daddler" bin, aber die Möglichkeiten der digitalen Technik faszinieren mich sehr.
Seit ich die Möglichkeit habe, E-mails zu verschicken, kann ich lange Postwege umgehen. Letztes Jahr habe ich auf diesem Weg sogar Lesereisen nach Kuala Lumpur in Malaysia und Washington vereinbart.

Sie arbeiten für viele verschiedene Verlage. Warum legen Sie sich nicht auf einen fest?

Jeder Verlag hat, wie ein Haremsfürst, viele Geliebte, sprich: Autoren, und keinen stört das. Wenn aber ein Autor für mehrere Verlage arbeitet, fragt man: „Warum gehst du fremd?" Ich erkläre es gern: Meine Zusammenarbeit mit unterschiedlichen Verlagen hat sich im Verlauf von über 20 Jahren ergeben. In einigen Fällen bin ich einem Lektor oder einer Lektorin von einem Verlag zum anderen gefolgt. Oft erfordert das Thema einen bestimmten Herausgeber. Bilderbuchtexte sind zum Beispiel im Ravensburger- oder Nord-Süd-Verlag besser aufgehoben als beim Schneider-Verlag. Dort veröffentliche ich meine beliebten Krimis mit „Kommissar Kugelblitz". Religiöse Themen sind dagegen beim Herder-Verlag an der richtigen Adresse. Ich versuche allerdings, eine bestimmte Art Buch immer beim selben Verlag herauszugeben, das heißt, so lange dieser Verlag das möchte.

Wie wichtig ist Ihnen die Zusammenarbeit mit den Lektoren?

Ein gutes Verhältnis zu meinen Lektoren ist mir besonders wichtig. Mit einem kompetenten und loyalen Lektor oder einer Lektorin wird die Arbeit zum Vergnügen. Inkompetenz und Illoyalität dagegen machen die Lust zum Frust. Da werden mir sicher alle Kollegen zustimmen.
Am meisten Spaß macht es mir, gemeinsam mit dem Lektor Projekte zu entwickeln und sie in die Tat umzusetzen. Wenn erst einmal das Konzept steht und die zündende Idee mich förmlich an den Schreibtisch treibt, ist das oft einem „Motivationsschub" durch den Lektor zu verdanken. Dieses kreative Miteinander stellt den Idealfall dar. Hält man zusätzlich während der Arbeit Kontakt miteinander, hat man im Lektor bzw. in der Lektorin überdies einen wichtigen Ansprechpartner, sollte man sich beim Schreiben mal in eine „Sackgasse" verirren. Gemeinsam lässt sich auch viel besser über optimale Illustrationen, Titelformulierung usw. nachdenken.

Wie würde für Sie das ideale Verhältnis zum Verlag aussehen?

Den idealen Verlag gibt es, glaube ich, genauso wenig wie den idealen Autor. Es gilt hier vieles von dem, was ich bereits über Lektoren gesagt habe. Der Traumverleger, den ich bisher leider nur einmal getroffen habe, sollte auf meinen Vorschlag hin sagen: „Tolles Thema! Schreiben Sie!" und nicht „Gut. Das passt ins

79

II. MEDIENANGEBOTE

Programm. Aber fassen Sie sich kurz! Wir haben nur 64 Seiten. Sinnschritte, Flattersatz, keine schweren Worte, 175 Zeilen und nicht mehr als fünf Worte pro Zeile. Sonst kriegen wir Probleme mit den Lizenzen (Verkauf der Veröffentlichungsrechte in andere Länder)".

Wie gestaltet sich die Zusammenarbeit mit einem Illustrator?

Unsere „multimedialen" Kinder sind es gewohnt, Informationen aus Bildern zu entnehmen. Deshalb weicht bei Bilder- und Kinderbüchern für das erste Lesealter der Text immer weiter zurück. Großzügige Farbbilder sollen den Leseappetit wecken. Die Zusammenarbeit mit den Illustratoren wird daher, wie ich finde, immer wichtiger. Oft habe ich schon während der Entstehung einer Geschichte Kontakt mit dem Illustrator. Wenn die Zusammenarbeit gut funktioniert, tauschen wir per Fax Informationen und erste kleine Bildentwürfe („Scribbles") aus oder treffen uns zwischendurch mal während der Arbeit oder auf der Kinderbuchmesse in Bologna.

Diesmal hab ich dort Julia Ginsbach kennengelernt, die das Bilderbuch „Lea kriegt ein Baby" illustrieren soll. Da sie selbst gerade ihr viertes Baby erwartete, konnte sie Aussagen und Inhalt der Geschichte gleich „life" testen. Manchmal wird aus so einem Teamwork eine richtige Freundschaft: Jutta Timm, die die Bilder für das Buch „Alle nannten ihn Tomate" gemalt und zwanzig andere gemeinsame Bücher illustriert hat, ist seit über zehn Jahren meine beste Freundin.

Wie empfinden Sie die Entwicklung der Verlagslandschaft in Deutschland?

Der Trend geht zu immer größeren, marktbeherrschenden Verlagen, die sich überdies immer ähnlicher werden. Lektoren, Programmleiter und Geschäftsführer wechseln von einem Haus zum anderen und bringen die jeweiligen Autoren, Illustratoren, Philosophien, Konzepte und Erfahrungen mit.

Die Verlagsprofile waren früher klarer. Wenn man heute Kinderbuchtitel nebeneinander legt und das Verlagslogo abdeckt, kann man oft nicht mehr sagen, wer sie herausgebracht hat. Wenn ein Verlag Erfolg mit einer Reihe, einer Ausstattung oder einem Thema hat, finden sich sofort Nachahmer, die so genannten „me-too". Das war früher ebenfalls anders.

Für kleine exotische Verlage und Bücher, die aus dem Rahmen fallen, bleibt nur noch wenig Platz, weil sie den Markt nicht mehr erreichen. Denn auch die Buchhandlungen und Ladenketten werden immer größer und der Trend zum reinen Bestsellermarkt verstärkt sich. Bücher zu Filmen und Fernsehserien, Reihen mit vielen Bänden, verkaufen sich am besten. Das Buch ist nicht mehr in erster Linie ein intellektuelles Werk. Es ist heute ein Produkt, für das Marketing ebenso wichtig geworden ist wie für Waschpulver. Verlage kaufen vermehrt andere Verlage auf und schließen sich wie Autofirmen zu Konzernen zusammen. Der kleine Verleger hat heute kaum noch eine Chance. Seine Vertreter erhalten nur schwer „Audienz" bei den Buchhändlern oder den Einkäufern der Warenhausketten. Wenn bald die Preisbindung aufgehoben und die Buchbestellung via Internet zur Gewohnheit werden, wird es in der Verlagslandschaft noch tiefgreifendere Veränderungen geben.

Welche Erfahrungen machen Sie auf Ihren Lesereisen? Wie wichtig ist für Sie der Kontakt zu Ihren Lesern?

Die Erfahrungen, die ich auf meinen Lesereisen mache, sind vielfältig. Keine Lesung gleicht der anderen. Zwei gleiche Klassen derselben Schule können völlig unterschiedlich auf dieselbe Geschichte reagieren. Mein wichtigstes Ziel besteht darin, Kinder für das Lesen zu begeistern, sie spüren zu lassen, dass die Beschäftigung mit Büchern Spaß macht.

PRINTMEDIEN

Am besten erreicht man das bei den Sechs- bis Zehnjährigen mit spannenden Themen. Es ist das Alter der Abenteuer: man baut Höhlen, schreibt sich Briefe in Geheimschrift usw. Was liegt also näher, als Kinder diesen Alters mit spannenden Piraten- oder Räubergeschichten, Krimis oder anderen Abenteuergeschichten zum Lesen zu verführen?

Bei Lesungen sind auch Geschichten beliebt, die die Zuhörer in die Handlung einbeziehen, wie zum Beispiel bei den „Kommissar Kugelblitz"-Ratekrimis. Kinder in ländlichen Gebieten können sich übrigens besser konzentrieren als Kinder aus Großstädten. Am Montagmorgen sitzt man da oft vor gähnenden Spätfernsehern.

Über Lesungen könnte man ganze Bände schreiben. Ich kehre von einer Lesereise immer wieder mit neuen Erfahrungen und Erlebnissen zurück. Oft schließt sich ein reger Briefwechsel an. Ich versuche, alle Briefe von Kindern zu beantworten, um die Verfasser nicht zu enttäuschen.

Wichtig bei den Lesungen ist mir vor allem, wie Kinder auf einen bestimmten Text reagieren, worüber sie lachen, was sie spannend finden. Viel erfahre ich durch ihre Fragen und im Gespräch. Auch auf der Suche nach neuen aktuellen Vornamen für die nächsten Geschichten werde ich meist auf Lesungen fündig. Seit mir meine eigenen drei Kinder „über den Kopf gewachsen sind", ist mir der ständige lebhafte Kontakt zu meinen Lesern über Lesungen, Briefe und Internet besonders wichtig.

Hat Ihrer Meinung nach das Buch als Medium für Kinder immer noch Priorität vor Fernsehen und Tonträgern?

Der kulturelle Wert des Lesens ist unbestritten. Trotzdem möchte ich Computer, Fernsehen und Tonträger nicht verteufeln. Sie haben einen hohen Informations- und Unterhaltungswert in unserer Gesellschaft. Die Kinder müssen nur lernen, richtig damit umzugehen.

Ich könnte mir vorstellen, dass sich Buch und digitale Medien gegenseitig befruchten und fördern, indem beispielsweise im Fernsehen verstärkt auf Bücher aufmerksam gemacht, Bücher besprochen, vielleicht auch mit Bildeinblendungen vorgetragen werden. Vielleicht liest der lesefaule Max das empfohlene Fußball- oder Indianerbuch, wenn ihm die Sendung Appetit darauf gemacht hat.

Bei Kindern sind die Grenzen zwischen Buch und Tonträger oft fließend. „Wer hat in der letzten Woche ein Buch gelesen und erinnert sich noch an den Titel?", fragte ich vor einer Lesung in einer vierten Klasse. „Die unendliche Geschichte", sagte einer. Und als ich es nicht glauben wollte, sagte er: „Ich habe die Kassette gelesen."

Allerdings erreichen viele Themen die Kinder über das Fernsehen direkter und ungefilterter als über ein Buch. Deshalb ist es mir ein großes Anliegen, immer wieder auf den allzu sorglosen Umgang mit Gewalt und Sexualität im Fernsehen hinzuweisen. Hier liegt meiner Meinung nach eine große Verantwortung bei allen, die mit der Erziehung und Betreuung von Kindern und Jugendlichen beauftragt sind.

Bücher sind durch Spielfilme oder Kassetten nicht zu ersetzen. Im Buch können zum Beispiel Gefühle und Entwicklungen differenzierter dargestellt werden. Mit einem Buch kann man sich in eine Ecke zurückziehen und eigenen Gedanken nachhängen. Beim Fernsehen ist das nicht möglich. Da folgt nach einer – vielleicht nachdenklich machenden – Geschichte unweigerlich der nächste reißerische Werbespot und lässt keine Zeit für tiefgehendere Gedanken.

Ich danke Ihnen für die interessanten Antworten. Vielleicht noch ein Wort zum Schluss?

Sie haben mich am Anfang gefragt, warum ich mich als Autorin für die Zielgruppe der

II. MEDIENANGEBOTE

Kinder und Jugendlichen entschieden habe. Das war sehr nett formuliert. Sehr oft werde ich nämlich gefragt, warum ich „nur" für Kinder schreibe. Ein Unterton von Geringschätzung und Mitleid schwingt da mit. Ich möchte an dieser Stelle eine Lanze für das Kinderbuch brechen, das im virtuellen Bücherschrank und auf den Besprechungsseiten der Zeitungen zu Unrecht zu kurz kommt! Auch wenn Kinderbücher meist einen geringeren Umfang haben als die aktuellen Bestseller der Erwachsenenliteratur: sie sind die vielseitigsten Bücher überhaupt. Hätte ich sonst über hundert über ebenso viele Themen schreiben können? Und vor allem: Wenn wir in den Kindern nicht mehr die Freude am Lesen wecken, lesen auch die Erwachsenen von morgen nicht mehr. Wie arm wäre da unsere Welt!

MÄDCHENBUCH

Das Genre Mädchenliteratur hat sich in den letzten zwanzig Jahren inhaltlich wie formal stark verändert. Die traditionell orientierte Mädchen- und „Backfisch-" Literatur, wie z. B. *Trotzkopf* und *Nesthäkchen* von Emmy Rhoden bzw. Elsi Uri oder *Heidi* von Johanna Spyri ermutigte Mädchen lediglich zur Anpassung an die Rolle als Hausfrau und Mutter. Mädchen werden in diesen Büchern überwiegend passiv, schutz- und anlehnungsbedürftig, bescheiden, anspruchslos und aufopferungswillig dargestellt oder zu diesen „Tugenden" erzogen.

Mit dem Erstarken der Frauenbewegung Anfang der 70er Jahre haben sich die pädagogische Zielsetzung, die behandelten Probleme, ja sogar die Ausstattung (Umschlagbild, Text und Illustration) verändert. Diese neue kritische Mädchenliteratur versucht, die geschlechtsspezifische Erziehung und Rollenverteilung zu hinterfragen und Mädchen eigenständige Handlungsperspektiven aufzuzeigen. Ehefrau und Mutter gelten nicht mehr unbedingt als Ideal. Die gegenwärtige Mädchenliteratur bemüht sich um ein Aufbrechen von Rollenzwängen. Ihre Themen erschöpfen sich nicht mehr im Emotionalen und Privaten, sondern stehen in engem Bezug zur Lebenssituation der Leserinnen. So werden beispielsweise Sexualität und Gewalterfahrungen nicht weiter tabuisiert. Auch werden Konflikte der Figuren mit konventionellen gesellschaftlichen Erwartungen und der traditionellen Mädchenrolle nicht mehr ausgespart.

PRINTMEDIEN

THEMEN

Bekannt sind die Enid-Blyton-Bücher mit weiblichen Hauptpersonen, z. B. die *Freunde*- und die Abenteuer-Reihen (Bertelsmann und Erika Klopp, Berlin) sowie die Internatsgeschichten *Hanni und Nanni* oder *Dolly* (Schneider-Verlag, München). Auch Pferdebücher mit vornehmlich weiblichen Heldinnen gibt es mehr als je zuvor. Während in diesen Serien traditionelle Mädchenrollen weiterleben, stellt beispielsweise Kurt Held bereits 1941 im Gegensatz dazu in *Die rote Zora* (wieder aufgelegt im Unions-Verlag Sansibar, Zürich) ein Mädchen als emanzipierte aktive Anführerin einer Kinder- und Jugendbande in Dalmatien in den Mittelpunkt des Geschehens und wendet sich damit von alten Rollenverständnissen ab. Die zeitgenössische Autorin Astrid Lindgren betont mit *Pippi Langstrumpf* mehr den fantastisch-komischen Aspekt als den emanzipatorischen. In anderen Mädchenbüchern Lindgrens, z. B. in *Madita* oder in *Ronja Räubertochter* und *Ferien auf Saltkrokan* sind sowohl traditionelle Mädchenbilder als auch zeitgenössische Rollen unter gewandeltem, emanzipatorischen Gesichtspunkten zu finden (Oetinger, Hamburg). Diese Ansätze finden sich auch in mehreren Bänden von Lisa Tetzners zeitgeschichtlich-politischer Reihe *Die Kinder aus Nummer 67*, die während der Emigration der Autorin aus dem nationalsozialistischen Deutschland in der Schweiz entstanden sind (Sauerländer, Aarau).

Deutschsprachige Autoren erhielten während der 60er und 70er Jahre wichtige Anstöße durch fortschrittliche Mädchenbücher aus dem skandinavischen und englischsprachigen Raum. Inzwischen gibt es keinen Aspekt der Mädchenerziehung mehr, der nicht in irgendeiner Umwelt- oder Problemgeschichte thematisiert wäre. Zahlreiche hervorragende Autorinnen sorgen Jahr für Jahr dafür, die aktuelle Diskussion am Laufen zu halten. Empfehlenswert sind z. B. Bücher von Jutta Bauer, Rotraud Susanne Berner, Dagmar Chidolue, Kirsten Boie, Angelika Kutsch, Marie Marcks, Christine Nöstlinger, Mirjam Pressler und Ursula Wölfel.

PÄDAGOGISCHE BEDEUTUNG

Im Mittelpunkt der Mädchenliteratur steht die Entwicklung einer Ich-Identität der jeweiligen Hauptfigur. Schritt für Schritt wollen Mädchenbücher ihre Leserinnen auf dem Weg der Identitätsbildung begleiten und ihnen Handlungsmöglichkeiten aufzeigen, sie zu mehr Autonomie und Rollenflexibilität ermuntern. Dabei werden die geschlechts-

II. MEDIENANGEBOTE

spezifische Sozialisation und verschiedene Rollenanforderungen von außen in Frage gestellt und mit den eigenen Bedürfnissen verglichen. Nur so kann inmitten dieser neuen Rollenvielfalt eine individuelle Position gefunden werden. Dies ist sicherlich ein langer Prozess, der verschiedene Phasen des Leseverhaltens einschließt. Die aus pädagogischer und literarischer Sicht vielkritisierten Internats- und Pferdegeschichten sind auch in diesem Zusammenhang als zeitlich begrenzte Lesephase zu betrachten und nicht nur abzuurteilen. Diese Bücher bieten gerade Mädchen in der Vorpubertät viele Identifikationsmöglichkeiten, um Gefühle, Fantasien und Träume auszuleben. Erzieherinnen sollten diese Bedürfnisse akzeptieren und darüber hinaus die Mädchen auch mit pädagogisch wertvolleren Büchern bekannt machen.

ZUSAMMENFASSUNG

Als Mädchenbücher bezeichnet man Bücher, die sich konkret mit aktuellen Fragen, Problemen, Sehnsüchten und Ängsten von Mädchen befassen. Dabei kann man zwischen Mädchenbüchern, die an traditioneller Rollenverteilung festhalten, und solchen mit kritisch-emanzipatorischem Anspruch unterscheiden. Während erstere das Erwachsenwerden einem Anpassungsprozess an tradierte Rollen gleichsetzen, steht bei kritischen Mädchenbüchern eine individuelle Identitätsfindung der Leserinnen im Mittelpunkt. Die Aufgabe der Erzieherinnen liegt darin, die Mädchen bei der Auseinandersetzung mit den verschiedenen Rollenvorstellungen begleitend zu unterstützen.

FRAGEN ZUR DISKUSSION UND ÜBUNGEN

(1) Welche Möglichkeiten gibt es, Mädchen zu einem kritischen Umgang mit traditionellen Mädchenbüchern (Trotzkopf, Nesthäkchen, Pucki-Bücher) zu befähigen?

(2) Erinnern Sie sich noch daran, wie Sie z. B. *Hanni und Nanni*-Bücher verschlungen haben? Was hat Sie daran besonders begeistert? Zu welchem Zeitpunkt haben Sie diese Bücher weggelegt?

(3) Pferdebücher sind vor allem an weibliche Leserinnen gerichtet. Gibt es etwas Entsprechendes für Jungen?

(4) Untersuchen Sie das Rollenverständnis der weiblichen Figuren in Astrid Lindgrens *Pippi Langstrumpf*. Welche traditionellen und emanzipatorischen Ansätze finden Sie z. B. bei Annika, Annikas Mutter, der Lehrerin usw.?

PRINTMEDIEN

RELIGION IM KINDERBUCH

Religiöse Kinderbücher thematisieren menschliche Grundprobleme und Sinnsuche. Sie stellen Fragen nach Normen, Werten, Gewissen und Verantwortung des Einzelnen und der Gesellschaft. Der Begriff „religiös" ist dabei keineswegs eng gefasst, etwa nur im Sinne von „christlich", sondern meint allgemein jedes Übersteigen der fassbaren, vertrauten Wirklichkeit. Religiöse Kinderbücher gibt es für alle Altersgruppen. Vornehmlich christlich orientierte Bücher erscheinen in protestantischen und katholischen Kinder- und Jugendbuchverlagen wie Herder, Kaufmann und Patmos. Es gibt Gebet- und Gesangbücher für Kinder, Bilderbibeln und Bücher zu den Festen im Kirchenjahr. Sachbücher für unterschiedliche Altersgruppen liegen zu allen Weltreligionen vor. Außerdem bieten religiöse Kinderbücher Informationen und Hinweise auf das Wirken von Geboten. Bei vielen Neuerscheinungen ist festzustellen, dass die früher oft noch streng konfessionell gebundene Ausrichtung dieser Literatur zunehmend einer Tendenz zum ökumenischen Zusammengehen der unterschiedlichen Glaubensrichtungen weicht. Im religiösen Bilderbuch werden besonders einprägsame Motive dargestellt, z. B. *die Schöpfungsgeschichte*, die *Arche Noah*, *David und Goliath* oder *das Leben Jesu*.

FORMALES

Religiöse Bilderbücher zeigen eine formale und stilistische Vielfalt in ihren Illustrationen. Viele Grafiker gestalten ihre Bücher in Anlehnung an die byzantinische Deckenmalerei oder mittelalterliche Buchmalerei. Bilderbuchkünstlerinnen und -illustratoren unserer Zeit versuchen, mit den Stilmöglichkeiten der Gegenwart zeitgemäße Bilderbücher zu malen. Künstlerinnen und Künstler, die sich auf diesem Gebiet hervorgetan haben, sind z. B. Johannes Grüger (Patmos), Fulvio Testa (bohem press), Erik Carle (Gerstenberg), Antony Boratinsky (Patmos) und Lisbeth Zwerger (Neugebauer Press).

Auffallend ist die erzählerische Freiheit, biblische Motive eigenwillig zu interpretieren, um größere Aktualität zu erreichen. Kinder die biblischen Geschichten und die Geburt Jesu erleben zu lassen oder das adventliche Geschehen in Großstädten unserer Zeit anzusiedeln, sind beliebte Erzählsituationen. Die Erzähler Rolf Krenzer (*Kerzen leuchten*

II. MEDIENANGEBOTE

überall, Herder, Freiburg) und Max Bolliger (*Das Buch der Schöpfung*, Herder, Freiburg) haben mehrere überzeugende Beispiele dafür geliefert, wie man alte Motive aktualisieren kann. Das gilt auch für die meisten Geschichten und die Nacherzählung der Bibel in den Texten der schweizer Erzählerin Edith Schindler (*Mit Gott unterwegs. Die Bibel für Kinder und Erwachsene*, bohem press, Zürich).

Religiös orientierte Kinderbücher sind – wie die gesamte Kinderliteratur – neben allen erzieherischen und ästhetischen Zielsetzungen auch Marktartikel, die verkauft werden sollen. Das bedingt sowohl in der Ausstattung als auch in der textlichen Aufbereitung und bildlichen Ausschmückung ein hohes Qualitätsgefälle: Erzieherinnen finden neben künstlerisch anspruchsvollen Spitzentiteln auch Angebote eines breiten, oft banalen Massenmarktes.

Erzieher und Erzieherinnen sollten das Angebot kritisch sichten, es mit den Anforderungen ihrer Kindertagesstätte abstimmen und auch auf die Wünsche der Eltern eingehen. Kritische Auswahl ist vor allem in der Vorweihnachtszeit zu treffen, denn das Angebot an Kinder- und Bilderbüchern für die Advents- und Weihnachtszeit ist besonders groß.

PÄDAGOGISCHE BEDEUTUNG

Religiöse Kinderbücher versuchen, einen wesentlichen Bestandteil unseres Kulturkreises zu vermitteln. Neben sachlichen Informationen, z. B. über biblische Geschichten, wollen sie vor allem Werte und Normen vermitteln. Natürlich enthalten die meisten dieser Bücher auch Glaubensüberzeugungen. Schon um Toleranz und Verständnis zwischen den Religionen und Konfessionen zu stärken, ist es wichtig, Bücher zu nutzen, deren Blick über die Grenzen der eigenen Konfession hinausgeht.

Von größter Wichtigkeit ist die Zusammenarbeit mit den Eltern. Die Erzieherin muss wissen, ob die Beschäftigung mit religiöser Literatur von den Eltern überhaupt erwünscht ist. Wenn dies der Fall ist, sollte sie die Auswahl der Bücher in Absprache mit den Eltern treffen. Zugleich muss sie sich auch selbst fragen, wie weit ihre persönlichen Kenntnisse und Überzeugungen mit den Tendenzen der vermittelten Literatur übereinstimmen.

PRINTMEDIEN

ZUSAMMENFASSUNG

Religiöse Bücher wenden sich an Kinder und Jugendliche aller Altersstufen. Auch formal und stilistisch weisen sie eine große Vielfalt auf. Dabei gibt es selbstverständlich große qualitative Unterschiede: Ein religiöses Kinderbuch sollte sich nicht in Geboten und Belehrungen erschöpfen, sondern sich mit menschlichen Grund- und Sinnfragen auseinandersetzen, die über die jeweilige Konfession hinausweisen. Die Erzieherinnen sollten eine kritische Auswahl treffen, und diese auch mit den Eltern absprechen.

FRAGEN ZUR DISKUSSION UND ÜBUNGEN

(1) Wieso haben religiöse Kinder- und Bilderbücher einen eigenen Illustrationsstil?

(2) Stellen Sie Bücher zusammen, in denen andere Religionen eine Rolle spielen. Beziehen Sie Reiseberichte, Abenteuerliteratur und Mädchenliteratur mit ein.

JUGENDBUCH

Der Begriff „Jugendbuch" vereint ganz unterschiedliche Buchgruppen, die für Leser und Leserinnen ab zwölf Jahren geschrieben werden. Jugendbücher können Krimis und Abenteuerbücher sein, moderne Erzählungen, Märchen oder Fantasiegeschichten. Themen und Motive sind so mannigfaltig wie das Leben: Freundschaft, erste Liebe, Zugehörigkeit zu Cliquen und Banden, Enttäuschungen, Frust, Versagen, Spannungen und Konflikte in Schule und Familie, Kriminalität, Krankheit und Tod. Die Grenzen zur Erwachsenenliteratur sind offen. Entsprechend finden sich vor allem bei den anspruchsvollen Jugendromanen die Erzähltechniken der Belletristik: Mehrperspektivisches Erzählen, innere Monologe, Blendentechnik des Films, Zeitsprünge, Parallelhandlungen und Traumsequenzen. Einige Erzählungen mit Kinder- und Jugendhelden erscheinen folglich nicht mehr in Jugendbuchverlagen, sondern in allgemeinen Literaturverlagen wie Diogenes, Kiepenheuer und Witsch, Rowohlt oder Hanser.

Nicht selten werden Bücher des Jugendbuchprogramms zu Bestsellern des gesamten Buchmarkts. Beispiele hierfür sind *Die unendliche Geschichte* von Michael Ende (Thienemanns, Stuttgart), *Die Kinder von*

II. MEDIENANGEBOTE

Schewenborn und *Die Wolke* (Ravensburger) von Gudrun Pausewang, in denen Visionen des Untergangs und der totalen Bedrohung thematisiert werden, und die ungewöhnliche Einführung in die Philosophie *Sofies Welt* von Jostein Gaarder (Hanser, München). Ein ähnlicher Erfolg kommt aus dem Englischen zu uns: *Die Harry Potter*-Bücher von Joanne K. Rowling (Carlsen, Hamburg) haben – obwohl als Kinder- und Jugendliteratur konzipiert – inzwischen eine Auflage von mehr als sieben Millionen erreicht, vornehmlich bei erwachsenen Käufern. Bis 1999/2000 kamen von insgesamt sieben Bänden drei mit hohen Auflagen auf Deutsch heraus.

Innerhalb der Gattung Jugendbuch ist das „problemorientierte Jugendbuch" ein moderner Sammelbegriff für engagierte und anspruchsvolle Jugendliteratur. Die wichtigsten Themenfelder dieser vielbeachteten Jugendbuchsparte, die in den letzten Jahren deutlich zur Profilierung der Jugendliteratur beigetragen hat, werden im Folgenden beispielhaft dargestellt.

Um einen Eindruck zu vermitteln, welche Geschichten sich hinter den Titeln verbergen, und wie die Themen in den umfangreichen Romanen zur Sprache kommen, werden die Einzelbeispiele in kurzen Sätzen ausführlicher vorgestellt.

PRINTMEDIEN

Diese „schreckliche Warterei" auf den neuen Harry Potter
Eine fantastische Geschichte: Eine Schottin stürmt mit ihren Jugendbüchern weltweit die Bestsellerlisten/Warner-Brothers sichert sich die Filmrechte

Von unserem Redakteur Franz Schmider

Ein Fieber grassiert in deutschen Kinderzimmern, es ist hoch ansteckend. Das Virus wird mündlich übertragen. „Deinetwegen habe ich heute schwarze Ringe unter den Augen", schreibt Kate. Adressat ihrer Mail ist der zwölfjährige Harry Potter.

Eine Schottin mischt derzeit weltweit den Buchmarkt auf. Innerhalb eines Jahres musste der Hamburger Carlsen-Verlag bereits die neunte Auflage nachschieben. Für die junge Kundschaft hat der Verlag erstmals eine separate Internet-Seite eingerichtet, über die Harry Fanpost bezieht.

Die Kinder sind besessen vom Lesen. Eltern berichten davon, dass selbst ihre ansonsten Büchern wenig zugeneigten Sprösslinge abends nicht aufhören können, sich am Sonntag den Wecker um 6 Uhr stellen, den ganzen Tag nicht ansprechbar sind und die 450 Seiten in zwei Tagen verschlungen haben.

Als der dritte Band in diesem Sommer in England ausgeliefert wurde, geschah dies erst am Nachmittag, weil ansonsten die Kinder die Schule geschwänzt hätten. Vor den Buchhandlungen bildeten sich Warteschlangen.

Harry ist der Sohn eines berühmten Zauberers. Er überlebte als einziger den Mordanschlag auf seine Familie. Mit seinem zehnten Geburtstag erhält er die Einladung ins Zauberinternat. Jeder Band schildert die Erlebnisse eines Schuljahres.

Rowling nimmt die Kinder mit ihren Fantasien ernst. Durch den Text weht nicht die klebrig-süße Pädagogik, hier geht es nicht um Aufklärung, um Erziehung, nicht um ein Programm und auch nicht um die Vermittlung einer Moral. Harry Potter muss man also nicht für die Eltern lesen, Harry Potter darf man für sich lesen. Kinder erkennen sich wieder in den Figuren. Sie dürfen wütend sein auf Lehrer, Verbote übertreten, Unfug anrichten, sie dürfen Mitschüler verachten und über fantasielose Nichtzauberer lästern – und sind doch eindeutig gut, mitfühlend, sozial. Wenn es überhaupt so etwas wie eine Botschaft gibt, dann die, dass man auf seine eigenen Fähigkeiten vertrauen kann. Und auf die seiner Freunde. Die meistgestellte Frage in den Briefen an Harry im Internet ist heute: Wann erscheint der vierte Band? Einer will sogar – Englischlehrer aufgepasst – wissen, ob die englische Originalfassung des Bandes nicht früher zu haben ist, – „notfalls würde ich ihn auch auf Englisch lesen".

18. November 1999,
Badische Zeitung, gekürzt

II. MEDIENANGEBOTE

THEMENFELDER

Zahlenmäßig die größte Buchgruppe innerhalb des problemorientierten Jugendbuchs befasst sich mit der spezifischen Lebenssituation von Jugendlichen. Thematisch steht die „Adoleszenzkrise" (Pubertät) mit den Prozessen der Identitäts- und Rollenfindung im Mittelpunkt. In spannenden Romanen werden typische Konflikte Jugendlicher verarbeitet: Krach mit den Eltern, Schulschwierigkeiten, Scheidung, Homosexualität usw.

■ *Ich bin Malin*, Peter Pohl (a. d. Schwed., Ravensburger): Das vormals brave Mädchen Malin gerät an den Wildling King Gurra. Der provoziert nicht allein die Lehrer und andere Erwachsene, sondern sucht, vom Autor überzeugend gestaltet, seine eigene Identität.

■ *Jack*, A. M. Homes (a. d. Amerik., Arena, Würzburg): Jack leidet unter der Trennung seiner Eltern. Als der Vater ihm aber dann seine Homosexualität gesteht, wirft das den Jungen völlig aus der Bahn. Ein Roman, der sich mit Toleranz und Freundschaft auseinandersetzt, ebenso wie mit Streit und Vorurteilen.

Liebesbeziehungen und Freundschaften spielen ebenfalls in vielen problemorientierten Jugendromanen eine große Rolle. Zahlreiche Übersetzungen aus dem Ausland, vor allem aus Skandinavien, England und den Niederlanden, lassen ein hohes Maß an psychologischem Verständnis und künstlerischer Gestaltung erkennen.

■ *Sommerzeit, Liebeszeit*, Norma Mazer (a. d. Engl., Sauerländer, Aarau): Aus sieben ganz unterschiedlichen Perspektiven, von sieben völlig unterschiedlichen Personen, wird das Motiv „Liebe" umkreist. Sprachlich heben sich die Geschichten stark voneinander ab und beweisen, dass starke Gefühle an keine Generation und keine bestimmte Personengruppe gebunden sind.

■ *Tanz auf dünnem Eis*, Pernille Glaser (a. d. Schwed., Carlsen, Hamburg): Was wird aus einer leidenschaftlichen Liebesgeschichte zwischen zwei temperamentvollen Schauspielern, wenn der eine Partner dem Krebs zu erliegen droht? Die Autorin meistert in ihrem Buch ein schwieriges und belastendes Thema.

PRINTMEDIEN

Politisch-zeitkritische Inhalte, die sich z. B. mit dem Krieg, dem Dritten Reich, der Wende und der Dritte-Welt-Problematik befassen, bilden einen wichtigen Themenkomplex innerhalb des problemorientierten Jugendbuchs. Hier erfahren Jugendliche in gut recherchierten Romanen viel über Machtstrukturen und Gesellschaftskonflikte, ohne durch moralische Appelle abgeschreckt zu werden. Bei ihrer Suche nach Orientierung finden sie viele Anregungen für eigene Standpunkte.

- *Die Trilogie der Wendepunkte*, Klaus Kordon (Beltz & Gelberg, Weinheim): Der Autor schafft es auf beinahe 1.500 Seiten, deutsche Geschichte zwischen 1918 und 1945 in den Blick zu nehmen. Seine Akteure sind „kleine Leute", Kinder und Jugendliche der Unterschicht, die historische Weltereignisse „von unten" erleben. Ein packendes Zeitzeugnis, das viele Preise und Prämien errungen hat.

- *Die Bleisoldaten*, Uri Orlev, (a. d. Hebr., Beltz & Gelberg, Weinheim): Zwei Jungen haben den Zweiten Weltkrieg, Ghetto und KZ überlebt. Der in Israel geborene Autor hat sein eigenes Schicksal und die quälenden Erlebnisse der Vergangenheit auf seine Figuren übertragen. Diese leben zwar in Freiheit weiter, können sich aber vom Vergangenen nicht lösen.

Zum problemorientierten Jugendbuch gehören auch Romane, die anspruchsvolle Themen wie Missbrauch, Gewalt und Tod aufgreifen. Es gibt viele Beispiele, die Jugendliche auf sensible Art und Weise an die schwierige Thematik heranführen.

- *Gute Nacht, Zuckerpüppchen* und *Zuckerpüppchen – Was danach geschah*, Heidi Hassenmüller (G. Bitter, Recklinghausen): Zwei Titel zum heiklen Thema Inzest. Zwei Bücher, die seelische Beschädigung, Rettungsversuche und mögliche Hoffnungen erzählerisch überzeugend einkreisen.

- *Die Nacht des Tigers*, Sharon M. Draper (a. d. Amerik., Ravensburger): Ein angetrunkener 17jähriger verschuldet den Verkehrstod seines Freundes. Aus Realitätsfetzen von Telefonaten, Zeitungsausrissen, psychologischen Berichten und Schulaufsätzen entsteht ein bedrückendes Mosaik.

II. MEDIENANGEBOTE

EINE MEINUNG ZUR DERZEITIGEN SITUATION DER KINDER- UND JUGENDLITERATUR

„Aus der Ecke der so genannten Trivial- oder Schemaliteratur sei Neues ja eh nicht zu erwarten! Innovativ sei einzig die anspruchsvolle, die so genannte Höhenkammliteratur – auch im kinder- und jugendliterarischen Bereich. Auf diesen bildungsbürgerlichen Vorurteilen kann sich gegenwärtig nur noch eine blind gewordene Kritik ausruhen. Auch die vielgeschmähte Trivialliteratur unterliegt einem Wandel – wenn auch in anderen Rhythmen und aus anderen Gründen. Ja, es kann Situationen geben, in denen die „Trivialliteratur" schneller auf soziokulturelle Veränderungen reagiert, als die so genannte Hochliteratur. Mit einer solchen Situation haben wir es meiner Meinung nach gegenwärtig zu tun.

Die von den Kinder- und Jugendbuchverlagen vertriebene populäre Unterhaltungsliteratur hat bis in die 80er und frühen 90er Jahre, so mein Eindruck, an den eingefahrenen Traditionen des frühen und mittleren 20. Jahrhunderts festgehalten: Sie blieb den Erzählmustern beispielsweise eines Erich Kästner, einer Astrid Lindgren oder einer Enid Blyton verpflichtet. Wer jedoch einen Blick in die Taschenbuchprogramme von Goldmann, Heyne, Knaur und anderen riskierte, konnte dort seit geraumer Zeit schon die neue Unterhaltungsliteratur der Kids besichtigen, für die Namen wie Stephen King, Douglas Adams oder Terry Pratchett stehen. Mittlerweile sind einzelne Kinder- und Jugendbuchverlage auf den Zug aufgesprungen – vielleicht deshalb, weil die altvertrauten kinder- und jugendliterarischen Unterhaltungstitel auf der Backlist mehr und mehr weggebrochen sind.

Anlass genug für die Kinder- und Jugendliteratur-Szene zu realisieren, dass auf der Ebene des populären Literaturangebots seit längerem schon ein umfassender Wandel der Formen und Inhalte stattgefunden hat. Verantwortlich hierfür ist die enorm angestiegene Konkurrenz der auditiven und audiovisuellen Medien sowie des PCs, die das Freizeitverhalten und die Unterhaltungsbedürfnisse der Kinder und Jugendlichen fundamental verändert haben. Das Fernsehen und in zunehmendem Maße auch das Computerspiel sind zu den Leitmedien der Unterhaltungskultur aufgestiegen; sie begegnen den Kindern, noch bevor diese zu selbstständigen Buchlesern geworden sind, und prägen nachhaltig deren Vorstellungen von Spaß, Spiel und Spannung" (Ewers, 1999, S. 22 f.).

PÄDAGOGISCHE BEDEUTUNG

Jugendliche finden heute zu allen denkbaren Themen und Konflikten anspruchsvolle Jugendliteratur. Die Geschichten beziehen sich auf die spezifische Lebensphase zwischen zwölf und 18 Jahren und berühren – in welcher Form auch immer – die Lebenserfahrungen der Jugendlichen. Exemplarisch werden die Themen der Jugendlichen aufgegrif-

PRINTMEDIEN

fen. Diese durchleben mit den Protagonisten die Krisen des Lebens, können sich in den Personen wiederfinden oder sich von ihnen distanzieren. In vielen Büchern werden eine oder mehrere Lösungsmuster angedeutet, die auch zur Auseinandersetzung mit der eigenen Situation herausfordern. Insofern helfen Jugendbücher bei der Bewältigung dieser schwierigen Lebensphase, geben Entscheidungshilfen und können werteorientierend sein.

Erzieher sollten die jungen Leute immer wieder auf die Programme der Jugendbuchverlage aufmerksam machen und sie zum Lesen dieser spannenden und unterhaltsamen Lektüre hinführen. Allerdings müssen die Pädagogen das Leseverhalten der Jugendlichen realistisch sehen und sollten deren Vorliebe für Fernsehbücher nicht ignorieren. Um auch hier mit den Jugendlichen ins Gespräch zu kommen, empfiehlt es sich für die Erzieher, sich mit ihren Lieblingsbüchern bekannt zu machen und zu überlegen, in welcher Weise auf Trivialliteratur in der Einrichtung eingegangen werden soll.

„Ein kreativer Umgang mit der Lust an der Trivialität erscheint (...) sinnvoll: Eigene „Soaps" zu schreiben, kann die Machart der beliebten Serien vor Augen führen und einem die eigenen klischeehaften Alltagsvorstellungen deutlich machen. Den Erwachsenen ist immer angeraten, den Spaß an eigenen Lieblingsheldinnen und -helden sowie Serien nicht zu leugnen und der Trivialität und dem Kitsch einen Platz zuzubilligen, ohne Analyse- und Kritikfähigkeit aufzugeben" (Stenzel, 1999, S. 26).

ZUSAMMENFASSUNG

Der Themenbreite des Jugendbuchs sind keine Grenzen gesetzt. Es gibt praktisch keine Tabus mehr. Die meisten anspruchsvollen Romane, Berichte und „Adoleszenz-Titel" halten den Lesenden einen Spiegel vor und fordern sie auf, eigene Normen, Wertvorstellungen und persönliche Lebenspläne zu überdenken. Neben den anspruchsvollen Jugendbüchern spielt für die Lesenden die „triviale" Unterhaltungslektüre eine wesentliche Rolle. Ohne Arroganz, Herablassung und Diskriminierung sollten Erzieher die Bedürfnisse und Lesemotivation junger Leute erkunden, vor allem die Lieblingsbücher der Jugendlichen kennen lernen.

II. MEDIENANGEBOTE

FRAGEN ZUR DISKUSSION UND ÜBUNGEN

(1) Welche Möglichkeiten haben Erzieher, auf das Leseverhalten Jugendlicher Einfluss zu nehmen?

(2) Wie erklärt sich der große Erfolg von Fernsehbüchern wie *Verbotene Liebe* bei Jugendlichen?

(3) Gehen Sie in eine Bibliothek und suchen Sie einen Jugendbuchtitel zum Thema „Freundschaft". Stellen Sie den Titel Ihrer Klasse vor: Inhaltsbeschreibung, Charakterisierung der Hauptfigur und Sprachstil. Stellen Sie drei Diskussionsfragen zusammen, die Sie im Anschluss an die Lektüre mit Jugendlichen erörtern könnten.

(4) Stellen Sie zusammen, an welchen Orten Sie sich über aktuelle Jugendbuchprogramme informieren können.

(5) Entwickeln Sie eigene Ideen für eine „Daily Soap". Bilden Sie Kleingruppen und versuchen Sie, eine kurze Dialogszene zuerst als Drehbuch und dann als Buch zum Film zu schreiben.

SACHBUCH

Es lassen sich drei Arten von Sachbüchern unterscheiden: Das rein informative Sachbuch, das erzählende Sachbuch und das Kinderbeschäftigungsbuch. Das informative Sachbuch will Daten und Fakten vermitteln. Kinderatlanten, alle Nachschlagewerke für Kinder und Jugendliche und viele naturkundliche Sachbücher gehören zu dieser Kategorie. Das erzählende Sachbuch vermittelt seine Informationen über packende und dramatische, oft kriminalistisch-abenteuerliche Handlungen. *Moby Dick* von Herman Melville war in der Originalfassung nicht nur ein großes episches Erzählwerk des vergangenen Jahrhunderts, sondern zugleich eine wichtige Informationsquelle über das Leben der Wale und über den Walfang. Kinderbeschäftigungsbücher sind im weitesten Sinne Hobbybücher für Kinder. Hier lernen sie, wie man einen Garten bestellt, kocht und backt, interessante Experimente durchführt usw. Auch Lernhilfen, in denen rechnen, schreiben oder Fremdsprachen spielerisch vermittelt werden, sind zu den Beschäftigungsbüchern zu zählen.

PRINTMEDIEN

FORMALES

Keine Gattung der Kinder- und Jugendliteratur hat in den letzten 50 Jahren eine ähnlich dramatische Entwicklung erlebt, wie das Sachbuch. Dies hängt mit der Öffnung des deutschsprachigen Buchmarkts nach dem Zweiten Weltkrieg und dem damit verbundenen starken Anteil an Übersetzungen, Lizenzen und Co-Produktionen sowie der explosionsartigen Vermehrung des Wissens zusammen.

Erzieherinnen, die sich dem gegenwärtigen Sachbuchangebot nähern, werden feststellen, wie viele interessante Titel es gerade auf diesem Gebiet gibt. Fast alle Sachbücher entstehen in Gemeinschaftsarbeit. Neben Textautor und Illustrator arbeiten Rechercheure, die aus Archiven Material beschaffen, und Fachleute, deren Rat für die jeweilige Buchkonzeption gefragt ist, zusammen. Fotos, Grafiken, Querschnitte, Innenansichten, Modelle, Statistiken, Karten und Tabellen werden genutzt, um die Informationen zu illustrieren. Relief-Drucke bieten sich an, um bestimmte Strukturen mit den Fingern zu ertasten (Meyer-Sachbücher, Bibliografisches Institut, Mannheim). Transparente Folien werden über Abbildungen gelegt und zeigen beim Aufklappen ein verändertes Bild. Aufwendige und neue Druckverfahren sowie komplizierte und langfristige Vorarbeiten führen zu hohen Herstellungskosten. Viele Sachbücher entstehen deshalb als internationale Co-Produktion.

Beispiele für aktuelle Kinder- und Jugendsachbücher sind die Bücher von Andrew Haslam und Peter Chrisp: *Die Römer und ihre Welt* (Tessloff, Nürnberg) sowie Jörg Müller (Illustrator), Anita Siegfried und Jürg Schneider (Text): *Auf der Gasse und hinter dem Ofen* (Sauerländer, Aarau). Zu Text und Illustrationen kommen im letztgenannten Buch vierfarbige, großformatige Bilderbogen, auf denen der Alltag einer Stadt des Mittelalters dargestellt ist, hinzu. Der Engländer Stephen Biesty wiederum (Text von Richard Platt) ist Spezialist für Querschnitte. Seine Bildatlanten *Die Burg, Das Schiff* und *Das sensationelle Innenleben der Dinge* (Gerstenberg, Hildesheim) stellen hinsichtlich der Bildqualität eine Spitzenleistung dieser Sachbuchgattung dar. Seit Jahrzehnten behauptet sich David Macaulay mit seinen Architektur- und Technik-Bilderbüchern *Sie bauten eine Kathedrale* und *Eine Stadt wie Rom* (Artemis, Patmos und dtv). Bedeutende Kinderbeschäftigungsbücher sind zum Beispiel das *Backbuch für Kinder* von Ines Radionow und Dorothea Desmarowitz und *Spannende Experimente* von Hermann Krekeler und Marlies Rieper-Bastian (Ravensburger).

95

II. MEDIENANGEBOTE

PÄDAGOGISCHE BEDEUTUNG

Sachbücher jeder Art sind ein hervorragendes Mittel, Kindern die unterschiedlichsten Themen zu erklären und ihr Interesse am Lernen und Entdecken zu fördern. Werden Kindern Sachbücher unterschiedlicher Art vorgelegt, so ergeben sich beinahe von selbst Fragen, die im Zweiergespräch oder auch in der Gruppe diskutiert werden und bei deren Beantwortung wieder andere Sachbücher (Nachschlagewerke, Wörterbücher, weiterführende Sachbücher) zu Rate gezogen werden können. Aus Sachbüchern ergeben sich immer wieder anregende und aufregende Fragen, die zu vertiefter Projektbeschäftigung genutzt werden können und auf diese Weise Kinder an das Lernen aus Büchern gewöhnen.

Kinder, die es gewohnt sind, mit Sachbüchern umzugehen, werden über ihre Kenntnisse reden, sie Erwachsenen und anderen Kindern mitteilen. So kann ein reger Erfahrungs- und Wissensaustausch auch im Kindergarten stattfinden. Natürlich zielt das Reihenkonzept der großen Verlage auf den Wunsch der Kinder ab, möglichst viele Bücher einer Reihe zu erhalten. Jedoch kann damit auch das Interesse an neuen Themen geweckt werden.

Es gibt keinen Bereich der Natur- und Geisteswissenschaften, zu dem nicht ein Sachbuch für unterschiedliche Altersstufen geschrieben worden wäre. Neben den vorhandenen Reihen wächst Jahr für Jahr die Zahl der zu allen erdenklichen Themen geschaffenen Nachschlagewerke, also Lexika und Atlanten, auch informierende Pop-ups, etwa beim Verlag Ars Edition in München. Es wäre sicher sehr anregend und lehrreich für die Kinder, eine vielfältig gestaltete Sachbuchbibliothek im Kindergarten einzurichten.

ZUSAMMENFASSUNG

Sachbücher geben Einblicke in die Realität, vom Mikrokosmos bis zur Astronomie, von der Urzeit bis zur fernen Zukunft. Dabei lassen sich zwei Formen der Sachbuchgestaltung unterscheiden: Zum einen das erlebnishaft gestaltete und zum anderen das rein sachlich informative Sachbuch. Bei der Beurteilung bzw. Auswahl dieser Bücher spielt nicht nur die Gestaltung eine wesentliche Rolle, sondern vor allem die Vermittlung und Auswahl der Themen selbst.

PRINTMEDIEN

FRAGEN ZUR DISKUSSION UND ÜBUNGEN

(1) Was unterscheidet Sachbücher z. B. zu den Themen Geschichte oder Biologie von Schulbüchern?

(2) Sprechen Sachbücher Mädchen genauso an wie Jungen?

(3) Vergleichen Sie verschiedene Sachbuchreihen auf ihre grafische Gestaltung. Nach welchen Kriterien beurteilen Sie diese?

(4) Die Informationen eines Sachbuchs lassen sich auch anders vermitteln. Erstellen Sie in Gruppenarbeit anhand eines Sachbuchs ein Quiz.

COMICS

Comics folgen anderen Gestaltungsprinzipien als Kinderbücher. Die meisten Comics, die als Heftchen angeboten werden, setzen ohne Vorreden und mit meist starkem Tempo ein, steuern rasch einen Höhepunkt an und brechen an einer spannenden Stelle ab, um Neugierde auf die Fortsetzung zu wecken. Was die zeichnerischen Stile, die vermittelten Inhalte und Geschichten betrifft, sind Comicserien von unüberschaubarer Vielfalt. Comics sind für Kinder sehr leicht zugänglich. Sie können im Buchladen, in Büchereien, am Kiosk, in Bahnhofsbuchhandlungen und auf Flohmärkten erworben werden. In Schulpausen lassen sie sich tauschen. Sie begegnen uns in Tages- und Wochenzeitungen, in Arztpraxen, sind aber auch in Heften, Alben und Sonderausgaben erhältlich. Viele Comics hängen eng mit titelgleichen Trickfilmen der Kinos und der Kinderfernsehprogramme zusammen. Comics zielen auf alle möglichen Lesergruppen ab. Es gibt reine Kindercomics (ab zwei Jahren) als auch Comics, die sich an ältere Kinder, Jugendliche und Erwachsene richten.

Comics sind ein Produkt der Massenpresse. Ihr Siegeszug begann vor über 100 Jahren, als in den USA konkurrierende Tageszeitungen „daily strips" und „weekly strips" veröffentlichten, die bald auch in Heftform als „comic books" in Umlauf kamen. Der Genfer Lehrer Rodolphe Toepffer und der Deutsche Wilhelm Busch schufen ganz eigenständige Formen von Bildgeschichten, die bis heute aktuell geblieben sind. In den vergangenen Jahrzehnten haben auf dem internationalen Markt neben amerikanischen Zeichnern vor allem europäische

II. MEDIENANGEBOTE

Künstler an Bedeutung gewonnen. Seit kurzem liegen bei uns auch japanische Comics, *Mangas*, in Übersetzungen vor. Deutsche Comics hatten es lange Zeit schwer, sich gegen die starke internationale Konkurrenz durchzusetzen. Dass sich dies inzwischen geändert hat, beweist die wachsende Zahl deutscher Comic-Titel bei deutschen Verlagen, wie z. B. Carlsen und Ehapa.

THEMENFELDER

Die Themen des Comics sind mannigfaltig. Funnies sind heitere, lustige bis übermütige Comics, vornehmlich für Kinder. Zu ihnen gehören *Mickey Mouse, Donald Duck* (Walt Disney), *Fix und Foxi* (Rolf Kauka), *Die Schlümpfe* (Peyo) und *Fred Feuerstein* (Hanna-Barbera Studios). An etwas ältere Kinder richten sich Superhelden-Comics mit erdgebundenen oder intergalaktischen Heroen wie *Tarzan* (Edgar Rice Burroughs) oder *Prinz Eisenherz* (Harold Foster). Bei *Superman* (John Byrne), *Batman* und *Spiderman* (Stan Lee, Marvel Comics) ist der bemerkenswerte gemeinsame Zug die doppelte Identität: Sie befähigt die Helden, aus ihrer Alltagsrolle per Verkleidung oder Maskierung in eine andere Gestalt zu schlüpfen, die übermenschliche Kräfte und Fähigkeiten besitzt. Neben männlichen Akteuren finden sich auch weibliche und kindliche Heldenfiguren, z. B. *Superwoman* und *Robin*. International stieg die Zahl von Comicserien mit Mädchen und Frauen als Hauptdarstellerinnen (*Barbarella*).

Nahm *Prinz Eisenherz* in romantisierender Weise Motive aus dem europäischen Mittelalter auf, so finden sich in den *Asterix- und Obelix*-Alben der Franzosen René Goscinny und Albert Uderzo durchweg ironisierende Bezüge auf die Geschichte Europas zur Zeit der römischen Herrschaft unter Cäsar.

Auch die Bibel erschien wiederholt als Comicstrip, ebenso viele Klassiker der Kinder- und Jugendliteratur. Dazu gibt es die unterschiedlichsten Abenteuer-Comics, politische Strips und solche mit Mädchenhelden. Fast alle Science-Fiction-Filme und Fernsehserien wie der *Krieg der Sterne* und *Star Trek* werden auch als Comics vertrieben. Die japanischen *Mangas* – nach US- und europäischem Vorbild durch große Comic-Syndikate vermarktet – zeigen noch mehr Dynamik und gewalttätige Züge als ihre amerikanischen und europäischen Vor-

PRINTMEDIEN

läufer. Es ist nicht zu übersehen, dass sich die zunehmende Gewalt, die im Kino und auf Videos gezeigt wird, auch im Comic wieder findet.

FORMALES

Je nach Inhalt und Thematik nutzen Comics unterschiedliche Bildformate. Sie vermitteln Tempo oder Ruhe, gesteigerte oder sich abschwächende Dramatik. Das Einzelbild wird als „panel" bezeichnet. Hauptkennzeichen marktgängiger Comics sind Sprech- und Denkblasen („balloons"). Je nach Lautstärke oder Bedeutungsschwere können sie groß, klein, gestrichelt oder gepunktet gezeichnet werden (beim Flüstern etwa). Mit der jeweils sprechenden oder denkenden Person sind sie entweder durch eine Antenne, ein Häkchen oder perlende kleine Wolken verbunden. Für Flüche oder Wutausbrüche werden rasch erkennbare Symbole genutzt. Ausrufe- und Fragezeichen in verschiedener Größe versinnbildlichen Verblüffung, Wut, Staunen und Ratlosigkeit. Verwandte optische Signale sind aus Sternen, Spiralen, Kringeln, Knochen und Totenschädeln ablesbar. Geschwindigkeit oder Bewegungsabläufe werden durch Schwunglinien oder Mehrfachzeichnung innerhalb eines Bildgevierts verdeutlicht („speedlines" und Simultaneität).

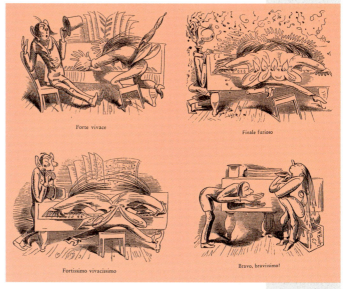

Rodolphe Toepffer und Wilhelm Busch nutzten diese Arten der Sprachgestaltung schon vor mehr als hundert Jahren in ihren Bildgeschichten (Beispiel: *Der Virtuos*, Wilhelm Busch). Ein weiteres filmisches Element bilden jene Blasentexte, die aus dem „Off" gesprochen sind. Sie stehen allein in einem Rahmen und alle Lesenden wissen dennoch, dass die sprechende, unsichtbare Person außerhalb steht.

Reich und variabel sind lautmalerische Geräuschwörter. Was früher als „Peng-Sprache" abgetan wurde, erweist sich bei näherer Betrachtung

II. MEDIENANGEBOTE

und genauerem Hinhören als ein reich differenziertes, häufig sehr lustiges Sprachelement. Auch die Farbe im Comic ist ein wesentliches Mittel, um Atmosphäre und Stimmungen zu erzeugen und zu verstärken.

Die meisten Comics sind dem Film näher verwandt als der Literatur. Sie wirken oft wie ein stillgestellter Trickfilm. So gibt es entsprechend rasche Szenen- und Blendenwechsel sowie Überblendungen (etwa bei Traum- oder Trunkenheitsszenen). Viele Sequenzen – d. h. in sich geschlossene Bildfolgen – laufen im Film wie im Comic identisch ab. Der Comic kennt wie der Film den Gummilinsen-Effekt, das rasche oder allmähliche Annähern an Gesichter und Landschaftsausschnitte, oder auch ihre Entfernung, die Distanzierung im Zoom-Effekt. Wie der Film nutzt auch der Comic die Gleichzeitigkeit von Szenen (Simultaneität), den Zeitraffer und Zeitsprünge, eingeführt durch knappe Formeln wie „Zehn Jahre zuvor..." oder „Drei Tage später...". Viele dieser Gestaltungselemente finden sich auch in modernen Bilderbüchern, z. B. bei Maurice Sendaks *In der Nachtküche* (Diogenes, Zürich) oder *Janosch erzählt Grimms Märchen* (Beltz & Gelberg, Weinheim). Den meisten Kindern ist diese spezifische eigenständige Sprachlichkeit vertraut. Ohne die in Sprechblasen eingeschriebenen Gespräche, Zurufe, Ausrufe und Kommentare lesen zu können, erfassen schon Kinder im Vorschulalter die Handlung. Auf Erzieherfragen, wie sie denn ihre Comics lesen und was sie davon verstehen, geben Kinder in der Regel bereitwillig Auskunft.

Eine Zwischenform von herkömmlichem Bilderbuch und marktgängigem Comic stellt die Bildgeschichte dar. Bei ihr erzählen sich die fortlaufenden Bilder von selbst. Der dazugehörige Text ist nicht wie beim Comic in die Bilder integriert, sondern läuft gesondert unter den Bildfolgen als Begleitung ab. Ein heiteres Beispiel dafür ist *Vater und Sohn* von e. o. plauen (d. i. Erich Ohser). Textlich begnügen sich diese Bildgeschichten mit nur einer Titelzeile pro Geschichte. Ihnen verwandt sind die Bildgeschichten von Hans-Jürgen Press: *Der kleine Herr Jacob* im *Sternchen*, der Kinderseite der Illustrierten *Stern*, sowie in den Büchern *Die Abenteuer der Schwarzen Hand* (Ravensburger). So werden heute Bildgeschichten-Traditionen fortgesetzt, deren Anfänge im 18. und 19. Jahrhundert liegen. Wegen ihres hohen Aufforderungscharakters dienen sie in vielen Kindertagesstätten als Anstoß, eigene, neu erfundene Geschichten zu erzählen. Ähnlich wie Comics werden sie im schulischen Rahmen z. B. dazu benutzt, um Fremdsprachenkenntnisse zu vermitteln und zu erweitern.

PRINTMEDIEN

PÄDAGOGISCHE BEDEUTUNG

Im Gegensatz zu den meisten europäischen Ländern bestehen im deutschsprachigen Raum bis heute eher Vorbehalte gegenüber Comics. Aufgeschlossene Einstellungen sind vor allem bei der älteren Generation nur selten anzutreffen („In mein Haus kommt kein Heftchen!"). Daran hat auch die Tatsache wenig geändert, dass die meisten Comic-Verlage in Deutschland zunehmend ein erwachsenes und zahlungskräftiges Publikum ansprechen, für das Comics und dazugehörige Produkte in Spezialläden angeboten werden, da diese Käuferschicht in der Regel wenig Kontakt zu Kindern hat. Aus dieser Situation heraus erwächst für Erzieher und Erzieherinnen die dringliche Aufgabe, sich möglichst vorurteilsfrei zu informieren, indem sie an Kiosken, in Büchereien oder Comicläden stöbern und sich auch von den Kindern selbst beraten lassen.

Als Übergangsmedium vom Buch zum Film haben viele Comics einen hohen Aufforderungscharakter: Sie erleichtern der kindlichen Fantasie und Kreativität, Sinnlücken zwischen den einzelnen Bildern mit eigenen Vorstellungen zu füllen. Die Kinder können unterschiedliche Stimmen beim Nachspielen entweder imitieren (weil die Verfilmung bekannt ist, wie z. B. beim *Dschungelbuch*) oder bekannte Lieder nachsingen und interpretieren (*Die Schlümpfe*, *Asterix*- und *Disney*-Verfilmungen).

Comics bieten die Gelegenheit, abwertende Witze von Ironie und Schwarzem Humor unterscheiden zu lernen. Was hebt z. B. platte Tierwitze und klamaukhafte Situationskomik von feinsinnigem und doppelbödigem Humor ab? Was unterscheidet den Schwarzen Humor eines Tomi Ungerer von den gesellschaftsironischen Anspielungen des Friedrich Karl Waechter?

VORSCHLÄGE UND IDEEN ZUM UMGANG MIT COMICS

- Bei jedem Comic, den Sie den Kindern in die Hand geben, sollten Sie sich fragen: Was ist an diesem Comic für Kinder erfreulich und förderlich? Gibt es rabiate Konfliktlösungen, brutale Streitigkeiten und Kämpfe? Wo liegt die Toleranzgrenze?

- Ältere Comics werden zusammengeklebt und zu einem Sammelband vereint. Ein stabiler Deckel, ein Band und ein als Collage geklebtes Umschlagbild geben dem entstandenen Objekt einen höheren Wert.

II. MEDIENANGEBOTE

- Aus zerfledderten Comics wird eine Collage hergestellt, bei der unterschiedliche Figuren eines Comic-Heftes zu einem Großbild zusammengeklebt werden. Komische Figuren können mit ernstgesichtigen Superhelden zusammengebracht, mit neuen Inhalten und Dialogen versehen werden.

- Fotokopien mit weiß abgedeckten Blasen fordern dazu heraus, neue Texte zu erfinden und einzusetzen.

- Zu bestimmten Alltagserlebnissen zeichnen Kinder ab sechs oder sieben Jahren eine selbst erdachte Comicgeschichte. Persönliche Erlebnisse und eigene Erfahrungen werden auf Bilder und Sprechblasen übertragen.

Ähnliche Projekte lassen sich auch mit verschlissenen Flohmarkt-Bilderbüchern betreiben. Die Resultate der gemeinsamen Arbeit werden mit der Kindergruppe besprochen und evtl. ausgestellt oder an den Wänden aufgehängt. Dieses Verfahren ist gut geeignet, die Vorbehalte von Berufskolleginnen abzubauen. Auf Elternabenden können die Beobachtungen und neu gewonnenen Erkenntnisse referiert und mit den Eltern diskutiert werden.

ZUSAMMENFASSUNG

Comics sind ein wichtiges Massenmedium unserer Zeit. Kinder begegnen ihnen schon sehr früh in vielfältigen Erscheinungsformen. Wegen ihrer offenen Gestaltungsweise haben Comics viele Berührungspunkte mit modernen Bilderbüchern, Filmen, Videos und Fernsehprogrammen. Fast jedes Kind kennt Lieder und Melodien, die aus Comicfilmen stammen. Erzieherinnen sollten sich Kenntnisse über dieses wichtige Medium in der weit verzweigten Unterhaltungsindustrie aneignen und sich bewusst mit möglichen Vorbehalten auseinandersetzen. Betrachten Sie Comics gemeinsam mit den Kindern, sollten Sie mit ihnen erörtern, welche Modelle zur Lösung von Konflikten und welche Rollenbilder sie vermitteln und welche Formen der Verulkung oder Ironisierung sie einsetzen.

PRINTMEDIEN

FRAGEN ZUR DISKUSSION UND ÜBUNGEN

(1) Wie wirken sich Ihrer Meinung nach Comics mit Gewaltdarstellungen auf Kinder aus?

(2) Warum gibt es bei *Donald Duck* oder *Mickey Mouse* nur Onkel und Tanten, aber keine Eltern?

(3) Besuchen Sie einen Comicladen und informieren Sie sich über die derzeitigen Bestseller. Befragen Sie auch Comic-Buchhändlerinnen, warum gerade diese Comics so erfolgreich sind. Sind diese Gründe für Sie plausibel?

(4) Durften Sie früher Comics lesen? Welche Argumente hatten Ihre Eltern und Lehrer gegen diese Hefte, und wie haben Sie darauf reagiert?

KINDERZEITSCHRIFTEN

Kinderzeitschriften wenden sich an Kinder im Vorschul- und Lesealter. Es gibt sie seit ungefähr 200 Jahren. An ihren im Grundsatz erzieherischen, informierenden und unterhaltenden Tendenzen hat sich bis heute wenig geändert, wenn man davon absieht, dass sich die Themen und ihre Darstellung mit der Zeit gewandelt haben. Es gibt heute sehr viele deutschsprachige Zeitschriften für Kinder in den verschiedensten Erscheinungsformen: Die selbstständig erscheinenden Kinderzeitschriften, wie z. B. *Spatz, Teddy, Dumbo, Sesamstraße, Flohkiste* und *Tu was* werden hauptsächlich per Abonnement verkauft. Hier dominieren pädagogische Interessen über Verkaufsinteressen und man spricht von nicht kommerziellen Kinderzeitschriften. In einer guten Mischung aus Sachinformationen, Geschichten, Basteln, Malen und Rätselaufgaben in grafisch qualitativ anspruchsvoller Aufmachung verfolgen diese Zeitschriften pädagogische Zielsetzungen. Zu den nicht kommerziellen Kinderzeitschriften zählen auch kostenlose Werbezeitschriften für Kinder, die in Apotheken, Drogerien, Schuhläden und anderen Geschäften erhältlich sind. Beispiele hierfür sind *Lurchis Abenteuer, Junior, Der kleine Pelikan* oder *Medizini*. Eine andere Erscheinungsform sind Kinderseiten in Erwachsenenzeitschriften, wie z. B.

103

II. MEDIENANGEBOTE

bei *Stern* und *Brigitte*. Eine Sonderstellung der nicht kommerziellen Zeitschriften nehmen Schülerpublikationen ein, die entweder selbstständig durch Schüler oder in Kooperation mit Lehrern erstellt werden.

Auch am Kiosk sind Kinderzeitschriften zu erstehen, nachdem vor etwa 30 Jahren die Verlage hier einen lukrativen Markt für die Weiterverwertung beliebter Fernsehfiguren entdeckt haben. Im Moment heißen die Zeitungen z. B. *Sissi*, *Tabaluga* oder *Biene Maja*. Um zusätzliche Leser anzusprechen, sind diesen Produkten immer kleine Spielzeuggeschenke beigelegt, z. B. zur Fernsehfigur passende Schlüsselanhänger, Kettchen, Sticker usw. Der Markt reagiert jedoch sehr flexibel auf aktuelle, erfolgreiche Kinderfernsehserien, so dass sicher bald unveränderte Inhalte unter neuem Namen laufen werden. Die Kioskzeitschriften sind rein kommerzielle Produkte und werden mit vier bis fünf DM recht teuer verkauft. Auffallend hoch bei diesen Zeitschriften ist der Anteil an Werbung. In der Zeitung *Bibi Blocksberg* vom März 1999 z. B. gibt es – bei einem Gesamtumfang von 32 Seiten – fünf ganzseitige Werbeseiten.

In den Kioskzeitschriften überwiegen meist oberflächliches Wissen, Klamauk und leichte Unterhaltung. Kinder werden darin kaum zum Nach- oder Weiterdenken angeregt. Durch die starke Nutzung von Illustrationen in unterschiedlicher Technik (Grafiken, Malerei und Fotos) rücken die Kioskzeitschriften in die Nachbarschaft von Comics. Meistens bleibt die Qualität der Abbildungen jedoch weit hinter denen guter Comics zurück. Es überwiegen anspruchslose Abbildungen, die das jeweilige Thema verniedlichend oder kitschig darstellen.

Alle Zeitschriften sind – allerdings mit qualitativ großen Unterschieden – dem weitgefächerten Prinzip von Unterhaltung und „Lebenshilfe" verpflichtet. Neben Sachinformationen, Comics, meist kurzen Texten, Rätsel- und Hobbyrubriken enthalten viele Kinderzeitschriften einen Kummerkasten und Spalten für Leserbriefe. Zeitschriften für Kinder bieten – ähnlich wie im Erwachsenenbereich – eine lockere Mischung aus Nachrichten, Informationen und unterhaltsamen Teilen mit Witzen, Rätseln, Preisausschreiben und Fortsetzungsgeschichten.

PRINTMEDIEN

FORMALES

Im Gegensatz zum Buch kommen Kinderzeitschriften wöchentlich, vierzehntägig, monatlich oder als Magazin mehrmals jährlich heraus. Vom Buch unterscheiden sie sich äußerlich durch ihr Format, inhaltlich durch mosaik- und kaleidoskopartige Aufsplittung des Inhalts, statt in Kapitel wie im Buch. Viele Kinderzeitschriften enthalten Material für Bastelarbeiten, Hörkassetten und „Gimmicks", das sind kleine Beigaben zum Zusammensetzen.

PÄDAGOGISCHE BEDEUTUNG

Vielen Kinderzeitschriften wird zu Recht angelastet, dass sie sich kaum zu Ökologieproblemen, Krisen und Kriegen der Erwachsenen äußern und statt dessen ein harmonisch geschöntes Bild unserer Welt malen. Aber gerade kommerzielle Zeitschriften sind bei Kindern sehr beliebt, da diese sehr leicht zu konsumieren sind und sie hier ihre Fernsehlieblinge wieder treffen. Dieser Tatsache sollten die Erzieher offen begegnen und die Kinder nicht durch schnelle, herablassende Urteile verunsichern.

Für die Arbeit in Kindertagesstätten sind vor allem die nicht kommerziellen Abonnement-Kinderzeitschriften (die jedoch meist auch am Kiosk erhältlich sind) von Bedeutung. Sie werden in der Regel von Verbänden und Kirchen mitgetragen oder herausgegeben. Wirtschaftliche Interessen werden bei diesen Zeitschriften den jeweiligen pädagogischen, politischen oder konfessionellen Zielrichtungen untergeordnet. Sie sind durchweg billiger, oft sogar gratis erhältlich und in ihrer Aufmachung sorgfältiger gestaltet. Die Abonnement-Zeitschriften zählen zu den pädagogisch anspruchsvolleren, weil sie die Kinder mit ihren Problemen und Wünschen, Ängsten und Träumen ernst nehmen und in der Zeitschrift angemessen berücksichtigen. Fantasie, Kreativität sowie hintergründige Unterhaltung stehen im Vordergrund. Empfehlenswerte Kinderzeitungen sind z. B. *Der bunte Hund* (Beltz & Gelberg, Weinheim) und die *Flohkiste* (Domino, München).

105

II. MEDIENANGEBOTE

IDEEN UND VORSCHLÄGE ZUM UMGANG MIT ZEITSCHRIFTEN

- Kinder und Erzieherinnen lesen gemeinsam verschiedene kommerzielle und nicht kommerzielle Kinderzeitschriften und beurteilen dann: Was ist wichtig, was unwichtig? Was klingt realistisch und ist solide recherchiert worden? Was wirkt aufgebauscht und übertrieben?

- Die Erzieherinnen erklären den Kindern, wie eine Zeitung oder Zeitschrift gemacht wird, und wie die Nachrichten aus aller Welt zu uns kommen.

- Da viele Kinder ab zehn Jahren die Zeitschriften im Elternhaus mitnutzen, ist auch die Klärung der Frage wichtig, ob sie überhaupt verstehen, was sie gelesen und gesehen haben.

- Wenn Kinder von sich aus nachfragen, sollten sie eine faire Auskunft erhalten.

- Die Kinder der Gruppe sammeln aus verschiedenen Zeitungen Meldungen, Nachrichten und Bilder zu aktuellen Themen. Daraus erstellen sie eine Collage, die ein vielfältiges Meinungsbild wiedergibt.

- In einer weiterführenden Phase schreiben, zeichnen und malen die Kinder ihre eigenen Kommentare.

- Kinder sollten dazu ermutigt werden, durch Zuschriften, Leserbriefe und eigene Artikel an der öffentlichen Meinungsbildung teilzunehmen. Durch Diskussionen und lebendige Teilnahme lassen sich viele Zeitschriften verbessern.

- Fast jede Tageszeitung hat eine spezielle Seite für Kinder. Ein Besuch in der zuständigen Redaktion kann über die Entstehung einer solchen Kinderseite informieren.

ZUSAMMENFASSUNG

Zeitschriften beeinflussen Kinder, was Normen, Mode, Wertvorstellungen und Konsumverhalten angeht. Sie können wertvolle Informationen vermitteln, aber auch Vorurteile entstehen lassen und sie verfestigen. Darüber hinaus können Zeitschriften gesellschaftliche Verkrustungen in Frage stellen und Rollenfixierungen aufbrechen helfen. Sie finden vor allem bei Kindern eine Leserschaft, die sonst mit Büchern weniger

PRINTMEDIEN

zu fesseln sind. Für viele Kinder sind Zeitschriften ein wichtiges Medium, um über das eigene Umfeld und die weitere Welt Genaueres zu erfahren.

Man unterscheidet zwischen kommerziellen Kioskzeitschriften und nicht kommerziellen Abonnement-Kinderzeitschriften, die meist ein qualitativ höheres Niveau aufweisen. Die Aufgabe der Erzieherinnen ist es, Kinder gezielt mit einem kritischen Gebrauch von Zeitschriften vertraut zu machen.

FRAGEN ZUR DISKUSSION UND ÜBUNGEN

(1) Lesen Sie Zeitungen? Welche? Wie lange beschäftigen Sie sich täglich damit und welchen Nutzen ziehen Sie daraus?

(2) Wenn Sie eine neue Kinderzeitung entwerfen dürften, welche Themen, welche Gestaltung und welches Layout würden Sie wählen?

(3) Führen Zeitschriften Kinder, die wenig Zugang zu Büchern haben, an das Lesen heran?

(4) Diskutieren Sie die Bedeutung von Spielzeugbeigaben der Kioskkinderzeitschriften. Sammeln Sie auf einer Wandzeitung Argumente dafür und dagegen.

(5) Diskutieren Sie kontrovers den pädagogischen Nutzen von Zeitschriften wie *Sissi* oder *Biene Maja*. Bilden Sie zwei Gruppen und tragen Sie Ihre Argumente an der Tafel zusammen oder spielen Sie ein Rollenspiel, z. B. Erzieher und Zeitschriftenverkäufer.

JUGENDZEITSCHRIFTEN

Die Anzahl der Jugendzeitschriften ist in den letzten Jahren sprunghaft angestiegen, unter anderem, weil Verlage die Jugendlichen mit ihrem oft erheblichen Taschengeld als gewinnträchtige Zielgruppe zu nutzen wissen. Der Markt ist, bedingt durch häufigen Wechsel und Neugründungen, fast unüberschaubar geworden. Am einfachsten ist auch hier – wie bei den Kinderzeitschriften – die Unterscheidung in kommerzielle und nicht kommerzielle Produkte. Zahlenmäßig den größten Anteil stellen sicher die kommerziellen Jugendzeitschriften. Darunter versteht man Zeitschriften, deren Marktstrategie eindeutig

II. MEDIENANGEBOTE

verkaufsorientiert ist. Solche Zeitungen gehen ganz besonders auf aktuelle Trends und Modeströmungen Jugendlicher ein, um die Auflagen in die Höhe zu treiben.

Diesem Konzept hat sich die wohl bekannteste kommerzielle Jugendzeitschrift *Bravo* verschrieben. Anfangs umstritten und von erzieherischer Seite nach wie vor heftig kritisiert, hat die 1956 gegründete Zeitschrift über Jahrzehnte hinweg mit etwa 1,5 Millionen Lesern pro Woche ihre Spitzenposition behaupten können. Reportagen, Klatsch und Tratsch über Idole aus Film, Funk und Fernsehen, Sängerinnen und Medienstars haben über einen langen Zeitraum die Leser „bei der Stange" gehalten. Mit der Briefsparte, in der Jugendliche Verständnis und Rat erhalten, Psychotests, Modetipps, Fortsetzungs- und Fotoromanen und einem herausnehmbaren Starposter versucht die Zeitschrift, die breite Masse der Jugendlichen zu erreichen, ihnen Identifikationsfiguren anzubieten und sie am Leben in Luxus und Glück teilhaben zu lassen. Breiten Zuspruch findet *Bravo* auch deshalb, weil im Blatt gesellschaftliche Tabus, Stress im Elternhaus und in der Schule sowie Fragen der Sexualität breiten Raum einnehmen. Längst hat der Verlag eine Folgeproduktion auf den Markt gebracht: *Bravo Girl*. Orientiert an Frauenzeitschriften wird Mädchen vermittelt, was „in" ist und was „out", mit welchem Typ „frau" sich einlassen sollte und von welchem sie besser die Finger lässt. Garderobenfragen stehen entschieden vor der Erörterung politischer und wirtschaftlicher Fragen.

In den letzten Jahren haben konkurrierende Zeitschriften versucht, auf der Erfolgswelle von *Bravo* mitzuschwimmen. Publikationen in diese Richtung sind z. B. *Mega Star, Pop Rocky* und *Popcorn*. Sie konnten jedoch allenfalls einen Marktanteil von zehn bis 20 Prozent erobern, während Bravo mit 50 Prozent weiter eine Spitzenstellung einnimmt. Auch *Bravo Girl* findet Nachahmer in *Mädchen* und *Beverly Hills* sowie der Zeitschrift *Little Miss*.

Wie andere erfolgreiche Zeitungen für Erwachsene (*Spiegel, Focus, Zeit*) ist auch *Bravo* auf Sendung gegangen. In RTL 2 gibt es regelmäßig am Nachmittag *Bravo TV* zu sehen, das mit viel lauter Musik, kurzen Filmen in schnellen Schnitten und moderner Moderation das Bravo-Erfolgskonzept ins Fernsehen zu bringen versucht. Im Gegenzug dazu gibt es Begleitzeitschriften zu erfolgreichen Fernsehserien wie *Beverly Hills*.

PRINTMEDIEN

Zu den kommerziellen Jugendzeitschriften zählen noch weitere Sparten, z. B die Fülle von Publikationen zu Trend-Sportarten: Neben der seit langem bekannten Fußballzeitung *Kicker* gibt es Zeitschriften über Skaten, Street- und Basketball, Beach-Volleyball, Surfen, Snowboarden und Motorsport. Ebenso behaupten sich in jüngster Zeit auch viele Computerzeitschriften und -magazine auf dem Markt. Das relativ junge Medium appelliert an kommende bzw. bereits vorhandene „User", seien es Anfänger oder PC-„Freaks". Hierzu gehören z. B. *fun vision*, *Play Time* oder *Video Games*. Natürlich gibt es auch Jugendzeitschriften, die sich der Musikszene widmen und versuchen, auf Interessen und Geschmack Einfluss zu nehmen, wie etwa die Zeitschriften *Musik-Express*, *Rock-Pop* oder *Rolling Stone*.

Daneben gibt es die nicht kommerziellen Jugendzeitschriften, die überwiegend im Abonnement zu erwerben sind. Dazu gehören jugendeigene Publikationen wie Schüler- und Lehrlingszeitschriften sowie Zeitschriften, die von Verbänden, Kirchen oder politischen Organisationen (z. B. Gewerkschaften) getragen werden. Sie haben eine vergleichsweise niedrige Auflage und sind, da sie von den Organisationen finanziert werden, oft kostenlos. Beispiele hierfür sind *Jugendpost* (DAG Bundesjugendleitung), *Der Hammer* (DGB) und *JO, das Jugendmagazin* (Deutsche Angestelltenkrankenkasse). Diese Zeitschriften geben sich zeitkritischer und gesellschaftsbezogener. Gut recherchierte Sachinformationen, anspruchsvolle Unterhaltung und Kreativität stehen im Vordergrund. Die Inhalte beziehen sich auf die reale Umwelt der Jugendlichen und greifen dabei auch problematische Themen wie Arbeitslosigkeit, Drogen oder Schulversagen auf.

PÄDAGOGISCHE BEDEUTUNG

Unter erzieherischem Aspekt sind die nicht kommerziellen Jugendzeitschriften von größerer Bedeutung. Sie geben Impulse und Anregungen für die kritische Auseinandersetzung mit zeitrelevanten Themen und können sich positiv auf die Lernmotivation auswirken. Jugendliche sind jedoch an kommerziellen Blättern weitaus interessierter. Auflagenhöhe und Absatzzahlen sprechen für sich. *Bravo* und ähnliche Zeitschriften üben eine große Faszination auf junge Leute aus. Sie fühlen sich in ihren eigenen Problemen ernst genommen, sehen Wunschträume verwirklicht und gehören als Leser einer bestimmten Clique an. Die Art und Weise der Darstellungen, ihre oft billige Machart, ist dabei nicht von Belang. Ein Phänomen, das sich im Erwachsenenalter durchaus fortsetzt, wenn man an die großen Erfolge

II. MEDIENANGEBOTE

der „Daily Soaps" und Heftchenromane denkt. Nicht wenigen Zuschauern ist der triviale Inhalt sogar bewusst und sie fühlen sich trotzdem gut unterhalten von *Verbotener Liebe* oder Arztromanen. Erzieherinnen sollten, um mit den Jugendlichen in Dialog zu treten, auf diese Vorlieben eingehen, Interesse zeigen, sie aber auch mit den unbekannteren, nicht kommerziellen Zeitschriften bekannt machen. Im Vergleich kann ermittelt werden, was triviale von anspruchsvollen Jugendzeitschriften unterscheidet.

ZUSAMMENFASSUNG

Der Markt für Jugendzeitschriften ist in den letzten Jahren sehr groß geworden. Man unterscheidet wie bei den Kinderzeitschriften kommerzielle und nicht kommerzielle Blätter. Die nicht kommerziellen sind als pädagogisch wertvoll einzustufen, jedoch den meisten Jugendlichen unbekannt. Die kommerziellen Jugendzeitschriften haben den größten Marktanteil inne. Besonders die Zeitschriften zu Trendsportarten und Computerwissen überschwemmen den Markt. Die bekannteste kommerzielle Jugendzeitschrift ist *Bravo*, ihr Erfolg gründet sich einerseits auf die große Flexibilität, mit der sie auf aktuelle Themen und Moden reagiert, andererseits auf die „benutzerfreundliche" Art und Weise, mit der sie sich den Sorgen und Nöten der Jugendlichen annimmt. Die Zeitschrift ist konzipiert nach dem Erfolgsrezept: Jeder fühlt sich angesprochen, alles ist leicht zu konsumieren und man fühlt sich informiert. Die Erzieher sollten die kommerziellen Blätter kennen und die Jugendlichen auf dem Weg zu einem kritischen Umgang mit Zeitschriften begleiten.

FRAGEN ZUR DISKUSSION UND ÜBUNGEN

(1) Waren Sie früher selbst *Bravo*-Leser, und was hat Ihnen an der Zeitschrift besonders gefallen?

(2) Stellen Sie in Gruppenarbeit Titelblätter und Inhaltsverzeichnisse von Jugendzeitschriften zusammen. Welche Gemeinsamkeiten und Unterschiede fallen Ihnen bezüglich der grafischen Aufmachung und Themenauswahl auf?

(3) Vergleichen Sie *Bravo* und *Popcorn* mit entsprechenden Zeitschriften für Erwachsene, z. B. *Gala* oder *Bunte*. Was fällt auf bezüglich Sprache, Text- und Bildquantität, Ausführlichkeit der Darstellungen und Themenspektrum?

PRINTMEDIEN

ALLGEMEINE BEURTEILUNGSKRITERIEN

Bei der Beurteilung von Bilder- und Kinderbüchern sowie Zeitungen und Zeitschriften vermischen sich oft persönliche und objektivierbare Maßstäbe. Der erste Eindruck kann trügen und hält häufig der nachfolgenden kritischen Betrachtung nicht stand. Die eigene Einschätzung sollte allerdings nicht verabsolutiert werden. Ein von Fachleuten abqualifiziertes Buch kann von manchen Kindern heiß geliebt werden – und umgekehrt. Dennoch gibt es eine Reihe allgemeiner Kriterien und Fragen, die in der Regel für ein Urteil hilfreich sind:

- Wie muten Titel, Äußeres (z. B. Format, Umschlagbild) und Ausstattung an? Bieten sie z. B. für Kleinkinder vielfältige sinnliche Erfahrungen, die über das Sehen hinausgehen?
- Halten Wort und Bild, was der Text auf dem Umschlag verspricht?
- Sind die vorliegenden Texte und Bilder überzeugend?
- Zeigen die Bilder eine eigenständige „Handschrift" des Künstlers?
- Wurde bei der Gestaltung der Einzel- und Doppelseiten (Layout) Folgendes berücksichtigt:
    - ❏ Schöne, ansprechende und geschmackvolle Text- und Bildanordnung?
    - ❏ Ruhiges, überschaubares Seitenbild?
    - ❏ Ausreichende Größe, Lesbarkeit und Ästhetik der gemalten oder gesetzten Buchstaben (Typografie)?
- Welche Werte und Normen werden vermittelt? Findet dieser Prozess auf angemessene Art statt oder wirkt er „aufgesetzt" und belehrend?
- Wie weit ist den Botschaften des Autors oder der Autorin zuzustimmen? Wo rührt sich Widerspruch? Wie äußern sich die Kinder dazu?
- Sind die dargestellten Figuren differenziert genug dargestellt oder verführen sie zum Klischeedenken?
- Wie originell, realistisch oder unwahrscheinlich sind dargestellte Konflikte, Krisen und ihre Lösungsmöglichkeiten?
- Wie wirken Rollenzuschreibungen von Mädchen und Jungen, Frauen und Männern sowie von Randgruppen und Minderheiten?
- Sind Satzbau, Wortwahl und Dialogführung dem Alter der Kinder angemessen?

II. MEDIENANGEBOTE

- Bietet der Text Denk- und Sprechanstöße?
- Zielt das vorliegende Buch auf Information und Horizonterweiterung der Lesenden und Betrachtenden ab und dient es dem Spaß und der Unterhaltung? Wird sachlich Unterrichtendes zugleich locker und vergnüglich verpackt?
- Wie niedrig oder hoch ist die Spannung einzuschätzen? Ist sie nur vordergründig und flach, oder geht sie in die Tiefe und berührt die auftretenden Personen existenziell?
- Erreicht das Buch auch Kinder, deren Ansprüche an Spannung durch alternative Unterhaltungsmedien größer sind als je zuvor?

HILFREICH BEI DER BEANTWORTUNG DER GESTELLTEN FRAGEN SIND:

- Werbematerial, Prospekte und Leseexemplare der Verlage,
- Inserate in Zeitungen und Zeitschriften,
- Rezensionen in der Tages- und Fachpresse,
- Buchhändler (Sortimenter) und Bibliothekarinnen,
- Korrespondenz oder persönlicher Kontakt zu Autoren, Verlagen etc.

KLEINE BUCHKUNDE

Der Großteil der Bücher lässt sich rein äußerlich in zwei Hauptgruppen einteilen: Hardcover-Bücher (die so genannten gebundenen Bücher) haben einen festen Einband, während Broschüren biegsame Einbände haben. Die Bindungsart kann haltbare Fadenheftung oder Klebebindung sein.

Die meisten Taschenbücher sind Broschüren, sie sind auch wegen der höheren Auflagen preisgünstiger. Der Einband wird Buchdeckel genannt. Dieser ist beim Hardcover-Buch mit dem Buchinneren, dem Buchblock, nur durch das Vorsatzpapier verbunden. Die erste rechte Seite wird Schmutztitel genannt, weil ihre Rückseite früher die zweite rechte Seite, die oft reich verzierte Titelseite schützte. Auf deren Rückseite befindet sich das Impressum: Hier sind das Copyright (gesetzlich verankertes Urheberrecht), die ISBN (*international standard book number*), der Verlagsname und -ort, die Namen der Druckerei und verschiedener, am Buchmachen Beteiligter vermerkt. (Bei Pop-ups beispielsweise stehen hier auch die Orte in Lateinamerika und Fernost, in denen die technische Herstellung erfolgte.)

PRINTMEDIEN

Bibliografie heißt der Nachweis genutzter oder zu empfehlender Literatur. Das Impressum und das darauf meist folgende Inhaltsverzeichnis können sich auch am Schluss des Buchs befinden. Register und Glossar nebst Worterklärungen helfen dabei, Sachbücher besser zu verstehen.

WEITERFÜHRENDE LITERATUR

DODERER, K. (Hrsg.) (1992): „Literarische Jugendkultur", Kulturelle und gesellschaftliche Aspekte der Kinder- und Jugendkultur, Weinheim und München

DODERER, K. (Hrsg.) (1979): „Lexikon der Kinder- und Jugendliteratur", Weinheim

EWERS, H. H., LYPP, M., NASSEN U. (Hrsg.) (1999): „Kinderliteratur und Moderne", Weinheim und München

SCHAUFELBERGER, H. (1990): „Kinder- und Jugendliteratur heute", Freiburg

II. MEDIENANGEBOTE
AUDIOVISUELLE MEDIEN

DETLEF RUFFERT

EINLEITUNG

Dieses Kapitel beschäftigt sich mit einigen der so genannten „alten" Medien, mit Medien, die wir aus unserem Alltag gut kennen und mit denen die heutige Generation der Eltern, Erzieherinnen und Erzieher aufgewachsen ist.

Der Begriff „audiovisuelle Medien" fasst die Medien zusammen, die etwas mit dem Hören (lat. audire) oder Sehen (lat. videre) zu tun haben. Es sind die Medien, deren Technik Bilder und/oder Töne vermitteln. Ihre mediale Wirkung und Faszination beruhen häufig auf der Kombination von Bild und Ton.

Audiovisuelle Medien sind heute ein nicht mehr wegzudenkender Teil unseres Alltags. An erster Stelle steht dabei das Fernsehen, das, wie auch Hörfunk, Videokassette, CD oder MC, mit seinen Programmen eine Vielzahl von Menschen erreicht. Damit die Sendungen und ihre Botschaften möglichst problemlos verstanden werden, entwickeln die Massenmedien eine eigene Film- und Bildersprache, in der sie ihre Aussagen, z. B. durch bestimmte Schnitte, Bildfolgen, Licht und Ton sowie durch die Platzierung der Personen und Gegenstände im Bild vermitteln. Dadurch ergeben sich im Gegensatz etwa zur Literatur ganz andere Möglichkeiten der Darstellung.

Massenmediale Kommunikation ist ein Merkmal der modernen Informations- und Mediengesellschaft. Die Medienrezipienten (Zuschauer, Zuhörer) bilden in dieser Ein-Wege-Kommunikation die Konsumenten. Sie haben keine oder nur sehr begrenzte Möglichkeiten, in diesem Kommunikationsprozess selbst aktiv zu werden. Allerdings sind bei den zahllosen Medienangeboten und Sendungen aktive Konsumenten gefragt, die sich ihr Sendeprogramm selbst zusammenstellen können.

Die audiovisuellen Medien spielen auch im Alltag von Kindern eine große Rolle. Kinder nutzen sie oft völlig selbstverständlich, eher beiläufig, ritualisiert und routiniert.

114

AUDIOVISUELLE MEDIEN

KINDER BRAUCHEN MEDIEN

Medien bieten mehr als bloße Unterhaltung und reinen Zeitvertreib. Alles, was Kinder im Laufe ihres Erwachsenwerdens von der Welt erfahren, ist immer auch durch Medien vermittelt. Mediale und nicht-mediale Erfahrungen ergänzen sich und stehen mehr oder minder gleichberechtigt nebeneinander.

Die ersten Medienerfahrungen sind ungezielt: Kinder nehmen zwangsläufig am Medienleben der Eltern teil. Beim Frühstück läuft das Radio, am Abend der Fernseher. Sie erfahren, dass Medien offenbar irgendeinen Sinn und eine Funktion haben. Erst allmählich lernen sie, die Medien auch für sich selbst zu nutzen. Beim Geschichtensehen und -hören begreifen sie grundlegende Erzählmuster, denn auch die Mediengeschichten haben einen Anfang, einen Höhepunkt und einen Schluss. Außerdem erfahren Kinder schon sehr früh, dass mediale Aktivitäten in bestimmten Situationen ins häusliche Alltagsleben eingebunden sind (z. B. *Das Sandmännchen* im Fernsehen als Gute-Nacht-Geschichte).

Im Alltag von Kindergartenkindern spielen audiovisuelle Medien bereits eine wichtige Rolle. Die realen Erfahrungen der Kinder werden schon zu einem beachtlichen Teil durch Medienerfahrungen ergänzt. Dabei erleben Kinder ihre Medien überaus zwiespältig: Einerseits sind Fernsehen, Radio, Videorecorder, CD-Player oder Kassettenrecorder in den Familien allgegenwärtig. Andererseits werden sie häufig durch das erzieherische Handeln der Eltern mit einer Aura des Besonderen umgeben. Gute Leistungen, Wohlverhalten und Lernfreude werden durch Gewährung von Medienzeit belohnt, umgekehrt wird unerwünschtes Verhalten durch Medienentzug oder Medienverbote bestraft.

Darüber hinaus wird Kindern nachgesagt, sie könnten sich durch Mediennutzung weniger gut verbal ausdrücken, seien aggressiv, fantasielos und unkonzentriert, litten an Haltungsschäden durch „Mediensitzen" und ließen sich nur berieseln. Kinder erleben aber gleichzeitig, dass bei den Eltern und Erwachsenen die Medien in hohem Kurs stehen und deren Tagesablauf sowie deren Freizeitgestaltung ganz erheblich mitbestimmen.

115

II. MEDIENANGEBOTE

Die Erwachsenen sind es, die Medien zu einem Problem für Kinder machen. Das Spektrum reicht von Eltern, denen es völlig gleichgültig ist, was und wieviel ihre Kinder an Medienangeboten konsumieren, bis zu den Eltern, die durch strikte Verbote oder gar Entzug die Nutzung der Medien reglementieren.

Kinder besitzen eine natürliche Neugierde. Sie wollen ihre Welt begreifen und erobern, sie wollen ihre eigenen Fragen stellen und Erfahrungen machen – auch mit den Medien. Diesen sind sie nicht hilflos ausgeliefert, sondern benutzen sie als Spielzeug, Informationsmittel, Statussymbol, Arbeits- und Freizeitgegenstand. Kein Kind würde freiwillig Medien nutzen, wenn es sich davon keinen Vorteil verspräche. Kinder sind in der Lage – genau wie Erwachsene – sich aus den Medien das zu holen, was sie gerade aktuell für ihre Entwicklung benötigen. Der Medienpädagoge Jan-Uwe Rogge (1994, S. 20) spricht im Zusammenhang mit dem Fernsehen davon, dass sich die Kinder aus den Sendungen Handlungen „herausbrechen", die für sie wichtig und interessant sind.

Ben Bachmair, ein anderer Medienpädagoge, weist auf die Themen hin, die Kinder im Fernsehen wiederfinden: „Kinder haben, wie alle Menschen, Ziele, Wünsche, Träume usw.: z. B. groß und stark zu sein; geliebt zu werden; in die spannende Welt hinauszugehen und dabei doch beschützt zu werden; als schön und erfolgreich bewundert zu werden usw." (Bachmair, 1994, S. 176 f).

Audiovisuelle Medien sind heute eine wichtige Sozialisationsinstanz. Man spricht von einer speziellen Mediensozialisation, die auf die Anforderungen der Medien- und Informationsgesellschaft vorbereitet. Mediennutzung und -umgang entwickeln sich wie kognitive, emotionale und moralisch-ethische Fähigkeiten entsprechend dem Alter (vgl. Beitrag <Entwicklung>, S. 25). Dieser Prozess der Mediensozialisation muss von Pädagogen und Erziehern entsprechend begleitet und gefördert werden. Da wir davon ausgehen können, dass im Normalfall jedem Kind heute ein großes Medienangebot zur Verfügung steht, ist es wichtig, Hilfestellung für den Umgang mit diesen Medien zu geben. Das schließt eine Auseinandersetzung mit den medialen Inhalten ebenso ein, wie die Entwicklung technischer Fähigkeiten und Fertigkeiten.

Aus pädagogischer Sicht geht es darum zu fragen, was die Kinder mit Medien machen, wozu sie Medien nutzen, welche Angebote sie wahrnehmen, welche für sie wichtigen Informationen, Botschaften und Erlebnisse sie sich aussuchen. Diese aufzugreifen und weiterzuführen,

AUDIOVISUELLE MEDIEN

ist Aufgabe der Erzieherinnen und Pädagoginnen. Wenn die vorschulische Pädagogik den Situationsansatz auf diese Weise erfüllt, kann sie einen wichtigen Beitrag dazu leisten, die Kinder für das Alltagsleben in der Mediengesellschaft „fit" zu machen, ihnen die Fähigkeit vermitteln, adäquat mit Medien umzugehen, und damit zur *Medienkompetenz* verhelfen.

ZUSAMMENFASSUNG

Die Medienkindheit wird heute von den audiovisuellen Medien bestimmt. Sie sind ein wichtiger Faktor in der Sozialisation. Die von ihnen vermittelten Erfahrungen und Erlebnisse ergänzen die Realerfahrungen der Kinder. Audiovisuelle Medien begleiten die Entwicklung der Kinder und diese sind in der Lage, sie ihrer Entwicklung gemäß zu nutzen und sich aus den Medien das „herauszubrechen", was für sie gerade aktuell von Bedeutung ist. Medien geben den Kindern wichtige Hilfen, sich in der Medien- und Informationsgesellschaft gestaltend und selbstbestimmt zurechtzufinden. Aufgabe der Pädagogik ist es, den Kindern Medienkompetenz zu vermitteln.

FRAGEN ZUR DISKUSSION UND ÜBUNGEN

(1) Diskutieren Sie die These: Fernsehen bedeutet für Kinder „das Tor zur Welt".

(2) Der Medienkritiker Neil Postman behauptet, ein zu freier Umgang mit Medien zerstöre die „Unschuld der Kinder". Beziehen Sie Stellung zu dieser Einschätzung.

(3) Stellen Sie das Bild eines Kindes in den Mittelpunkt einer Wandzeitung und gruppieren Sie um das Kind die Medien, die ihm heute in der Familie zur Verfügung stehen. Bewerten Sie die unterschiedlichen Medien und gewichten Sie ihre Bedeutung für das Kind im „Netz" der Medien.

(4) Besuchen Sie einen Sender und diskutieren Sie mit den verantwortlichen Redakteuren über Kindersendungen: Auswahl, Zusammenstellung usw. Stellen Sie vorher schriftlich einen Fragenkatalog zusammen.

(5) Untersuchen Sie Ihren eigenen Medienkonsum und notieren Sie schriftlich, in Form eines Protokolls, welche Medien Sie täglich wie lange nutzen.

II. MEDIENANGEBOTE

WIRKUNGSNUTZEN – WIE KINDER VON AUDIOVISUELLEN MEDIEN PROFITIEREN KÖNNEN

Im Folgenden wird zunächst aufgezeigt, in welcher Weise sich der Umgang mit Medien auf Kinder positiv auswirken kann, bevor dann die Risiken von Medien diskutiert werden.

Unbefangen und neugierig wenden sich Kinder den Programmen der Seh- und Hörmedien zu. Sie entwickeln ihre kind- und entwicklungsgemäßen medialen Vorlieben, verehren ihre Helden, kommunizieren über neue Programme, tauschen sich aus, wenn sie Nachfragen haben. In diesem Zusammenhang ist nicht nur das Programmangebot, sondern die Programmauswahl das eigentliche Problem. Wenn hier von pädagogisch positiven Auswirkungen gesprochen wird, bezieht sich das natürlich nicht auf alle Programme. In jedem Fall ist die Programmauswahl ein wichtiger Faktor, bei dem die Kinder auf dem Weg zur kompetenten Mediennutzung immer wieder die Hilfe von Erwachsenen benötigen, die vorurteilsfrei Unterstützung und Anregungen geben können. Dies wird auch deshalb immer notwendiger, weil die Digitalisierung im audiovisuellen Bereich demnächst vor allem das Fernsehen gründlich verändern wird. Technisch bietet sich die Möglichkeit, die Zahl der Programme erheblich zu vergrößern, was die Programmauswahl noch erschweren wird.

IDENTITÄT UND INDIVIDUALITÄT

Kinder sind heute, bedingt durch die Auflösung der traditionellen Familienstrukturen, sehr früh auf sich selbst gestellt. Häufig arbeiten beide Eltern ganztags und die Kinder verbringen den Großteil des Tages außerhalb der Familie. Der Einfluss direkter Bezugspersonen nimmt ab, während z. B. der von medialen Vorbildern zunimmt. Insofern tragen die Medien zur Identitäts- und Individualitätsbildung bei. Der Prozess der Ausbildung kindlicher Identität orientiert sich hier an den Inhalten, den Geschichten, den Heldinnen und Helden, die Kinder „nutzen", um sich mit den medialen Persönlichkeiten zu vergleichen und zu messen. Die Auseinandersetzung mit unterschiedlichen gesellschaftlichen Rollen und Geschlechterrollen unterstützt die Ausbildung der eigenen Identität. „Kinder entwickeln dabei die Fähigkeit, alle möglichen Formen von Medienkommunikation angemessen (eigenen Interessen und Motiven folgend) auswählen, analysieren und

AUDIOVISUELLE MEDIEN

bewerten, sowie die Kommunikationsformen nutzen zu können, und zwar ihrem möglichen Anspruch gemäß" (Aufenanger et al., 1994, S. 27). Noch in einem weiteren Punkt tragen Medien zur Identitätsbildung bei: Sie schaffen die Möglichkeit, über die von den Erwachsenen hinaus angebotenen Handlungs- und Deutungsmuster eigene Vorbilder und Ideale zu entdecken.

AUTONOMIE UND KOMPETENZ

Eine durch Medien unterstützte Entwicklung von Identität und Persönlichkeit steht in enger Verbindung zur Möglichkeit, Medien autonom zu nutzen. Die Technik versetzt Kinder schon früh in die Lage, mit Medien handelnd umzugehen, sie nach Lust und Laune, nach Befindlichkeit und Trend zu nutzen. Im Umgang mit den Geräten entwickeln sie die Fähigkeit, sich angstfrei mit neuer Technik auseinanderzusetzen. Dies wird dadurch verstärkt, dass die Technik im audiovisuellen Bereich immer einfacher und leichter handhabbar wird. Darüber hinaus bietet der Spielzeugmarkt in verstärktem Maße eine eigens für Kinder produzierte Gerätetechnik an.

Über das Technische hinaus entwickeln Kinder weitere Kompetenzen. Sie lernen, die Bilder der Medien zu deuten, und schaffen sich ein Polster von Hintergrundinformationen und Kenntnissen, die für das spätere Leben wichtig sind. Zu den Kompetenzen gehört auch die Fähigkeit, das Gerät abzuschalten, wenn z. B. ein Film Angst macht, langweilt, unverständliche Botschaften vermittelt oder einfach schlecht gemacht ist. Die Distanzierung vom Filmgeschehen und Kritikfähigkeit gegenüber medialen Botschaften ist ein wichtiges Element der Erziehung zur Medienkompetenz.

Kinder merken früh, wenn Erwachsene technisch und inhaltlich mit bestimmten Medien Probleme haben. Beim Fernsehen entscheiden elterliche Mediengewohnheiten und ihre pädagogische Einstellung darüber, zu welchen der täglichen Programme die Kinder Zugang erhalten. Erst im Laufe der Zeit wird das Kind eigene Fernseherlebnisse einplanen und einfordern. Probleme entstehen, wenn das Kind Fernsehvorlieben entwickelt, die mit denen der Eltern kollidieren oder von diesen abgelehnt werden. Über solche Konflikte werden Medien auch zu einem Gegenstand der Ablösung von der Elterngeneration. Indem die Kinder „ihre" Medien selbstständig entdecken und nutzen, ihre Fähigkeiten entwickeln und ausbauen können, setzen sie sich von den Erwachsenen ab, schaffen sich ihre eigene, selbstbestimmte Welt.

II. MEDIENANGEBOTE

KONTINUITÄT UND SICHERHEIT

Audiovisuelle Medien gestalten den Alltag. Sie sind Begleiter durch die Kindheit. Besonders das Fernsehprogramm schafft für die Kinder eine zeitliche Kontinuität. Täglich oder an einem bestimmten Wochentag, zu einer festen Zeit, gibt es ein Wiedersehen mit einer bestimmten Figur. Das können die Maus und der Elefant aus der *Sendung mit der Maus*, *Löwenzahn* oder *Käpt`n Blaubär* sein.

Alle Kinderserien sind praktisch auf wenigen Handlungsträgern aufgebaut. Das Kind freut sich auf das Wiedersehen und erlebt zusätzlich in der Geschichte etwas Neues: Die handelnden Personen oder Figuren sind berechenbar.

Kinder wollen etwas erleben, suchen ständig neue Herausforderungen. Dazu brauchen sie aber Sicherheit. Diese wird ihnen von ihren Lieblingssendungen geboten. Weil sich die Kinder sicher fühlen, können sie sich auf das Abenteuer der jeweils neuen Folge einlassen. Deshalb orientieren sich die Programme an den dramaturgischen Merkmalen überschaubarer Ablauf – klare Handlung – Happy-End – wiedererkennbare Anzahl von Personen. Kinder nutzen MCs oder Videos in ähnlicher Weise und lassen z. B. eine sie interessierende Folge oder Sequenz immer wieder ablaufen. Sie spüren unbewusst, dass sie sich gefahrlos in den Spannungsbogen einklinken können – am Ende wird alles gut ausgehen. Das Kind braucht diese Sicherheit, es will keine unkalkulierbaren Figuren, die sich ständig verändern. Diese Kontinuität eröffnet die Möglichkeit, die Figuren nach und nach richtig kennenzulernen und zu verstehen. Oftmals sind die Handlungen zweitrangig, weil beliebig und austauschbar. Nicht zu ersetzen sind jedoch die Handlungsträger. Sie schaffen eine persönliche Beziehung und Vertrautheit, die im Alltag oft nur schwer zu erfahren ist.

Die Sicherheit wird dadurch gestärkt, dass Kinder besonders jene Programme anziehend finden, die in ihrer Erzählstruktur einen überschaubaren, logischen und kausalen Handlungsablauf gewährleisten. Eine solche lineare Erzählweise entspricht der Denkweise der Kinder. Sie ermöglicht ihnen spontanen Zugang zu den Mediengeschichten und hilft ihnen, Informationslücken durch eventuell verpasste Sendungen fantasievoll zu schließen.

AUDIOVISUELLE MEDIEN

SPASS UND UNTERHALTUNG

Kinder sind besonders begeistert von Sendungen, in denen es lustig zugeht, bei denen die Helden coole Sprüche von sich geben und ihnen selbst in der ausweglosesten Lage noch ein Gag einfällt. Kinder mögen ebenso Figuren, die tolpatschig sind, sich ungeschickt anstellen und doch am Ende die Sieger bleiben.

Besonders ansprechend ist es für sie, wenn Spaß und Spannung zusammenkommen. *Pippi Langstrumpf* ist vor allem deshalb so beliebt, weil sie verrückte Sachen macht, immer lustig ist und dennoch mutig genug, um sich mit neuen, ungewohnten Situationen konstruktiv auseinanderzusetzen.

Bei mehreren Hauptrollen gibt es meist einen Gefährten des Helden oder der Heldin, der die Rolle des Clowns, des Spaßmachers übernimmt und für den Spannungsabbau zuständig ist. Diese Figuren sind bei Kindern besonders beliebt. Vielfach erkennen sich die Kinder in dieser Rolle wieder und diese Identifikation hilft ihnen, ihre eigenen Unzulänglichkeiten mit Witz und Spaß auszugleichen.

Kinder wollen genauso wie Erwachsene von den Medien unterhalten werden. Sie möchten einfach in eine entspannte Atmosphäre eintauchen und sich darin verlieren. Sie benutzen die Medien für ihre emotionale Entspannung.

SPANNUNG UND ACTION

Bei Kindern sind Geschichten besonders beliebt, die sie als spannend erleben. Damit verbunden sind starke Gefühle wie Erregung, Angst und Ärger. Spannend sind Sendungen, die eine Parteinahme, d. h. Sympathie für die Guten und Antipathie gegen die Bösen ermöglichen. Spannend sind auch ungewöhnliche Einstellungen, Kamerafahrten, Schnitte und eine musikalisch ansprechende Untermalung mit möglichst interessanten und passenden Geräuschen. Beliebte Mittel des Spannungsaufbaus sind:

- ■ Der Held/die Heldin und/oder der oder die beliebten Begleiter geraten in eine gefahrvolle Situation, werden von einem „Bösen" verfolgt, kommen an fremde Orte, auf neues, unsicheres Terrain.

- ■ Der Böse/die Böse handelt in böser Absicht gegen den Helden/die Heldin oder gegenüber Dritten, die wiederum von dem Held/der Heldin unterstützt, gerettet, befreit werden.

II. MEDIENANGEBOTE

Für Kinder ist es wichtig, dass sich die Spannung behutsam aufbaut, auf einem erträglichen Niveau einpendelt und in eine Phase der Entspannung mündet, die Geschichte also ein glückliches Ende nimmt. Eine solche Erzählstruktur dient dem suchenden, lernenden, begreifenden Umgang mit spannungauslösenden Elementen. Dabei muss es sich nicht unbedingt um „Action" mit schnellen Schnitten, hektischer Handlung und rasanten Stunts handeln. Spannung gibt es auch in kleinen unspektakulären Erlebnissen und Erfahrungen.

Die spannungsauslösenden Gestalten sind in allen Serien und Sendern fast identisch. Es sind auffällige, ungewöhnliche Figuren: Vom bösen Riesen über die große Schlange, vom hässlichen und raffinierten Zauberer über die böse Fee, vom korrupten Wissenschaftler über den gemeinen Herrscher bis zu den dunklen Mächten in der Unterwelt oder im Weltall.

ABENTEUER, TRAUMWELTEN UND FANTASIEN

Die Medien und ihre Programme, Spiele und Aktionen sind für Kinder kein Ersatz für die reale Welt. Doch sie nehmen die Kinder mit auf Traumreisen in fremde Länder, andere Kulturen und gefahrvolle Situationen. Kinder entdecken, was es heißt, in unbekannter Umgebung zu sein, sie fiebern mit, wenn ihre Helden in Gefahr geraten, sie empfinden Freude über überstandene Abenteuer. Medien ermöglichen es Kindern, ihre Macht- und Ohnmachtfantasien auszuleben. Mit den Helden ihrer Geschichten begeben sie sich auf neue, unbekannte Wege. Sie fahren, fliegen, laufen mit ihnen und erfahren, dass sie schließlich – trotz aller Bedrohung – ihr Ziel erreichen.

Selbst stark zu sein, in eine andere Haut schlüpfen zu können, sich als mächtig zu spüren, sind wichtige Elemente der kindlichen Fantasie. Die audiovisuellen Medien zerstören nicht die kindlichen Fantasien. Sie setzen durch die bildhafte Darstellung andere Fantasien frei, als z. B. durch das Lesen eines Buchs.

Natürlich sind Fantasien nicht nur positiv. Es gibt auch negative Bilder und Gestalten, Ereignisse und Geschichten. Aber auch hier wird das Kind sich die Medien aussuchen, deren Geschichten und Botschaften es verträgt, mit denen es umgehen kann, ohne Angst zu haben.

VOM BÖSEN UND VOM GUTEN LERNEN

Im Fernsehen wird meist schnell klar, wer zu den Guten gehört und wer zu den Bösen. Schon das Aussehen, die Kleidung, die Farben, die Musik signalisieren den Unterschied zwischen Gut und Böse. Die

AUDIOVISUELLE MEDIEN

Kinder erleben in ihrem Alltag ständig die Auseinandersetzung mit diesen beiden entgegengesetzten Polen. Sie werden für ihr Wohlverhalten belohnt, negatives Verhalten wird bestraft. Positive Aktivitäten heben das Image, bringen Ansehen und schaffen eine gute Atmosphäre, das Gegenteil führt zu Ärger, Krach und Auseinandersetzung.

Kinder sind ständig bemüht, ihr Bild über Gut und Böse zu vervollständigen und ihr Verhalten einzuordnen. Positiv ist es, wenn in den Geschichten die gute Seite siegt, wenn es ein Happy End gibt.

Aber auch die Ambivalenz von Gut und Böse innerhalb einer Person ist in Fernsehsendungen zu finden (z. B. bei *Pumuckl* oder dem Raben in der Sendung *Siebenstein*). Die Kinder begreifen dadurch, dass es nicht nur Schwarz und Weiß, sondern auch Grautöne gibt. Auch der Gute hat negative dunkle Seiten, die ihm zu schaffen machen, die seine Gegner erkennen und gegen ihn nutzen können.

Außerdem lernen Kinder, die Figuren nicht nur über Äußerlichkeiten zu beurteilen, sondern auch über ihr Verhalten. Der Gute ist nicht immer der Schöne, Attraktive und der Böse nicht immer der Hässliche, Abstoßende. Gute Fernsehsendungen lassen sich z. B. an dieser Differenzierung erkennen.

IN NEUE ROLLEN SCHLÜPFEN

Kinder übernehmen aus den Medien Verhaltensmuster, die sie für sich als attraktiv erkennen. Gerade Gestalten, die sich auf wenige, klare Verhaltensmuster beschränken, laden zur Nachahmung ein. Besonders im alltäglichen Spiel, in der Familie und in der Kindertagesstätte werden diese medialen Rollen sichtbar.

Jungen übernehmen häufig die Rolle der Helden, Sieger oder Gewinner, auch der ihnen ebenbürtigen Gegenspieler. Mädchen konzentrieren sich dagegen eher auf „soziale" Rollen, weil viele Medienangebote entsprechende Mädchen- und Frauenrollen präsentieren. Erst langsam setzen sich in neueren Serien Mädchen und Frauen als Heldinnen durch: *Ronja Räubertochter* bewirkt Dinge, die selbst Erwachsene nicht zuwege bringen, *Bibi Blocksberg*, die kleine Hexe, setzt ihren Willen auch gegen die großen Hexen durch und in *Sailor-Moon* sind es Mädchen, die das Böse besiegen.

Eine neue Rolle zu übernehmen, nicht stehen zu bleiben bei den Stereotypen des Alltags, ist für Kinder ein faszinierendes Erlebnis. Medien bieten die Möglichkeit zu diesem Rollentausch.

II. MEDIENANGEBOTE

EINMAL EIN HELD SEIN

Helden sind für Kinder faszinierend. Sie besitzen Charaktereigenschaften, die Kinder ebenfalls gerne hätten: Mut, Stärke, Macht, Willenskraft und Wissen.

Für Kinder sind besonders Helden attraktiv, die sich nicht schon auf den ersten Blick als kraftstrotzenden Siegertyp zeigen. *Superman* z. B. ist im Alltag ein ganz normaler Reporter, bei *Sailor-Moon* ist die Heldin ein relativ unbeholfenes Mädchen, und *Popeye*, der Seemann, braucht erst seinen Spinat, um seine Widersacher besiegen zu können. Nicht immer geht es um Kraft und Gewalt, häufig sind die „Helden" einfach gewitzt und überlisten ihre Gegner. *Tweety* wird immer wieder gegen den Kater *Sylvester* gewinnen, *A- und B-Hörnchen* gegen *Donald Duck*, und bei *Käpt'n Balu* ist der *kleine Bär* immer der Größte.

Die Handlungsmuster sind nicht besonders abwechslungsreich, die Helden durchleben fast immer die gleiche Entwicklung: Er oder sie erkennt ein Problem, gerät in Schwierigkeiten oder übernimmt eine Aufgabe, die in ein gefährliches Abenteuer führt. Dann folgen die Bedrohungen, Auseinandersetzungen oder Kämpfe und am Ende steht der Sieg.

Auch die Rollenverteilung ist in vielen Sendungen ähnlich: Auf der einen Seite ist der Held mit seinem Gehilfen, zumeist ein kleiner Geist oder Kobold (z. B. der kleine Hausgeist *Slimer* bei den *Ghostbusters*), ein witziges Wesen, eine Art Clown, der sich selbst und den Helden hin und wieder in Gefahr bringt, aber immer auch der gute und freundliche Helfer ist (z. B. der Geist *Dschinni* bei *Aladdin*) oder der zwar etwas unaufmerksame aber geniale Wissenschaftler bzw. Gelehrte (bei den *Gummibären*), eine Art *Daniel Düsentrieb*; und meist noch ein weibliches Wesen (z. B. bei den *Hero Turtles* die Reporterin), das den Helden anhimmelt und oft Anlass bedrohlicher Situationen ist. In wenigen Serien ist die weibliche Rolle positiver definiert, z. B. *Kiki* bei *Darkwing Duck*, die letzten Endes die rettenden Einfälle hat.

Auf der anderen Seite stehen die Widersacher: Der Bösewicht, der die Welt bedroht, das Universum erobern will oder die Umwelt zerstört usw., mit seinen meist vertrottelten Helfern, die speichelleckend ihren Herrn verteidigen und dabei keine gute Figur abgeben. Häufig zeichnen sich Helden und Gegner durch große Kräfte aus. Der Gute setzt seine Kräfte positiv ein und gewinnt letztlich die Auseinandersetzung. Der Gegner ist hinterhältig und gemein – und auch deshalb verliert er

AUDIOVISUELLE MEDIEN

am Ende. Das Böse wird nicht unwiderruflich vom Guten besiegt, es bleibt bestehen und findet in der nächsten Folge seine Fortsetzung.
Es verwundert nicht, dass die Kinder, wenn sie älter sind und das Spiel durchschaut haben, ihre ehemaligen Helden gar nicht mehr so gut finden. Denn kreativ und clever ist eher der Bösewicht, während der Gute praktisch nichts dazulernt, sondern immer wieder in die Falle tappt und sich erst dann durch seine übernatürlichen Fähigkeiten befreien und gewinnen kann.

Die Kinder begleiten ihre Helden auf allen ihren abenteuerlichen und gefahrvollen Wegen. Sie finden in den Medien, beim Spielzeug und in Büchern in unendlichen Variationen die entsprechenden Geschichten. Die Helden werden für bestimmte Themen, die das Kind gemeinsam mit ihnen erlebt, zu Stellvertretern, die in symbolischer Form austragen, was das Kind beschäftigt. Intuitiv verstehen Kinder diese Symbolik und ordnen sich selbst in das System ein, wenn sie z. B. in der Auseinandersetzung zwischen „Groß" und „Klein" gleichzeitig den Kampf zwischen Gut und Böse wieder erkennen und sich auf die Seite der guten Kleinen einordnen. Aus den Verhaltensweisen der Helden filtern die Kinder gleichsam die Elemente heraus, die ihren eigenen Wünschen, Ängsten und Konflikten entsprechen. Sie entwickeln eine besondere Empathie mit den Helden, entsprechen sie doch ihrem Idealbild von sich selbst. Die Kinder möchten so sein wie ihre Helden: stark, sicher, gewandt, beliebt, klug usw. Dieser Identifikationsfigur sehen sie auch ihre kleinen Fehler und Schwächen nach.
Problematisch wird es, wenn Kinder die „Gewalt" ihres Helden als gute Gewalt bewerten, erleben und verarbeiten. Denn Held oder Heldin sind ja im Recht, tun immer das Richtige, wollen das Gute erreichen. Oftmals sind aber die Methoden, derer sie sich bedienen, ebenfalls mit Gewalt durchsetzt, die sich von der Gewalt der „Bösen" nicht oder nur wenig unterscheidet. Das kann zu einer falschen Einschätzung von Gewalt bei der Lösung von Konflikten führen.

PÄDAGOGISCHE BEDEUTUNG

Kinder bringen ihre Medienerlebnisse spielend und erzählend mit in die Einrichtung. In der praktischen Arbeit können z. B. durch *teilnehmende Beobachtung* die Bilderwelten bzw. Themen der Kinder entschlüsselt werden. Dabei ist es wichtig, dass die Erzieher die Grundstrukturen der Medien und der handelnden Personen kennen und sich auf die Kinder einlassen, die von ihnen berichten. So könnte beob-

II. MEDIENANGEBOTE

achtet werden, welche Kinder welche Rolle spielen bzw. welche Rollen-, Sprach- und Ausdrucksmuster in ihr Spiel übernommen werden.

Kinder gehen flexibel und kreativ mit Rollen um und übertragen diese auf neue Situationen. Teilnehmende Beobachtung kann zeigen, ob die gespielte Rolle mit der Filmrolle übereinstimmt, oder in welche Richtung sie verändert wird und welche Fantasien und Wünsche Kinder in sie hineinprojizieren.

Die Erzieherin kann sich auch auf die Geschichten einlassen, indem sie gemeinsam mit den Kindern Filme, z. B. auf Videokassette, anschaut. Dies hat den Vorteil, das Fernsehen zu einem gemeinschaftlichen Ereignis zu machen. Außerdem können die direkten Reaktionen der Kinder beobachtet werden. Schließlich ist es möglich, auf gleicher „Ebene" mit den Kindern über das Gesehene, Erlebte und Erfahrene zu reden und sich auszutauschen. Damit kann die Erzieherin durch Kritik und Anregungen, die dann eher von den Kindern akzeptiert werden, direkt auf die Medienvorlieben reagieren und für Kinder nachvollziehbare Qualitätskriterien vermitteln.

Die Erzieherin kann aktiv zur Verarbeitung der Themen anregen, indem die Kinder Plüschfiguren aus den entsprechenden TV-Serien, z. B. *Power Rangers*, *Teletubbies*, *Hero Turtles* usw., in die Einrichtung mitbringen und damit spielen oder sich wie ihre Lieblingshelden verkleiden dürfen. Auch das Erstellen einer Fotowand mit beliebten Filmfiguren, das gemeinsame Produzieren einer Collage mit Serienhelden, das Malen von jeweils bedeutsamen Szenen, die Inszenierung von „Werbefernsehen", ein Ratespiel mit Scharaden aus beliebten Sendungen sind wichtig für die Auseinandersetzung mit den medialen Erlebnissen.

In jedem Fall sollte die Erzieherin den Kindern genügend Freiraum geben, ihre Medienerlebnisse nachzuspielen und auszudrücken und so die Integration dieser Erlebnisse im Spiel und Alltag zu fördern.

ZUSAMMENFASSUNG

Audiovisuelle Medien gehören für Kinder heute zum Alltag. Sie nutzen und benutzen diese mit großer Regelmäßigkeit und Selbstverständlichkeit. Dabei gelingt es Kindern, sich aus den Medienangeboten das „herauszubrechen", was sie in ihrem jeweiligen Entwicklungsstand benötigen. Sie gehen fantasievoll mit den Medien um, wenn man ihnen den nötigen Freiraum dazu lässt.

Die audiovisuellen Medien bieten eine Vielzahl von Chancen zum Lernen am Vorbild, zur Identifikation und zum Experimentieren mit

AUDIOVISUELLE MEDIEN

unterschiedlichen Rollen. Aus erzieherischer Sicht ist es wichtig, die Kinder mit ihrem individuellen Medienerleben ernst zu nehmen und ihnen die Möglichkeit zu bieten, ihre Medienerfahrungen konstruktiv weiterzuentwickeln.

Eine wichtige Aufgabe für Erzieherinnen und Erzieher ist es, die Medienwelt der Kinder kennen zu lernen und sich mit den aktuellen Botschaften und Strukturen bekannt zu machen, die Kinder im Medienalltag erleben.

FRAGEN ZUR DISKUSSION UND ÜBUNGEN

(1) Ist Kinderliteratur als pädagogisch wertvoller zu beurteilen als Kinderfernsehen?

(2) Erstellen Sie eine Fernseh-Hitliste der Kinder und vergleichen Sie diese mit einer Hitliste Ihrer eigenen Fernsehgeschichte.

(3) Besuchen Sie die Spieleabteilung eines Kaufhauses und stellen Sie zusammen, welche Spielzeugangebote Figuren aus Fernsehserien oder Kinofilmen aufgreifen.

(4) Bringen Sie ein neues Spielzeug, z. B. eine Puppe der Teletubbies, mit in ihre Einrichtung und beobachten Sie, wie die Kinder darauf reagieren! Halten Sie Ihre Beobachtungen schriftlich fest und diskutieren Sie diese in der Klasse.

II. MEDIENANGEBOTE

WIRKUNGSRISIKEN – WAS KINDERN PROBLEME MACHEN KANN

Die Kommerzialisierung der Angebote an audiovisuellen Medien hat eine immer größer werdende Akzeptanz von Sex- und Gewaltdarstellungen mit sich gebracht. Aus pädagogischer Sicht ist festzustellen, dass es nicht in erster Linie die Kinder sind, die diese Medien und ihre Inhalte gut finden. Hier handelt es sich vielmehr um eine Vorliebe der Erwachsenen, die dafür sorgen, dass die Einschaltquoten stimmen. Problematisch ist allerdings, dass Kinder an diesen Medienvorlieben der Erwachsenen teilhaben.

Wenn heute auch stärker über die positiven Seiten der Mediennutzung gesprochen wird, so dürfen die negativen Wirkungen nicht außer Acht gelassen werden. Weil Medien aber immer individuelle Auswirkungen haben, also von der Persönlichkeit des Kindes, seinem sozialen Umfeld, Alter und Geschlecht, dem Bildungsstand usw. abhängen, ist es besser, zunächst einmal von Wirkungsrisiken zu sprechen.

WIRKUNGSRISIKO MEDIENGEWALT

Vielfach wird angenommen, dass Gewaltdarstellungen aggressives Verhalten von Kindern fördern, das heißt, Medien ihre Gewaltbereitschaft erhöhen und sie dazu bringen können, die gesehene Gewalt nachzuahmen. Gewaltdarstellungen wirken dann besonders stark, wenn sie realitätsnah sind. Das betrifft vor allem die Reality Shows und Reportagen, aber auch die Nachrichten: Im Zusammenhang mit Kriegsberichterstattungen wurden zum Beispiel in den ZDF Nachrichten um 19.00 Uhr Exekutionen vor laufender Kamera gezeigt. Wirkungssteigernd ist auch, wenn die gezeigte Gewalt gerechtfertigt wird. Schließlich gibt es eine gesteigerte Wirkung, wenn sich die Kinder mit gewalttätigen Medienhelden identifizieren. Untersuchungen (vgl. Kunczik, 1984) zeigen allerdings, dass dies vor allem Kinder betrifft, die von sich aus zu Gewalt neigen. Nachdenkliche und einfühlsame Kinder werden von Gewaltdarstellungen eher abgeschreckt. Kinder, die aggressiv erzogen werden oder in einem Gewalt akzeptierenden, autoritären Umfeld leben, werden daher von Mediengewalt leichter negativ beeinflusst.

Auch andere Studien (vgl. Selg, 1997) zeigen, dass aggressive Medieninhalte nur in Kombination mit anderen Gewalterfahrungen, z. B. in der Familie, Aggressionen fördern. Kinder mit aggressiven Neigungen

AUDIOVISUELLE MEDIEN

bevorzugen Gewaltfilme, wodurch sich das Aggressionsniveau steigern kann.

Das häufige Beobachten medialer Gewalt in der Kindheit kann also als *eine* Ursache für aggressives Verhalten in Kindheit, Jugend und Erwachsenenalter gelten. Umfangreiche Jugendschutzgesetze dienen dazu, Kinder vor den Gefahren verrohend wirkender Medien zu schützen. Das Gesetz über die Verbreitung jugendgefährdender Schriften (unter diesen Begriff fallen auch Videos und CDs mit hohem Bildanteil) verbietet den Verkauf von Medien mit verrohenden Gewaltdarstellungen an Kinder und Jugendliche. Dies trifft zu, wenn Gewalt in großem Stil oder epischer Breite geschildert wird, wenn Gewalt als vorrangiges Mittel der Konfliktlösung propagiert wird, wenn die Anwendung von Gewalt im Namen des Gesetzes oder im Namen einer guten Sache legitimiert wird, wenn Selbstjustiz als geeignetes Mittel zur Durchsetzung vermeintlicher Gerechtigkeit dargestellt wird und wenn Mord- und Tötungsszenen selbstzweckhaft und detailliert geschildert werden. Ein Medium, das von der Bundesprüfstelle für jugendgefährdende Schriften auf den Index gesetzt wird, darf nicht mehr an Kinder und Jugendliche vertrieben oder beworben werden.

Das Gesetz zum Schutz der Jugend in der Öffentlichkeit regelt die Nutzung von Medien in der Öffentlichkeit. Für Filme, die im Kino laufen, oder für Videokassetten, die in Videotheken verliehen werden, erteilt die „Freiwillige Selbstkontrolle der Filmwirtschaft" (FSK) eine Freigabe, die je nach Inhalt und Machart des Mediums ohne Altersbeschränkung sein kann oder das Medium ab sechs, zwölf, 16 oder nicht unter 18 Jahren freigibt.

Für das öffentlich-rechtliche Fernsehen regelt der Rundfunkstaatsvertrag, für den privaten Rundfunk regulieren die Rundfunkgesetze der Bundesländer den Jugendschutz. Sendungen, die geeignet sind, das körperliche, geistige oder seelische Wohl der Kinder zu beeinträchtigen, dürfen nicht oder nur zu bestimmten Sendezeiten verbreitet werden. So können Filme, die nicht unter 18 Jahren freigegeben sind, erst ab 23.00 Uhr gesendet werden, Filme mit der Alterskennzeichnung ab 16 Jahren dürfen erst ab 22.00 Uhr auf Sendung gehen. Filme, die ab zwölf Jahren freigegeben sind oder keine Altersbeschränkung haben, dürfen während des gesamten Tages gesendet werden. Die öffentlich-rechtlichen und die Privatsender haben die Verpflichtung, Jugendschutzbeauftragte einzustellen. Darüber hinaus haben die privaten Sender nach dem Vorbild der FSK eine „Freiwillige Selbstkontrolle Fernsehen" (FSF) gegründet.

II. MEDIENANGEBOTE

WIRKUNGSRISIKO SEXUALITÄT

Kinder beobachten sehr genau, was sich zwischen den Geschlechtern abspielt. Beziehungen sind für sie eines der wichtigsten Themen. Audiovisuelle Medien, insbesondere Film und Fernsehen, greifen immer wieder Beziehungsfragen und Beziehungskonflikte auf. Die Darstellung von Sexualität nimmt in Film und Fernsehen einen breiten Raum ein. Darüber hinaus ist das Fernsehen vor allem zu einer Beratungsagentur in Sachen Sexualität geworden. Sexualität wird heute nicht nur im Spielfilm und in Serien, sondern vor allem auch in aktuellen Reportagen und Talk-Shows in allen Spielarten und Variationen behandelt.

In den öffentlich-rechtlichen wie privaten Fernsehsendern darf keine Pornografie gezeigt werden. Besonders Kinder sollen vor pornografischen Medien geschützt werden. Ein pornografisches Werk ist dadurch gekennzeichnet, dass es ausschließlich oder überwiegend das Ziel verfolgt, den Betrachter sexuell zu stimulieren, die dargestellte Sexualität ohne jede zwischenmenschliche Beziehung stattfindet, Menschen, d. h. in der Regel Frauen, auf die Rolle des jederzeit austauschbaren Lustobjekts reduziert werden oder Sexualität als einziger Lebenssinn und einzige Lebensäußerung verabsolutiert wird.

Es ist zu beobachten, dass die Darstellung von Sexualität in den Medien insgesamt offener geworden ist. Durch die nahezu tägliche Ausstrahlung von Erotikfilmen, die in endlosen Variationen das Thema „Frauen wollen immer, Männer können immer" wiederholen, kann sich für Kinder ein einseitiges, weil auf Sexualität reduziertes Bild von Beziehungen ergeben.

WIRKUNGSRISIKO REALITÄT

Die Grenzen zwischen Spielfilmen, Programmen und dokumentarischen Sendungen verwischen sich heute mehr und mehr. Nachrichtensendungen im Fernsehen werden wie eine Show präsentiert. Die Seifenopern („Soaps") integrieren aktuelle Nachrichtenthemen. Im Krimi wird das Drehbuch von aktuellen Kriminalfällen beeinflusst und Unglücksfälle bzw. glückliche Rettungsaktionen werden als „Reportage" nachgedreht. Das macht es vor allem für Kinder immer schwieriger, zwischen Realität und Fiktion zu unterscheiden. Diese Fähigkeit muss im Vorschulalter erst entwickelt werden. Zwei- bis Dreijährige vermuten hinter dem Fernsehapparat noch Figuren. Durch die Zeichentrickfiguren beginnen sie, die Nicht-Realität der

AUDIOVISUELLE MEDIEN

Bilder zu erfassen. Erst im Schulalter wird ihnen dies so gelingen, dass sie mit der Fiktionalität kaum noch Probleme haben. Aber auch Erwachsene tun sich manchmal schwer, die Fiktionalität von Filmen zu begreifen.

Für Kinder im Vorschulalter besteht also die Gefahr, dass die Medien zumindest eine Wahrnehmungsverschiebung bewirken können. Die reale Welt wird ersetzt oder irritierend vermischt durch die nicht-reale Welt der Medien. Besonders augenfällig ist dies bei der Werbung, die immer wieder vorgibt, eine reale Welt zu zeigen. Kinder unterhalten sich über mediale Erlebnisse so, als seien sie in Wirklichkeit geschehen. Erwachsenen fällt es häufig schwer, diesen Wahrnehmungsbruch zu erkennen und zu akzeptieren. Häufig fühlen sich Kinder missverstanden, wenn die Erwachsenen ihre „realen" Medienerlebnisse und damit sie selbst nicht ernst nehmen.

WIRKUNGSRISIKO ANGST

Ursache für Angst und Bedrohung sind die gefährlichen Situationen, die von den Filmhelden erlebt und bewältigt werden. Monster, Hexen, Gespenster, Drachen, Diebe, Räuber, Mörder, Außerirdische, böse Tiere usw. werden von Kindern als angstauslösend erlebt. Auch die Präsentation der Geschichte in der filmischen Umsetzung wie schaurige Musik, fahles Licht, Dunkelheit, Not- und Angstschreie verursachen Schauer und Angst. Die ungewisse Handlung und die Furcht vor dem bösen Ende sind weitere angstauslösende Faktoren.
Angst hat außerdem immer auch etwas mit der individuellen Situation und Disposition des Kindes zu tun. So kann es passieren, dass eine Kampfszene ohne Anzeichen von Anspannung angeschaut wird, der folgende Abschied und der Weg in die Ungewissheit dagegen das eigentlich angstauslösende Element darstellen.
Angst zu haben, Unangenehmem aus dem Weg zu gehen, vor etwas zurückzuschrecken sind Verhaltensweisen, die für das individuelle und

II. MEDIENANGEBOTE

soziale Leben erlernt werden müssen. Ängste schützen und schaffen die Voraussetzung für neue Erfahrungen. Zwischen Angst und Wohlbefinden eine Balance herzustellen, ist ein überaus wichtiger Lernprozess, der von Kindern positiv erlebt werden muss. Schließlich geht es darum, die Angst beherrschen und produktiv einsetzen zu lernen. Die Medien ermöglichen die gefahrlose und unproblematische Annäherung an die Angst und schaffen Räume zur Angstbewältigung. Kinder lernen mit Hilfe der Medien, ihren Ängsten Ausdruck zu verleihen, gleichzeitig können sie sich durch unterschiedliche Techniken entweder den angstauslösenden Situationen und Erlebnissen entziehen oder aber den Versuch unternehmen, die entstandenen Ängste zu überwinden.

Was in einer bestimmten Phase für das Kind zu belastend ist, kann möglicherweise in einem späteren Entwicklungsstadium mit Genuss konsumiert werden. Hinzu kommt, dass Kinder frühzeitig beginnen, zwischen realen und irrealen Ängsten zu unterscheiden. So können sie in den Geschichten des Fernsehens ihre Angstbewältigung ausprobieren. Dazu trägt insbesondere die Tatsache bei, dass sich das Kind im Regelfall in einer geschützten Sphäre befindet und aus dieser sicheren Situation heraus der ängstigenden Darstellung begegnet. Dabei entsteht ein weiteres Phänomen, das im allgemeinen mit „Angstlust" umschrieben wird. Das Gefühl, einer angstauslösenden Szene zu trotzen, ihr zu widerstehen, löst ein positives Gefühl aus. Es ist das Gefühl, etwas geleistet zu haben, die eigene Angst bewältigen zu können.

Dieses lustvolle Element bildet durchaus eine Triebfeder, wenn Kinder sich angstauslösenden Programmangeboten aussetzen. Die häufige Auseinandersetzung, z. B. mit Gewalt, kann auch das Ziel haben, die Angst beherrschen zu lernen. Wichtig ist dabei aber, dass das Kind sein Lern- und Erfahrungstempo selbst bestimmt. Überforderungen nach dem Motto „das Kind soll einmal richtig Angst bekommen, damit es sich die Sendungen nicht mehr ansieht" oder aber das empörte Abschalten der Sendung vor dem auflösenden Happy-End bewirken das Gegenteil. Die Kinder werden verunsichert, Ängste bauen sich auf oder werden entsprechend verstärkt.

Angstauslösende Bilder und Geschichten tauchen in allen Medien auf. Fast immer haben bedrohliche Situationen mit Dunkelheit und Finsternis zu tun. Damit knüpfen die Medien an eine Urangst von Kindern an, die Angst vor einer nicht greifbaren, unklaren Welt. Mit der Bewältigung der Angst werden Emotionen wie Hilflosigkeit und Ausgeliefertsein verarbeitet.

AUDIOVISUELLE MEDIEN

Wenn ein Kind zu stark verängstigt wird, kann sich dies zu einem generell angstbesetzten Umgang, auch im sozialen Alltag, entwickeln. Ängstliche Kinder trauen sich nichts zu, sie verbringen viel Kraft darauf, vermeintlichen Gefährdungen aus dem Weg zu gehen. Schlaf- und Lernstörungen können Symptome starker Verängstigung sein. Eine Langzeitwirkung kann darin bestehen, dass die Kinder ihre Umwelt als furchteinflößend und besonders gefährlich erleben. Dies geschieht vor allen Dingen dann, wenn die Ähnlichkeit zwischen den im Fernsehen dargestellten Ereignissen und den Situationen in der konkreten Umwelt groß ist (vgl. Kunczik, 1984, S. 22).

PÄDAGOGISCHE BEDEUTUNG

Die Pädagogik in der Einrichtung muss sich mit den beschriebenen Wirkungsrisiken in besonderer Weise auseinandersetzen. Dies beginnt mit der täglichen Beobachtung der Kinder und ihrem Verhalten, das Rückschlüsse auf die Mediennutzung und -verarbeitung zulässt. Besonders wichtig ist, dass die Kinder den Mut haben, ihre – auch belastenden Fernseherlebnisse – auszusprechen. Häufig verstecken sich gerade ängstliche Kinder hinter einer verbalen Stärke bezogen auf den Medienkonsum. Notwendig ist auch, dass sie ihre Neugierde auf Dinge, die ihnen Angst machen und unheimlich sind, befriedigen können. Hier bedarf es der Begleitung der Eltern im häuslichen Bereich.

Gerade unter den Aspekten der Wirkungsrisiken lässt sich in der Einrichtung eine medienpädagogische Elternarbeit initiieren. Eltern und Erziehungsberechtigte erwarten keine Verteufelung der Medien und Medieninhalte, sondern Hilfestellung bei der familiären Medienerziehung. Ziel könnte es sein, die Eltern davon zu überzeugen, dass die Nutzung audiovisueller Medien durch die Kinder von ihnen zu begleiten ist. Die Eltern sollten dazu angeregt werden, sich detailliert mit der Mediennutzung ihrer Kinder zu beschäftigen und mit ihnen immer wieder über das Gesehene zu sprechen.

Die Medienerziehung in der Einrichtung kann dem Kind helfen, die belastenden Medienerlebnisse aktiv und positiv zu verarbeiten, sei es im Spiel, im Gespräch oder beim Malen. Kinder können ermuntert werden, Sendungen kritisch zu sehen, sich von den Helden zu distanzieren, das Gerät abzuschalten usw. Für die erzieherische Arbeit ist es wichtig, grundsätzliche Überlegungen anzustellen, wie mit Aggressionen und ängstlichen Kindern in der Einrichtung umgegangen werden soll.

II. MEDIENANGEBOTE

ZUSAMMENFASSUNG

Medien werden im Alltag von Kindern auf unterschiedliche Weise und mit unterschiedlichen Zielen genutzt. Die Wirkungen von Medien sind immer individuell zu betrachten. Medien wirken nicht auf alle gleich und gleich stark. Deshalb ist es besser, von Medienrisiken zu sprechen. Dazu gehören vor allem Gewaltdarstellungen und Filme mit auf den bloßen körperlichen Vollzug reduzierter Sexualität.

Die Unterscheidung zwischen Realität und Fiktion ist ein wichtiges Lernziel für Kinder, bei dem die Medienerfahrungen eine wichtige Rolle spielen. Medien können mit ihren Inhalten, Bildern und Tönen Angst verursachen. Medien können Kindern aber auch helfen, Angst und Furcht zu überwinden.

In der erzieherischen Arbeit muss den Wirkungsrisiken eine besondere Beachtung geschenkt werden. Sie sind vor allem auch in der Elternarbeit zu thematisieren.

FRAGEN ZUR DISKUSSION UND ÜBUNGEN

- Sprechen Sie über Ängste in Ihrer eigenen Medienbiografie (z. B. bei Aktenzeichen XY).

- Verabreden Sie, bestimmte Kindersendungen zu sehen, und beurteilen Sie diese bezüglich der Wirkungsrisiken. Entscheiden Sie, für welches Alter die Filme geeignet sind. Vergleichen Sie Ihre Einschätzung mit der Programmberatung für Eltern *Flimmo*, kostenlos erhältlich bei der Bayerischen Landeszentrale für neue Medien, Heinrich-Lübcke-Straße 27, 81737 München.

- Ideen für die Praxis im Kindergarten: Erstellen Sie mit den Kindern ein Poster mit Figuren, die Angst machen. Initiieren Sie einen Malwettbewerb zum Thema „Was mir am meisten Angst gemacht hat". Üben Sie im Rollenspiel die Umkehrung weiblicher und männlicher Rollen.

- Richten Sie am Montagmorgen eine Fernseh-Talk-Runde ein und geben Sie den Kindern Gelegenheit, die belastenden Fernseherlebnisse des Wochenendes zu erzählen. Finden Sie heraus, welche Szenen und Sequenzen in den Medien die Kinder als Gewalt bezeichnen und wie unterschiedlich die Kinder auf das Dargestellte reagieren.

AUDIOVISUELLE MEDIEN

DIE ANGEBOTE
DER AUDIOVISUELLEN MEDIEN

FERNSEHEN

Das Fernsehen ist nach wie vor das von Kindern am meisten genutzte Medium. Kinder sind für die öffentlichen und privaten Fernsehanbieter eine wichtige und bedeutsame Zuschauergruppe. Ihre Programmvorlieben verbinden die Kinder mit bestimmten Sendern, die wiederum versuchen, die Kinder bereits früh zur „Markentreue" zu erziehen.

Zum ersten Mal wurde im Jahr 1999 mit den *Teletubbies* ein Programm für Zwei- bis Dreijährige eingeführt, das im Kinderkanal und in der ARD gesendet wird. Die Geschichten von Tinky-Winky, Dipsy, Laa-Laa und Po mit ihrer klaren Struktur, langsamen Schnitten, häufigen Wiederholungen und ruhiger Kamera sind gezielt auf die Wahrnehmungsfähigkeit von Kleinkindern ausgerichtet. Bestimmte Elemente sind ritualisiert und kommen in jeder Folge vor. Die *Teletubbies* haben als ausgesprochene Kindersendung durchaus Irritationen bei Pädagoginnen und Pädagogen hervorgerufen, die in der direkten sozialen Interaktion das wichtigste Lern- und Erfahrungsfeld für Kinder sehen. Andererseits bieten die „vier munteren, tolpatschigen Babys" durchaus Slapstick-Elemente und sind „ein Garant für gute Laune" (vgl. Halefeldt, 1999, S. 26). Parallel dazu diskutiert man bei ARD und ZDF darüber, ob im normalen Programm weiterhin Kindersendungen angeboten werden sollten oder ob die attraktiven Sendeplätze am Nachmittag nicht stärker für die Zielgruppe der Erwachsenen genutzt werden sollten.

Die Einführung des gewalt- und werbefreien Kinderkanals im öffentlich-rechtlichen Fernsehen war überaus erfolgreich. Dies lässt sich an den Marktanteilen ablesen: Im Jahr 1997 lag der Marktanteil bei den Drei- bis 13jährigen bei 5,6 %, im Jahr 1998 bei 8,2 % (vgl. Feierabend und Klingler, 1999, S. 174-186). Im ersten Halbjahr 1999 stieg der Anteil auf 10,7 % (vgl. Kath. Institut für Medieninformation, 1999, S. 9-13). Eine besonders große Akzeptanz fand der Kinderkanal in der Altersgruppe der Drei- bis Fünfjährigen, wobei zu vermuten ist, dass vor allem Eltern den Kinderkanal als Medium für ihre Kinder akzeptieren. 1997 betrug der Marktanteil bei den Drei- bis Fünfjährigen 9,7 % und stieg auf 14,1 % im Jahr 1998. Der Kinderkanal wurde in dieser Altersgruppe nur noch von Super-RTL übertroffen (vgl. Feierabend und Klingler, a. a. O.).

II. MEDIENANGEBOTE

Dennoch war die Einführung des Kinderkanals nicht unumstritten. Kritiker äußerten vor allen Dingen Bedenken, dass durch den Kinderkanal insgesamt der Fernsehkonsum der Kinder ansteigen werde, weil man den Eltern nun ein „sauberes" Programm an die Hand gebe. Dennoch ist der Kinderkanal von den Erwachsenen akzeptiert worden, zumal viele Filme gezeigt werden, mit denen die Eltern von heute selbst groß geworden sind. Der Kinderkanal trägt dazu bei, dass verstärkt über Qualität im Fernsehen nachgedacht wird. Man geht davon aus, dass ARD und ZDF zukünftig 60 bis 100 Millionen DM jährlich benötigen, um ein qualitativ gutes Kinderprogramm anzubieten.

Das Fernsehen nimmt als Alltagsmedium der Kinder auch zeitlich einen dominanten Platz ein. Dennoch ist festzustellen, dass die durchschnittliche tägliche Nutzung des Fernsehens bei den Drei- bis 13jährigen relativ konstant geblieben ist. Lediglich bei der jüngsten Altersgruppe, den Drei- bis Fünfjährigen hat es, bezogen auf 1992, eine überdurchschnittliche Erhöhung gegeben (vgl. Feierabend und Kling ler, a. a. O., s. Abb. 2). Die tägliche Sehdauer der Drei- bis 13jährigen betrug im Jahr 1998 99 Minuten täglich. Die Drei- bis Fünfjährigen sahen 76 Minuten, die Sechs- bis Neunjährigen 96 Minuten und die Zehn- bis 13jährigen 117 Minuten pro Tag fern. Zum Vergleich dazu: Die Altersgruppe der Kinder und Erwachsenen ab 14 Jahren sahen pro Tag 201 Minuten fern. Damit steigt die Dauer der täglichen Fernsehnutzung bis zum Ende der Kindheit kontinuierlich an.

Abb. 2

Entwicklung der Sehdauer von Kindern (Minuten/Tag)
(vgl. Feierabend und Klingler, a. a. O.):

	3-5 Jahre	*6-9 Jahre*	*10-13 Jahre*	*3-13 Jahre*	
1992	66	97	111	93	
1993	64	99	112	94	
1994	73	92	108	93	
1995	74	92	114	95	
1996	81	96	120	101	
1997	76	91	113	95	
1998	76	96	117	99	

AUDIOVISUELLE MEDIEN

Auch die Entwicklung der Verweildauer, d. h. der Zeit, die das Kind insgesamt täglich vor dem Fernseher verbracht hat, weist keine gravierenden Veränderungen auf (s. Abb. 3). Kinder im Alter von drei bis 13 Jahren hielten sich 1998 täglich durchschnittlich zwei Stunden und 40 Minuten vor dem Fernseher auf. Die Verweildauer gibt genauso wie die Sehdauer keine exakte Auskunft darüber, ob die Kinder wirklich und ausschließlich Programme konsumiert haben. Kinder konsumieren häufig, ebenso wie die Erwachsenen, nebenbei und abgelenkt durch andere Tätigkeiten:

Abb. 3

Entwicklung der Verweildauer von Kindern (Minuten/Tag) (vgl. Feierabend und Klingler, a. a. O.):

	3-5 Jahre	6-9 Jahre	10-13 Jahre	3-13 Jahre
1995	135	153	178	158
1996	147	160	182	166
1997	141	154	178	160
1998	141	156	178	160

Es gibt bei den Kindern einen Trend zu so genannten Vielsehern. Dies wird deutlich, wenn die Nutzungszeiten genauer interpretiert werden: „An einem durchschnittlichen Tag des Jahres 1998 sahen rund 5,54 Mio. der drei- bis 13jährigen Kinder – dies entspricht 62 % aller Kinder in diesem Alter – mindestens kurz (Mindestdauer eine Minute lang) fern. Die durchschnittliche Sehdauer lag bei 99 Minuten, 38 % sahen an diesem Durchschnittstag gar nicht fern." 14,5 % der Kinder schauten durchschnittlich eine halbe bis eine Stunde pro Tag fern. Die häufigste Sehdauer liegt mit 20,3 % bei 60 bis 120 Minuten täglich. Die Vielseher-Kinder (9,4 %) verbringen jeden Tag zwischen 120 und 180 Minuten vor dem Fernseher. 6,3 % konsumieren sogar mehr als drei Stunden täglich, das entspricht etwa 600.000 Kindern.

Der Fernsehkonsum der Kinder beschränkt sich dabei aber nicht nur auf die Kinderprogramme. Es gibt eine Vielzahl von Sendungen, die zwar zu kindgerechten Zeiten laufen, aber nicht für Kinder konzipiert worden sind und dennoch zu deren Lieblingssendungen gehören. Insofern ist der Begriff „Kinderfernsehen" so zu fassen, dass dies alle Programme und Sendungen sind, die von Kindern ausgewählt und angeschaut werden.

II. MEDIENANGEBOTE

Für die Auseinandersetzung mit den Medienangeboten ist es notwendig, das Fernsehen aus der Perspektive der Kinder zu betrachten. Kinder entwickeln ihre Programmvorlieben zwar auch an Hand von Empfehlungen aus Programmzeitschriften und aufgrund von Hinweisen, Bitten oder Verboten von Eltern und Erziehern, viel stärker aber holen sie sich das aus dem Fernsehangebot, was sie für ihre Entwicklung und Welterkundung benötigen. Entscheidend beeinflusst wird die Programmauswahl auch durch die Vorlieben der „peer-group": Um mitreden zu können, muss man bestimmte Sendungen, die die Freunde anschauen, ebenfalls kennen. Kinder lehnen deshalb meist schon früh Reglementierungen mehr oder minder stark ab. Sie wollen Zugang zum gesamten Fernsehprogramm haben.

Reine Kinderprogramme sind vor allem für die Drei- bis Neunjährigen attraktiv. Kinder und Jugendliche ab zehn Jahren sehen aber zunehmend auch die Sendungen für Erwachsene. Das zeigt sich z. B. daran, dass zwischen 21.00 Uhr und 0.00 Uhr, zu einer Tageszeit, in der kein Kinderprogramm angeboten wird, der Anteil der fernsehenden Zehn- bis 13jährigen mit 12 % über dem Zuschauerpotenzial des Nachmittags (9 %) liegt (vgl. Feierabend und Klingler a. a. O., s. Abb. 4):

Abb. 4

Fernsehnutzung 1998 zu verschiedenen Tageszeiten in Minuten
(vgl. Feierabend und Klingler, a. a. O.):

	3-5 Jahre	6-9 Jahre	10-13 Jahre	3-13 Jahre
6.00 – 9.00	66	97	111	93
9.00 – 12.00	64	99	112	94
12.00 – 15.00	73	92	108	93
15.00 – 18.00	74	92	114	95
18.00 – 21.00	81	96	120	101
21.00 – 0.00	76	91	113	95

PROGRAMME FÜR KINDER IN ÖFFENTLICH-RECHTLICHEN UND PRIVATEN SENDERN

Das Fernsehprogramm strukturiert für die Kinder den Tag, weil sich die Sendeschemata mehr oder weniger stark wiederholen. Das Fernsehen übernimmt damit die Funktion eines Wegweisers durch den Tagesablauf. „Das erleichtert die Auswahl der Serien, und die Kon-

AUDIOVISUELLE MEDIEN

tinuität ermöglicht Kindern und Erwachsenen das leichte Einfinden ins Programm und den Inhalt der Sendung" (Bischoff und Anton, 1997, S. 29).

Das Fernsehprogramm der privaten Sender wird von den Drei- bis 13jährigen insgesamt bevorzugt. Erst durch den Kinderkanal hat der öffentlich-rechtliche Rundfunk bei den jüngsten Zuschauern wieder an Terrain gewonnen (s. Abb. 5). Der private Rundfunk nutzt das Kinderprogramm intensiv zur Erzielung hoher Einschaltquoten im Sinne einer effektiven Platzierung von Werbung. Im Erwachsenenfernsehen gleichen sich öffentlich-rechtliche und private Sender bei den Programminhalten zunehmend an. Das gilt nicht unbedingt auch für Kindersendungen. Gerade der öffentlich-rechtliche Kinderkanal versucht, niveauvolle Kindersendungen anzubieten.

Die Kinder entwickeln aber nicht nur Vorlieben für bestimmte Sendungen, sondern auch für bestimmte Sender. Insgesamt ist das tägliche Fernsehangebot für Kinder überaus umfangreich. Dies erfordert zunehmend eine gezielte und sachkundige Auswahl und begünstigt eine individuelle Strukturierung des Fernsehkonsums.

Abb. 5

Nutzung verschiedener Programme bei Kindern 1998 in %
(vgl. Feierabend und Klingler, a. a. O.):

	3 – 5 J.	6 – 7 J.	8 – 9 J.	10 – 11 J.	12 – 13 J.	3 – 13 J.
Super RTL	21,2	26,1	21,1	14,1	8,4	17,7
RTL	10,5	11,7	14,1	16,2	18,9	14,5
Pro Sieben	8,3	7,9	10,6	13,0	18,4	11,9
RTL 2	9,9	9,7	8,9	8,2	7,3	8,7
Kinderkanal	14,1	12,0	8,4	5,4	2,7	8,2
ARD	7,0	7,3	8,5	9,5	8,7	8,2
SAT 1	4,5	4,4	6,1	8,0	10,2	6,8
ZDF	5,6	5,2	5,8	6,5	5,7	5,8
ARD 3	8,1	5,6	5,1	4,7	4,1	5,4
Kabel 1	1,7	1,6	1,8	2,9	2,7	2,2
VOX	1,4	1,3	1,6	2,0	2,6	1,8

Ein Fernsehprogramm für Kinder muss mehr bieten, als Trickfilm-Serien. Den Kindern steht heute ein differenziertes Angebot zur Verfügung. Informierende und unterhaltende Sendungen wechseln sich

II. MEDIENANGEBOTE

ab und machen das Programm interessanter. Jan-Uwe Rogge weist im Hinblick auf die öffentlich-rechtlichen Angebote darauf hin, dass in den letzten Jahren in den Kinderprogrammen vier Trends zu beobachten sind:

(1) Filmgeschichten für Kinder von heute, Geschichten, in denen sich Kinder wiederfinden können;

(2) Künstlerische Zeichentrickfilme, die mit Erfolg in Konkurrenz zu den ostasiatischen Billigprodukten treten;

(3) Sendungen, die Kindern auf anschauliche Weise Umwelt und Nahwelt näher zu bringen versuchen;

(4) Magazine für Heranwachsende, die Konzeptionen der Vorschulmagazine weiterentwickelt haben (vgl. Rogge, 1994, S. 328).

Danach bewegt sich das Interesse der Kinder zwischen den Polen Unterhaltung und Bildung. Sie lernen spielerisch, sich ihre Umwelt anzueignen. Sicherlich spielt der Unterhaltungsaspekt eine große Rolle. Die große Akzeptanz des Kinderkanals zeigt, dass qualitativ gute Programme auch von Kindern angenommen werden.

KINDER BRAUCHEN FERNSEHEN

Nach wie vor fällt es Pädagogen und Eltern schwer, das Fernsehen positiv zu beurteilen. Als Leitmedium steht es immer wieder in der pädagogischen Kritik. Dabei wird übersehen, dass Fernseh- oder Filmbilder andere Funktionen für die Realitätsbewältigung der Kinder haben als z. B. das Lesen. Fernsehen und Film liefern direkte Bilder, die entschlüsselt, begriffen, verstanden, anderen mitteilbar und kommunizierbar gemacht werden müssen. Durch Lesen oder Sprechen entstehen Bilder im Kopf. Dies ist aber nur möglich, wenn durch die Wahrnehmung und Verarbeitung von außen kommender Bilder die Fantasie gefördert wurde. Fernseh- und Filmbilder können hier ihren Beitrag leisten.

Kinder lernen heute schon früh, sich im vielfältigen Fernsehangebot selbstständig zu orientieren. Gerade Vorschulkinder mit ihrer natürlichen Neugierde und ihrem Wissensdrang sind an allem interessiert, was um sie herum passiert. Deshalb nutzen sie die Medien auch als Bildungsmittel und Lerngegenstand und stoßen dabei häufig auf Unverständnis der Erwachsenen. „Trotz langjähriger medienpädagogischer Bemühungen aller möglichen Institutionen verbinden Väter

AUDIOVISUELLE MEDIEN

und Mütter bis heute mit dem Fernsehgebrauch ihrer Kinder kaum positive Vorstellungen von Medienkompetenz. Dass Kinder mit Hilfe des Fernsehens lernen und wichtige Erfahrungen machen könnten, hat im Bewusstsein der Eltern keinen Platz gefunden – nicht einmal bei der Generation, die selbst mit dem Fernsehen aufgewachsen ist." (Hurrelmann, 1998, S. 29).
Nicht nur in informierenden Sendungen wie *Die Sendung mit der Maus* und *Löwenzahn,* sondern auch in vielen anderen Sendungen erfahren Kinder Wichtiges für ihren Alltag. Dabei sind die Informationen und Tipps nicht nur auf kognitives Lernen ausgerichtet, sondern sprechen durchaus das Kind als Sozialwesen an und schließen emotionales und moralisches Lernen ein. Medien werden mehr und mehr zu einem eigenständigen Lernbereich für Kinder, in dem sie nicht abhängig von besser oder schlechter informierten Erwachsenen sind. Vielmehr können Kinder in den Medien ihre Lern-, Wissens- und Erfahrungsbedürfnisse eigenständig abrufen. Kinder lernen mit den Medien und durch die Medien. Das setzt aber voraus, dass dieses Lernen akzeptiert wird. Während sich die traditionellen Lernformen der Kinder mehr und mehr auflösen, entwickelt sich insbesondere das Fernsehen zum bevorzugten Mittel ihrer „Weltaneignung".
Kritisch zu den aktuellen Fernsehangeboten ist anzumerken, dass sie meist eine immer gut funktionierende, interessante und anregende Alltagswelt zeigen. Probleme und unterschiedliche soziale Milieus bleiben meist außen vor oder spielen nur eine randständige Rolle. Kritisiert wird auch, dass das Lernen über das Medium abläuft, ausschließlich Hör- und Sehsinn angesprochen werden und die Kinder, statt sich ihre Umwelt aktiv anzueignen, lediglich vorgegebene Angebote konsumieren.
Gerade Vorschulkinder erhalten aber durch die Medien vielfältige Anregungen, die ihnen helfen, sich in ihrem Alltag und sozialen Umfeld besser zurechtzufinden. Sie erfahren Dinge, die sie neugierig machen, Fragen stellen lassen, ihr Wissen erweitern. Dabei ist es gerade für Vorschulkinder elementar, dass sie Ansprechpartner in Eltern und Erziehern finden, die ihnen helfen, das Gesehene und Gehörte einzuordnen. Es ist wichtig, den Bedeutungen nachzugehen, die Kinder den Medien zubilligen. Eine elterliche oder erzieherische Verurteilung des Fernsehens und des Fernsehkonsums ist dagegen wenig hilfreich. Kinder fühlen sich sonst bei einer ihrer besonderen Vorlieben nicht angenommen. Sie haben eher den Eindruck, das Fernsehen und die mit ihm erfahrenen Erlebnisse und Informationen für

II. MEDIENANGEBOTE

sich behalten zu müssen. Sie glauben dann, Erwachsene verstehen sie nicht und auch nicht das, was im Fernsehen gezeigt wird. Damit ergibt sich keine positive Basis, um über die Fernseherlebnisse miteinander ins Gespräch zu kommen. Das Fernsehen wird hier zu einem erzieherischen Problem und verursacht erzieherische Konflikte.

WER HAT ANGST VOR DEN TELETUBBIES?
MAYA GÖTZ

Der erste Eindruck schwankt meist zwischen Verwunderung und Entsetzen: Eine Kindersendung mit der Zielgruppe Zwei- bis Fünfjährige ist schon ein Skandal an sich. Hinzu kommen die knallbunten Figuren und ein Inhalt, der vor allem aus Wiederholungen und verstümmelten Wortfetzen zu bestehen scheint.

Die *Teletubbies* ist eine ungewöhnliche Sendung. Seit dem 28. März 1999 läuft sie täglich zweimal im Kinderkanal von ARD und ZDF und am Wochenende zusätzlich in der ARD. Wie in Großbritannien, Australien und den USA wurde nach ihrer Einführung auch in Deutschland heftig über sie diskutiert. Das Medienecho erreichte Ausmaße, wie man sie bei Kindersendungen bislang nicht kannte: Nicht nur das gesamte Spektrum an Printmedien – von der „Bild" bis zur „Die Zeit" – nahm sich dieses Themas an, sondern auch Hörfunk und Fernsehen von „18:30" (SAT.1) bis „TV total" (Pro7).

Mittlerweile haben sich die Gemüter wieder etwas beruhigt und Tinky Winky, Dipsy, Laa-Laa und Po gehören inzwischen zum bundesdeutschen Fernsehalltag. Sie sind zu Kultfiguren von (Klein-)Kindern geworden, bei Eltern und Erzieherinnen dagegen weiterhin umstritten.

Im folgenden Beitrag werden die Sendung, ihre Entstehungsgeschichte und die über sie geführte Diskussion zunächst kurz beschrieben. Anschließend wird auf der Grundlage einer Studie (vgl. Götz, 1999) aufgezeigt, warum Kinder von den *Teletubbies* begeistert sind und wie sie mit der „seltsamen" Sprache der Figuren umgehen.

„ZEIT FÜR *TELETUBBIES*"

„Hinter dem Hügel und keinem bekannt, hier liegt das *Teletubby*-Land" sagt eine Frauenstimme, während die Kamera über die grünen Hügel des *Teletubby*-Landes fährt. Dann ist das Haus der vier *Teletubbies* zu sehen und die Figuren stellen sich einzeln vor: Tinky Winky ist das größte der *Teletubbies*, hat eine violette Fellfarbe und ein Dreieck auf dem Kopf und ist ein Junge. Er ist sanft und fürsorglich und trägt gerne eine rote Lacklederhandtasche. Die Fellfarbe von Dipsy ist grün, sein Gesicht ist dunkler als das der anderen Figuren und die Antenne zeigt gerade nach oben. Auch er ist ein Junge und besonders mag er seinen Hut mit Kuhfellmuster. Laa-Laa ist das sonnengelbe Teletubby mit der gewundenen Antenne. Sie ist ein Mädchen und ihr Lieblingsspielzeug ist ein großer orangefarbener Ball. Po ist das kleinste *Teletubby* und ebenfalls ein Mädchen. Ihre Fellfarbe ist karminrot und ihre Antenne kreisförmig. Sie kann noch am wenigsten sprechen, hat aber oftmals die besten Ideen.

Die Vier leben im „tubbytronischen Superiglu", einem runden Bunker, in den sie durch ein großes Tor oder über eine Rutsche vom Dach aus gelangen. Die Nahrung der *Teletubbies* besteht hauptsächlich aus „Tubby-

AUDIOVISUELLE MEDIEN

toast", einem runden Schokoladentoast mit einem lachenden Gesicht. Manchmal schlürfen sie auch „Tubbypudding", eine rosafarbene Masse, die mit seltsamen Geräuschen aus der Tubby-Puddingmaschine kommt. Für Ordnung und Spaß im Hausberg sorgt der blaue Staubsauger Noo-Noo.

Außerhalb des Iglus grasen echte Kaninchen auf englischem Rasen und Papierblumen geben mit piepsiger Stimme Kommentare ab. Gelegentlich erscheinen verschiedene Gegenstände wie ein Regenschirm oder eine Zaubertrommel. So wie die aus dem Boden auftauchenden Duschköpfe sind sie für die *Teletubbies* vor allem Anlass zum Spielen.

Ein besonderer Moment ist jedes Mal die große silberne Windmühle. Sie zaubert entweder Computeranimationen oder kleine Filme, die auf dem Bauch eines der *Teletubbies* erscheinen. In den Filmen sind Kinder zwischen drei und fünf Jahren zu sehen, die basteln, zählen oder kleine Abenteuer wie „Spaghetti essen" oder „den Fluss erforschen" erleben. Rufen die *Teletubbies*: „no-mal, no-mal", wird der Film wiederholt.

Zum Abschied rufen die *Teletubbies* mehrfach „winke, winke", und die Sonne, in deren Mitte sich ein lachendes Babygesicht befindet, geht unter.

ZUR GESCHICHTE DER *TELETUBBIES*

Die Sendung *Teletubbies* stammt aus England. Die BBC (British Broadcasting Corporation) wollte eine Sendung speziell für die jüngste Zuschauergruppe anbieten. Von vier Produktionsfirmen wurden Vorschläge eingeholt, darunter auch von der Firma Ragdoll unter Leitung von Anne Wood. Sie stellte ein Programm vor, das weniger auf traditionelles Lernen als auf lustvolles Erfahren ausgelegt war. Im Mittelpunkt sollten vier Ganzkörperfiguren stehen, d. h. Schauspieler, die ein großes Puppenkostüm tragen. Diese *Teletubbies* sollten in der *Teletubby*-Welt leben, einem geheimen Ort in Mittelengland, der extra für diese Sendung erbaut werden sollte.

Die BBC entschied sich für dieses Konzept und ließ 365 Folgen der *Teletubbies* drehen – für jeden Tag im Jahr eine. Die Drehbücher schrieb Andrew Davenport, ein Sprachtherapeut, der den vier *Teletubbies* unterschiedliche Sprachfertigkeiten zuteilte, entsprechend denen von Kindern zwischen zwei und vier Jahren. Pädagogisches Ziel – so Anne Wood – sei vor allem Unterhaltung. Dazu kämen die Verbindung von Hören und Sehen, Raum-Vorstellungen sowie Kreativität und Bewegung.

DAS GESCHÄFT MIT DEN *TELETUBBIES*

Die *Teletubbies* wurden ein voller Erfolg. Von England aus startete die Sendung ihren weltweiten Siegeszug. Die Sendung wurde bereits in 21 Sprachen übersetzt, wird mittlerweile in über 60 Ländern ausgestrahlt und ist in 120 Ländern zu empfangen. Weltweit erreichen die *Teletubbies* Spitzeneinschaltquoten, die ihnen selbst Fachleute nicht zugetraut hätten. Zur Serie gibt es Kaufvideos, Bücher, Spiele, Musikkassetten und viele weitere Merchandising-Artikel. Schon bald brachen die *Teletubbies* auch alle Umsatz-Rekorde mit diesen Artikeln. Für die Erfinderin Anne Wood und die BBC ist die Sendung ein ausgesprochen lukratives Geschäft: Die *Teletubbies* spielten

143

II. MEDIENANGEBOTE

der BBC 1997/1998 330 Mio. Pfund ein, Anne Wood ist inzwischen Millionärin.

UMSTRITTENE *TELETUBBIES*

Die *Teletubbies* werden zum Teil heftig diskutiert. Manche sehen in ihnen den Untergang von Kultur und Bildung. Der amerikanische Fernsehprediger a. D., Jerry Falwell, prangerte die Figur Tinky Winky beispielsweise als Symbol für Homosexualität an. Die Figur sei nicht nur violett und habe eine Triangel auf dem Kopf, sie trage zudem eine rote Damenhandtasche und in einigen Folgen einen weißen Tanzrock. Diese Anzeichen, so Falwell, zeichnen Tinky Winky als Homosexuellen aus und machen ihn zu einer moralischen Gefahr für die Jugend.

Auch Eltern stehen der Sendung gespalten gegenüber. In einer Umfrage äußerten sich etwas mehr als die Hälfte positiv über die Sendung, die anderen schätzten sie dagegen sehr kritisch ein. Das am häufigsten genannte Argument für die *Teletubbies* ergibt sich aus der Beobachtung der Kinder bei der Rezeption: Während diese die Sendung anschauen, sind sie aktiv, denken, reden und tanzen mit, vor allem, wenn Erwachsene dabei sind.

Das verbreitetste Argument gegen die *Teletubbies* ist das pauschale Urteil, dass Kinder in diesem Alter prinzipiell nicht vor den Fernseher gehörten. In diesem Zusammenhang wird immer wieder das „Parken der Kinder", d. h. die Nutzung des Fernsehers als elektronischen Babysitter genannt und abgelehnt. Auf einer tieferliegenden Ebene geht es dabei oftmals um das Bild „der guten Mutter" und darum, inwieweit sich Fernsehen und insbesondere die *Teletubbies* mit dieser Vorstellung „vertragen". Zweithäufigstes Argument gegen die Sendung ist die verwendete Sprache, die von vielen Eltern als ungeeignet eingeschätzt wird und von der sie Sprachstörungen erwarten.

WARUM LIEBEN KINDER DIE *TELETUBBIES*?

Kinder sind vor allem von den *Teletubby*-Figuren begeistert. Diese erregen schon beim ersten Kontakt ihre Aufmerksamkeit, werden benannt und gemalt. Was die Figuren in den Augen der Kinder so interessant macht, sind ihre leuchtenden Farben und einfachen Wiedererkennungsmerkmale. Außerdem ähneln die *Teletubbies* in Körperbau und Bewegungen Kleinkindern in Windeln und haben wie diese Spaß am Leben, Bewegen und Spielen. In den meisten anderen Sendungen werden Kinder von allwissenden Erwachsenen belehrt. Die *Teletubbies* aber können noch nicht einmal richtig sprechen und entdecken eben erst die Welt. Diese Tatsachen bieten Kindern zahlreiche Identifikationsmomente.

Darüber hinaus wurde die Gestaltung der Sendung auf die Wahrnehmungsfähigkeit der Zielgruppe (Zwei- bis Fünfjährige) abgestimmt: Die Handlung ist einfach, die Farben eindeutig und der Schnittrhythmus sehr langsam. Es werden nur wenige und einfache Sätze gesprochen. Bewegung und Musik stehen im Mittelpunkt. Die kleinen Zuschauer sind auch von den kurzen Filmeinlagen mit Kindern fasziniert, denn Kinder ab drei Jahren sehen gern anderen Kindern zu. Dabei bietet die Wiederholung die Chance, genauer hinzusehen und Zusammenhänge zu erkennen. Für Erwachsene ist dies unerträglich langweilig, Kindern aber macht es Spaß.

Was Kinder an den *Teletubbies* außerdem lieben, ist der feste und regelmäßige Aufbau. Kommen das Anfangslied oder die Verabschiedung, singen und tanzen sie mit. Grüßt Laa-Laa die Zuschauer mit „Ah-Oh", grüßen die Kinder begeistert zurück. Wird das *Teletubby* ausgewählt, welches den Film mit den Kindern zeigen darf, machen sie die Bewegungen nach und raten, wer heute dran ist. Kinder genießen solche spielerischen Rituale.

AUDIOVISUELLE MEDIEN

WIE GEHEN DIE KINDER MIT DER SPRACHE DER *TELETUBBIES* UM?

Wie bereits erwähnt, ist einer der am häufigsten kritisierten Punkte der Sendung die Sprache. Insgesamt wird in der Sendung wenig gesprochen und wenn, dann findet die Sprache auf drei Ebenen statt:

(1) Die Stimmen von Erwachsenen bestreiten den größten Teil (ca. 70 %) der Sendung. Beispielsweise leitet der Sprecher Fabian Harloff die Szenen ein, spricht mit den *Teletubbies* und beschreibt die Handlung.

(2) In den „Bauchgeschichten" stehen die Kinder im Mittelpunkt. Sie sprechen so, wie es ihr derzeitiger Sprachschatz zulässt.

(3) Die *Teletubby*-Figuren setzen die Sprache auf eine ganz spezielle Art und Weise ein: Neben bestimmten Ausdrücken („Ah-Oh", „Tubbytoast", „Tubbypudding" usw.) sind Sprachfetzen zum Ausdruck eigener Befindlichkeit („Oh-Oh", „Ohh-Nein", „Laalila", „Peidi-Peidi" usw.) und eine Verkürzung von Worten („no-mal" statt „noch mal") und Sätzen („Ball wieder" statt „Der Ball ist wieder da.") typisch.

Der Sprachgebrauch ist ungewöhnlich, begeistert Kinder und beunruhigt oder empört Erwachsene. Im Morgenkreis im Kindergarten erzählen drei- bis sechsjährige Kinder von der Ausdrucksweise der *Teletubbies*:

Erzieherin: Mhm. Die haben ja manchmal 'ne ganz eigene Sprache, ne?
Julian: Ah-Oh heißt Hallo!
Erzieherin: Ah-Oh heißt Hallo. Was sagen die denn noch so?
Torben: Winke-winke heißt, ähm, heißt Tschüs. Und Hallo, ähm, Ah-Oh heißt Hallo.

Kinder verstehen die Ausdrücke der *Teletubbies* und übersetzen sie ins Hochdeutsche: „Ah-Oh heißt Hallo!". Zum Teil diskutieren sie auch über die Bedeutung, z. B. beim „Oh-Oh", dem Überraschungslaut der *Teletubbies*. Dabei verwechseln Kinder die Ausdrücke nicht mit ihrer eigenen Sprache, sondern lernen sie wie Vokabeln dazu. Im Alltag setzen sie die Worte an passender Stelle ein. Entsprechend finden sich im Alltag viele *Teletubby*-Spuren:

Die zweieinhalbjährige Lara teilt ihre Familie ein: „Der Papa ist der Tinky Winky, die Mama der Dipsy, ich bin Laa-Laa und Tom [der einjährige Bruder] ist Po." Bei einem Einkaufsbummel entdeckt Lara einen violetten Pullover: „Guck mal, der ist papafarben".

Kay und Chantal bezeichnen sich im freien Spiel im Kindergarten beide als Laa-Laa. Zunächst spielen sie gemeinsam mit zwei anderen Kindern mit einem großen Ball. Als die beiden anderen sich abwenden, erklärt Kay: „Komm, wir sagen jetzt: Laa-Laa mit Ball spielen". Daraufhin beide: „Laa-Laa mit Ball spielen". Sie schubsen den Ball und laufen ihm quietschend hinterher. Es folgt ein Rollenspiel, in dem Bewegung das zentrale Moment ist. Im Spiel wird der Sprung in den *Teletubby*-Sprachgebrauch zum Spielanlass und eine typische Formulierung der Sendung zum Rahmen für ein bewegungsorientiertes Spiel.

In der dritten Klasse einer Grundschule wird die Sprache der *Teletubbies* bzw. eine Interpretation davon zur Geheimsprache. In den Pausen sprechen vier fest befreundete Jungen in einer Art Babysprache, die sie *Teletubby* nennen. Die Eltern der vier Jungen regen sich darüber auf, was die Freunde jedoch nur noch fester zusammenschweißt. Kommen Mädchen oder Lehrerinnen in der Pause zu ihnen, sind sie stumm und kichern los, wenn die Außenseiterinnen wieder weg sind. Der Medienbezug wird zum Pausenspaß, wobei die Geheimsprache zur Gruppenbildung und Ab-

145

II. MEDIENANGEBOTE

grenzung benutzt wird. Besonders viel Spaß macht es, weil sich die Erwachsenen darüber aufregen.

TELETUBBIES: ZWISCHEN GESCHÄFT UND SPAß FÜR DIE KINDER

Teletubbies ist eine Sendung, die Kindern gefällt und Spaß macht. Dabei verwechseln sie die Sprache der *Teletubbies* nicht mit ihrer eigenen, sondern nehmen die Ausdrücke als zusätzliche Vokabeln in ihren Sprachschatz auf. Das ist im Prinzip nicht problematisch, wenn es auch von vielen Eltern nicht unbedingt erwünscht ist. Die Kinder lieben die *Teletubby*-Figuren. Deshalb wollen sie auch gerne die entsprechenden Puppen besitzen, zum Fasching als *Teletubby* gehen und von *Teletubby*-Tellern essen. Der Markt bietet entsprechende Produkte an und das Geschäft mit diesen Kaufartikeln boomt.

Die *Teletubbies* sind also weniger ein Problem für Kinder, als eines für Eltern und Erzieherinnen. Diese müssen mit der Begeisterung ihrer Kinder für eine Sendung umgehen, die für Erwachsene schwer einzuordnen ist. Während bei der „Sesamstraße" oder der „Sendung mit der Maus" der pädagogische Wert offensichtlich ist, ist dies bei den *Teletubbies* schwer nachzuvollziehen. Anhand der *Teletubbies* wird Eltern und Erzieherinnen nun schon früh klar, dass sie die aktuelle Kinderkultur nicht mehr selbstverständlich verstehen. Gerade das wäre aber notwendig, denn mit den *Teletubbies* ist das Fernseh-Anfangsalter deutlich nach unten gegangen, d. h., der Wunsch der Kinder nach Fernsehen beginnt jetzt schon viel eher. Das bedeutet für die Eltern, noch früher mit der Erziehung zu einem verantwortlichen Umgang mit diesem Medium beginnen zu müssen. Hinzu kommt der Wunsch der Kinder nach Kaufartikeln und die Bereitschaft, z. B. von Großeltern, diese auch sofort zu erfüllen.

Die Folgen der *Teletubbies* sind also nicht, wie von Einigen vermutet wird, Sprachstörungen oder Verdummung von Kindern, sondern die wachsende Anforderung an Eltern und Erzieherinnen, mit der Fernseh- und Konsumerziehung noch früher zu beginnen.

WEITERFÜHRENDE LITERATUR

TELEVIZION 12/1999/2, Ein Themenheft zum Thema: Die „*Teletubbies*"

AUDIOVISUELLE MEDIEN

CD UND MC

Die Hörmedien spielen heute in der Mediennutzung der Kinder eine geringere Rolle. Vor allem das Radio hat praktisch keine Bedeutung mehr. Erst die Jugendlichen werden von Nebenbeihörern zu täglichen Konsumenten, vor allem von Musiksendungen. Eine Studie aus dem Jahr 1994 (vgl. Klingler, 1994, S. 14 ff) zeigt, dass zwar 46 % der Sechs- bis 13jährigen angeben, täglich Hörfunk und Schallplatten, Kassetten oder CDs zu hören, gleichzeitig erklären aber 82 % das Fernsehen zu ihrem wichtigsten Medium. Dabei wurde deutlich, dass es bei der Nutzung auditiver Medien Unterschiede zwischen den Geschlechtern gibt. Beim Radio und noch deutlicher bei CDs und MCs zeichnet sich die stärkere Nutzung durch Mädchen ab (vgl. Klingler, a. a. O., S. 14). Die angedeutete Altersdifferenzierung weist eine aufsteigende Linie auf. „Bei den Sechs- bis Siebenjährigen liegt der Anteil der täglichen oder fast täglichen Nutzer bei 36 %, bei den Zwölf- bis 13jährigen erreicht der Wert 59 %" (vgl. Klingler, a. a. O., S. 14).

Attraktiv an auditiven Medien für die Kinder ist, dass sie selbst bestimmen können, was sie hören wollen. Aufgrund der technischen Vollversorgung mit mindestens einem, meist mehreren Empfangs- und Abspielgeräten, können die Kinder ihre Programme selbst zusammenstellen. Dies gilt auch für Hörkassetten, Schallplatten und CDs. In der kindlichen Medienentwicklung sind sie zumeist die ersten Medien, die selbstbestimmt konsumiert werden. Im Gefolge der technischen Entwicklung haben sich auch in diesem Bereich die Angebotsstrukturen erheblich verändert. Die Hörkassette hat Priorität, zumal es kindgerechte billige Kassettenrecorder gibt, die schon früh von den Kindern selbstständig, selbstverständlich und problemlos bedient werden können. Der Markt hält ein großes Kassettenangebot bereit. Teilweise korrespondieren die Hörkassetten wiederum mit den Programmen im Fernsehen oder gehen auf Kinderbücher zurück.

Mit zunehmendem Alter ergibt sich auch hier eine Ausdifferenzierung der auditiven Angebote. „Während z. B. bei den Sechs- bis Siebenjährigen nur drei Programmsparten – Musiksendungen, Märchen und Werbung – auf zehn oder mehr Prozent in der Kategorie „höre ich oft" kommen, sind es bei den Zwölf- bis 13jährigen zehn Sparten bei (...) insgesamt höherer Radionutzung" (vgl. Klingler, a. a. O., S. 18). Bei den Tonträgern hören 67 % der Kinder auch anderes als nur Musiksendungen. Das bedeutet, sie konzentrieren sich auf die vielfältigen Geschichten und Serien mit Helden, die aktuell im Trend liegen.

II. MEDIENANGEBOTE

Es entspricht den spezifischen Bedürfnissen der Kinder, wenn sie Märchen, Kindergeschichten und Abenteuergeschichten über Tonträger konsumieren. Diese haben die traditionellen Aufgaben des Geschichtenerzählens und des Kinderfunks übernommen. Hörkassetten faszinieren Kinder, weil sie ihnen die Möglichkeit geben, ihre Lieblingsgeschichten immer dann zu hören, wenn sie es wollen. Für Kinder ist es wichtig, selbstständig mit den Geschichten umgehen zu können. Kinder hören Kassetten oder CDs, weil sie wie im Bilderbuch oder Fernsehen immer wieder über witzige Geschichten lachen und bestimmte spannende Stellen atemlos durchleben können und die Geschichten ihnen kleine Fluchten aus dem Alltag ermöglichen. Kinder versinken geradezu in diesen Geschichten und entwickeln nicht selten eine intensive Beziehung zu ihren Helden. Dies wird natürlich auch kommerziell genutzt, um den Kindern immer neue Geschichten ihrer Lieblingshelden verkaufen zu können.

Kassetten und CDs sind nur dann attraktiv für Kinder, wenn sie eine ansprechende technische und ästhetische Qualität haben. Darüber hinaus ist es wichtig für sie, dass die Inhalte witzig, spannend, logisch und unterhaltsam sind. Die Sprache muss zu den Figuren passen und interessant sein. Geräusche und Musik haben die Handlung zu unterstützen und die nötige Atmosphäre zu schaffen.

Wichtig ist für Kinder aber auch das Abspielgerät, der Kassettenrecorder, der heute praktisch in keinem Kinderzimmer mehr fehlt. Er bietet dem Kind die Chance, immer wieder nach Bedarf, Lust und Laune, die Lieblingskassette zu hören. Der Kassettenrecorder ist aber auch ein kreatives technisches Gerät, da er nicht nur zum Medienkonsum verwendet werden kann. Kassettenrecorder eignen sich hervorragend dafür, die eigene Stimme auszuprobieren, Musik, Gesang und produzierte Geräusche aufzunehmen, Hörbriefe zu „schreiben", Grüße zu versenden, Interviews festzuhalten oder sogar Hörspiele zu produzieren. Hier können Kinder eine erstaunliche Ideenvielfalt entwickeln und in der Einrichtung ist gerade das Spiel mit dem Medium Hören durch die technisch einfache Handhabung ein wichtiger medialer Baustein. Durch Aufnahme und Bearbeitung können akustische Gestaltungsmöglichkeiten vermittelt und ausprobiert werden.

AUDIOVISUELLE MEDIEN

KASSETTEN- UND CD-ANGEBOTE FÜR KINDER

Der Kassettenmarkt bietet auf der einen Seite Serienproduktionen an. Die Geschichten werden immer weiter geschrieben und erscheinen in immer neuen Folgen. Zum anderen sind inzwischen auch viele klassische Kinderbücher (z. B. *Die kleine Raupe Nimmersatt* von Eric Carle oder die Geschichten von *Ronja Räubertochter* von Astrid Lindgren) als Kassette erschienen.

Durch das kommerzielle System der Mehrfachauswertung populärer Medien gibt es einen riesigen Markt an Kassetten und zunehmend auch CDs. *Benjamin Blümchen, Bibi Blocksberg, Hanni und Nanni, TKKG* u. a. waren und sind Renner auf dem Markt. Die Produkte werden zu verhältnismäßig niedrigen Preisen von der Tankstelle bis zum Schreibwarenladen überall angeboten. Anspruchsvollere Produkte gibt es zumeist nur im entsprechenden Buch- oder Musikfachhandel zu wesentlich höheren Preisen. In diesen Produkten werden Themen aus der Lebenswelt der Kinder aufgegriffen sowie originelle und fantasiereiche Lied- und Hörspielkassetten angeboten. Es sind Hörversionen von Märchen, Musikkassetten mit Kinderliedern, Klassik in kindgerechter Bearbeitung, Kinder-Pop, Tanzmusik, Bewegungs- und Spiellieder, erzählte und vertonte Janosch-Geschichten. Auf CDs gibt es darüber hinaus zunehmend auch Lernangebote, in der Reihe *Natur zum Hören* z. B. *Tierstimmen der Wiese oder des Teiches* usw. Diese Medien eignen sich in besonderer Weise zum Einsatz in der pädagogischen Arbeit der Einrichtung.

II. MEDIENANGEBOTE

Anhaltspunkte zur Überprüfung der Qualität von Hörspielkassetten

Kindgemäße Themen und Inhalte

- Werden zwischen der „subjektiven Welt" der Kinder (Erfahrungen, Erlebnisse, Wünsche, Träume usw.) und der „objektiven Welt" Verbindungen hergestellt, die neue Denkanstöße liefern und bei der Bewältigung von Problemen helfen?
- Werden Klischees und Vorurteile transportiert?
- Können die Akteure als Identifikationsfiguren dienen, sind sie glaubwürdig, verändern sie sich oder sind sie statisch?
- Entspricht die Präsentation der Geschichten den kognitiven Fähigkeiten der jeweiligen Altersgruppe in Bezug auf die Anzahl der Akteure, die Handlungsorte, den Raum- und Zeitwechsel, die Spannungsbögen, den Humor, das Happy-End usw.?
- Handelt es sich um eine Hörspielbearbeitung oder um einen sog. Soundtrack?

Verwendung der Sprache und Einsatz der Sprecher

- Werden die Hörer durch die Sprache gefordert und wie wird sie eingesetzt (um Personen hervorzuheben, kreativ, in humoristischer Absicht)? Ist sie korrekt (Grammatik, Syntax), ist sie verständlich (Fremdwörter)?
- Sind die Sprecher anhand der Stimmen zu unterscheiden? Nutzen sie das dramatische Potenzial der Stimme (Tonfall, Tonhöhe, Lautstärke usw.)? Gelingt die Charakterisierung der Personen?
- In welcher Funktion ist der Erzähler eingebaut: Beschreibt er, fasst er zusammen, ist er Teil des Geschehens und versucht, Gefühle und Stimmungen zu vermitteln? Kann auf ihn verzichtet werden, oder ist er wichtig für die Handlung?
- Wie sind die Dialoge angelegt: Treiben sie die Handlung vorwärts oder treten sie auf der Stelle, so dass sie der Erzähler weiterbringen muss?

Einsatz von Musik und Geräuschen

- Dient die Musik als Pausenfüllung und „Vorhang" oder ist sie handlungsrelevant, stimmungsverstärkend oder leitmotivisch eingesetzt?
- Bilden Geräusche und Klänge eine Geräuschkulisse? Sind sie deutlich erkennbar und lassen Assoziationen zu? Werden sie kommentiert (Doppelpunktdramaturgie)? Unterstützen, verstärken oder verdeutlichen sie das Gesprochene, die Handlung, die Schauplätze, die Zeit? Fördern/fordern Musik und Geräusche das Zuhören?
- Werden Stille oder Laut-Leise-Kontraste als künstlerische Elemente eingesetzt?

In: medienpraktisch, Zeitschrift für Medienpädagogik, Juli 1999, Heft 91, 23. Jahrgang (3/99)

AUDIOVISUELLE MEDIEN

KINDER BRAUCHEN CDS UND MCS

Kassetten und CDs ersetzen häufig geschichtenerzählende Eltern und Erzieher. Durch die Konzentration auf das Hören versetzen sich Kinder in Stimmungen und Gefühle. Sie hören Kassetten nicht zuletzt deshalb, weil diese ihnen das Gefühl vermitteln, in ihrem Zimmer nicht allein zu sein. Viele Kinder brauchen beim Spielen ihre Lieblingskassette, sie ist der gute Begleiter durch den Alltag. Die Helden in den Geschichten sind ihre Freunde.
Gerade die Möglichkeit der permanenten Wiederholung und der Chance, nebenbei zu hören, machen die Hör-Geschichten so attraktiv. Die Faszination der Kinder an Kassetten und CDs zeigt aber auch, dass sie Geschichten brauchen. Sie beflügeln die Fantasie, bringen Tipps und Anregungen, sind Begleiter auch in schwierigen Situationen.
Noch etwas ist bemerkenswert: Kinder langweilt es nicht, dieselben Geschichten im Bilderbuch zu betrachten, auf der Kassette zu hören und im Fernsehen zu erleben. Kinder entwickeln in ihrer Fantasie die Geschichten nicht nur auf unterschiedlichen Ebenen weiter, sondern begreifen früh, dass es medienspezifische Unterschiede gibt.

RADIO

Das Radio und die Angebote der Rundfunksender im Hörfunkbereich haben für Kinder nach wie vor eine Bedeutung. Allerdings eine wesentlich geringere als andere audiovisuelle Medien. Das Radio findet in der pädagogischen Forschung keine besondere Beachtung. Es ist ein Medium, das sich im erzieherischen Alltag als im Grunde genommen völlig unproblematisch zeigt.
Radio ist ein medialer Gebrauchsgegenstand. Die Gewöhnung an das Alltagsmedium Radio geschieht vor allem durch die medialen Konsumgewohnheiten der Eltern und gegebenenfalls älterer Geschwister. Es läuft in vielen Familien praktisch nebenbei während aller häuslichen und familiären Tätigkeiten oder beim Autofahren.
Dass Kinder Radioprogramme wahrnehmen wird dadurch deutlich, dass sie z. B. witzige Moderatorensprüche aufnehmen, eingängige Werbeslogans nachahmen und Songs nachsingen. „Neben Kinderliedern hören sie (auch bereits im Vorschulalter) sehr gerne eingängige Pop- und Rockmusik und die Sing-Sang-Sprüche der Werbung beherrschen sie besser, als ihre Eltern es je vermöchten. Auch dies belegt, mit welcher frischen Auffassungsgabe sich Kinder akustischen Signalen zuwenden" (Baacke et al., S. 49).

151

II. MEDIENANGEBOTE

Wird ein Großteil des Radioprogramms gemeinsam mit anderen konsumiert, gibt es für Kinder im Vorschul- und Grundschulbereich auch spezielle Sendungen. Das Angebot richtet sich vor allem an die Altersgruppe der Acht- bis Zwölfjährigen. Für sie gibt es zum Beispiel Sendungen wie „Die Schipperkids" von Wolfgang Pauls, „Tacheles – Nicht nur für Kinder" (SR), „Hutzelmann", „Pinguin – Die Sendung mit Frack" (SDR), „Lilipuz" (WDR), „Kinder und Co. – nicht nur für Kinder" (Radio Bremen), „Zebra 4" (Radio Bremen), „Max und Musik" (Hessischer Rundfunk). Häufig werden zu diesen Sendungen Kinder mit eingeladen, die dann im Studio oder als Anruferinnen und Anrufer die jeweiligen Sendungen mitgestalten. Andere Formen des Mitmachens wie Quizfragen und Teilnahme an Wettbewerben sorgen häufig dafür, dass Kinder zu diesen Sendungen eine besondere Beziehung entwickeln.

Für die jüngeren Kinder bieten nur wenige Sender eigene Kinderfunkbeiträge an und die Tendenz ist weiter abnehmend. Beispiele sind Gute-Nacht-Geschichten wie „Betthupferl" vom BR oder „Ohrenbär – Radiogeschichten für kleine Leute" vom SFB, „Bax Blubber! – Überraschung für Radioanfänger" vom WDR, „Das Raben-Ei – Geschichten für die Jüngsten" (SR), „Gutenachtgeschichten" von Radio Bremen, „Mikado-Radio für Kinder" vom NDR.

Eltern haben zumeist keine Bedenken, wenn ihre Kinder Radio hören. Dies hängt mit der eigenen Mediensozialisation zusammen, in der das Radio eine viel dominantere Rolle spielte. Konflikte ergeben sich allerdings durchaus im Grundschulalter, wenn Kinder bei Hausaufgaben z. B. Musiksendungen oder Wortsendungen nebenbei konsumieren wollen. Dies ist häufig ein Punkt pädagogischer Kontroversen. Abgesehen davon, wird Radiohören praktisch nicht reglementiert, schon gar nicht bei den älteren Grundschulkindern.

KINDER BRAUCHEN RADIO

Das Radiohören als Teil vielfältiger medialer Alltagsangebote ist für Kinder wichtig, weil es ohne größeren technischen Aufwand genutzt werden kann. Des Weiteren sind die Kinder nicht von den Genehmigungen oder Verboten der Eltern abhängig, sie lernen frühzeitig, mit diesem Medium autonom umzugehen.

Das Radio hat in der Freizeitpräferenz der Kinder an sich keine besonders hohe Wertschätzung. Dennoch gehört es für sie einfach als Unterhaltungs- und auch Informationsmittel dazu. Es bietet schnelle und interessante Informationen, unterstützt aber auch das Ausleben

AUDIOVISUELLE MEDIEN

von Emotionen in unterschiedlichen Alltagssituationen. Beim Radiohören können Kinder entspannen, sich unterhalten, haben keine Langeweile, es macht Spaß, sie sind nicht alleine. Ältere Kinder nutzen das Radio zunehmend als schnelle Informationsquelle, denn der Stundenrhythmus der Nachrichtensendungen ist ihnen vertraut. Außerdem ersparen sie sich die häufig unverständlichen und belastenden Bilder des Fernsehens.

Im Zuge der Diskussion über die mediale Grundversorgung sollte als fester Bestandteil der öffentlich-rechtlichen Rundfunksender das Kinderprogramm wieder stärkere Beachtung finden. Dann könnte das Radio auch wieder eine größere und wichtigere Bedeutung im medialen Angebot darstellen. Welche Kriterien in diesem Zusammenhang zu beachten sind, wird beispielhaft für den Kinderfunk von Deutschland-Radio Berlin beschrieben: Kinderfunk... „will Kinder journalistisch informieren, Hintergründe und Zusammenhänge deutlich machen, ihnen die eigenen und fremden Kulturen näher bringen, Probleme darstellen, aber auch Lösungen anbieten, um den Kindern die verbreitete Angst vor der Zukunft zu nehmen. All das ohne den erhobenen Zeigefinger. Der Kinderfunk will aber auch – und nicht zuletzt, unterhalten, Spaß und Quatsch machen, ein bisschen ablenken vom Stress in der Schule und mit den Erwachsenen" (Dammann, S. 81).

VIDEO

Die Videokassette ist nach zwanzig Jahren auf dem Medienmarkt endgültig etabliert, wenn auch der Run der Anfangsjahre inzwischen stark nachgelassen hat. Familienfreundliche Videotheken und Bibliotheken bieten ein breites Angebot an Videokassetten auch für Kinder an. Sogar im kirchlichen und staatlichen Bereich wurden Videotheken eingerichtet, die dazu beigetragen haben, dass die Videokassette heute ein für Kinder alltägliches Medienangebot geworden ist.

ANGEBOTE FÜR KINDER AUF DEM VIDEOMARKT

Der Videomarkt bietet für Kinder inzwischen eine große und interessante Auswahl. Märchenfilme, verfilmte Kinderbuchklassiker wie *Pippi Langstrumpf*, die Bücher von Janosch, die klassischen Walt Disney-Produktionen wie *Cinderella, Peter Pan, Bernhard und Bianca, Susi und Strolch* usw. sind ebenso im Angebot wie *Popeye* oder die *Hero Turtles, Goofy* oder *der kleine Maulwurf, Heidi* oder *Benjamin Blümchen*.

II. MEDIENANGEBOTE

Videos können in Videotheken ausgeliehen oder in Buchhandlungen, im Versandhandel und Kaufhäusern erworben werden. Ausgedehnt hat sich der Markt der Kaufkassetten wiederum durch Mehrfachauswertungen. Billigprodukte sind praktisch überall erhältlich. Schon nach relativ kurzer Zeit kommen populäre Kinderfilme, nachdem sie im Kino gelaufen sind, auch als Videokassetten auf den Markt.

Die Videokassette ist außerdem ein beliebtes Aufnahme- und Vervielfältigungsmedium, zumal es technisch völlig unproblematisch ist, Kopien selbst herzustellen, sofern die entsprechenden Geräte vorhanden sind. Häufig gibt es in den privaten Haushalten bereits mehrere Videorecorder, die fürs Überspielen geeignet sind und von den Kindern auch entsprechend genutzt werden. Videos sind auch ein Medium für pädagogische Einrichtungen. Sie eignen sich z. B. dafür, gemeinsam Filme anzusehen und in die pädagogische Arbeit einzubinden.

KINDER BRAUCHEN VIDEO

Videokassetten sind für viele Kinder eine wichtige Ergänzung oder ein Ersatz für das Buch, auch für das Bilderbuch. Sie holen sich mit der Videokassette ihre Lieblinge, Helden und Identifikationsfiguren ins Wohnzimmer. Sofern die Eltern ihren Kindern den Freiraum lassen, können diese sich ihre Lieblingskassetten immer wieder ansehen, genauso wie sie interessante Geschichten nochmals und nochmals hören möchten. Diese Wiederholungen sind für Kinder sehr wichtig, weil sie auf diese Weise die sie interessierenden und bewegenden Inhalte so lange erleben können, bis sie diese verarbeitet haben.
Zudem bietet die Videokassette die Möglichkeiten, Handlungen anzuhalten, Teile zu überspielen und Szenen zu wiederholen, das heißt die medialen Reize individuell zu verarbeiten und zu nutzen. Das Kind kann weiterspulen, wenn es die Spannung nicht aushält. Medienkompetenz wird in einer Zeit zunehmender medialer Angebote immer auch die Kompetenz sein, die richtigen Erfahrungen zur richtigen Zeit auszuwählen.
Die Videokassette eignet sich damit auch als Kontrastprogramm zum täglichen Medienangebot im Fernsehen. In aller Regel führt die Videokassette nicht zu der von Pädagogen befürchteten enormen Ausweitung des Medienkonsums. Im Gegenteil, die Videokassette konzentriert das Medienerleben und schafft damit für Kinder eine wichtige Struktur. Somit trägt sie dazu bei, die Medienmündigkeit der Kinder zu fördern und zu unterstützen.

AUDIOVISUELLE MEDIEN

Video ist für ältere Kinder auch ein wichtiges kreatives Medium. Heute stehen Videokameras zur Verfügung, die einfach zu bedienen sind und Bilder und Töne in hoher Qualität aufzeichnen. Wie Geschichten über den Alltag und über Konflikte audiovisuell aufbereitet werden, können Kinder am besten dadurch erfahren, indem sie selbst einen Film auf Video aufnehmen und zeigen, also aktiv ein Medienprodukt herstellen.

KINO

Das Kino verzeichnet in den letzten Jahren einen erstaunlichen Boom. Noch vor wenigen Jahren glaubte man, es werde aussterben. Inzwischen gibt es wieder steigende Besucherzahlen. Das hängt vor allem mit der größeren Attraktivität der Filmtheater selbst zusammen. Vor allem durch den Bau der Multiplex-Kinos hat sich die Kinokultur insgesamt verändert. Kino ist heute kein isoliertes Medienerlebnis mehr, sondern eingebettet in vielfältige Freizeit- und Konsumangebote. Zum Kinobesuch gehören Cola und Popcorn ebenso wie das anschließende Essen oder der Cafebesuch.

Hinzu kommt, dass die Kinder in den letzten Jahren von den Kinos als wichtige Zielgruppe wieder entdeckt worden sind. Durften vor der Novellierung des Jugendschutzgesetzes (1985) praktisch Vorschulkinder überhaupt nicht ins Kino, weil die Altersfreigabe erst ab sechs Jahren möglich war, können sie heute die Filme besuchen, die ohne Altersbegrenzung freigegeben sind.

Kino hebt sich aus dem Medienalltag heraus. An Inhalte und Bilder der Kinofilme erinnern sich Kinder deshalb besser als an Fernsehsendungen. Nicht umsonst spricht man auch heute noch von Leinwandhelden, die für Kinder wichtig und interessant sind. Die Medienindustrie sorgt dafür, dass z. B. in der Vorweihnachtszeit bestimmte, für Kinder geeignete Filme platziert werden, um diese in die Kinos zu locken.

ANGEBOTE FÜR KINDER

Der Zeichentrickfilm spielt eine große Rolle. Darüber hinaus werden in vielen Filmtheatern spezielle Filmreihen mit „Klassikern" des Kinderfilms angeboten. Neben den kommerziellen Kinobetreibern hat sich für den Kinderfilm in den letzten Jahren das nicht-gewerbliche Kino in Jugend- und Gemeindehäusern usw. etabliert. Gerade im ländlichen Bereich sind diese nicht-gewerblichen Vorführungen für Kinder

155

II. MEDIENANGEBOTE

im Vorschulalter wichtig, um ihnen ein Kinoerlebnis zu ermöglichen. Diese pädagogische Kinderfilmarbeit bemüht sich heute verstärkt darum, die Filmvorführungen durch kulturelle Angebote zu ergänzen. Mal- und Spielaktionen nach dem Film gehören ebenso dazu wie eine themenbezogene Gestaltung des Raums, in dem der Film gezeigt wird.

KINDER BRAUCHEN KINO

Gerade für Kinder im Vorschulalter ist der Kinobesuch ein besonderes soziales Ereignis: Ins Kino geht man nicht allein, sondern in Begleitung von Eltern, Großeltern, älteren Geschwistern oder Gleichaltrigen. Das Ambiente, die Konsummöglichkeiten, der abgedunkelte Raum und die große Leinwand verstärken den Reiz.

Das herausgehobene Medienerlebnis im Kino ist für Kinder heute nach wie vor wichtig und trägt zum Erwerb medialer Kompetenz bei. Kino wird wie Kindertheater und Puppentheater außerhalb der häuslichen Umgebung erlebt. Während das Fernsehen zu Hause fast immer mit Unterbrechungen, Hin- und Herschalten zwischen den Programmen und häufigem Alleinsein verbunden ist, wird der Film intensiv erlebt, da er in einem dunklen Raum auf einer großen Leinwand präsentiert wird. Film im Kino ist zudem ein Gemeinschaftserlebnis, das mit Freunden, Eltern usw. geplant, vorbereitet und natürlich auch besprochen werden muss.

Anders als Fernsehen und Videokassette, die in der Regel ständig verfügbar sind, trägt das Kino nicht zur Reizüberflutung bei. Für Kinder ist der Kinobesuch ein besonderes Erlebnis: „Was den Pädagogen so schwer gelingt, dem Subjekt bei seiner Identitätsarbeit zu helfen, das scheint das Kino durch Überrennung der Sinne im Handstreich zu schaffen: Die jugendlichen Zuschauer lassen sich gefangennehmen, verzaubern, überzeugen, ohne zu fragen, ob da Wahrheit und Wirklichkeit vor sich gehe auf der Leinwand oder nicht" (Baacke et al., 1994, S. 137).

Der Film kann aber auch in einer pädagogischen Einrichtung präsentiert werden. Eine Filmvorführung sollte dabei mehr als ein Lückenbüßer sein. Filme sollten an den Interessen der Kinder anknüpfen und ihnen neue Erfahrungen bieten. Auch die thematische Arbeit wird mit filmischer Unterstützung wesentlich interessanter und lebendiger. Kinderfilme, die im Kindergarten oder Hort gezeigt werden, sollten am Entwicklungsstand der Kinder anknüpfen, auf ihre Interessen eingehen, wichtige Lebenssituationen aufgreifen, Möglichkeiten des sozialen Handelns vermitteln und kindliche Fantasien und Wünsche frei-

AUDIOVISUELLE MEDIEN

setzen. Dafür bietet das nicht-gewerbliche Filmangebot eine Vielzahl von geeigneten Produktionen. Das „Kino" in der Einrichtung kann damit auch ein wichtiger pädagogischer Beitrag zur Vermittlung medialer Kompetenz werden.

ZUSAMMENFASSUNG

Die audiovisuellen Medien sind heute für Kinder alltäglich. Das aktuelle Leitmedium Fernsehen muss sich zunehmend gegen die Konkurrenz, insbesondere gegen die Videokassetten und die multimedialen Möglichkeiten des Computers, behaupten. Für Vorschulkinder gibt es zunehmend attraktive und geeignete Programmangebote. Die Verweildauer vor den Medien, insbesondere dem Fernsehen, hat bei den Drei- bis Fünfjährigen in den letzten Jahren zugenommen. Mit zunehmendem Alter erschließen sich die Kinder das gesamte Programmangebot, auch die Sendungen, die für Erwachsene bestimmt sind. Deshalb ist es teilweise schwierig, den Begriff „Kinderfernsehen" genau abzugrenzen.

Die kindliche Vorliebe für Geschichten jeder Art wird nach wie vor in erster Linie von der Hörkassette, der CD aber auch der Videokassette bedient. Geschichten werden in vielen Variationen in unterschiedlichen Medien immer wieder neu erzählt. Video, MC und CD bieten den Kindern die Möglichkeit, ein eigenes Medienprogramm nach den individuellen Bedürfnissen zu gestalten. Herausgehoben aus dem Medienalltag sind die Kinoangebote. Sie haben meist einen familiären Erlebnischarakter.

FRAGEN ZUR DISKUSSION UND ÜBUNGEN

(1) Untersuchen und bewerten Sie das heutige Fernsehangebot für Kinder. Erarbeiten Sie Vorschläge für einen Kinder-Fernsehkanal nach ihren Vorstellungen.

(2) Diskutieren Sie die unterschiedliche Bedeutung von Hörkassetten und Videokassetten für Kinder.

(3) Die *Teletubbies* sind pädagogisch nicht unumstritten. Bereiten Sie einen Elternabend über die *Teletubbies* vor. Entwickeln Sie einen Elternbrief.

II. MEDIENANGEBOTE

(4) Planen Sie einen Kinobesuch mit den Kindern Ihrer Einrichtung und beschreiben Sie das Verhalten der Kinder. Halten Sie Ihre Beobachtungen von der Planung bis zum abschließenden Gespräch schriftlich fest.

(5) Stellen Sie Kriterien zur Beurteilung von Kinderfilmen zusammen. Sichten Sie eine Auswahl an Kinderspielfilmen und beurteilen Sie diese nach den Kriterien.

(6) Produzieren Sie gemeinsam eine Geräuschekassette: Bilden Sie Gruppen, nehmen Sie Geräusche an alltäglichen Orten (Kaufhaus, Bahnhof, Schulhof etc.) auf und stellen Sie diese vor.

AUDIOVISUELLE MEDIEN IN DER PÄDAGOGISCHEN EINRICHTUNG

Eine im Auftrag der Düsseldorfer Landesanstalt für Rundfunk im Jahr 1998 fertiggestellte Studie des Instituts für Kommunikationspsychologie/Medienpädagogik der Universität Koblenz-Landau stellt fest, dass Kindergärten nicht nur „ausgesprochen schlecht" mit audiovisuellen Medien ausgestattet sind, sondern dass selbst bei vorhandener Ausstattung die Erzieherinnen/Erzieher offenbar Probleme haben, audiovisuelle Medien im Kindergarten einzusetzen. Nach dieser Studie sind „viele Erzieherinnen nur unzureichend mit dem Begriff ‚Medienerziehung' vertraut". Ein weiteres Ergebnis dieser Studie war, dass zwar einerseits die schädlichen Einflüsse der audiovisuellen Medien auf Kinder beklagt werden, andererseits aber die pädagogische Arbeit mit Medien als „relativ unwichtig" eingestuft wird. Auch die Wahrnehmung über das angebliche Medienverhalten der Kinder und die tatsächliche Konsumdauer driften weit auseinander.
Angesichts der technologischen Entwicklung ist es heute schlechterdings unmöglich, Kindergarten, Kindertagesstätte oder Hort als einen medienfreien Schonraum zu begreifen. Vielmehr muss es darum gehen, im Sinne des Situationsansatzes die Kinder dort abzuholen, wo sie sich befinden: inmitten der Medien- und Informationsgesellschaft. Das heißt, die pädagogische Arbeit im vorschulischen Bereich muss sich an den vorhandenen Mediengewohnheiten und -kompetenzen orientieren und frühzeitig einen eigenverantwortlichen Umgang mit den audiovisuellen Medien vermitteln.

AUDIOVISUELLE MEDIEN

Der im Jahr 1998 veröffentlichte 10. Kinder- und Jugendbericht der Bundesregierung geht davon aus, dass Kindheit heute in großem Umfang „Medienkindheit" ist. Zu dieser Medienkindheit und den notwendigen Reaktionen der Pädagogik werden unter der Überschrift „Medienerziehung im Kindergarten" folgende Empfehlungen ausgesprochen: „Um Kinder zu einem kompetenten und kritischen Umgang mit Medien zu befähigen, sollten Kindertagesstätten sich dem Bereich der Medien nicht mehr verschließen. Medienpädagogik ist in der Praxis der Kindertagesstätte als konzeptionell geplantes, längerfristiges pädagogisches Handeln verstärkt umzusetzen. Projekte aktiver Medienarbeit, auch mit interkultureller Themensetzung, sind zu fördern. Medienpädagogische Elternarbeit ist im Kontext von Kindertagesstätten zu institutionalisieren und nicht länger dem persönlichen Engagement einzelner Erzieher/innen oder Elternvertreter bzw. Elternvertreterinnen zu überlassen."
Auch der im Jahr 1998 vom Deutschen Bundestag veröffentliche Bericht der Enquetekommission „Zukunft der Medien in Wirtschaft und Gesellschaft – Deutschlands Weg in die Informationsgesellschaft" beschäftigt sich ausführlich mit der Medienkompetenz als Ziel medienpädagogischen Handelns. Hier wird vor allem die medienpädagogische Qualifizierung der Erziehungs- und Lehrkräfte in Kindergärten und Schulen und der in der Jugendarbeit tätigen Personen gefordert. Außerdem müsse es eine medienpädagogische Qualifizierung von Eltern in Kindergärten geben.
Im Sinne dieser Forderungen ist es erforderlich, die pädagogischen Einrichtungen mit modernen technischen Geräten auszustatten. Die Möglichkeit, Fernsehprogramme zu empfangen und darüber zu diskutieren, sollte im pädagogischen Alltag möglich sein. Die Einbeziehung des Fernsehens ist aber auch von der pädagogischen Einrichtung und dem pädagogischen Konzept abhängig. Bei der Vermittlung von Medienkompetenz werden sich in der Kindertagesstätte andere Schwerpunkte ergeben, als beispielsweise im Kinderhort. In der Kindertagesstätte wird es vor allem um die Sensibilisierung für Medien gehen, und die Kinder mit unterschiedlichen Medien vertraut zu machen. In Einrichtungen für ältere Kinder wird es mehr um die kritische Auseinandersetzung mit den Medien gehen. Wichtig wäre es auf jeden Fall, die konsumtive Mediennutzung zu einem aktiven Medienerleben zu machen und die pädagogischen Voraussetzungen für medien-produktives Handeln zu schaffen: Das pädagogische Spektrum reicht vom gemeinsamen Ansehen populärer Serien und Filme über die Vorstellung

II. MEDIENANGEBOTE

interessanter Medien bis zum gemeinsamen Nachspielen von Medieninhalten. Mit den heutigen technischen Möglichkeiten ist es z. B. relativ unproblematisch, ein Hörspiel zu produzieren, ein Video aufzunehmen, eine Bildercollage zu erstellen usw. Wichtig wäre es, solche Methoden aktiver Medienarbeit schon früh Kindern anzubieten. Dann könnten sie in viel stärkeren Maße die Medien, die sie im Alltag konsumieren, kritisch reflektieren und bewerten. Audiovisuelle Medien wären dann nicht mehr nur Konsumgegenstände, sie trügen vielmehr zur aktiven Aneignung der Welt bei.

ZUSAMMENFASSUNG

Angesichts der heutigen Medienkindheit ist es aus pädagogischen Gründen wichtig, in den vorschulischen pädagogischen Einrichtungen medienpädagogisch zu arbeiten. Kindern macht es Spaß, sich aktiv mit Medieninhalten auseinanderzusetzen. Notwendig und erforderlich ist eine medienpädagogische Qualifizierung sowohl der Erzieherinnen und Erzieher als auch der Eltern.

FRAGEN ZUR DISKUSSION UND ÜBUNGEN

(1) Ist das Anschauen eines Kinderfilms im Kindergarten pädagogisch genauso einzustufen wie das Betrachten eine Bilderbuchs?

(2) Weshalb sind die vorschulischen Einrichtungen geeignete Orte für mediales Lernen?

(3) Wie könnte medienpädagogische Elternarbeit in der Einrichtung aussehen?

(4) Planen Sie in Kleingruppen eine Projektwoche „Fernsehen im Kindergarten". Entwickeln Sie ein Konzept und einen Elternbrief.

(5) Machen Sie eine Eltern-Umfrage in Ihrer Einrichtung und erstellen Sie ein Wochenprogramm der Sendungen, die Kinder gerne sehen. Stellen Sie dieser Liste Ihre eigene Medienauswahl gegenüber.

WEITERFÜHRENDE LITERATUR

DEUTSCHES JUGENDINSTITUT (HRSG.) (1995): <Handbuch Medienerziehung im Kindergarten>, Teil 1: Pädagogische Grundlagen, Teil 2: Praktische Handreichungen, Opladen

MAIER, R. ET AL. (1997): <Medienerziehung in Kindergarten und Grundschule – 490 Anregungen für die praktische Arbeit>, München

AUDIOVISUELLE MEDIEN

MEDIENEINFLÜSSE IN UNSERER ZEIT
INTERVIEW MIT DEM MEDIENWISSENSCHAFTLER MICHAEL CHARLTON

ASTRID HILLE

Warum haben Sie sich als Psychologe der Medienforschung zugewandt?

Mir wurde das Thema Ende der sechziger Jahre von meinen „Doktoreltern", Annemarie und Reinhardt Tausch, angeboten. Damals erregten die Arbeiten von Albert Bandura zur Nachahmung von Medienvorbildern durch Kindergartenkinder großes Aufsehen. Ich habe in meiner Dissertation dann die Auswirkung einer Westernserie (die heute noch manchmal im Fernsehen zu sehen ist – sie nannte sich *Rauchende Colts*) auf das Sozialverhalten von Grundschülern untersucht.

Sie arbeiten seit 30 Jahren auf dem Gebiet der Medienforschung. Wie hat sich in dieser Zeit das Forschungsfeld verändert?

Die Zeit der großen Wirkungsstudien zur Mediengewalt mit bis zu 3.000 untersuchten Kindern und Jugendlichen ist vorüber. Heute herrschen Arbeiten vor, die die individuelle Zuwendung zu und die individuelle Verarbeitung von Medienangeboten untersuchen.

Wie hat sich die Beurteilung von Medieneinflüssen in dieser Zeit verändert?

Schon in den vierziger Jahren kam in der amerikanischen Forschung die Idee auf, dass z. B. politische Einstellungen nicht oder nicht nur direkt durch die Medien, sondern auch durch Gespräche mit Meinungsführern beeinflusst werden. Wenn die Meinungsführer selbst ihr Wissen aus den Medien bezogen haben, sprach man vom *two-step-flow* (sinngemäß: Doppelschritt, d. h. die Medien beeinflussen einige wenige Meinungsführer, die Meinungsführer ihrerseits beeinflussen ihre Bekannten und Freunde).

Heute wissen wir, dass auch die Gespräche über Unterhaltungsmedien unter Familienmitgliedern und mit gleichaltrigen Freunden ebenso wichtig für die Medienwirkung sind wie das Medienangebot selbst. Das bedeutet: Eine Gewalthandlung in einem Action-Film wird oft erst dadurch interessant und eventuell sogar nachgeahmt, wenn sich z. B. die Kids aus der Nachbarschaft darüber unterhalten und das gezeigte Verhalten „cool" finden. Wer dagegen einer anderen Bezugsgruppe angehört, käme nie auf die Idee, das Gezeigte zu imitieren.

Es gibt inzwischen Tausende von Untersuchungen zur Medienwirkung. Was hat denn nun die Forschung zu Gewalt und Pornografie in den Medien erbracht? Muss man sagen, dass „außer Spesen, nichts gewesen" ist, oder gibt es ein abschließendes Ergebnis in der Frage der Wirkung von Massenmedien auf Kinder und Jugendliche?

Tatsächlich hat sich zu Beginn der Fernsehforschung in den vierziger und fünfziger Jahren des 20. Jahrhunderts wohl niemand vorgestellt, wie schwierig es ist, entsprechende Effekte nachzuweisen. Inzwischen geht die Forschung davon aus, dass Gewalt und Gewaltpornografie in den Medien das Verhalten einiger Kinder und Jugendlicher negativ beeinflussen. Aber den Durchbruch in der Forschung haben wir leider immer noch nicht

161

II. MEDIENANGEBOTE

erreicht. Noch kann man kaum vorhersagen, welches Kind durch welche Filme und welche Spiele auf dem PC beeinträchtigt wird. Aber die Gesamttendenz steht fest: Es gibt negative Auswirkungen.

Können Sie uns beschreiben, worauf eine gute Studie zur Medienwirkung auf Vorschulkinder basiert?

Wichtig ist, dass die Kinder möglichst ungestört sehen können, was sie immer sehen. Dass sie zappen dürfen, so oft sie das wollen. Dass sie eher spielerisch als in einer künstlichen Befragungssituation zeigen können, was sie beeindruckt hat.

Eine interessante Untersuchung, die dies weitgehend beherzigt hat, stammt z. B. von Helga Theunert. Sie hat alle Filme aufgezeichnet, die an einem Wochenende im Fernsehen liefen und am Montagmorgen Kindergartenkinder erzählen lassen (Erzieher und Erzieherinnen berichten, dass der Montag fast immer im Zeichen der Medienerlebnisse vom Wochenende steht). Es hat sich gezeigt, dass die Kinder durch Hin- und Herzappen neue Filme „konstruieren", die so nie im Fernsehen gelaufen sind. In ihrer Fantasie ziehen die Kinder abenteuerliche Verbindungslinien zwischen den verschiedenen Filmbruchstücken. Was dabei schließlich herauskommt und wie das Erlebte und Fantasierte auf die Kinder wirkt, kann letztlich kein Redakteur oder Fernsehmacher vorhersagen.

Sie haben drei eigene Kinder, die inzwischen erwachsen sind. Wie haben Ihre Forschungen Ihren Erziehungsstil beeinflusst?

Ich habe mich erstens dafür interessiert, was meine Kinder sehen und oft mit ihnen darüber gesprochen. Zweitens habe ich nur ganz selten einen Film verboten. Und drittens habe ich für ausreichend Alternativen zum Fernsehen gesorgt. Insgesamt würde ich das wohl wieder so machen.

Welche medienpädagogischen Tipps würden Sie jungen Erziehern und Erzieherinnen am Ende ihrer Ausbildung geben?

Versuchen Sie, Ihren Ärger über die lautstarke Imitation von Action und Mediengewalt im Spiel der Kinder für eine Weile hintanzustellen. Wenn Sie die Spiele der Kinder beobachten, können Sie feststellen, dass jedes Kind etwas spielt, was auf den ersten Blick etwas mit Medieninhalten zu tun hat, auf den zweiten Blick aber mit den persönlichen Ängsten und Bedürfnissen dieses Kindes. Sie können lernen, das Nachahmungsspiel – und wenn es noch so wild und laut ist – als eine Botschaft zu lesen. Und sie können umgekehrt Medien im Kindergarten dazu einsetzen, um Kindern ganz bestimmte soziale Erfahrungen zu vermitteln.

Medienpädagogik ist in unserer heutigen Zeit ungeheuer wichtig. Sie werden kaum verhindern können, dass Kinder mit Medien aufwachsen, aber sie können Medien für ihre Zwecke einsetzen, indem sie wie die Müllerstochter im Märchen Stroh zu Gold verspinnen.

II. MEDIENANGEBOTE
INTERAKTIVE MEDIEN

ANDREAS KUPFER

EINLEITUNG

Im Folgenden soll ein neuer Bereich der Medienpädagogik zum Thema gemacht werden: der Computer. Als rein technisches Gerät ist er schon seit den 80er Jahren bekannt und verbreitet, aber den Sprung in die Medienwelt hat er erst vor wenigen Jahren geschafft. In großem Stil werden heute einfach zu bedienende und ansprechende Programme entwickelt und vermarktet, die von Kindern und Jugendlichen massenhaft konsumiert werden. Die Medienpädagogik muss sich einer neuen Thematik stellen, die ein neues pädagogisches Bewusstsein erfordert: Kinder und Jugendliche haben nicht gewartet, bis sie von uns die Handhabung erklärt bekamen; sie benutzen sie einfach – in der Regel viel selbstverständlicher als wir Erwachsenen. Das Ergebnis aus technischer Entwicklung und kindlicher Neugier muss heute von pädagogischen Konzepten erst eingeholt werden. Dabei müssen technische und pädagogische Aspekte gleichermaßen berücksichtigt werden, um alle Dimensionen, sei es das Spielverhalten, die Kommunikation oder auch das Sozialverhalten zu erfassen, denn wir haben es mit einem Medium zu tun, das durch seine Vielseitigkeit auf zahlreiche Bereiche Einfluss nehmen kann. Nur mit Offenheit und Kritikfähigkeit werden wir in der Lage sein, mit der neuen Technik und Medienwelt umzugehen und sie sinnvoll in unsere pädagogische Arbeit zu integrieren.

ANNÄHERUNG AN EIN NEUES MEDIUM

Die Kinder halten uns jämmerlich krächzende und hektisch blinkende Geräte hin und finden sie mega-affen-geil und wir sind noch nicht einmal in der Lage, das fürchterliche Gerät zum Schweigen zu bringen.

Erziehung erfordert eine immer währende Bereitschaft, sich auf neue Situationen und Gegebenheiten einzulassen und sich mit ihnen auseinander zu setzen. Aktualität ist ein wichtiges Merkmal unserer pädagogischen Arbeit. Wenn wir den Anspruch erheben, unsere Pädagogik an der Situation der Kinder und ihrer Erfahrungswelt zu orientieren, müssen wir diese Welt auch kennen.

II. MEDIENANGEBOTE

Ihre natürliche Neugier hilft Kindern, Dinge zu sehen und zu entdecken, die wir Erwachsenen gar nicht mehr wahrnehmen, und sie lässt sie auch viel selbstverständlicher den Umgang mit den neuen Medien erfahren und erproben. Sie wachsen mit diesen Medien auf und demonstrieren an ihnen ihre Lernbereitschaft. Gerade die Medienerziehung im Kindergarten sollte die Erfahrungswelt der Kinder einbeziehen, und zu der gehören mittlerweile technische Geräte, welche die Erzieher unserer Kindergartenzeit noch gar nicht als Medium ihrer pädagogischen Arbeit kannten.

Mit den Vorzügen bzw. den Problemen des Fernsehens sind wir inzwischen hinreichend vertraut, so dass wir selbst damit umgehen können und aufgrund unserer eigenen Erfahrung und unseres pädagogischen Wissens einen sinnvollen Umgang auch an die Kinder weitergeben können. Wenn es aber darum geht, einen kleinen Pfeil auf dem Bildschirm zielsicher mit der Maus an die Stelle zu bewegen, an der eine gewünschte Funktion ausgelöst werden soll, fehlt sehr oft die eigene Erfahrung als Grundlage und erst recht das Wissen um einen sinnvollen pädagogischen Einsatz für die Arbeit mit unseren Kindern. Eigene Ängste und Abneigungen spielen im Bereich der neuen Medien eine besonders große Rolle, was oft durch den Aufbau von Feindbildern noch unterstützt wird. Wer keinen Bezug zur Musik hat, muss deshalb noch keine Angst davor haben, sich mit Kindern an ein Xylofon zu setzen und damit zu experimentieren. Auch für den Unmusikalischen sind Musikinstrumente keine Gegner oder gar Feinde. Ganz anders sieht es dagegen beim Computer aus. Ihm werden viele menschliche Eigenschaften zugesprochen, und so kann der Unerfahrene leicht zu der „Erkenntnis" gelangen, dass er es mit einem realen Feind zu tun hat, der uns Arbeitsplätze raubt, Menschen wie Nummern behandelt und vieles Schreckliche mehr. Um diesem Vorurteil entgegenzutreten, sollten wir uns zunächst einmal etwas näher mit dem beschäftigen, was in so einer „Teufelsmaschine" vor sich geht.

WAS MACHT EIN COMPUTER EIGENTLICH?

Um überhaupt zu verstehen, was in einem Computer vor sich geht, und später in der pädagogischen Arbeit adäquat damit umgehen zu können, ist folgende einfache Grundüberlegung sehr hilfreich: Computer arbeiten mit Strom; soweit ist die Sache klar. Und was kann man mit Strom alles machen? Die einfachste Möglichkeit ist: „ein- und ausschalten", und schon haben wir das Grundprinzip des Computers

INTERAKTIVE MEDIEN

erkannt. Er macht sich nicht einmal die Mühe, zwischen viel und wenig Strom zu unterscheiden, er kennt nur „Strom" und „kein Strom". Das heißt, dass es in der Arbeitsweise des Computers nur zwei Fälle gibt, nämlich EIN und AUS.
Wer schon einmal einen Computer in Aktion erlebt hat, wird an dieser Stelle sofort protestieren und sagen: „Mein Computer kann aber mit richtigen Wörtern und Zahlen umgehen und sogar Bilder und Töne darstellen und nicht nur EIN und AUS sagen" Richtig ist beides! Für den Nutzer sieht es so aus, als könne der Computer seine Sprache verstehen, in Wirklichkeit arbeitet dieser aber nur mit EIN und AUS. Der Trick dabei ist, dass der Computer unsere Befehle bzw. Eingaben mit hoher Geschwindigkeit über unterschiedliche Kombinationen aus EIN und AUS codiert und in Sprache, bunte Bilder oder Töne übersetzt.

Durch diese Überlegung verliert der Computer viel von seinem Schrecken, denn vor jemandem, der nichts weiter kann, als EIN und AUS zu sagen, brauchen wir uns nicht zu fürchten. Dass der Computer auf uns den Eindruck erweckt, er könne selbstständig denken, liegt nicht an seinen eigenen Fähigkeiten, sondern an Programmen, die ihn anweisen und ihm erlauben, mit den beiden Schaltmöglichkeiten äußerst geschickt umzugehen. Hilfreich ist diese Überlegung auch insofern, als man jetzt noch besser versteht, dass es nicht um das Gerät „Computer" an sich geht, sondern um das, was mit ihm gemacht werden kann.

NUR NEUE BEGRIFFE ODER AUCH NEUE WEGE?

Nicht genug damit, dass man sich einer Unmenge neuer Produkte gegenübersieht, auch die Sprache hat sich verändert. Unser Wortschatz ist auf wundersame Weise um eine Vielzahl an Abkürzungen und Ausdrücken reicher geworden. Was aber verbirgt sich hinter Begriffen wie RAM, ROM, Bit, Byte, VGA, Trackball, Online, Multimedia, interaktiv oder Hypertext?
Oft werden einem die Begriffe von der Werbung regelrecht um die Ohren geschlagen, um Respekt und Bewunderung für technische Neuerungen zu erzeugen, die man unbedingt besitzen sollte. Die Beschreibung der angepriesenen Funktionen ist vielen Käufern unverständlich. Doch wer mag das schon zugeben?
Im Folgenden werden daher die wichtigsten Begriffe, die eine Bedeutung für das Zusammenspiel von Pädagogik und Computer haben, herausgegriffen und erklärt:

II. MEDIENANGEBOTE

Multimedia

Was ist heute nicht alles Multimedia? Der Computer soll multimediafähig sein, Programme arbeiten multimedial und auch der Mediamarkt ist zum Multi geworden. Hinter dem Begriff „Multimedia" versteckt sich das wichtigste Gestaltungs- und Kommunikationsmerkmal der neuen Computergeneration. Dabei deutet „Multi" auf mehrere Teile oder Funktionen hin. Der Multimixer im Haushalt, der hackt, knetet und rührt, ist uns ja schon bekannt. „Media" kommt von Medium, und diesen Ausdruck kennen wir vom Fernsehen, aber auch Zeitungen, Bücher und CDs gehören zu den Medien. Übersetzen wir „Media" mit „Informationsträger", bedeutet Multimedia nichts anderes als „mehrere Informationsträger". Diese sind die gedruckte Schrift, der gesprochene Text, das gedruckte Bild, das bewegte Bild als reale Aufnahme oder Trickfilm, Geräusche und/oder Musik. Das war's auch schon, mehr steckt in Multimedia nicht drin. Neu ist dabei nur das Zusammenspiel aller Komponenten. Der Multimediacomputer verbindet alle diese bereits bekannten Gestaltungsmöglichkeiten und Informationsträger und setzt sie, je nach Bedarf oder Anwendung, abwechselnd oder gleichzeitig ein.

Ein gutes Beispiel dafür ist das Computerlexikon. Um zu einem bestimmten Zeitpunkt Informationen über ein bestimmtes Thema zu erhalten, ist der Fernseher ausgesprochen ungeeignet, da nur äußerst selten im richtigen Moment die passende Sendung zu dem Thema kommt, das einen gerade interessiert. Das gedruckte Lexikon hat zwar den großen Vorteil, dass es immer zur Verfügung steht, die Darstellung der Informationen beschränkt sich aber auf Gedrucktes. Der Computer ist dagegen in der Lage, alle Vorteile zu vereinen. Er kann jederzeit angeschaltet werden und ganz gezielt Texte, Bilder, Filme und Geräusche präsentieren und auf diese Weise die Informationen verständlicher darstellen. Sicher ist es ganz interessant, beispielsweise einen Abschnitt über Mozart im Lexikon nachzulesen, aber viel interessanter wäre es doch, zusätzlich einige Ausschnitte aus seinen bekanntesten Werken zu hören. Auch das Prinzip eines Motors kann in einem Trickfilm verständlicher erklärt werden, als nur über Text und Bild.

Der Computer hat außerdem noch einen weiteren entscheidenden Vorteil gegenüber dem Fernsehen, der alles in vorgefertigter Reihenfolge und Geschwindigkeit präsentiert. Dazu bedarf es einer neuen Bedienungsmethode, und damit kommen wir zum nächsten wichtigen Begriff:

INTERAKTIVE MEDIEN

Interaktiv

„Inter" ist im Sprachgebrauch nicht so häufig vertreten, allenfalls in „international", was sich auf Beziehungen und Verknüpfungen zwischen Nationen bezieht. Mit anderen Worten, es findet ein „Austausch" statt. „Aktiv" hingegen ist uns allen bestens bekannt, vor allem als Gegensatz zu passiv. Wie hat man sich nun die Interaktivität (den Austausch von Aktivitäten) mit dem Computer vorzustellen?
Während der Fernseher uns ständig mit bewegten Bildern und Geräuschen überschüttet, bleibt die Zeitung starr und stumm, lässt uns aber Zeit zum Blättern und Betrachten. Um beim Beispiel des Computerlexikons zu bleiben: Der Benutzer wählt einen Begriff aus dem Inhaltsverzeichnis und bekommt dann eine Auswahl verschiedener Darstellungsformen angezeigt. Bei manchen Programmen erscheint zunächst ein kurzer Text, ähnlich dem Eintrag im gedruckten Lexikon. Von dort kann über verschiedene Symbole die Ausgabe von Filmsequenzen oder Tonbeispielen gestartet werden. Meist lassen sich Text und Bilder auch ausdrucken. Interaktiv bedeutet also, dass sowohl Computer als auch Mensch ihren Beitrag leisten, wobei der Mensch eindeutig der Bestimmende ist und die Maschine ihre Fähigkeiten nur in der gewünschten Weise zum Einsatz bringt, nicht aber den Ablauf diktiert.

Hypertext

„Hyper" in Zusammenhang mit „-aktiv" oder „-modern" deutet immer auf etwas hin, das über den normalen Rahmen hinausgeht. So ist es auch in Zusammenhang mit dem Begriff „-text". Der Hypertext verlässt den Rahmen eines gewöhnlichen Textes und führt uns im Falle des Computers mit einem Mausklick in einen neuen, erweiterten Bereich. Die Grenze des vorliegenden Textes wird überschritten, und wir gelangen zu einem neuen Text, der uns weitere Informationen bietet.
Nehmen wir wieder unser Beispiel Computerlexikon: In der gedruckten Ausgabe kommen häufig Begriffe vor, die mit einem kleinen Pfeil oder Stern gekennzeichnet sind. Dies weist darauf hin, dass der Begriff an anderer Stelle ausführlicher erklärt wird. Wollen wir diese Information sehen, müssen wir zu blättern und zu suchen anfangen. Der Computer stellt eine ähnliche Funktion („Hyperlink") zur Verfügung, übernimmt allerdings für uns das Blättern. Ein Klick mit der Maus genügt und ein weiterführender Text erscheint. Bei Hypertextsystemen bezieht sich dies aber nicht nur auf die Textausgabe, wie es Einigen eventuell aus der Hilfefunktion von Windows bekannt ist,

II. MEDIENANGEBOTE

sondern es kommen alle multimedialen Fähigkeiten des Programms oder des Computers zum Einsatz. Das Lexikon erwacht quasi zum Leben, es blättert sich selbst, zeigt Filme und beginnt zu sprechen.

ZUSAMMENFASSUNG

Nur wer zumindest in groben Zügen informiert ist, kann sich auch klar entscheiden, in welcher Weise die neuen Medien zum Einsatz kommen sollen. Der Computer versteht nur EIN und AUS. Nicht er ist für seine Auswirkungen verantwortlich, sondern der Mensch, der Programme erstellt, benutzt und ihren Einsatz in der pädagogischen Arbeit plant und begleitet. Damit ist die Nutzung der neuen Medien nicht nur ein technisches, sondern auch ein pädagogisches und psychologisches Thema. „Multimedia", „interaktive Kommunikation" und „Hypertext" sind neue Fähigkeiten des Computers, die wegen ihrer Komplexität einer pädagogischen Begleitung bedürfen.

FRAGEN ZUR DISKUSSION UND ÜBUNGEN

(1) Die fehlenden Vorerfahrungen der Erwachsenen machen eine neue pädagogische Herangehensweise an die neuen Medien erforderlich. Braucht pädagogisches Handeln als Grundlage einen nennenswerten Wissens- und Erfahrungsvorsprung, um das Thema gezielt und durchdacht in der Arbeit mit Kindern umzusetzen?

(2) Um die neuen Fähigkeiten des Computers zu erleben, eignen sich moderne Lexika auf CD-Rom besonders gut. Suchen Sie Themen, die Tondokumente oder Landkarten enthalten. Wählen Sie Verweise über Hyperlinks an.

Beispiele für Nachschlagewerke mit multimedialer Darstellung und interaktiver Oberfläche

Hersteller	Name	Inhalt
■ Microsoft	Encarta	Allgemeines Lexikon
■ Microsoft	Weltatlas	Geographie
■ Brockhaus	Mein erstes Lexikon	Kinderlexikon
■ Brockhaus	Wie funktioniert das?	Sachthemen für Kinder
■ Heureka Klett	Opera fatal	Musik

INTERAKTIVE MEDIEN

BERÜHRUNGSPUNKTE ZWISCHEN KINDERN UND DEM COMPUTER

Heute besitzen schon Kindergartenkinder ihre eigenen Medien, angefangen bei Kassettenrecorder und CD-Spieler über elektronisches Spielzeug, wie GameBoy, bis hin zum Computer. Die Kinder sind mit den allgegenwärtigen Medien der Erwachsenen bzw. deren Medienwelt konfrontiert. Die veränderten Lebens- und Sozialisationsbedingungen lassen Kinder neue Formen der Kommunikation und Interaktion suchen. Über die Medien, gerade auch den Computer, der Informationen und Unterhaltung über Internet, Spiele usw. bietet, finden sie schon von klein auf Möglichkeiten, über die eigene Familie hinaus andere Normen, Werte und Verhaltensweisen zu beobachten. Hierbei hat die Unterhaltungsindustrie gerade die Kinder im Blick, denn diese sind es, die deren Angebote aufgrund ihrer größeren Freizeit vorrangig nutzen können. Vor allem aber sind sie gegenüber allem Neuen offen und damit eine lohnende Zielgruppe.

Der Computer schafft neue Möglichkeiten und Anforderungen. Die Frage ist, wie diese zu beurteilen sind und in der pädagogischen Arbeit zum Einsatz kommen sollen.

MÄRCHEN, PANZER UND COMPUTERSPIELE

Der Einsatz des Computers als Spielzeug ist bei Kindern sehr beliebt. Dagegen ist grundsätzlich nichts einzuwenden. Aber gerade in diesem Bereich sollte die Auswahl kritisch erfolgen. Längst nicht alles, was auf dem Markt an Computerspielen angeboten wird, ist so harmlos, wie es dargestellt wird.

Doch was haben denn Märchen, Panzer und Computerspiele gemeinsam? Ganz einfach: Sie sind umstritten. Seien es die „makellosen Helden" und „blutrünstigen Bösen" im Märchen oder die knatternden Kriegsspielzeuge – die Diskussion um ihre Auswirkungen auf unsere Kinder nimmt kein Ende. Ähnlich wie beim Fernsehen treffen häufig zwei gegensätzliche Standpunkte aufeinander: Die einen sagen, Gewaltdarstellungen dienen dem Abbau ohnehin vorhandener Gewaltfantasien (wer sich am Bildschirm austoben kann, braucht dies nicht in der Realität zu tun). Andere sagen, diese Darstellungen erzeugen Gewaltfantasien und verstärken bereits vorhandene (wer sich am Bildschirm an Gewaltanwendung gewöhnt, setzt Gewalt in der Realität leichter ein).

169

II. MEDIENANGEBOTE

Das Kind am Computer ist nicht mehr nur Zuhörer oder Zuschauer, sondern selbst handelnde Hauptperson. Die Handlung kann nicht mehr von außen distanziert betrachtet und beurteilt werden. Die Identifikation mit der Gestalt auf dem Bildschirm, die in jeder Bewegung und Aktion dem Willen des Spielers folgt, zu der man quasi selbst wird, ist so stark, dass man sich nicht mehr kritisch von ihr distanzieren kann. Der Spielablauf wird vom eigenen Verhalten und Denken gesteuert.

WIE VERÄNDERT SICH DAS SPIELEN DURCH DEN COMPUTER?

Es ist interessant und hilfreich, sich einmal genauer mit dem Wesen von Computerspielen zu beschäftigen, um zu verstehen, weshalb ihr Reiz so groß ist. Im Gegensatz zum Verhalten realer Mitspieler fallen zwei Punkte besonders ins Gewicht:

(1) Der Computer lässt sich in seiner Spielstärke immer so einstellen, dass das Spiel weder langweilig noch völlig hoffnungslos wird. Kinder und Jugendliche haben auf diese Weise immer eine Gewinnchance und sind doch gefordert, was bei realen Mitspielern häufig nicht der Fall ist. Versuchen Sie doch einmal selbst, einen Spielpartner zu finden, mit dem es Ihnen wirklich Spaß macht zu spielen, der Sie nicht nur „in die Pfanne haut", sondern auch interessante Aufgaben zuteilt!

(2) Der Computer ist ein allzeit bereiter Partner. Habe ich keine Lust mehr, schalte ich ihn einfach ab. Bei echten Mitspielern ist das nicht so einfach. In welchem anderen Bereich kann so viel Macht ausgeübt werden, ohne größere Konflikte heraufzubeschwören?

So stellt sich der Computer in den Augen der Kinder – und auch in den Augen vieler Erwachsener – als optimaler Spielpartner dar. Die ständige Verfügbarkeit des Computers und das kritiklose Hinnehmen aller Anforderungen und Wünsche sind für Kinder verständlicherweise etwas Angenehmes. Das kann aber zum Problem werden, wenn sich diese Erwartungshaltung im sozialen Bereich fortsetzt oder die Aufnahme sozialer Kontakte hemmt. Um in sozialen Konflikten bestehen zu können, braucht es mehr, als nur am richtigen Regler eine bestimmte Einstellung vornehmen zu können.

INTERAKTIVE MEDIEN

Soziale Kontakte

Soziale Komponenten werden am Computer weitgehend ausgeschaltet, aber gerade um die geht es ja bei unserer Arbeit. Der pädagogisch sinnvolle Einsatz von Computerspielen muss daher mit dieser Besonderheit gezielt umgehen. Dazu zwei Ansätze:

(1) Fehlende soziale Komponenten des Computerspiels werden nicht als Manko gesehen, sondern bewusst als pädagogisches Mittel eingesetzt. In der Praxis bedeutet dies zum Beispiel, Kinder, die im Umgang mit anderen große Kommunikationsprobleme haben, mit Hilfe von Computerspielen in die Lage zu versetzen, unbeeinträchtigt zu handeln und dadurch Selbstsicherheit zu gewinnen.

(2) Fehlenden sozialen Komponenten des Computerspiels wird gezielt entgegengewirkt. Gerade bei Kindern mit Kontaktschwierigkeiten ist ein interessantes Gesprächsthema als Basis für Kommunikation von entscheidender Bedeutung. Inhalte von bzw. Erfahrungen und Probleme mit Computerspielen können hier ein erfolgversprechender Ansatz sein. Darauf aufbauend ist auch der Einsatz von Computerspielen in der Gruppe ein gutes Mittel, kommunikative und soziale Grundlagen in ein Thema einzubetten, das nahe an der Erfahrungswelt der Kinder liegt.

Überzeugte Computergegner sprechen gerne von einer Entmenschlichung der Arbeit und dem Verlust sozialer Kontakte bei Computernutzern. Oft ist die Rede davon, dass Computer den Menschen zunehmend ersetzen oder gar verdrängen. Unkontrolliert eingesetzt kann der Computer durchaus soziale Kontakte zerstören, aber dabei handelt es sich nicht um ein Markenzeichen des Computers, sondern ist ganz normale Begleiterscheinung einer exzessiven Beschäftigung mit einem einzigen Thema. Wer jeden Tag fünf Stunden joggen geht, wird auch den einen oder anderen sozialen Kontakt verlieren, doch niemand würde auf die Idee kommen, das dem Jogging im Allgemeinen anzulasten. Unbestritten gibt es aber computerspezifische Folgeerscheinungen, besonders dann, wenn er als vorrangiges Kommunikationsmedium eingesetzt wird.

Kommunikation

Die Kommunikation verändert sich, da Computer nicht nur zunehmend zum Gesprächsinhalt, sondern auch zum Gesprächsübermittler werden. Die Handschrift und das gesprochene Wort werden durch die

II. MEDIENANGEBOTE

Bedienung von Tasten ersetzt, Mimik und Gestik lassen sich nicht per „E-Mail" übertragen und Stimmungen kann auch die schönste „Homepage" nicht vermitteln.

Gerade Kinder, die gerne mit Händen und Füßen reden, dürfen dieser Ausdrucksmittel nicht beraubt werden. Kommunikation mit Hilfe des Computers darf daher allenfalls die Bedeutung einer Brieffreundschaft bekommen, also nur Ergänzung, nicht Ersatz sozialer Kontakte sein. Ein Gespräch mit einem realen Gegenüber wird der Computer trotz seiner Kommunikationsmöglichkeiten nie ersetzen können.

WELCHE ARTEN UND INHALTE GIBT ES BEI COMPUTERSPIELEN?

Entscheidend für einen sinnvollen Einsatz von Computerspielen – welcher Zielrichtung auch immer – ist neben pädagogischem Geschick auch das Wissen um die verschiedenen Arten von Computerspielen. Diese können in verschiedene Kategorien unterteilt werden:

„Jump 'n' Run"-Spiele

Diese Art von Computerspielen ist mit „Springen und Rennen" nur unzureichend umschrieben. Die zu steuernde Spielfigur bewegt sich zwar springend und rennend vorwärts, ihre eigentliche Aufgabe ist es aber, plötzlich auftauchende Gegner auf die vielfältigste Art und Weise abzuschießen. Die Strategie beschränkt sich auf den möglichst effektiven Einsatz von Waffen. Gegner zu verschonen oder ihnen einfach aus dem Weg zu gehen, zahlt sich fast nie aus. Das Motto lautet „Knalle alles ab, was sich zeigt".

In der grafischen Umsetzung unterscheiden sich die einzelnen Jump 'n' Run-Spiele zwar, ihr zugrundeliegendes Prinzip ist aber immer dasselbe, unabhängig davon, ob es sich um Muskelmänner mit Maschinengewehren oder um Kinder mit Zauberpfeilen handelt: Der Schnellste und Rücksichtsloseste überlebt, Sozialverhalten ist nicht gefragt.

Aufgrund der einfachen Bedienungsweise sind diese Spiele gerade bei jüngeren Kindern sehr beliebt. Einen wichtigen Teil trägt der „GameBoy" dazu bei, der wegen seiner eingeschränkten technischen Möglichkeiten fast ausschließlich diese Art von Computerspielen anbietet.

Ein pädagogischer Nutzen ist praktisch nicht zu erkennen, allenfalls die Schulung des Reaktionsvermögens kann positiv gesehen werden.

INTERAKTIVE MEDIEN

Ballerspiele

Klarer Name, klare Handlung. Noch nicht einmal Springen und Rennen sind erforderlich, sondern nur wildes Abschießen der Feinde. Nichtsdestotrotz erfreuen sich Ballerspiele großer Beliebtheit. Vielleicht liegt es daran, dass 90 Prozent der Ballerspiele in Weltraumszenarien stattfinden und auf diese Weise die Beliebtheit von Science-Fiction-Filmen für sich ausnutzen.

Über einen pädagogischen Nutzen braucht man sich auch hier keine Gedanken zu machen, über negative Folgen allerdings um so mehr. Wer auch nur im Entferntesten an eine negative Wirkung von Gewaltdarstellungen glaubt, sollte sich diese Spiele sehr kritisch ansehen.

Adventure-Spiele

Im Gegensatz zu den Jump 'n' Run-Spielen hat bei dieser Art von Computerspielen die Bezeichnung „Abenteuer" schon deutlich mehr Aussagekraft. Es handelt sich meist um sehr komplexe Szenarien – von gänzlich unrealistischen Fantasiewelten bis hin zu detailgetreuen Wirklichkeitsdarstellungen – in denen die unterschiedlichsten Abenteuer zu bestehen sind.

Der Reiz eines Computer-Abenteuerspiels liegt oft darin, dass es keinen vorgeschriebenen Weg gibt. Dieser muss Schritt für Schritt selbstständig erarbeitet und ausgekundschaftet werden. Natürlich bewegt man sich immer im Rahmen eines vorgegebenen Programms, aber die angebotenen Möglichkeiten sind so vielfältig, dass man den Eindruck erhält, sich frei bewegen zu können. Durch unterschiedliche Kombinationen und Entscheidungen kann ein und dasselbe Spiel immer wieder vollkommen anders erlebt werden. Selbst wenn schließlich das Ziel erreicht wird, muss das Spiel damit noch nicht zu Ende sein, da nicht unbedingt alle möglichen Wege eingeschlagen wurden. Vergleichen könnte man den Aufbau dieser Art Computerspiele mit einem Krimi in Buchform, bei dem das Buch nicht gebunden wurde, sondern alle Seiten ohne Nummerierung wild gemischt vor einem liegen. Man entscheidet selbst, in welcher Reihenfolge man die Seiten liest, muss sich dabei merken, was bereits geschehen ist, kann einzelne Seiten absichtlich wiederholen oder tut dies aus Versehen, da man den Überblick verloren hat. Eines Tages ist man sich dann sicher, wer der Täter ist; der Fall ist gelöst. Dieses Prinzip mag manchem recht mühsam erscheinen, bringt aber große Spannung und das Gefühl der eigenen Handlungsfreiheit ins Spiel. In Bezug auf die Anwendung von Gewalt unterscheiden sich die einzelnen Vertreter dieser Sparte sehr deutlich.

II. MEDIENANGEBOTE

Einige verzichten ganz auf Gewalt und setzen auf Wissen, Geschicklichkeit und Kooperation. Andere meinen leider immer noch, dass zu einer spannenden Handlung Mord und Totschlag gehören. Einige Spiele dieser Gattung eignen sich durchaus zum Einsatz in der pädagogischen Arbeit, aber eine sehr genau Prüfung der einzelnen Titel ist unerlässlich.

Simulationen

Wie der Name schon sagt, werden bei dieser Art von Computerspielen Szenarien simuliert. Das Spiel findet in Form von Entscheidungen in dieser simulierten, das heißt wirklichkeitsgetreu nachgebildeten Welt statt. Was sich zunächst recht trocken und langweilig anhört, kann extrem fesselnd sein, wenn man sich erst einmal auf die neue Welt eingelassen hat. Die Auswahl an möglichen Szenarien ist groß: Von realistischen Darstellungen einer Stadt, in der man der Bürgermeister ist, bis zu Wirtschaftsunternehmen, die man als Manager leitet, ist alles erhältlich. Gut gemachte Simulationsspiele lassen sich oft zur Veranschaulichung komplexer Zusammenhänge einsetzen. So müssen bei Stadtsimulationen z. B. Arbeitsplätze, Verkehr, Wohnqualität, Umweltverschmutzung und vieles mehr beachtet und durch geschickte Entscheidungen und Investitionen geregelt werden.

Aber auch rein technische Inhalte sind möglich, wie zum Beispiel Flugsimulationen. Vor allem Erwachsene begeistern sich für die Steuerung eines Starfighters oder Jumbo-Jets, sei es, um ihn möglichst gut ans Ziel oder absichtlich zum Absturz zu bringen.

Aus pädagogischer Sicht ergeben sich in dieser Computerspiel-Sparte die größten Chancen zu einem sinnvollen Einsatz. Im Vordergrund steht nicht der Computer mit seinen Funktionen, sondern der Inhalt des Spiels. Durch entsprechende Auswahl können vielfältige pädagogische Zielsetzungen ermöglicht werden.

Denk- und Logikspiele

Der Name bedarf keiner großen Erläuterung. Geboten wird alles, vom Kreuzworträtsel übers Puzzle bis hin zum Schach. Oft werden bekannte klassische Spiele wie „4 gewinnt" oder „MasterMind" computertauglich gemacht und mit neuen Funktionen ausgestattet. Diese Spiele

INTERAKTIVE MEDIEN

können fast immer wahlweise von zwei realen Personen oder von einer realen Person gegen eine vom Computer simulierte, virtuelle Person gespielt werden. Steht kein realer Mitspieler zur Verfügung, kann hier durchaus überlegt werden, diese Denk- und Logikspiele auch bei jüngeren Kindern einzusetzen, zumal die Inhalte intellektuelle Fähigkeiten schulen und nicht mit gewalttätigen Darstellungen gerechnet werden muss.

Bilderbücher

Auch Bilderbücher können als Computerspiel umgesetzt werden. Dafür werden Szenenbilder und Trickanimationen gemischt und ein Text hinterlegt, der wahlweise am Bildschirm gelesen oder über Lautsprecher gehört werden kann. Interessant macht diese Art der Darstellung zum einen die Variationsvielfalt, da nicht wie im Buch Seite für Seite angesehen werden muss, sondern wie bei anderen Programmen interaktiv gearbeitet wird. Der „Leser" bestimmt also seinen Weg durch das „Buch" selbst. Zum anderen bietet das Computerbilderbuch meist auch die Wahl zwischen verschiedenen Sprachen, so dass ein und dasselbe Buch in mehreren Sprachen geschrieben ist und auch vorgelesen wird. Etwas älteren Kindern kann so ein Gefühl für Fremdsprachen vermittelt werden. Ansonsten sind die allgemeinen pädagogischen Kriterien für die Bilderbuchauswahl auch hier gültig.

VERSCHIEDENE ARTEN VON COMPUTERSPIELEN MIT BEISPIELEN

Sparte	Beispiele	Hersteller
Jump'n'Run-Spiele	Hocus pocus Aladdin	Apogee Virgin
Ballerspiele	Doom (Kombination) Quake	Apogee Apogee
Adventure-Spiele	Ein Fall für TKKG Myst	Ravensburger Bomico
Simulationen	Sim City Sim Town	Maxis Maxis
Denk- und Logikspiele	LEGO Schach Puzzle	LegoMoving Ravensburger
Bilderbücher	Schneewittchen und die sieben Zwerge Der kleine Prinz	Tivola Tivola

II. MEDIENANGEBOTE

Als positives Beispiel soll die Mischung aus Simulation, Denk- und Logikspiel sowie Bilderbuch „Petterson und Findus" von dem Hersteller „Terzio" herausgegriffen werden. In einer grafisch und multimedial perfekt gestalteten Geschichte lässt sich interaktiv sehr Vieles entdecken und auch selbst tun. Mit viel Fantasie und Humor müssen aus zahlreichen Einzelteilen abenteuerliche Maschinen zusammengebaut werden, deren Funktion anschließend am Bildschirm begutachtet werden kann.

Aber auch ein Negativbeispiel darf an dieser Stelle nicht fehlen: Beim Ballerspiel „Doom" liegt der Reiz in der detailgetreuen Darstellung von Waffen und dem, was man damit anrichten kann. Nicht nur mit Pistole und Messer lässt sich gegen den Gegner vorgehen, sondern auch mit Maschinengewehr, Granatwerfer, Flammenwerfer und Motorsäge. Gipfel der Abscheulichkeit ist das von innen an den Bildschirm spritzende Blut, welches dann langsam daran herunterläuft.

HANDHELDS UND SPIELKONSOLEN

Der Vollständigkeit halber soll auch dieser Bereich erwähnt werden, auch wenn sich der medienpädagogische Nutzen sehr in Grenzen hält. Zunächst eine Begriffsklärung:

(1) Unter „Handhelds" versteht man, wie der englische Ausdruck schon sagt, alle Geräte, die man in der Hand halten kann. Unter der geringen Größe leidet vor allem der Bildschirm, auf wenigen Quadratzentimetern können nicht allzu viele Details dargestellt werden. Allgemein bekannt dürfte der „GameBoy" der Firma Nintendo sein.

(2) Spielkonsolen sind Geräte, die an den Fernseher angeschlossen werden. Der bekannteste Vertreter dieser Gattung ist die „Playstation" der Firma Sony. Durch die gute Fernsehtechnik ist das Bild der Konsolen nicht nur wesentlich besser als bei den Handhelds, sondern oft sogar besser als an so manchem Computer.

Eines verbindet und disqualifiziert beide Gerätearten: Sie sind ausschließlich für die Benutzung von Spielen konstruiert. Die Zahl der angebotenen Spiele ist zwar sehr groß, deren Inhalte begrenzen sich aber fast ausschließlich auf Rennfahr- und Kampfspiele. Ruhige und auf Logik basierende Spiele sind nur ganz selten zu finden und eigene Anwendungen sind absolut unmöglich. Neueste Entwicklungen bieten außer den Spielen zwar einen Zugang zum Internet, haben aber nicht

INTERAKTIVE MEDIEN

die Möglichkeit, Inhalte zu bearbeiten, zu speichern oder zu drucken. Einen Vorteil haben alle diese Geräte gemeinsam, sie verlangen vom Benutzer keinerlei Computerkenntnisse. Die Spiele müssen nicht umständlich installiert werden und „Abstürze" des Systems kann es konstruktionsbedingt gar nicht geben.

Wer also schnell und einfach (allerdings nicht ganz billig) Action sehen und spielen will, der ist bei Handhelds und Konsolen richtig. Wer über das Spielen hinaus die Vorteile der neuen Medien nutzen möchte (und bereit ist, noch etwas mehr Geld auszugeben) sollte auf jeden Fall einen „richtigen" Computer vorziehen und sich mit seiner Bedienung auseinandersetzen.

WELCHE FOLGEN KÖNNEN COMPUTERSPIELE HABEN?

Nachdem wir nun in groben Zügen wissen, welche Arten von Computerspielen es gibt, ist es nun an der Zeit, sich genauer zu überlegen, was diese Spiele eigentlich bewirken können. Fassen wir dazu noch einmal kurz die wichtigsten Punkte zusammen: Die Identifikation mit der handelnden Figur des Spiels ist sehr groß. Die Grenzen zwischen der eigenen, realen Welt und der dargestellten Scheinrealität verschwimmen. Bei den Inhalten muss mit jeder Art von Dummheit und Brutalität gerechnet werden. Ein Kontakt zu anderen Personen während der Beschäftigung mit dem Computer ist selten und eher unerwünscht. Alles, was der Spieler meint zu brauchen, bekommt er vom Computer.
Dagegen hilft, außer abschalten, ein interessierter Mitstreiter, wie ihn jedes computerbegeisterte Kind in seinen Eltern oder Erziehern finden könnte. Bei den ersten Fahrversuchen mit dem Fahrrad ohne Stützräder oder beim ersten Spiel des Fußballvereins ist die Anteilnahme der Eltern meist überwältigend. Setzt man ein Kind jedoch den neuen Medien als Freizeitbeschäftigung aus, schmilzt das Interesse der Erwachsenen oft auf ein Minimum zusammen, so dass davon ausgegangen werden muss, dass hier das Ziel, möglichst lange seine Ruhe zu haben, im Vordergrund steht.
Computerspiele können durchaus eine akzeptable Freizeitbeschäftigung darstellen, aber auch sie bedürfen der pädagogischen Begleitung. Wie bei allem anderen auch, ist zuviel des Guten problematisch. Damit die Beschäftigung mit dem Computer keine suchtartigen Formen annimmt, kommt man nicht umhin, die Frage zu stellen, ob der Computer suchtauslösend sein kann. Fest steht, dass der Computer

177

II. MEDIENANGEBOTE

mit seinen vielen interessanten Möglichkeiten eine starke Anziehungskraft auf den Menschen hat. Kommen noch etwaige Defizite des Benutzers hinzu, kann die Sache in der Tat bedenklich werden.
Allgemeine Anzeichen für eine Sucht sind maßloser, unkontrollierter Umgang und gefährliche Begleiterscheinungen. Ein Suchtmittel wirkt sowohl auf den Körper als auch auf die Psyche und zieht beide in Mitleidenschaft. Auslöser für eine Sucht sind in der Wirkung des Suchtmittels selbst und in der Person des Süchtigen zu suchen. Wer kontaktscheu ist und einen Fluchtweg in andere Betätigungen sucht, ist beim Computer an der „richtigen Adresse". Bemerkenswerter Unterschied zu anderen Suchtmitteln wie Drogen oder Alkohol ist die durchaus vorhandene positive Seite der Beschäftigung mit dem Computer. Ein versierter Computernarr kann sich auch dann noch positiver Reaktionen sicher sein, wenn ihn seine Nächsten bereits als süchtig bezeichnen. Er beschäftigt sich ja schließlich mit „etwas Sinnvollem" und gesellschaftlich Anerkanntem.

WIE KANN MAN EINER NEGATIVEN ENTWICKLUNG ENTGEGENWIRKEN?

Die intensive Beschäftigung mit dem „Problemkind" sowie eine konstruktive Auseinandersetzung mit dem Computer und seinen extremen Anwendungsauswüchsen sind auf jeden Fall erfolgversprechend. Wobei gleichzeitig auf möglicherweise vorhandene weitere Probleme des Kindes eingegangen werden muss, denn „Computersucht" fällt nicht vom Himmel. Sie ist eher Ausdruck für sonstige Defizite.
Richtig ausgewählt, dosiert und unterstützt, vermag auch ein Computerspiel Gutes zu bewirken. Nicht nur der Umgang mit der neuen Technik wird spielerisch vermittelt, sondern es können auch interessante Inhalte auf eine neue Art und Weise erfahrbar gemacht werden. Nicht zuletzt ist Spielen an sich ein natürliches Grundbedürfnis von Kindern, das gestillt werden muss, und Bauklötze und Bilderbücher sind heute eben nicht mehr alles, was es in der Kinderwelt gibt.

COMPUTERSPIELE UND DER GESETZGEBER

Wie bei Filmen und Zeitschriften, gibt es auch auf dem Computerspielmarkt gewaltverherrlichende, rassendiskriminierende oder pornografische Auswüchse. Seit einiger Zeit hat sich die „Bundesprüfstelle für jugendgefährdende Schriften" (BPjS) der Computerspiele angenommen und indiziert bzw. beschlagnahmt Titel, die sie als

INTERAKTIVE MEDIEN

jugendgefährdend einstuft. Im Falle einer Indizierung darf das betreffende Spiel nicht mehr öffentlich beworben und an Orten verkauft oder verliehen werden, die für Minderjährige zugänglich sind. Es bleibt aber weiterhin auf dem Markt erhältlich. Nur bei den sehr selten ausgesprochenen Beschlagnahmungen werden sämtliche Kopien vom Markt genommen; doch wer will das so genau überprüfen?

Der Weg bis zum Eingreifen der BPjS ist lang, und der Erfolg hält sich in Grenzen. Wie bei Filmen muss kein Werk vor seiner Veröffentlichung zur Freigabe vorgelegt werden: Zunächst darf alles herausgegeben werden. Erst durch eine Anzeige des Jugendamtes wird die Prüfstelle tätig. Wie viele Spiele bis zu einer endgültigen Entscheidung bereits verkauft wurden, lässt sich kaum abschätzen.

Ist die Indizierung beschlossen, passiert zweierlei: Die gesetzlichen Vorgaben werden vom Hersteller des Computerspiels erfüllt (oder auch nicht), und der Schwarzmarktwert des Spiels und das Interesse der Jugendlichen daran steigen. Viele Hersteller machen sich den für sie positiven Werbeeffekt der Indizierung zunutze und geben sofort ein nahezu identisches Spiel als „Teil 2" heraus, das dann natürlich noch nicht indiziert ist und sich sehr gut verkauft. Diese Strategie lässt sich gegebenenfalls mit „Teil 3", „Teil 4" usw. fortsetzen. Die Maßnahmen der BPjS sind daher allenfalls als warnender Zeigefinger anzusehen und nicht als wirklich schützendes Mittel.

Neben dem Gesetzgeber gibt es noch eine zweite Institution, die sich mit Computerspielen beschäftigt. In Anlehnung an die schon lange bestehende FSK („Freiwillige Selbstkontrolle der Filmwirtschaft") nennt sie sich USK („Unterhaltungssoftware Selbstkontrolle"). Dort erarbeitet ein Zusammenschluss von Herstellervertretern und Sozialarbeitern Empfehlungen, ab welchem Alter bestimmte Spiele eingesetzt werden sollten. Nach dem Vorbild der bekannten FSK-Empfehlungen auf Kinoplakaten werden seit einiger Zeit auf Softwareverpackungen entsprechende Empfehlungen der USK abgedruckt. Obwohl es zweifellos lobenswert ist, dass sich überhaupt jemand mit diesem Thema beschäftigt, ist die Art der Beurteilung, wie auch bei Kinofilmen, leider oft sehr fragwürdig. Wer kennt nicht Filme, die ab 6 Jahren zugelassen sind, bei denen einem selbst das kalte Grausen überkommt? Ähnlich verhält es sich mit den Beurteilungen der USK. Diese können nie allen Ansprüchen kritischer Pädagogen gerecht werden, sind daher mit größter Vorsicht zu genießen und kein Ersatz für pädagogisches Handeln.

II. MEDIENANGEBOTE

DER COMPUTER ALS LERNHILFE

Einen ganz anderen Stellenwert bekommt der Computer, wenn man ihn nicht mehr nur als reines Spielzeug, sondern auch als Wissensübermittler ansieht. In diesem Fall muss man sich nicht mehr für die vor ihm verbrachte Zeit entschuldigen, kann sie im Gegenteil sogar als Arbeit verkaufen. Aber mit dem Argument „Ich lerne jetzt am Computer" dürfen nicht alle kritischen pädagogischen Gesichtspunkte über Bord geworfen werden. Lernprogramme sind keine Wundermittel, sie können aber – sinnvoll ausgewählt und eingesetzt – eine Bereicherung darstellen.

Die Grenzen zwischen Spiel- und Lernprogrammen sind fließend. Denn warum sollten Lerneinheiten immer trocken und ernst sein und Spiele niemals einen Lerneffekt beinhalten? Oft wird auch die Bezeichnung „Lernspiel" verwendet, vor allem bei Programmen für jüngere Schüler. In Lernspielen wird der natürliche Spieltrieb von Grundschülern als positiver Ansatz aufgegriffen und mit lehrreichen Inhalten geschickt und ansprechend verknüpft. Lernen soll möglichst soviel Spaß machen wie Spielen.

ENTDECKENDES LERNEN ALS NEUER ANSATZ

Lehren geht vom Vermittler aus, Lernen vom Schüler. Computerprogramme werden als Lernprogramme bezeichnet, nicht als Lehrprogramme. Damit steht der Schüler im Vordergrund, er bestimmt den Ablauf: Lernen wird zur aktiven Tätigkeit. Durch das Zurückdrängen des Lehrens bekommt das Lernen eine neue Qualität. Der Lernende erhält mehr Freiheit, gleichzeitig wird aber auch mehr von ihm gefordert, denn er muss die angebotenen Inhalte selbst entdecken. Wie bei jeder guten Computersoftware ist Interaktivität gefragt. Der Computer trägt seinen Teil durch die Bereitstellung vielfältiger Informationen bei, und der Schüler entscheidet aktiv über den Weg und die Lerngeschwindigkeit.

Wer wünschte sich nicht einen Lehrer, der nur für einen allein da ist und immer genau das erklärt, was einen gerade interessiert? Ein Computer in Verbindung mit dem richtigen Programm ist dazu in der Lage. Der natürliche Entdeckungsdrang von Kindern kann sich frei entfalten und mit Lerninhalten gestillt werden. Schwierig wird es nur dann, wenn das Kind kein Interesse zeigt und nicht von selbst neue

INTERAKTIVE MEDIEN

Themen entdecken möchte. Aber diesem Problem kann nicht mit fest vorgeschriebenen Lehrplänen entgegengewirkt werden, sondern zunächst nur durch die Förderung der Motivation. Ein Computerprogramm kann viel zur Motivationssteigerung beitragen, indem es die unterschiedlichsten Themen interessant darstellt. Aber auch das beste Programm kann nicht ganz auf Eltern verzichten, die das Kind positiv bei der Themenfindung, Auswahl der Software und Arbeit am Computer unterstützen und auch bereit sind, sich selbst mit den Inhalten und der Technik auseinander zu setzen.

Die Früchte, die ein freies, entdeckendes Lernen tragen kann, sind nicht so klar zu messen wie die Erfüllung eines Lehrplans, die durch Klassenarbeiten überprüft wird. Auch wird entdeckendes Lernen den Lehrplan nie gänzlich ersetzen können. Diese Art des Lernens kann aber eine interessante Möglichkeit sein, unseren Kindern einen neuen Zugang zum Wissen zu ermöglichen und auf diese Weise ihre Erfahrungswelt zu bereichern.

LERNPROGRAMME UND DIE VERBESSERUNG SCHULISCHER LEISTUNGEN

Der Computer wird im schulischen Alltag noch nicht im großen Rahmen eingesetzt. Wenn also der Computer im Zusammenhang mit der schulischen Leistung unserer Kinder steht, dann zumeist aufgrund von privatem, schulbegleitendem Einsatz.

Hausaufgaben und Nachhilfe

Was die Erledigung von Hausaufgaben betrifft, sind die Möglichkeiten des Computers sehr begrenzt, da die Vorgaben der Lehrer sich in der Regel klar auf Schulbücher und Unterrichtsinhalte beziehen, und diese haben (noch) nicht viel mit dem Computer zu tun. Wird der Computer in diesem Bereich eingesetzt, so meist nur zur Unterstützung, wie zum Beispiel bei der Textverarbeitung oder Tabellenkalkulation, und nicht zur eigentlichen Erledigung der Aufgaben.

Einen möglichen Einsatzbereich des Computers stellt die Nachhilfe dar. Einerseits wird sie von immer mehr Schülern benötigt, andererseits fühlen sich viele Eltern zu Recht überfordert. Eine wichtige Hilfe können hier Computerprogramme sein. Doch welches Programm soll wie eingesetzt werden? Das Angebot ist groß. Um für das einzelne Kind die passende Software herauszufinden, sind einige Vorüberlegungen notwendig:

II. MEDIENANGEBOTE

(1) **Aufbau und Funktionsweise der Programme:** Vergleicht man die Art der Wissensvermittlung, unterscheiden sich Lernprogramme teilweise recht deutlich voneinander. Die einen fragen nur stupide ab, belohnen die richtige Antwort mit einem Pieps und bestrafen die falsche Antwort mit einem Krächzen. Sie machen ebenso wenig Spaß wie Klassenarbeiten und werden dementsprechend ungern benutzt. Gute Lernprogramme setzen alle multimedialen Fähigkeiten des Computers ein und verbinden sie mit einem guten pädagogischen Konzept. Es wird nicht nur Wissen abgefragt, sondern neue Themenbereiche werden erklärt und veranschaulicht.

(2) **Die Auswahl des richtigen Lernprogramms:** Die meisten Lernprogramme sind mit einer Angabe zur Klassstufe versehen. Da aber so gut wie nie zwischen den verschiedenen Schultypen unterschieden wird, muss man diese Angaben mit äußerster Vorsicht genießen: Lernsoftwarehersteller verschweigen meist, dass in der siebten Klasse Gymnasium nicht die gleichen Lerninhalte vermittelt werden wie in der siebten Klasse Hauptschule. Umgehen kann man dieses Problem, indem man sich für einen Hersteller entscheidet, der eine möglichst umfangreiche Reihe anbietet. Hilfreich kann es auch sein, im Verlagsprogramm des verwendeten Schulbuchs nachzuschauen. Viele Schulbuchverlage stellen inzwischen auch Lernsoftware her. Sind Schulbuch und Programm aus demselben Haus, kann man am ehesten davon ausgehen, dass sie aufeinander abgestimmt sind.

(3) **Was vermag ein Lernprogramm nicht zu leisten?** Zu Beginn der Arbeit von Kindern am Computer scheinen sie vor Motivation überzuschäumen und lassen sich auch nicht durch schulische Inhalte abschrecken. Wie bei jedem neuen Spielzeug lässt die erste Begeisterung aber rasch nach, und besonders im Zusammenhang mit Lernprogrammen entdecken die Kinder schnell, dass ihnen hier nur die sonst so unbeliebten Schularbeiten in einer neuen Verpackung verkauft werden sollen. Die Motivation zur konzentrierten Arbeit an schulischen Themen muss von den Eltern weiterhin gefördert werden. Lernprogramme können zwar unterstützen, aber nicht direkt auf das Verhalten der Schüler einwirken. Noch begrenzter sind die Möglichkeiten von Lernprogrammen hinsichtlich des Lobes. Einige Hersteller geben sich zwar alle Mühe, dem Kind bei richtiger Erledigung der

INTERAKTIVE MEDIEN

Aufgaben das notwendige Lob zukommen zu lassen, aber die anerkennenden Worte der Eltern werden sie nie ersetzen können. Und fehlt das Lob durch die Eltern, wird es auch bald mit der Motivation nicht mehr weit her sein. Auch ein etwas unerfreulicher Punkt darf nicht ausgeklammert werden: die Kontrolle. Ohne sie ist die Versuchung für viele Kinder zu groß, dem Abschluss der Arbeit etwas nachzuhelfen. Auch hier sind wieder die Eltern gefragt. Die unvermeidlichen Manipulationsmöglichkeiten fast jeder Software werden nämlich das Erste sein, was die Neugier der Kinder anspricht.

Wie wir sehen, bedarf ein Lernprogramm vielfältiger Unterstützung durch die Eltern, und mancher wird nun sagen: „Wenn sich die Sache so verhält, kann ich sie mir gleich sparen." Doch im unendlich geduldigen Erklären und anschaulichen Darstellen ist niemand so gut wie der emotionslose Computer.

ZUSAMMENFASSUNG

Beim Computerspiel ist das Kind selbst handelnde Person und nicht Zuschauer oder Zuhörer. Man kann davon ausgehen, dass die Anziehungskraft des Computers wesentlich stärker ist als alle anderen bisher bekannten Medien. Für das Kind ist der Computer der optimale, immer verfügbare Spielpartner, der nie Unlust zeigt. Andererseits können soziale Kontakte und Kommunikation, sofern der Computer unkontrolliert eingesetzt wird, vorübergehend in den Hintergrund gedrängt werden. Der Computer darf soziale Kontakte nie ersetzen, sondern muss als Kommunikationsmedium bewusst eingesetzt werden.
Computerspiele aller Art müssen auf ihren pädagogischen Nutzen hin überprüft und entsprechend ausgewählt werden. Sie können eine sinnvolle Freizeitbeschäftigung sein, müssen aber in jedem Fall pädagogisch betreut werden. Lernprogramme können zur Unterstützung des Schülers eingesetzt werden. Da sie aber weder das Verhalten, noch das Lernen des Schülers kontrollieren können, sind auch hier die Eltern und Erzieher gefordert.

183

II. MEDIENANGEBOTE

FRAGEN ZUR DISKUSSION UND ÜBUNGEN

(1) Die Bedeutung des Computers geht weit über die eines reinen Arbeitsgerätes hinaus und das Kommunikationsverhalten ändert sich durch ihn. Müssen wir ihn in seine Schranken verweisen, weil Kommunikation nicht von technischen Geräten dominiert werden darf, oder müssen wir uns allen denkbaren Anwendungen stellen, um die Lebenswelt der Kinder zu verstehen und sie darin begleiten zu können?

(2) Computerspiele haben eine gravierende Wirkung auf den Spieler, da dieser sich stark mit der handelnden Person identifiziert. Macht der Verlust kritischer Distanz Kinder anfälliger für die negativen Auswirkungen von Computerspielen oder können Kinder trotz Identifikation mit einem Geschehen am Bildschirm immer noch unterscheiden, was Spiel ist und was „echt"?

(3) Computerspiele aller Art verbreiten sich zunehmend. Wird Kindern und Jugendlichen durch Computerspiele ein positiver, spielerischer Zugang zu einer Technik ermöglicht, mit der sie in ihrem späteren Berufsleben umgehen müssen oder werden wichtige motorische und soziale Fähigkeiten bei Computerspielen vernachlässigt und führen so zu einer einseitigen, negativen Entwicklung?

(4) Über den Computer werden zum Teil jugendgefährdende Inhalte verbreitet. Muss der gesetzliche Jugendschutz sich diesem Problem stärker annehmen, da Pädagogen und Eltern zu wenig Einfluss auf den Markt haben und Kinder und Jugendliche nicht selbst entscheiden können, was ihnen langfristig schadet und was nicht? Oder steht der gesetzliche Jugendschutz der Vielfalt an Produktionen und Vertriebswegen (besonders der illegalen) machtlos gegenüber? Können allein pädagogische Maßnahmen und ein offener, kritischer Umgang mit den neuen Medien zu mündigen Kindern und Jugendlichen führen, die dann ihre Auswahl selbst treffen können?

(5) Um Computerspiele und ihre Wirkung auf Kinder beurteilen zu können, gibt es zwei Methoden: Das eigene Spiel und das Beobachten von Kindern beim Spiel:

INTERAKTIVE MEDIEN

- Probieren Sie möglichst viele verschiedene Computerspiele aus. (Wer selbst keine besitzt, kann über den Fachhandel oder direkt beim Hersteller relativ leicht kostenlose Demonstrationsversionen bekommen. Wer keinen eigenen Computer hat, findet bestimmt in seinem Freundeskreis einen Computerbesitzer.) Beobachten Sie, was ihre Aufmerksamkeit erregt. Wie stark wird ihre Konzentration von den Spielen gefesselt? Sehen Sie vor und nach dem Spiel auf die Uhr!

- Besuchen Sie die Computer(spiele)abteilung eines großen Kaufhauses und nehmen Sie sich Zeit, die Kinder an den Vorführgeräten und den dort laufenden Spielen zu beobachten: Welche Inhalte haben diese Spiele? Welche Anforderungen stellen die Spiele an den Spieler? Welche Reaktionen der Kinder sind bei den verschiedenen Spielsituationen zu beobachten? Wie verhalten sich die Kinder gegenüber Umweltreizen während des Spiels? Wie lange spielen die Kinder und warum beenden sie schließlich das Spiel?

DER COMPUTER UND DAS INTERNET ALS MASSENMEDIUM

WELCHE BEDEUTUNG HABEN COMPUTERNETZE FÜR KINDER?

Werbung und Zeitungsartikel sind voll von Berichten über das *Internet*. Aber was hat man sich überhaupt unter dem Internet vorzustellen? Prinzipiell ist die Sache ganz einfach: Computer werden über Telefonleitungen bzw. Datenhighways weltweit miteinander vernetzt. Einige dieser Computer sind dazu da, Daten bereitzustellen, andere rufen sie ab. Die bereitgestellten Daten umfassen die unterschiedlichsten Themen und Inhalte, zum Beispiel Zeitungsartikel, Werbeanzeigen, Spiele, Fahrpläne, ganze Büchereibestände und Firmeninformationen, um nur einige zu nennen. Aber auch der private Anwender kann Daten ins Netz schicken und diese über eine *Homepage* veröffentlichen oder als *E-Mail* an einen bestimmten anderen Teilnehmer senden.

185

II. MEDIENANGEBOTE

Wenn Sie sich jetzt fragen, ob das alles ist, was das Internet leistet, und warum soviel Aufhebens darum gemacht wird, haben Sie nicht ganz Unrecht. Die Möglichkeiten des Internet sind sehr vielseitig, aber der Blick für wirklich notwendige Anwendungen darf nicht verloren gehen. Beschäftigen sollte man sich trotzdem mit diesem Thema, denn es gibt viele, die zumindest so tun, als würden sie die angebotenen Möglichkeiten brauchen, und wir müssen damit rechnen, dass unsere Kinder eines Tages ebenfalls dazu gehören.

DIE CHANCEN

Wenden wir uns ganz unvoreingenommen den Funktionen des Internet zu: Alle, die einen entsprechend ausgerüsteten Computer und einen Telefonanschluss besitzen, können mit jedem anderen Menschen auf der Welt kommunizieren, der über die gleichen Voraussetzungen verfügt. Im „World Wide Web" (www) kann jeder mit der Maus über *links* von *page* zu *page* surfen (s. Abb. 6, S. 188) und sich ansehen, was die Welt mitzuteilen hat.

Für eine sinnvolle Nutzung dieser Technik müssen jedoch zwei Voraussetzungen geschaffen werden: Zum einen muss die mögliche Verbindung mit der ganzen Welt gleich wieder drastisch eingeschränkt werden, damit Kommunikation realisierbar bleibt und nicht an der großen Teilnehmerzahl erstickt. Oder können Sie sich eine Diskussion mit mehreren Millionen Teilnehmern vorstellen? Eine sinnvolle Auswahl aus dem Überangebot herauszufiltern, ist eine Aufgabe, die für jedes Thema immer wieder neu zu lösen ist. Zum anderen müssen sich die Inhalte an den Interessen aller Teilnehmerschichten orientieren und nicht nur an den Interessen der Anbieter. Die Anwender brauchen kein Netz, in dem es genauso aussieht wie in ihrem Briefkasten, der mit Werbeprospekten überfüllt ist.

Sind diese „Kinderkrankheiten" eines neuen Mediums gelöst, lassen sich durchaus wünschenswerte Anwendungen vorstellen: Mit *E-Mails* lassen sich zum Beispiel einfach, schnell und billig sowohl Nachrichten als auch ganze Computerprogramme in die ganze Welt verschicken. Verfügen Sie über Ihre eigene *website*, kann praktisch jeder Teilnehmer des Internet Ihre Botschaft lesen und beantworten, so als ob Sie über eine eigene Zeitung in millionenfacher Auflage verfügten. Mit keinem anderen Massenmedium lässt sich so leicht Kontakt zu anderen Menschen herstellen. Interessengemeinschaften können auf diesem Wege Gleichgesinnte in der ganzen Welt finden. Wie wäre es zum

INTERAKTIVE MEDIEN

Beispiel mit einem Erzieher/innenforum, das sich über berufsspezifische oder erzieherische Themen austauscht, unabhängig davon, ob die Teilnehmer in Hamburg, München oder Hintertupfingen wohnen?

DIE RISIKEN

Die Gefahren sind schnell zusammengefasst: Das Internet darf nicht als das, alle anderen Medien überflüssig machende Kommunikationsmedium gesehen werden, und die Telefonrechnung muss im Auge behalten werden. Bedenklich ist das Abdriften in eine Scheinrealität. Im Internet existiert keine überprüfbare Wahrheit. Alle Personen, die einem „begegnen", können frei erfunden sein, auch wenn sie als scheinbar reale Partner am Bildschirm erscheinen. In der virtuellen Welt wird zum Beispiel davon gesprochen, dass sich Menschen im Café treffen, um sich zu unterhalten. Das „Café" besteht aber nur aus Computergrafik und die Menschen treten in Form eingetippter Buchstaben am Bildschirm auf. Wer sich wirklich dahinter verbirgt, bleibt unklar. Es sei denn, die Teilnehmer treffen sich eines Tages in der „echten" Realität, doch dies geschieht äußerst selten. So kann es passieren, dass die 20jährige Frau, mit der ich spreche, in Wirklichkeit ein 50jähriger Mann ist. Umgekehrt steht es mir natürlich ebenfalls frei, meine eigene Identität beliebig zu verändern und in andere Rollen zu schlüpfen. Die Bewertung dieser Situation lässt mehrere Sichtweisen zu: Man kann der Meinung sein, dass Kommunikation ohne jeglichen Bezug zur Realität unsinnig oder gar gefährlich ist, im Gegensatz dazu aber auch den Standpunkt vertreten, dass unsere bisher bekannte Realität um neue Möglichkeiten und Kommunikationsformen in einer neuen Welt erweitert wird. Wer aber in dieser neuen Welt so weit geht, dass er den Bezug zur alten Welt vollkommen verliert, sollte sich ernsthafte Gedanken über den Sinn seines Handelns machen. Erwachsene sind hier in aller Deutlichkeit aufgefordert, derartige Entwicklungen ihrer Kinder kritisch zu betrachten und ihnen entgegenzuwirken. Ein positiver Effekt der erweiterten Erfahrungswelt ist nur gegeben, wenn Alt und Neu zusammenwirken und sich nicht gegenseitig ausschalten.

Eine weitere Gefahr, die uns und unsere Kinder im Internet bedroht, stellen die „Sex and Crime"-Anbieter dar. Von pornografischen Bildern und Texten bis zu neonazistischen Inhalten ist alles vertreten. Aufgrund der Größe und Anonymität des Netzes ist eine Kontrolle praktisch nicht durchführbar. Eltern bleibt hier nur die Möglichkeit, ihren Kindern über die Schulter zu sehen und im Zweifelsfall auch solche Themen in ihre erzieherische Arbeit aufzunehmen.

II. MEDIENANGEBOTE

ZUSAMMENFASSUNG

Das Internet ermöglicht jeden nur denkbaren Datenaustausch. Eine sinnvolle Auswahl aus dem Angebot zu treffen, ist nicht immer einfach, aber unbedingt notwendig. Das Internet erleichtert die Kontaktaufnahme zu anderen Menschen. Gleichgesinnte können Interessengemeinschaften bilden und Informationen austauschen. Da die eigene Identität beliebig verändert werden kann, besteht die Gefahr des Abdriftens in eine Scheinrealität. Der Bezug zur Wirklichkeit darf nicht verloren gehen, da die erweiterte Erfahrungswelt sonst nicht sinnvoll genutzt werden kann.

Abb. 6

Die wichtigsten Begriffe des Internet

browser	Programm zur Benutzung des Internet (normalerweise kostenlos), z. B. „Netscape Communicator" oder „Microsoft Internet Explorer".
E-Mail	„Electronic mail" = elektronische Post, Übermittlungsmöglichkeit für Nachrichten oder Programme.
E-Mail-Adresse	Identifikation für E-Mail-Absender und -Empfänger, immer am Sonderzeichen „@" (at, sprich ätt) zu erkennen.
homepage	Startseite einer website, die bei der Eingabe der Internet-Adresse angezeigt wird.
Internet-Adresse	Identifikation einer homepage, beginnt immer mit http:// (wird daher auch oft nicht ausdrücklich erwähnt), meist gefolgt von „www". Danach folgt der eigentliche Name der website. Am Ende steht hinter einem Punkt die Länderkennung (z. B. „de" für Deutschland oder „com" für kommerzielle Angebote aus den USA).
link	Textstelle, die angeklickt werden kann und automatisch eine andere Seite aufruft (von engl. link = Verbindungsglied; Plural = links, was nichts mit dem Gegenteil von rechts zu tun hat).
provider	Firma, die den Zugang ins Internet ermöglicht und Gebühren kassiert.
Suchmaschine	Internetangebot, das nach Eingabe eines Suchbegriffs viele Adressen als links mit einer kurzen Beschreibung auflistet, in denen der Suchbegriff vorkommt.
surfen	Mehr oder weniger unkontrollierte Fortbewegung im Internet, normalerweise durch Anklicken von links.
website	Gesamtheit aller Seiten eines Anbieters.

INTERAKTIVE MEDIEN

FRAGEN ZUR DISKUSSION UND ÜBUNGEN

Durch den Einzug des Internets ins Wohnzimmer (Verbindung von TV und Computer) und kostenlose Zugänge (wie Privat-TV zu 100 Prozent durch Werbung finanziert) werden neue Kommunikationswege und -strukturen entstehen. Wird durch mehr Kommunikationswege die Vielfalt an Informationen wirklich größer oder werden wichtige Informationen durch die Werbung in den Hintergrund gedrängt?

Suchen Sie öffentliche Internetzugänge in ihrer Stadt (Kaufhaus, Internetcafe, Bücherei, Bank, Bahnhof,...). Wer nutzt diese Zugänge? Fragen oder beobachten Sie Personen, die diese öffentlichen Internetzugänge nutzen. Beobachten Sie, in welcher Weise die Nutzung durch Personal überprüft und begleitet wird. Erkundigen Sie sich beim Jugendschutzbeauftragten ihrer Stadt (Polizei oder Jugendamt) über die aktuellen Jugendschutzmaßnahmen. Sofern es an ihrer Schule einen Computerraum gibt, befragen Sie den zuständigen Lehrer über seine Erfahrungen mit dem Internet

II. MEDIENANGEBOTE

DER COMPUTER IN DER SOZIALEN EINRICHTUNG

Grundsätzlich kann jedes Programm gemeinsam mit Kindern genutzt werden. Um mit seinem Kind die Welt der Computer zu erforschen, ist es nicht notwendig, Programmierer zu sein. Die Frage ist nur, welches Ziel man erreichen möchte. Beim Einsatz des Computers sind drei Arten zu unterscheiden:

(1) Einsatz des Computers um seiner selbst Willen, also um Inhalte zu vermitteln, die den Computer selbst betreffen und den Umgang mit ihm einüben.

(2) Einsatz des Computers als Hilfsmittel bei der Bearbeitung computerfremder Themen, wie zum Beispiel Schriftverkehr oder Kalkulationen.

(3) Einsatz des Computers als Freizeitvergnügen, also als reine Spielmaschine.

Der erste Punkt existiert nur in der Theorie, denn alle Übungen zum Umgang mit dem Computer geschehen an einer Anwendung. So lernt man die Bedienung eines Textverarbeitungsprogramms nicht, ohne dabei auch einen Text zu schreiben. Sinnvoll ist es daher, sich eine Aufgabe zu stellen und dann zu sehen, welche Fähigkeiten man sich am Computer erarbeiten muss, um diese Aufgabe zu lösen. Für die Arbeit mit Kindern und Jugendlichen eignen sich folgende Einsatzgebiete:

Grafik
Im grafischen Bereich ist für jede Altersstufe eine Anwendung zu finden. Vom einfachen Strichmännchen über symmetrische, farbige Fantasiegebilde bis hin zu technischen Zeichnungen und ganzen Zeichentrickfilmen ist alles machbar. Gute Programme werden oft beim Kauf eines neuen Computers für einen geringen Aufpreis angeboten und beinhalten ausreichend Funktionen, um einen Einstieg in diesen Bereich zu bieten. Mit steigenden Fertigkeiten kann der Wunsch entstehen, ein spezielles Programm besitzen zu wollen. Diesen Schritt sollte man aber erst dann gehen, wenn wirklich alle Funktionen des ersten Programms ausgeschöpft sind. Oft macht nämlich nicht das Programm das Meisterwerk, sondern der erfahrene Umgang damit.

INTERAKTIVE MEDIEN

Musikbearbeitung

Musikbearbeitung ist ein Gebiet, das vor allem Jugendliche begeistert. Mit der Grundausstattung eines Computers ist allerdings nichts auszurichten. Auch einfache Anwendungen erfordern einige, zumeist recht teure, Zusatzgeräte, und diese lassen sich nur wirklich erfolgreich einsetzen, wenn man über musikalische Grundkenntnisse verfügt. Die Vorführungen in Computerläden oder Kaufhäusern sind zwar beeindruckend, um dieses Niveau zu erreichen, bedarf es aber, neben musikalischen Grundkenntnissen, vieler Übung. Wer also einen guten Draht zur Musik hat und bereit ist, einen nennenswerten Betrag zu investieren, kann sich hier eine neue faszinierende Welt erschließen.

Foto- und Videobearbeitung

Zur Bearbeitung von Bildern bedarf es einer speziellen Ausrüstung. Egal, ob es sich beim Ausgangsprodukt um eine Papiervorlage, ein Foto oder einen Videofilm handelt, mit dem entsprechenden Zubehör kann alles im Computer bearbeitet werden. Für professionelle Arbeiten sind sehr teure Geräte erforderlich. Zur grundsätzlichen Auseinandersetzung und spielerischen Bildbearbeitung reichen Geräte des unteren Preisniveaus. Gerade mit Kindern lassen sich in diesem Bereich schnell Erfolge erzielen, da ohne große Vorkenntnisse beeindruckende, oder zumindest lustige, Arbeiten entstehen können.

Textverarbeitung

Textverarbeitung ist eine klassische Anwendung des Computers und im privaten Bereich wohl die am häufigsten verwendete Software. Einen Brief zu schreiben ist für Erwachsene oft eher notwendiges Übel. Für Kinder dagegen kann dies eine interessante und reizvolle Aufgabe sein, wenn der Computer ins Spiel kommt. Aufgaben, die sie handschriftlich gar nicht oder nur unter großem Widerstand erledigen würden, werden am Computer zur schönsten Beschäftigung. Das Tippen selbst geht am Anfang zwar nur mühsam voran, doch Kindern scheint dies nichts auszumachen, sie freuen sich über jeden Buchstaben, den sie auf der Tastatur finden. Besonders große Freude macht das anschließende Bearbeiten des Textes mit unterschiedlichen Schriftarten und -größen. Wenn dann auf den eigenen Befehl hin sich auch noch der Drucker in Bewegung setzt und das eigene Produkt zu Papier bringt, ist die Freude über den kleinsten Text erstaunlich groß. Warum sollten nicht so unbeliebte Dinge wie ein Dankesschreiben an die Oma oder ein Schulaufsatz auf dem Computer geschrieben werden?

II. MEDIENANGEBOTE

Tabellenkalkulation

Tabellenkalkulationen kommen im privaten Bereich nicht so häufig zum Einsatz, obwohl sich viele interessante Aufgaben dafür finden ließen. Software zur Tabellenkalkulation ist Bestandteil vieler Programmpakete, die oft beim Kauf eines Computers kostenlos beiliegen. Für diejenigen, die nicht wissen, was man sich unter einer Tabellenkalkulation vorzustellen hat, hier ein kurzes Beispiel. Die Aufgabe lautet: Wie weit kann ich mit meinem Mofa fahren, wenn ich das Benzin vom Taschengeld bezahlen muss? Mit etwas Übung und einigen mathematischen Grundkenntnissen lässt sich diese Aufgabe mit Hilfe einer Tabellenkalkulation berechnen. Mit lebenspraktischen Themen lassen sich am Computer Aufgaben bearbeiten und lösen, die Kinder und Jugendliche sonst sicher nicht freiwillig machen würden.

Datenbank

Mit Datenbanken verhält es sich ähnlich wie mit Tabellenkalkulationen: Mit etwas Übung und einem Blick für die praktische Anwendung werden sie schnell zum täglichen „Spielzeug". Eine Datenbank kann nahezu beliebig viele Informationen speichern, Beziehungen zwischen den einzelnen Einträgen herstellen, bestimmte Einträge selbstständig suchen und ausgewählte Informationen in neuer Zusammenstellung ausdrucken. Eine mögliche Anwendung für Jugendliche ist zum Beispiel die Erstellung einer Musik-Datenbank mit allen Titeln, Interpreten, Liedern und Musikrichtungen. Die Datenbank kann nicht nur die eingegebenen Werte anzeigen, sondern sie ist auch in der Lage, beispielsweise alle Interpreten einer bestimmten Musikrichtung aufzulisten oder alle Lieder alphabetisch zu ordnen, unabhängig davon, von welcher CD oder welchem Interpreten sie stammen. Der Ausdruck verschiedener Listen nach unterschiedlichen Kriterien für die nächste Hobbyraumdisco kann ein echter Anreiz sein, sich für einige Zeit mit einer Datenbank statt mit einem Killerspiel zu beschäftigen.

Programmiersprachen

Wer sich bereits ausführlich mit Tabellenkalkulationen und Datenbanken beschäftigt hat, hat die Grenze zur Programmiersprache schon überschritten, ohne es vielleicht selbst bemerkt zu haben. Wer also einen Schritt weitergehen möchte, der sollte nicht davor zurückschrecken, sich mit einer „echten" Programmiersprache zu beschäftigen. Heute sind diese Sprachen so logisch aufgebaut, dass ein Einstieg mit der richtigen Begleitung und Unterstützung selbst für Jüngere denkbar ist. Nur sollte man sich zu Beginn bei der eigenen Aufgaben-

INTERAKTIVE MEDIEN

stellung etwas bremsen, da komplexe Aufgaben fundiertere Programmierkenntnisse erfordern und dafür in den dicken Handbüchern geschmökert werden muss.

ZUSAMMENFASSUNG

In der praktischen Arbeit mit Kindern und Jugendlichen kann der Computer in verschiedenen Bereichen sinnvoll eingesetzt werden. Für die kreative Arbeit eignen sich Grafikprogramme und Programme zur Musikbearbeitung, Foto- und Videobeabeitung. Textverarbeitung, Tabellenkalkulation, Datenbank und Programmiersprachen sind für die Arbeit mit älteren Kindern und Jugendlichen besonders zur Umsetzung schulischer Inhalte empfehlenswert. Aber auch den Erzieherinnen selbst kann der Computer bei der Erledigung ihrer organisatorischen und gestalterischen Arbeit eine große Hilfe sein.

ANWENDUNGEN UND DIE WICHTIGSTEN PROGRAMME

Grafik	Corel Draw, Publisher
Musik	Musicmaker, Cubase, Musictime
Foto und Video	Foto Plus, Paint Shop, Power Point
Textverarbeitung	Works, Word, Starwriter, Word Pro
Tabellenkalkulation	Works, Excel, Starcalc, 1-2-3
Datenbank	Works, Access, Aproache
Programmieren	Visual Basic, Delphi, Lego Dacta

FRAGEN ZUR DISKUSSION UND ÜBUNGEN

(1) Befragen Sie die Leiterin ihrer Praktikumseinrichtung, ob und gegebenenfalls wie der Computer in der Einrichtung eingesetzt wird.

(2) Sammeln Sie Elternbriefe, Einladungen und Handzettel, die mit dem Computer erstellt wurden, und solche, die per Hand erstellt wurden. Vergleichen Sie das Erscheinungsbild.

(3) Tragen Sie die Möglichkeiten zusammen, Computerschulungen zu besuchen (Erzieherschule, Volkshochschule, Bildungswerke, private Anbieter) und fragen Sie gezielt nach speziellen Angeboten für den kreativen Einsatz des Computers mit Kindern und Jugendlichen und nach Angeboten für pädagogische Fachkräfte.

II. MEDIENANGEBOTE

AUSBLICK: UNSERE ZUKUNFT IN DER NEUEN MEDIENWELT

Gerade im Bereich der neuen Medien darf man sich nicht damit zufrieden geben, heute einigermaßen einen Überblick zu haben. Was heute neu ist, ist morgen Schnee von gestern. Die Entwicklung zu beobachten ist eine wichtige Aufgabe. Darüber hinaus müssen aber auch neue Wege gefunden werden, wie sich Technik und Pädagogik sinnvoll ergänzen können. Die Pädagogik darf sich nicht nur mit den problematischen Auswirkungen der Technik beschäftigen, sie muss vielmehr die Technik für sich nutzen und an der Entwicklung teilhaben. Wir dürfen nicht länger nur Konsumenten und allenfalls Kritiker bleiben, sondern müssen zu aktiven Mitgestaltern der neuen Möglichkeiten werden.

Ein bereits geplanter und sehr entscheidender Schritt wird der Einzug des Computers in die Wohnzimmer sein. Noch steht der Computer in einer Ecke und wird nur von einzelnen „auserwählten" Familienmitgliedern genutzt. Erklärtes Ziel der Hardwarehersteller ist es aber, den Standort des Fernsehers für sich in Anspruch zu nehmen und mit ihm auch dessen Zugangsmöglichkeiten. Monitor und Fernsehbildschirm sollen miteinander genauso verschmelzen, wie Fernbedienung und Tastatur bzw. Videorecorder und Computer. Technisch steht dem nichts im Wege und warum sollten diese Wohnzimmercomputer dann nicht auch produziert und verkauft werden? Dass der Computer für Kinder und Pädagogen noch viel mehr in den Mittelpunkt rücken wird, sehen die Hersteller als uneingeschränkten Vorteil für sich an. Mit den Auswirkungen werden wir uns auseinandersetzen müssen.

WEITERFÜHRENDE LITERATUR

FEIBEL, T. (1999): <Kinder Software-Ratgeber 2000>, München

FRITZ, J., FEHR, W. (HRSG.) (1997): <Handbuch Medien>, Computerspiele, Bonn

III. MEDIENNUTZUNG UND -REZEPTION
AM BEISPIEL FERNSEHEN
WIE KINDER UND JUGENDLICHE MIT MEDIEN UMGEHEN
MAYA GÖTZ

Beim Thema „Medienkonsum von Kindern und Jugendlichen" kommen einem zunächst Schreckensszenarien in den Sinn. Auf den ersten Blick erscheinen Kinder und Jugendliche von den Medien „verdorben". Scheinbar sitzen sie „tagelang" gebannt vor der „Glotze". In Kindergarten und Schule muss das dann wieder „ausgebügelt" werden, denn die Kinder und Jugendlichen spielen *Power Rangers* und *König der Löwen*, berichten von Pornos, die sie gesehen haben, oder kennen nur noch ein Thema: die *Backstreet Boys*. Medien sind allgegenwärtig und erscheinen Erzieherinnen und Erziehern zunächst als eine manipulative und bedrohliche Welt.

Der folgende Abschnitt zeigt die Zusammenhänge zwischen Handeln und Medien im Alltag auf. Dabei geht es um den Versuch, die Hintergründe für das Handeln der Kinder und Jugendlichen nachvollziehbar zu machen.

Die Menschen nehmen sich Ausschnitte aus den von der Unterhaltungsindustrie angebotenen Medien heraus und nutzen diese in ihrem Alltag. Mediennutzung ist demnach nicht – wie es auf den ersten Blick scheint – eine passive Reaktion auf die Reize der Medien, sondern aktives Handeln, dem wichtige Funktionen zur Selbstfindung, Selbstdarstellung und Umgang in der Gruppe zukommen. Um Kinder und Jugendliche in der pädagogischen Praxis professionell unterstützen zu können, ist es notwendig, diese Zusammenhänge zu kennen und einordnen zu können (vgl. Beitrag <Medienerlebnisse>, S. 222).

„ICH BIN POWER RANGER!" – MEDIENSPUREN IM HANDELN VON KINDERN

Kinder nutzen unterschiedliche Medien im Alltag. Sie sehen fern, schauen sich Bilderbücher, Magazine oder Comics an, spielen mit dem Computer und hören Kassetten. Das Angebot ist groß und vielfältig. Auf dem Markt für Vorschulkinder sind Magazine wie *Bibi Blocksberg*, *Barbie* oder *Bussy Bär* zu finden. Jährlich kommt ein neuer Disney-Weihnachtsfilm wie *König der Löwen*, *Herkules* oder *Tarzan* in die Kinos.

III. MEDIENNUTZUNG UND -REZEPTION...

Im Kindergarten, Hort und in der Jugendarbeit tauchen die Figuren wieder auf. Hier sind es weniger die Situationen des direkten Medienkonsums (das Kind neben dem Kassettenrecorder oder vor dem Fernseher), mit denen umzugehen ist, sondern die *Medienspuren* im täglichen Handeln. Die Kinder tragen Sticker und Buttons an der Kleidung, auf denen die Figuren abgebildet sind, spielen mit dem entsprechenden Plastikspielzeug und zitieren Namen und Filmszenen.

Dazu ein Beispiel aus einem Kindergarten: „Ich bin Power Ranger!", schreit Burhan und stürmt durch den Kindergarten. Jan springt auf und lässt sich sofort anstecken. Gemeinsam toben sie lautstark durch den Raum. Jana, Mario und drei weitere Mädchen spielen, scheinbar ungestört, leise weiter in der Puppenecke. Sie nennen ihr Spiel **König der Löwen**, *nach dem gleichnamigen Walt-Disney-Video, das sie sich gegenseitig geliehen haben. Es sind Rollenspiele, bei denen sie Löwen sind, die Figuren Simba und Nala sowie Löwenmamas, Löwenpapas und Löwenbabies. Mit geschmeidigen Bewegungen, die Hände zu Tatzen eingerollt, schleichen sie um die Stühle und verharren in königlichen Posen. Ganz so wie die Löwenfamilie im Film. Laut ertönt es wieder „Power Rangers, huk hak!", und die Jungen kämpfen im Karatestil gegen einen unsichtbaren Gegner. Dabei drehen sie sich schnell um die eigene Achse und treten in die Luft.*

Was passiert in dieser Situation? Die Kinder spielen, einige in der Puppenecke, einige quer durch den Raum. In ihrem Spiel benutzen sie Namen und Titel bestimmter Filme: Zum einen zitieren sie den Kinofilm *König der Löwen*, der seit längerem als Kaufvideo erhältlich ist, zum anderen die Serie *Power Rangers*, die wöchentlich im Kinderprogramm von RTL ausgestrahlt wird. Auf den ersten Blick erscheint gerade das *Power Rangers*-Spiel als Auswirkung des Fernsehens, in dem die Jungen durch die actionbetonte Serie beeinflusst wurden und nun aggressiv reagieren. Die Zusammenhänge sind jedoch viel komplizierter.

KÖNIG DER LÖWEN STATT *BREMER STADTMUSIKANTEN* – ALTE SPIELE MIT NEUEN NAMEN

Die Kinder nennen ihr Spiel *König der Löwen*. Damit beziehen sie sich auf ein bestimmtes Medienarrangement: Den zu Weihnachten herausgebrachten gleichnamigen Kinofilm der Walt-Disney-Production. Das Spiel der Kinder imitiert dabei nicht zwangsläufig den Inhalt des Films. Die Geschichte im Film handelt von dem kleinen Löwen Simba,

...AM BEISPPIEL FERNSEHEN

der seine Eltern verliert, in den Dschungel flieht und später in „sein Königreich" zurückkehrt. Die Kinder hingegen spielen den Alltag einer glücklichen Katzenfamilie, die sich putzt, ihre Jungen versorgt und durch die Gegend stolziert. Es ist also gerade nicht die Geschichte des Films, in der sich ein Löwenjunges allein durchschlagen muss.

Das Spiel heißt *König der Löwen*, weil alle Kinder wissen, was damit gemeint ist. Sie haben das Video angeschaut, vielleicht viele Male, und kennen die Geschichte. Im Kindergarten verwenden die Kinder nur noch Spuren des Films und erfinden mit diesen ihre eigene Geschichte. Dabei greifen sie bestimmte Zusammenhänge des Films auf, Elemente, die in dem Medium angelegt sind: zum Beispiel eine traditionelle Familie mit Vater, Mutter, Kind. Das Spiel der Kinder knüpft an diese Fantasien von „heiler" Familienwelt an. Sie können sich dabei als edle Prinzessinnen oder Prinzen fühlen, die der ganze Stolz der Eltern sind. Insofern ist das Spiel *König der Löwen* eine Mischung aus Familien- und Prinzessinnen-Spiel.

Das Spiel *Power Rangers* greift auf die vieldiskutierte RTL-Serie zurück. Inhaltlich ist *Power Rangers* ein modernes Märchen, in dem fünf Jugendliche die Welt gegen eindringende Monster verteidigen. Die Waffen der Power Rangers sind ihre übernatürlichen Kräfte, die ihnen verliehen werden, wenn sie bestimmte Zauberworte sprechen. Als Höhepunkt vereinigen sich die Jugendlichen zu einer riesigen Kampfmaschine, die allen Angreifern widerstehen kann. Die Fantasie, unbesiegbar und unverletzlich zu sein und in eine verlässliche Gruppe integriert die Welt zu retten, ist eine märchenhafte Vorstellung. Die Motive der Spiele sind bekannt, die Kinder versehen sie lediglich mit einem anderen Bezugsrahmen und mit einem anderen Label.

In Volksmärchen wie *Das tapfere Schneiderlein*, *Der gestiefelte Kater* oder *Die Bremer Stadtmusikanten* finden sich ähnliche Themen. Beschreiben Sie diese und suchen Sie nach weiteren Märchen oder Erzählungen.

III. MEDIENNUTZUNG UND -REZEPTION...

TOBEN, SCHREIEN UND NEUE BEWEGUNGEN AUSPROBIEREN – BEWEGUNGSORIENTIERTE MEDIENSPIELE

Spuren von Mediengeschichten finden sich bei Kindern oftmals in stark bewegungsorientierten Spielen. So wie Burhan und Jan toben sie ungeheuer laut über Tische und Stühle. Dies ist in der täglichen Arbeit als Erzieherin oftmals nervenaufreibend. Das Tobespiel nimmt enormen Platz in Anspruch, engt die anderen Kinder ein und birgt relativ hohe Verletzungsgefahren. Allzu leicht liegt die Begründung nahe: „Die Medien verderben die Kinder und deshalb toben sie hier herum. Gerade nach dem Wochenende wirken die Kinder wie geladen". Die Schlussfolgerung erscheint eindeutig: „Es ist das Montagssyndrom, die Folge eines Fernseh-Wochenendes" (vgl. Beitrag <Angst>, S. 217).

Doch getobt haben Kinder vor 20 oder 100 Jahren auch schon – vielleicht sind sie als Indianer oder Ritter durch den Wald gestürmt. Diese Möglichkeiten stehen zumindest Stadtkindern heute jedoch nur noch begrenzt zur Verfügung. Erfahrungsräume für verschiedenste Bewegungsarten (Balancieren, Klettern, Kriechen etc.) gibt es nur noch wenige. Zudem sind diese Räume von Erwachsenen bestimmt, wie im Vereinssport oder bei der Bewegungstherapie, oder sie sind pädagogisch inszeniert, wie auf dem Spielplatz. Kinder finden in unserer Umwelt wenige Räume, in denen sie sich selbstbestimmt austoben und erfahren können. Erwachsene greifen ständig in ihr Leben ein. Sie helfen, unterstützen, trösten oder verbieten. Das macht auch die Faszination für eine Serie wie *Power Rangers* verständlicher: Selbstbestimmte, kraftvolle jugendliche Helden retten mit Saltos und Karateschlägen die Welt vor angreifenden Monstern. Diese Bewegungen im Spiel nachzuvollziehen, erleichtert die Fantasie, selbst ein Power Ranger zu sein und die Welt zu verteidigen.

Meist sind es die Jungen, die als *Power Rangers* umhertoben. Dies steht mit der geschlechtsspezifischen Sozialisation in Verbindung. Für Mädchen gibt es eine ganze Reihe sozial akzeptierter Bewegungsspiele (zum Beispiel Gummitwist, Hüpfspiele, Seilspringen). Es sind eher leise, unauffällige und wenig störende Spiele mit geringer Verletzungsgefahr. Für Jungen sind die meisten dieser den Körper integrierenden Spiele sozial nicht anerkannt: Wenn ein Junge mit den Mädchen Gummitwist spielt, wird er von den anderen Jungen ausgelacht. Anerkannt dagegen sind Spiele, die wettkampforientiert auf das Messen der Kräfte angelegt sind (zum Beispiel Fußball, Ringen). Das

...AM BEISPPIEL FERNSEHEN

Power Rangers-Spiel ist bewegungsorientiert und erlaubt es Jungen, sozial akzeptiert ihren Körper zu erleben. Das Problem hierbei ist jedoch, dass die Spiele schnell zu laut und zu aggressiv werden.

Zusammenfassend lässt sich sagen: Kinder spielen ähnliche Themen wie früher (zum Beispiel Familien-, Prinzessinnen- und Ritterspiele); versehen mit anderen Geschichten und in einer Lebenswelt, die sich verändert hat (zum Beispiel wenig Spielräume für Bewegungen lässt). Die geschlechtsspezifische Sozialisation spielt hierbei eine große Rolle. Es sind aber nicht nur Fantasien und Bewegungen, die im Spiel ausgelebt werden. Bei genauerer Betrachtung zeigen sich zudem spannende gruppendynamische Abläufe: *Als kein weiteres Kind mehr wie ein Power Ranger durch den Raum toben will, kehrt Jan zur Löwenfamilie zurück. Burhan, der ohnehin eher eine Außenseiterposition in der Gruppe hat, steht nun wieder allein da. „Jan, machste mit Power Rangers?", fragt er in die Runde, doch Jan verneint. Noch einmal rennt Burhan lautstark durch den Raum und macht karateähnliche Bewegungen. „Der Löwe ist Power Ranger!" ruft er und versucht erneut, Jan zum Spiel aufzufordern, doch dieser möchte lieber mit den anderen spielen. Nach einigen ratlosen Minuten verändert Burhan sein Spiel. Er springt jetzt nicht mehr laut schreiend durch die Klasse, sondern wechselt zwischen ruckartigen Karateschlägen und geschmeidigen, katzenartigen Bewegungen. Er steht vor der Gruppe, die in der Puppenecke spielt und sagt: „Power Ranger ist König der Löwen!" Die anderen steigen auf diese Geschichte ein und spielen nun mit Burhan ein Rollenspiel, in dem der Power Ranger den König der Löwen besucht. Gemeinsam gehen nun die Löwen und der Power Ranger auf die Jagd und genießen den Familienalltag.*

In der Szene benutzen die Kinder ein gemeinsames Repertoire, welches sie unter anderem aus dem Fernsehen kennen. Schon beim Namen *König der Löwen* und *Power Rangers* ist allen Beteiligten klar, worauf sie sich beziehen. Im Spiel selbst sind Bewegungen besonders wichtig: Während das Rollenspiel in der Puppenecke harmoniebetont ist, geht es im *Power Rangers*-Spiel um actionbetonte Auseinandersetzungen. Die Kinder suchen sich einen medialen Bezugsrahmen, den sie alle kennen und mit dem sie etwas verbinden, und benutzen ihn, um ihr Spiel weiter auszubauen.

In den jeweils bevorzugten Medienarrangements finden Kinder ihre Themen wieder. Burhan wählt ein actionbetontes Medium; so kann er sich austoben und gegen einen unsichtbaren Gegner kämpfen. Als er

III. MEDIENNUTZUNG UND -REZEPTION...

niemanden mehr findet, der mit ihm herumtoben will, nähert er sich der Gruppe in der Puppenecke. Dort spielen Jana und Mario mit den anderen ein harmoniebetontes Familienspiel, in dem Mario auch als Junge problemlos mitspielen kann. Burhan verändert sein Spiel und kann so ohne Gesichtsverlust an dem harmoniebetonten Spiel der anderen Kinder teilhaben. Für ihn, der mit einem eher starren Bild von Männlichkeit aufwächst, bietet dieses Spiel eine Chance. Burhan nähert sich den anderen Kindern mit einem Medienbezug, in dem er sich wiederfindet und schafft es, sich in ihr Spiel zu integrieren, ohne sein Spiel ganz aufgeben zu müssen. Es entsteht eine Gruppendynamik, in der die Medienbezüge zum Ausdruck und Material der Annäherung werden.

Kinder und Jugendliche handeln in ihrem Alltag – und Bilder, Worte und Geschichten der Massenmedien sind Teile dieser Handlung. Medien und insbesondere das Leitmedium Fernsehen sind Bestandteil unseres gesellschaftlichen Lebens. Ob es der Radiowecker ist, der uns das Aufstehen erleichtert, oder die Nachrichten, die uns von Krieg und Vertreibung in anderen Ländern berichten, Massenmedien sind selbstverständlicher und prägender Teil unserer Alltagswelt. Insbesondere das Fernsehen passt sich gut in den Alltag von Familien ein, ist leicht verfügbar und für viele zugänglich. Zitate und Hinweise auf bestimmte Sendungen oder Werbespots eignen sich daher als gemeinsamer Bezugsrahmen. Dabei nehmen sich die Kinder Teile aus dem Angebot heraus und nutzen es zum Beispiel in Form von Rollenspielen.

So anstrengend diese Spiele für Erzieherinnen sind und so befremdlich das „Ich bin Power Ranger!" oder das *König der Löwen*-Spiel auch sein mag, die ständigen Klagen über die medienverdorbenen Kinder nützen wenig und führen nur zu Resignation. Medienspuren als einen Ausdruck und Bezugsrahmen für das Gruppengeschehen zu sehen, ermöglicht hingegen Verständnis. *Power Rangers*-Spiele auch als Wunsch nach Bewegungserfahrung zu begreifen, eröffnet neue Handlungsmöglichkeiten für Erzieherinnen (beispielsweise durch das Schaffen von Bewegungsfreiräumen für Kinder).

Beobachten Sie Medienspuren in Ihrer eigenen täglichen Kommunikation. Welche Medienspuren finden sich in Ihrem eigenen Zimmer?

...AM BEISPPIEL FERNSEHEN

BAUSTEINE DER MEDIENANEIGNUNG

Um die Medienspuren im Handeln von Kindern und Jugendlichen zu verstehen, sind einige grundsätzliche Informationen zur Medienaneignung notwendig. Im folgenden werden wichtige Begriffe anhand von Beispielen verdeutlicht.

JEDER SIEHT DURCH SEINE BRILLE – MEDIENANEIGNUNG IST DURCH INDIVIDUELLE THEMEN BESTIMMT

Menschen nehmen die Welt unterschiedlich wahr. Auch wenn alle Zuschauer im Fernsehen dasselbe Programm sehen oder das gleiche Buch lesen, hat es doch für jeden einzelnen eine völlig andere Bedeutung. Geschichten, Bilder und Töne werden je nach persönlichen Erfahrungen und Vorwissen gedeutet (vgl. Beitrag <Elternabend>, S. 261):
Ein Kinderfilm beginnt mit der Aufnahme eines roten Hauses mit weißen Balken. Für die einen ist dies nichts Besonderes, für andere erwacht sofort die Erinnerung an den letzten Urlaub in Schweden oder an einen Film von Astrid Lindgren. Ein Titelbild in einem Bilderbuch erinnert ein Kind an seinen kürzlich gestorbenen Hamster. Das Tier ist eigentlich für die Geschichte des Buches völlig unwichtig, doch für das Kind steht nun der tote Hamster im Mittelpunkt.
Medien spielen oftmals mit dem möglichen Vorwissen der Zuschauerinnen und Zuschauer und knüpfen an mögliche Erinnerungen, Ängste und Träume an.

Wichtig für Auswahl und Nutzung des Mediums sind die jeweiligen individuellen Themen, die unsere Wahrnehmung und unser Handeln mitbestimmen. Für Jugendliche und Erwachsene ist es beispielsweise zu bestimmten Zeiten wichtig, mögliche Partner kennen zu lernen und sich Vorstellungen über eine befriedigende Partnerschaft zu machen. Dieses Thema beeinflusst unser Handeln im Alltag und im Medienkonsum. Für Kinder sind viele Themen entwicklungsbedingt (vgl. Beitrag <Entwicklung>, S. 25), aber natürlich auch mit individuellen Erlebnissen und Ereignissen wie der Trennung der Eltern oder dem Wechsel des Kindergartens verbunden. Mit den individuellen Themen begegnen die Menschen den Medien und suchen sich entsprechende Inhalte aus. Die individuellen Themen bestimmen dann auch die Wahrnehmung der Medieninhalte:

III. MEDIENNUTZUNG UND -REZEPTION...

Für die 17jährige Annika ist die Scheidung ihrer Eltern ein zentrales Thema. Hintergrund der Trennung war unter anderem, dass der Vater eine neue Freundin hatte. In den Serien, die Annika besonders gern sieht, findet sie dieses Thema wieder. Wenn sie *Beverly Hills, 90210* oder *Gute Zeiten, schlechte Zeiten* sieht, findet sie dort vor allem Menschen, die fremdgehen und Trennungsprobleme haben, auch wenn die Serien durchaus noch andere Themen anbieten. Erzählt oder schreibt sie über das Gesehene, so dreht sich alles um Scheidung und die Problematik, dass ein Mann eine andere Frau kennen lernt. Annika nutzt die Serien, um ihr persönliches Thema aufzuarbeiten.

Kennen Sie Menschen aus Ihrem Bekanntenkreis, die von einem Thema sehr eingenommen werden? Welche Themen könnten typisch sein für Mädchen und Jungen im Kindergartenalter, welche für junge Frauen zwischen 14 und 19 Jahren?

„SO WIE BEI PRINZESSIN DIANA" – MEDIENANEIGNUNG ALS PROJEKTION UND PARA-SOZIALE INTERAKTION

Die Figuren einer Serie, eines Hörspiels oder eines Romans und auch real existierende, von der Boulevard-Presse zu Kultfiguren stilisierte Personen können von grundlegender Bedeutung für die Medienaneignung sein. Oftmals finden hier *Projektionen* statt, bei denen die Rezipienten sich in ihrem eigenen Schicksal wiederfinden und sich mit den Figuren identifizieren. Die Medien(kult)figuren werden zu Spiegeln, in denen die Zuschauenden sich selbst sehen, und dienen somit als Projektionsflächen:

Bei Prinzessin Diana projizierten vermutlich viele Frauen ihre eigene Unzufriedenheit auf die schillernde Medienfigur. In ihr fanden sie sich wieder und schöpften aus ihrem Schicksal Kraft, um ihre eigene Lage zu ertragen oder zu ändern. Die Prinzessin wurde zu einer Art Spiegel, in der Millionen Frauen sich und ihre persönlichen Probleme wiederfanden. So genossen wir die pompöse Hochzeit, bangten um die Ehe, schöpften Hoffnung nach der Scheidung und trauerten beim Tod von Diana. Eine weitere verbreitete Form der Aneignung ist die *para-soziale Interaktion*, das heißt Menschen sprechen nicht nur mit Fernsehgeräten und Computern, als wären diese lebendig, sie unterhalten sich auch mit Medienfiguren, als wären diese echte Gesprächspartner. Der Begriff geht auf die amerikanischen Medienforscher Richard Wohl und Donald Horton (1956) zurück, welche die Rezeption von Fernseh-

...AM BEISPPIEL FERNSEHEN

shows untersuchten. Dabei zeigte sich, dass die Zuschauerinnen, Zuschauer und der Moderator sich so verhielten, als stünden sie sich leibhaftig gegenüber.

Bei Kindern, die die *Teletubbies* sehen, lässt sich beispielsweise beobachten, wie sie am Ende der Sendung wie Tinky Winky, Dipsy, Laa-Laa oder Po „Winke-Winke" zum Abschied rufen. Beim Anschauen von Fußballspielen sind laute Schreie nichts ungewöhnliches: „Pass auf!", „Deckung, Deckung!", „und nun schieß, schiiiiieß!". Die Zuschauer und Zuschauerinnen verhalten sich so, als befänden sie sich im Stadion oder wären gar der Trainer der Mannschaft, der vom Spielfeldrand aus Anweisungen gibt. Sie benehmen sich, als wären sie direkt in die Handlung eingebunden. Anders als in der direkten Begegnung sind die Zuschauenden aber vom Zwang, reagieren zu müssen, befreit. Dadurch ergibt sich die Chance, sich in andere Rollen einzudenken. Ähnlich wie in einem Rollenspiel besteht so die Möglichkeit, Handlungsentwürfe gedanklich auszuprobieren und auf ihre Tauglichkeit für den eigenen Alltag hin zu überprüfen.

Annika (17) erzählt, wie sie früher nach der Serie *Beverly Hills 9021*, überlegt hat, wie sie sich an Stelle von Brenda verhalten hätte und wie sie in der Schule mit ihrer Freundin Rollenspiele spielte, bei denen sie sich Briefe schrieben, in denen sie sich in die Figuren hineinversetzten und über den Fortlauf der Geschichte diskutierten.

Michaela (17) berichtet, wie sie innerlich die Beziehungen in Filmen aus der Reihe: „Große Gefühle" (RTL) überprüft. Sie ist sich ganz sicher: Sie hätte an deren Stelle ganz anders gehandelt!

> Kennen Sie Situationen, in denen Sie sich in Geschichten hineindachten und überlegten, wie Sie gehandelt hätten?

MIT MEDIEN EINE SITUATION GESTALTEN – REZEPTIONSSITUATION

Projektion und para-soziale Interaktion sind zwei Erscheinungsformen, die zeigen, wie sich Menschen Medieninhalte aneignen. Dabei sind es die Menschen, die sich mit ihren Themen und ihren Alltagserfahrungen den Medieninhalten nähern und eigene Probleme und Lebenslagen bearbeiten, in dem sie sich in den Figuren und Handlungen wiederfinden.

Medien werden in speziellen Situationen (*Rezeptionssituationen*) im Alltag rezipiert: Im Kino sitzen die Zuschauenden im dunklen Raum

III. MEDIENNUTZUNG UND -REZEPTION...

und essen Popcorn oder Nacos, Radio wird als Wecker im Bett oder während der Autofahrt gehört, die Tageszeitung wird während des Frühstücks gelesen usw. Das Kino mit seinem dunklen Raum und der großen Leinwand bietet eine andere Atmosphäre als der Fernseher im Wohnzimmer. Es macht einen Unterschied, ob ein Film allein oder unter großem Gelächter mit Freunden gesehen wird. In vielen Haushalten läuft den ganzen Tag das Radio und dient als Geräuschkulisse, Ablenkung oder zur allgemeinen Aufheiterung.

Die Rezeptionssituation ist individuell verschieden und entscheidend für die Bedeutung des Mediums. Oftmals dient die Auswahl eines Mediums auch erst dazu, sich eine Situation zu schaffen, wobei diese Auswahl meist nicht bewusst getroffen wird.

Raum als Rückzugsmöglichkeit

Eine 15jährige knallt die Tür ihres Zimmers laut hinter sich zu. Endlich ist das Genörgel der Mutter nicht mehr zu hören. Sie startet die CD der *Backstreet Boys*, legt sich aufs Bett und sieht sich verträumt die Poster ihrer Lieblingsgruppe an, mit denen sie das gesamte Zimmer tapeziert hat. Medien (hier CD und Poster) helfen, einen Rückzugsort zu schaffen.

Möglichkeit körperlicher Nähe

Ein vierjähriger Junge sieht regelmäßig die *Sportschau*. Der Inhalt interessiert ihn nicht sonderlich, sondern die Rezeptionssituation, in der er mit dem Vater kuscheln kann. Das Medium, hier die Sendung *Sportschau*, ermöglicht körperliche Nähe zwischen Vater und Sohn.

Nähe auf Distanz

Silke (14) und ein Klassenkamerad telefonieren, wenn sie allein sind, während sie sich beide denselben Spielfilm ansehen. In der Schule haben sie zwar ein gutes Verhältnis zueinander, unterhalten sich jedoch nur wenig. Während diesem Ritual des gemeinsamen Telefonierens hingegen sind sie sich relativ nahe und erzählen sich ihre Empfindungen und Einschätzungen des Films. In der Öffentlichkeit, zum Beispiel in ihrer Klasse, würde ein derartig freundschaftliches Verhältnis ohne „miteinander zu gehen", das heißt ohne erotische Komponente, kaum akzeptiert werden. Diese spezielle Form des gemeinsamen Fernsehens ermöglicht den beiden, Nähe auf Distanz zu erleben, ohne an die Grenzen des im Freundeskreis Akzeptierten zu stoßen.

...AM BEISPPIEL FERNSEHEN

Wortlos beieinander sein

Ein Ehepaar sieht jeden Abend, spätestens ab 19.00 Uhr, fern. Er sitzt mit der Fernbedienung auf dem Sofa, sie im Sessel. Nur gelegentlich gibt er einen Kommentar von sich. Das Medium (hier Fernsehen) gibt ihnen die Möglichkeit, wortlos beisammen zu sein, ohne sich – wie sonst üblich – ständig zu streiten.

[Arbeiten Sie typische Rezeptionssituationen bei Ihren Eltern und Bekannten heraus. Haben Sie selbst derartige Rituale in Ihrem Alltag entwickelt? Denken Sie auch über deren Funktionen nach.]

„...UND PAPA LIEST IMMER DIE BILDZEITUNG" – MEDIENNUTZUNGSMUSTER IN DER FAMILIE

Die Bedeutung bestimmter Medien ist auch vom sozialen Umfeld abhängig: Kinder und Jugendliche wachsen selbstverständlich mit Medien wie Fernsehen, Buch und Kassettenrecorder auf. Die Familie und ihr jeweiliges *Mediennutzungsmuster* ist der erste soziale Kontext, in dem Kinder Medien begegnen. Unter Mediennutzungsmustern versteht man die Gewohnheiten, wie mit Medien umgegangen wird, die Art und Weise, auf die sie genutzt werden.
Wird jeden Abend ferngesehen? Werden Zeitungen, Bücher oder Illustrierte gelesen? Welches Radioprogramm wird eingeschaltet? Die Mediennutzungsmuster der Eltern bieten Kindern den ersten Ansatzpunkt für ihre eigenen Medienvorlieben. Sie können sich diesen Mustern anschließen oder sich später auch bewusst von ihnen abgrenzen. Neben der Familie wird für Kinder und Jugendliche zunehmend die Gruppe der Gleichaltrigen (Peer-Group) wichtig. Auch hier spielen Medien eine wichtige Rolle. In der Freundesgruppe sind bestimmte Medienangebote „in" und andere nicht. So entsteht ein gewisser Gruppenzwang, bestimmte Dinge zu kennen, und wenn möglich, die entsprechenden Kaufartikel (Spielfiguren von Filmstars, T-Shirts von Musikgruppen etc.) zu besitzen.

[Welches sind die Mediennutzungsmuster Ihrer Kindheit? Welches sind aktuelle Mediennutzungsmuster in Ihrem Freundeskreis?]

Im Handeln von Kindern und Jugendlichen zeigen sich die verschiedensten Medienspuren, denn jeder wählt nach seinen eigenen Bedürfnissen aus dem Angebot der Kulturindustrie. Diese werden zum

III. MEDIENNUTZUNG UND -REZEPTION...

„Material" der Kommunikation und übernehmen für einzelne Menschen und Gruppen verschiedene Funktionen im alltäglichen Handeln. Medien bieten dabei einen Pool an Materialien, die zum gemeinsamen Bezugspunkt in Familie oder Peer-Group werden. Dies würde jedoch nicht so gut funktionieren, wenn sich der Medienmarkt nicht auf die Wünsche der Rezipienten eingestellt hätte.

„ZU WEIHNACHTEN GEHEN WIR IN *TARZAN*!" – MEDIEN UND EREIGNISARRANGEMENTS, DIE SICH IN DEN ALLTAG DER MENSCHEN EINPASSEN

Medien stehen inhaltlich in Verbindung zueinander. Das Buch zum Film, das Magazin zur Serie oder das Kuscheltier zur Hörspielkassette sind Beispiele, in denen sich verschiedene Medien zu einem Medienarrangement ergänzen.

Zur ursprünglichen Serie *Star Trek* (Classic) gibt es die verschiedensten Folgeserien (*Next Generation*, *Deep Space Nine*, *Voyager*), Spielfilme, Bücher, Kleidung, Magazine, Computer und Videospiele, offizielle und private Fanclubs, spezielle Events usw. Wer sich in dieser Fanszene auskennt, für den ist ein Dreieck mit zwei langen Spitzen deutlich mehr als nur irgendeine Brosche. Die käufliche Nachbildung des „Kommunikators" ist Zeichen der Dazugehörigkeit zur *Star-Trek*-Welt. Mittlerweile bietet der Markt nicht nur Medien, die aufeinander Bezug nehmen, sondern ganze Erlebnisarrangements. Für die Bedeutung der Medien im Alltag von Kindern ist diese Erweiterung von besonderer Bedeutung. Beispiel für ein perfektes Arrangement aus Medien, Ereignissen und Produkten sind die Weihnachtsfilme von Disney. *König der Löwen* oder *Tarzan* sind nicht nur Kinofilme, sondern von Anfang an als Arrangements geplant. Schon Monate vor dem Start des Kinofilms wird in Zeitschriften und Fernsehsendungen über die Geschichte und die Figuren berichtet. Die Werbung läuft einige Wochen vor dem Kinostart an, und die Filmmusik erscheint auf einer CD. Ist es dann soweit, kennt so gut wie jeder die Figuren und den Titel des jeweiligen Disney-Weihnachtsfilms. Fastfood-Ketten bieten weltweit die entsprechenden Figuren in der Juniortüte oder einen nach dem Film benannten Spezial-Hamburger an. Die Pappfiguren und Plakate sind überall im Restaurant zu entdecken. Eine Schuhkette präsentiert eine spezielle Kollektion mit den Bildern der Helden auf dem Schuhwerk. In den Spielzeugabteilungen der Kaufhäuser stehen große Auslagen mit entsprechenden Plüschfiguren und weiteren Kaufartikeln. Im „Disneyland" treten die Figuren noch einmal „live" in Shows und Paraden auf.

...AM BEISPIEL FERNSEHEN

Der Disney-Konzern, der die alleinigen Rechte für die Figuren und ihre Abbildung hat, bietet in Übereinkunft mit seinen Geschäftspartnern weltweit ein Medien- und Ereignisarrangement an: Vorfreude und Information vorab und der Kinobesuch zur Weihnachtszeit mit anschließendem Essen bei „McDonald's". Die entsprechenden Artikel passen in den Nikolausschuh und unter den Weihnachtsbaum. In Kindergarten und Schule zeigen die Kinder dann stolz ihren Besitz und erzählen von ihren Erlebnissen. Wer noch nicht in dem Film war, wird versuchen, seine Eltern zu einem Kinobesuch zu überreden. Und schließlich wird der Disneyfilm zum gemeinsamen Bezugspunkt, den die Kinder zum Spielanlass nehmen.

Die Arrangements sind so konzipiert, dass sie sich möglichst gut in den Alltag der Menschen einpassen. So werden jedes Jahr zu Weihnachten bestimmte Arrangements angeboten, da Eltern oder Großeltern zu dieser Zeit eher bereit sind, die entsprechenden Artikel zu erwerben. Für die Produzenten der Arrangements steht nicht die pädagogische Unterstützung, sondern der Umsatz im Mittelpunkt. Kinder werden zur Zielgruppe des Marketings.

[Welche weiteren Medien- und Ereignisarrangements fallen Ihnen ein? Derartige Arrangements gibt es für alle Altersgruppen. Welche sind für Sie wichtig?]

WAS HINTER DEN MEDIENSPUREN STECKT – TYPISCHE FUNKTIONEN DER FOLGEKOMMUNIKATION

Medien eignen sich zur so genannten Folgekommunikation, das heißt Medienrezeption wird zum Anlass und Inhalt von Gesprächen. In der pädagogischen Praxis sind dies diejenigen Medienspuren, die von Außenstehenden oftmals als unverständlich und störend wahrgenommen werden.

ICH BIN DIE PIPPI LANGSTRUMPF – EIGENE WÜNSCHE UND FANTASIEN INSZENIEREN

Mit Medienspuren setzen Kinder oftmals eigene Träume und Fantasien in Szene. Sie spielen *Power Rangers* oder *Batman*, können sich so stark und unbesiegbar fühlen und „die Welt retten". Die Vorstellung, durch übermenschliche Kräfte nicht nur unbesiegbar zu sein, sondern sich im Notfall verwandeln zu können, sind attraktive Fantasien, die nicht nur Kinder haben.

III. MEDIENNUTZUNG UND -REZEPTION...

Für Mädchen ist es sehr viel schwieriger, ihre Fantasien mit medienbezogenen Spielen umzusetzen, da das mediale Angebot an starken Mädchenfiguren nur sehr begrenzt ist. Was sich im Angebot für Erwachsene langsam steigert (zum Beispiel Kommissarinnen in Krimis), ist im Kinderprogramm noch Rarität. Hier sind die handlungstragenden Figuren im Normalfall männlich. Tiere oder fantasievolle Wesen, die keine deutliche Geschlechtszugehörigkeit haben, tragen männliche Namen. Weibliche Figuren spielen noch immer zumeist eine ausgesprochen geschlechtsspezifische Rolle, wie die fürsorgliche Mutter oder die erotisch attraktive Geliebte. Bereits ältere Ausnahmen sind *Pippi Langstrumpf*, *Madita*, die *Biene Maja*, die *Rote* Zora und *Ronja Räubertochter*, die als abenteuerlustige Mädchen die Welt entdecken, und in neueren Zeichentrickfilmen wurden mit *Mila Superstar*, *Lara Croft*, *Shirley Holmes* oder *Sailor Moon* Mädchenfiguren geschaffen, die von den bekannten Frauenbildern abweichen. Weitere positive Ansätze finden sich in Realserien der öffentlich-rechtlichen Programme, z. B. *Neues vom Süderhof*, *Mensch Pia!* Doch nach wie vor lassen sich – im Gegensatz zu den unzähligen männlichen Helden – die weiblichen Ausnahmen noch namentlich nennen.

Wollen Mädchen ihre Fantasien von Stärke umsetzen, greifen sie entweder auf die wenigen starken Mädchenfiguren zurück, deuten vorhandene weibliche Figuren um oder ignorieren die Geschlechtszugehörigkeit der Medienfigur. Insofern ist die medienbezogene Inszenierung der eigenen Fantasien von Stärke für Mädchen sehr viel schwieriger als für Jungen. Vermutlich werden ihre Machtfantasien verstärkt in den Mutter-Kind-Spielen umgesetzt (die Stärke und Macht der Fürsorge), was sich mit der bestehenden geschlechtsspezifischen Sozialisation bestens vereinbaren lässt und dementsprechend erwünscht ist.

Die vierjährige Ida möchte selbstbewusst ihren Alltag gestalten. Zentrale Figur ist für sie *Pippi Langstrumpf.* Zu Hause spielt sie entsprechende Rollenspiele mit ihrem jüngeren Bruder, der dann die Rolle des Affen *Herr Nielson* übernimmt. Ein besonders tolles Ereignis war es für sie, als die Eltern mit ihr und ihrem Bruder in das Theaterstück *Pippi Langstrumpf* gegangen sind. Das entsprechende Plakat hängt noch an der Tür zum Kinderzimmer. Mit ihren Fantasien schließt Ida an die Vorstellungen ihrer Mutter von einer selbstbewussten Weiblichkeit an.

Mit welchen Figuren inszenierten Sie in Ihrer Kindheit Fantasien von Stärke und Macht?

...AM BEISPPIEL FERNSEHEN

„HAB ICH AUCH GESEHEN, VOLL COOL, EY!" – GEMEINSAMKEITEN SCHAFFEN

Mit Medienbezügen lassen sich relativ einfach Gemeinsamkeiten schaffen. Durch die hohe Bekanntheit der Medienzitate genügt meist nur ein Hinweis als Gesprächs- oder Spielanlass. Die Medienerlebnisse des Vortages werden in Kindergarten und Schule eingebracht und bieten einen Anlass, sich zu unterhalten oder etwas zu spielen. Die Figur von *Power Rangers* regt Burhan zur Aussage an: „Hab ich auch gesehen, voll cool, ey!", und dies ist der Beginn des Spiels aus der Vorklasse (s. o.).
Mit den Medienspuren lassen sich Gruppenzugehörigkeiten inszenieren (zum Beispiel die Gruppe der *Löwen* und die Gruppe *Power Rangers*). Die Grenzen zwischen den Gruppen sind meist fließend und situationsabhängig. Typisch für medienbezogene Spiele im Kindergarten sind beziehungsgestaltende Momente: Hinter den Medienbezügen stecken beispielsweise der Wunsch nach Annäherung an andere Kinder, die Bekräftigung einer überlegenen Position oder die Harmonisierung einer konfliktgeladenen Situation (vgl. Paus-Haase, 1998).
Die Medienbezüge können auch Anlass für eine Auseinandersetzung über bestimmte Verhaltensregeln oder Grenzen der Freundschaft sein. Hinweise auf bestimmte Szenen („Da, als der da das gemacht hat") eröffnen ganze Bedeutungshorizonte. Für die Sprechenden ist die spezielle Szene gemeinsamer Bezugspunkt, von dem ausgehend sie sich beispielsweise über soziale Verhaltensregeln austauschen.
Eine überraschende Entwicklung bei *Gute Zeiten, schlechte Zeiten* wird in der Werbepause schnell telefonisch der Freundin berichtet. Dabei unterhalten sich die beiden Mädchen nicht nur über den Fortlauf der Serie, sondern sie sprechen über ihre grundsätzliche Einschätzung menschlicher Beziehungen. Mit Aussagen wie: „Voll krass, wie der da seine Freundin behandelt hat. Ich hätte dem aber was erzählt, der spinnt wohl!", einigen sich die beiden darüber, wie ein Mann mit seiner Partnerin nicht umgehen darf.

> Kennen Sie weitere Beispiele, in denen Sie oder Bekannte von Ihnen Gemeinschaft durch Folgekommunikation inszenieren? Welche typischen Beispiele fallen Ihnen für den Kindergarten oder Hort ein?

III. MEDIENNUTZUNG UND -REZEPTION...

BACKSTREET BOYS, GUTE ZEITEN, SCHLECHTE ZEITEN, HIPHOP UND TECHNO – FANSCHAFT UND MUSIKBEGEISTERUNG, EIN BEISPIEL JUGENDLICHER MEDIENANEIGNUNG

Ein häufig anzutreffendes Phänomen bei Jugendlichen sind *Fanschaften*. Beispiele sind Fans von Fußballclubs, Boygroups, Horrorvideos, Science-Fiction-Serien oder Soap-Operas. Die Palette der möglichen Fanschaften ist mittlerweile unendlich groß geworden. Der Medienmarkt bietet verschiedenste Medien und Ereignisarrangements an, die sich für eine Fanschaft eignen. Insbesondere für Jugendliche bietet diese Form der Medienaneignung attraktive Möglichkeiten für Erlebnisse in der Peer-Group. Das regelmäßige Treffen zur Übertragung von Fußballspielen, der Besuch beim Konzert einer Popgruppe sind Ereignisse der Gemeinsamkeit von Freunden und Freundinnen.

Neben der Begeisterung für einzelne Gruppen, Fußballclubs oder bestimmte Videos werden ganze Stile (zum Beispiel Techno, HipHop) um bestimmte Medien und Ereignisarrangements gruppiert. Techno ist nicht nur eine bestimmte Musikrichtung, es ist auch eine bestimmte Art, Partys zu feiern, sich zu kleiden und miteinander umzugehen. Zentraler Moment beim Techno ist das Selbsterleben. In oftmals sehr aufwendigen Szenarien und großen Events (Love-Parade) feiern die Jugendlichen und jungen Erwachsenen oft mehrere Tage und Nächte fast ohne Pause. In dem exzessiven Tanzen nach einer Musik, deren Rhythmus von Herz und Kreislauf aufgenommen wird, kommt es zum intensiven Erleben des eigenen Körpers. Dies wird zum Teil durch die Einnahme spezieller Drogen (Ecstasy) unterstützt.

HipHop ist eine Musikrichtung, die aus den amerikanischen Ghettos stammt. Musikalisch ist der Sprechgesang typisch, der je nach Richtung bestimmten Rhythmen folgt oder Melodieeinlagen aufweist. Die Texte sind nicht mehr an die offizielle Grammatik gebunden und versuchen, möglichst authentisch das jeweilige Lebensgefühl auszudrücken. Krasse Wortwahl und Fäkaliensprache sind Teil des Konzepts. Es geht darum, einen Ausdruck für die zu finden, die sonst nicht zu Wort kommen. Auch mit der zunehmenden Marktorientierung des HipHop bleibt diese Grundphilosophie erhalten.

Die Begeisterung für eine bestimmte Stilrichtung mit der dazugehörigen Mode, Musik und den entsprechenden Events schafft Gemeinschaft in der Gruppe und dient zur Abgrenzung gegenüber anderen. Die Medienbezüge werden hierbei auch Ausdruck der jeweiligen Lebenseinstellung.

...AM BEISPPIEL FERNSEHEN

[Welche weiteren Stile kennen Sie? Arbeiten Sie die typischen Merkmale in der Mode und in Medienarrangements heraus. Welche Lebensphilosophie steht hinter den Stilen? Beispiele: Junge Christen, ökologisch Engagierte, Skinheads.]

„I LOVE NICK" – PARA-SOZIALE BEZIEHUNGEN

Während der Pubertät und Adoleszenz, den Zeiten des Erwachsenwerdens, zeigt sich vor allem bei Mädchen ein spezielles Phänomen: Viele verlieben sich in einen Medienstar. Die Zimmer sind tapeziert mit den entsprechenden Postern und jeder nur erdenkliche Schnipsel mit Bildern oder kleinsten Notizen in Zeitschriften wird gesammelt. In ihrem Zimmer gestalten die Mädchen ihre „Freundschaft" mit dem Star. Sie erleben erotische Erregung, Eifersucht und das Auf und Ab einer „realen" Beziehung, nur dass dieses Verliebtsein in einen Star para-sozial ist. Von Außenstehenden belächelt, kann diese Leidenschaft für die junge Frau zumindest zeitweise zum zentralen Thema ihres Alltags werden. In ihren Gedanken kann sie Fantasien von Partnerschaft und Erotik entwickeln.

Diese Traumwelten sind wichtig, denn in ihnen können sie Ideen und Wünschen nachgehen, deren konkrete Umsetzung sie vermutlich noch überfordern würde. Im Gespräch mit der Freundin schafft die Unterhaltung über den begehrten Star Gemeinsamkeiten und bietet Anlass, sich über Partnerschaft zu unterhalten. Die Mädchen entwickeln eine eigene Welt, in der sie sich behaupten und entwickeln können, und der Medienmarkt bietet hierfür die entsprechenden Produkte an.

Anne (13 Jahre) ist Fan der *Backstreet Boys*. Ihr Zimmer ist behängt mit Postern der Gruppe. Vor allem Nick hat es ihr angetan. Auf der Federtasche klebt der Aufkleber: „I love Nick". Nick Carter ist der knabenhafte, „ehrliche" Junge der Band und vom Alter her für sie interessanter als die anderen Bandmitglieder. Für Anne ist er der ideale para-soziale Partner. Auch seinen kleinen Bruder Aaron findet Anne süß und hätte gerne auch so einen Bruder.

Simone (17) ist Wrestling-Fan. Wrestling ist ein Medien- und Ereignisarrangement um die Kampfshow muskulöser, maskierter Männer. Simones Zimmer (s. S. 212) ist behängt mit den Bildern eines bestimmten Wrestlers, „Shawn Michaels". Auf einer Live-Tour, die Simone besuchte, gab er ihr ein Autogramm und ließ sich mit ihr fotografieren. Seitdem ist er Simones Star. Wenn sie auf ihrem Bett liegt und die Bilder von ihm ansieht, malt sie sich erotische Erlebnisse aus. Ihre

III. MEDIENNUTZUNG UND -REZEPTION...

beste Freundin, die sie über die Begeisterung zum Wrestling kennengelernt hat, begehrt einen anderen Wrestling-Star. Die beiden treffen sich oft und gehen nach den Live-Veranstaltungen gemeinsam auf Autogrammjagd. Die Begeisterung für Wrestling ist für Simone und ihre Freundin ein spannender Teil ihres Alltags.

Waren Sie selbst verliebt in einen Medienstar oder kennen Sie jemanden, der dies erlebt hat? Was haben Sie (bzw. Ihre Bekannten) für sich aus dieser Fanschaft gewonnen? Arbeiten Sie Vorteile und Nachteile der para-sozialen Beziehung heraus.

ZWEI JUNGEN BERICHTEN VON PORNOFILMEN – FOLGEKOMMUNIKATION MIT DER ERZIEHERIN

Abschließend noch ein Beispiel aus der pädagogischen Praxis, das die Notwendigkeit zeigt, mögliche Bedeutungen von Folgekommunikation richtig einschätzen zu können:

Der siebenjährige Micha und sein neunjähriger Bruder Torben sind seit wenigen Monaten in einer Hortgruppe. Eines Tages erzählen sie der Erzieherin von Pornofilmen, die sie nachts gesehen haben. Als sie am selben Tag durch ein Fenster des Hortes im Badezimmer des Nachbarhauses eine Gestalt sehen, beginnt Torben Geschichten zu erfinden, wie die Nachbarn im Badezimmer miteinander schlafen, genau wie im Porno.

Die naheliegende Erklärung ist sicherlich, dass die Jungen Sendungen angesehen haben, die für sie ungeeignet sind. Damit sind sie hoffnungslos überfordert, was sie jetzt mühsam aufarbeiten. Bei genauerem Hinsehen zeigen sich andere Momente. Die Prahlerei der Jungen mit einem für Kinder verbotenem Film ist in diesem Fall vor allem an die Erzieherin gerichtet. Sie sind neu im Hort und wollen die Erzieherin zum einen einfach austesten: Was passiert, wenn sie so etwas sagen? Wie reagieren die Erwachsenen? Hinter der Provokation zeigen sich jedoch sehr viel tiefer liegende Probleme der Kinder: Die Mutter der beiden arbeitet im Schichtdienst und ist deshalb nachts manchmal nicht zu Hause. Mit der Erzählung, sie hätten nachts Pornos gesehen, teilen die Jungen auch etwas über ihre Situation mit. In der Mitteilung steckt u. a. eine Beschwerde darüber, nachts allein gelassen zu werden. Die konkrete Ausformulierung des Problems in einen Satz wie: „Die Mama lässt uns immer allein" würde die Kinder in einen Solidaritätskonflikt führen. Durch die Erzählung gewinnen die Jungen die Erzieherin als Verbündete, ohne das Problem konkret benennen zu müssen. Medienspuren sind also nicht nur Teil der Kommunikation unter Gleichaltrigen, sondern richten sich auch an Erwachsene, zum Beispiel die Erzieherin. Mit der Folgekommunikation können verschiedene Funktionen verbunden sein, beispielsweise geht es darum, sich als stark und mächtig darzustellen oder die Aufmerksamkeit der Erzieherinnen zu erregen, in dem man sie schockiert. Zu einem pädagogisch professionellen Verhalten gehört es, sich durch Bemerkungen über Horror- oder Pornofilme nicht persönlich verletzt zu fühlen.
In dem Beispiel geht es aber nicht nur um die Prahlerei oder die Beschwerde über die Mutter, die die Jungen nachts allein lässt: Torben und Micha haben bereits massive Gewalterfahrungen erlebt. So waren sie im Raum, als der Vater die Tür einbrach und die Mutter misshandelte. Über diese Erfahrungen werden die Kinder sicherlich noch lange nicht sprechen können und es wird schwer werden, derartige Erlebnisse überhaupt zu verarbeiten. In den Erzählungen, was sie durchs Fenster der Nachbarn zu sehen glauben, finden sie zumindest einen ersten Ansatz.
Mit diesen Hintergrundinformationen wird es einsichtig, dass es hier wenig hilft, die Elternversammlung einzuberufen, um die Kinder auszuschließen, da sie einen schädlichen Einfluss auf die anderen ausüben. Auch ein Fachgespräch mit den Kindern über Pornografie oder Sexualaufklärung ist hier nicht der Ansatz pädagogisch professionellen Handelns. Vielmehr geht es darum, die Medienspuren der Kinder

III. MEDIENNUTZUNG UND -REZEPTION...

ernst zu nehmen, zu verstehen und einzuordnen. Bei Micha und Torben geht es zunächst nicht darum, sie zu ermahnen, derartige Medienzitate zu unterlassen, sondern es müssen ihnen Räume geschaffen werden, in denen sie Vertrauen zu sich und ihrer Umwelt wiedergewinnen und beginnen können, ihre Gewalterlebnisse zu verarbeiten. Prahlereien über Pornofilme sind in diesem Fall nur Ausdruck, nicht aber Auslöser der problematischen Situation.

Wie würden Sie reagieren, wenn Ihnen zwei Jungen von ihren Pornoerfahrungen berichten? Diskutieren Sie in der Gruppe dieses Beispiel. Wie würden Sie handeln?

FERNSEHNUTZUNG VON KINDERN: FAKTEN STATT VERMUTUNGEN

Fernsehen ist eines der zentralen Medien. Durch seine ständige Verfügbarkeit und seine relativ große Auswahl passt sich Fernsehen leicht in den Alltag ein. Beim Thema „Fernsehkonsum" ist häufig von Kindern und Jugendlichen die Rede, die „stundenlang wie gebannt" vor dem Fernseher sitzen. Natürlich stimmt es, dass Kinder und Jugendliche fernsehen, so wie sie auch Comics nutzen, Hörspielkassetten hören oder Bücher lesen. Die Zahlen, die in diesem Zusammenhang genannt werden, entsprechen der tatsächlichen Nutzung von Kindern jedoch meist nicht.

Genaue Daten zur Fernsehnutzung erhebt die „Fernsehforschung der Gesellschaft für Konsumforschung Nürnberg" (GfK). Diese ermittelt mit speziellen Messanlagen die Fernsehgewohnheiten von 5 200 ausgewählten Haushalten (ca. 12 000 Personen ab 3 Jahren). Mit Hilfe einer Personentaste auf der Fernbedienung melden sich alle Mitglieder eines Haushaltes als Zuschauende an oder ab. Die Daten werden im Sekundentakt erfasst und auf das Fernsehverhalten der 33 Millionen deutschen Fernsehhaushalte hochgerechnet. Der Begriff der Einschaltquoten entstammt dabei eher der Alltagssprache. Begrifflich korrekter lässt sich das Fernsehverhalten in Sehbeteiligung und Marktanteil beschreiben. Die Sehbeteiligung gibt an, wieviele Menschen einer bestimmten Altersgruppe durchschnittlich ein bestimmtes Programm eingeschaltet haben.

Beispiel: Am Donnerstag den 27.1.2000 sahen von 18.30 bis 18.55 Uhr 930.000 Zuschauer über 3 Jahren die *Teletubbies* auf dem KI.KA. Von ihnen waren 310 000 Zuschauer zwischen 3 und 5 Jahren, 150 000

...AM BEISPPIEL FERNSEHEN

Zuschauer zwischen 6 und 9 Jahren und 30 000 Zuschauer zwischen 10 und 13 Jahren.

Der Marktanteil gibt an, wieviel Prozent der Zuschauer und Zuschauerinnen, die zu einem bestimmten Zeitpunkt fernsehen, ein bestimmtes Programm eingeschaltet haben.

Beispiel: Am Donnerstag den 27.1.2000 erreichten die *Teletubbies* einen Marktanteil von 4,6% bei allen Zuschauern und in der Gruppe der 3 – 5jährigen 31% Marktanteil. Von den 3 – 5jährigen hatten also 31% die *Teletubbies* eingeschaltet, während 69% etwas anderes sahen.

> Fast alle Fernsehsender bieten Informationen über aktuelle Einschaltquoten im Fernsehtext oder im Internet an. Schätzen Sie doch mal, wieviele Menschen die letzte Sendung der *Lindenstraße* oder der *Tagesschau* sahen? Sehen Sie im Fernsehtext (auf Seite 100 nach Informationen über Quoten suchen, entsprechende Seite auswählen) oder im Internetangebot des jeweiligen Senders (zumeist http//www.(Name des Senders).de)nach.

Die Fernsehforschung der GfK ermittelt nicht nur Sehbeteiligung und Marktanteil einzelner Sendungen, sondern errechnet auch die durchschnittliche Sehdauer von Personen unterschiedlichen Alters. Abb. 7 zeigt die durchschnittliche Sehdauer unterschiedlicher Altersgruppen. Es zeigt sich: Je älter die Zuschauer und Zuschauerinnen sind, desto länger schalten sie den Fernseher ein. Von allen Zuschauern und Zuschauerinnen verbringen demnach die Kinder am wenigsten Zeit vor dem Fernseher.

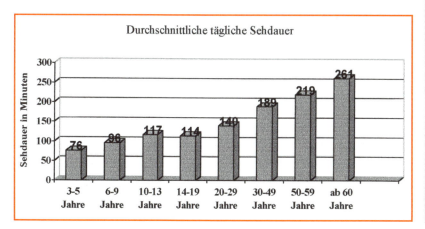

Abb. 7
Quelle: GfK
PC#TV, 1998

215

III. MEDIENNUTZUNG UND -REZEPTION...

Durchschnittlich sehen Kinder (3 bis 13 Jahre) weniger als zwei Stunden täglich fern. Zudem zeigen die Daten: Am Wochenende ist die Sehdauer länger als in der Woche und in den Wintermonaten höher als im Sommer. Jungen sehen statistisch mehr und länger fern als Mädchen. Kinder in Ostdeutschland haben den Fernseher häufiger und länger eingeschaltet als Kinder im Westen. Im Tagesverlauf gibt es bei den Drei- bis 13jährigen zwei kleine Höhepunkte der Nutzung zwischen 8.00 und 10.00 Uhr und zwischen 13.00 und 15.00, die Hauptfernsehzeit liegt aber deutlich zwischen 18.00 und 21.00 Uhr.

ZUSAMMENFASSUNG

Medienaneignung ist eine aktive Handlung, bei der sich Menschen ihren individuellen Themen entsprechend etwas aus dem Angebot der Unterhaltungsindustrie auswählen. Figuren oder Handlungen können zu Projektionsflächen werden, in denen Menschen sich und ihre Probleme wiederfinden. Durch para-soziale Interaktion ist es möglich, sich in die Handlung hineinzudenken, wie in einem Rollenspiel in neue Rollen zu schlüpfen und Handlungsentwürfe auszuprobieren. Neben den inhaltlichen Aspekten ist die Medienaneignung insbesondere an die Rezeptionssituation gebunden. Menschen können durch Medien spezifische Situationen gestalten und nutzen. Gerade die Nutzungsmuster von Kindern sind durch ihren familiären Kontext geprägt. Bei Jugendlichen wird hier zunehmend die Peer-Group bedeutsam.

Die Unterhaltungsindustrie hat sich auf die Wünsche und Bedürfnisse der Menschen eingestellt und bietet eine breite Palette von Medien und Ereignissen an, die miteinander verbunden sind und sich ausgesprochen gut in den Alltag der Industriegesellschaft einpassen. Kinder und Jugendliche wachsen selbstverständlich mit diesen Medien- und Ereignisarrangements auf. Im Vergleich mit den Erwachsenen sehen sie am wenigsten fern, was sich in den letzten Jahren, trotz steigenden Angebots, nicht verändert hat.

WEITERFÜHRENDE LITERATUR

BACHMAIR, B. (1993): <TV-Kids>, Ravensburg

BACHMAIR, B., NEUSS, N., TILEMANN, F. (HRSG.) (1997): <Fernsehen zum Thema machen>, Elternabende als Beitrag zum Jugendmedienschutz, München

EDER, S., NEUSS, N., ZIPF, J. (1999) (Hrsg.): <Medienprojekte im Kindergarten und Hort>, Niedersächsische Landesmedienanstalt für privaten Rundfunk (NLM), Berlin

III MEDIENNUTZUNG UND -REZEPTION
AM BEISPIEL FERNSEHEN
MEDIEN, ANGST UND GEWALT
NORBERT NEUSS

„Am Montagmorgen ist bei uns zur Zeit der Teufel los: Die Kinder sind völlig aus dem Häuschen. Insbesondere die Jungen spielen lauter und aggressiver ihre Mediengeschichten nach als an übrigen Tagen. Paul und Julius imitieren schon seit einiger Zeit die *Power Rangers*. Sie kämpfen und machen Karate und stören so die anderen Kinder. Im Morgenkreis dann, wenn die Kinder über ihr Wochenende erzählen können, berichten sie sehr viel über ihre Videofilm- und vor allem Fernseheindrücke – ihre Ängste und zahlreiche spannende Fernsehszenen. Dabei kommen die Mädchen manchmal zu kurz..."

Diese Beobachtungen einer Erzieherin sind kein Einzelfall. Sicherlich ist Ihnen bekannt, wovon hier gesprochen wird, vom „Montagssyndrom". Medienerfahrungen sind aus dem Kindergartenalltag nicht mehr wegzudenken, und so ergeben sich zahlreiche Fragen:

- Machen bestimmte Fernsehsendungen Kindern Angst?
- Wie wirken sich Gewaltdarstellungen in den Medien auf Kinder aus?
- Was kann ich als Erzieherin tun, um den Kindern bei der Ver- und Bearbeitung von verunsichernden oder ängstigenden Fernseherlebnissen zu helfen?
- Muss ich als Erzieherin meine Sichtweise über die medienbezogenen Reaktionen von Kindern überdenken und differenzieren?

Meist werden die medienbezogenen Reaktionen der Kinder mit Hilfe eines stark vereinfachten „Wirkungsmodells" gedeutet: *„Wenn* Kinder aggressive Sendungen sehen, *dann* werden sie selbst aggressiv", wäre beispielsweise eine solche vereinfachte Sichtweise. In der Medienwirkungsforschung wird dieses Modell Reiz-Reaktions- oder Stimulus-Response-Modell genannt. Es unterstellt zum einen, dass die Fernsehinhalte auf alle Menschen dieselbe Wirkung haben. Zum anderen seien Kinder den Aussagen der Sendungen gegenüber wehrlos ausgeliefert und würden von ihrer Fülle überfordert. Man spricht von „Reizüberflutung". Diese häufig anzutreffende Vorstellung von Erziehern/Erzieherinnen und von Erwachsenen überhaupt beeinflusst ihre

III. MEDIENNUTZUNG UND -REZEPTION...

Beobachtung und Interpretation medienbezogener Äußerungen von Kindern. Folgende Wirkungen werden dabei der Fernseh-, Video- und auch der Computernutzung nachgesagt:

- Veränderung der Wahrnehmung: Zunahme der bildhaften Wahrnehmung
- Verlust der Wirklichkeitserfahrung: Leben aus „zweiter Hand"
- Verflachung kultureller Tätigkeiten: Rückgang der Lesekultur, Überausbildung des formalisierten Denkens, bloßes passives Konsumieren
- Kognitive und emotionale Verarmung: schleichender „Sprachverlust", abnehmende Lernfähigkeit, nachlassende Konzentrationsfähigkeit, sinkende Frustrationstoleranz und Belastbarkeit, steigende Aggressionsbereitschaft

Es fällt auf, dass diese vermeintlichen Wirkungen besonders gegen *neuere* Medien, wie Fernsehen, Video und Computer, geltend gemacht werden. Die Problematik solcher Aussagen, Behauptungen und Vermutungen liegt jedoch darin, dass sie in ihrer Verallgemeinerung auf niemanden wirklich zutreffen. Es ist deshalb sinnvoll, sich mit konkreten Einzelfällen zu beschäftigen; im folgenden werden daher nach einigen theoretischen Überlegungen zu den Medienwirkungen zwei Fallbeispiele aus der Praxis vorgestellt und diskutiert.

WIRKUNGSTHEORIEN ZU GEWALTDARSTELLUNGEN IN DEN MEDIEN

In einer Vielzahl von Studien versuchte man, soziale und psychische Auswirkungen medialer Gewaltdarstellungen auf Kinder zu untersuchen, allerdings ohne eindeutige Ergebnisse. Dabei wurden die unterschiedlichsten Theorien aufgestellt. Am verbreitetsten sind:

(1) Katharsisthese (Reinigung): Diese These geht davon aus, dass der Zuschauer bei der Betrachtung medialer Gewaltdarstellungen sein aufgebautes Aggressionspotential abreagiert, indem er die gewalttätige Szene „innerlich miterlebt".

(2) Stimulationsthese (Anregung/Nachahmung): Die Stimulationsthese besagt im Gegensatz zur Katharsisthese, dass mediale Gewaltdarstellungen Aggressionsbereitschaft und aggressives Verhalten der Zuschauer noch steigern. Voraussetzung dafür ist allerdings, dass die Zuschauer emotional beteiligt sind.

...AM BEISPPIEL FERNSEHEN

(3) Inhibitionsthese (Hemmung): Gemäß dieser These verhindern Gewaltdarstellungen aggressives Verhalten durch Erzeugung einer „Aggressionsangst". Das heißt, die Zuschauer reagieren nach der Betrachtung gewalttätiger Szenen nicht aggressiv, da in ihnen Schuldgefühle oder Ängste wachgerufen werden, die aggressive Handlungen unterdrücken.

(4) Habitualisierungsthese (Gewöhnung): Die Vertreter der Habitualisierungsthese sind der Meinung, dass durch den regelmäßigen Konsum von Gewaltdarstellungen die Sensibilität gegenüber Gewalt abnimmt und diese als normales Alltagsverhalten betrachtet wird.

In der medienpädagogischen Forschung konnte die Frage der Medienwirkungen bis heute nicht befriedigend geklärt werden, da jeder Mensch anders wahrnimmt, reagiert und handelt. „Wie mächtig sie [die Medien] in Sozialisationsprozessen sein können, hängt davon ab, wieviel Macht ihnen in den entsprechenden sozialen Zusammenhängen eingeräumt wird: Längst bevor Medienbotschaften und Medienformen „wirken" können, bestimmt das soziale Umfeld die Art und die Stärke der möglichen Wirkungen im Prozess der Sozialisation" (Hurrelmann 1991, S. 71). Die Medienwirkungsforschung konkretisiert diese Vorstellung, indem sie Medienwirkungen im wesentlichen in Abhängigkeit von drei Einflussfaktoren sieht (s. Abb. 8):

- Medieninhalt: dramaturgischer Aufbau, (wahrgenommene) Realitätsentsprechung einer Fernsehsendung

- Persönlichkeit des Zuschauers: Alter, Geschlecht, Selbstwertgefühl, Sensibilität, Intelligenz, Bildung, soziale Beziehungen (z. B. Einbettung in eine Gleichaltrigengruppe), Schichtzugehörigkeit, Beruf, familiärer Status, politisch-soziale Situation

- Bedingungen während und nach dem Medienkonsum: Verhalten der Eltern, Fernsehkonsum allein oder in einer Gruppe, Häufigkeit und Dauer des Medienkonsums

III. MEDIENNUTZUNG UND -REZEPTION...

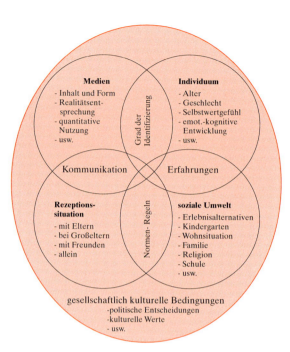

Abb. 8

Das Modell bezieht unterschiedliche gesellschaftliche, soziale und personale Faktoren bei der Wirkung von Medien mit ein. Folgende Überlegungen lassen sich mit Hilfe dieses Modells anstellen:

(1) Werden die Medien allein oder gemeinsam mit anderen Personen genutzt?
Ist das Kind allein zu Hause und kann über Auswahl und Nutzung der Medien frei bestimmen? Mit dem Alleinsein verbunden ist, dass das Kind während und möglicherweise auch nach der Rezeption keine Möglichkeit hat, mit Eltern, Geschwistern oder Freunden über die Inhalte zu sprechen oder sie im Spiel zu bearbeiten. In diesem Fall geht die „Gefahr" nicht vom Medium aus, sondern vom Alleinsein.

(2) Welche Mediennutzungsgewohnheiten gibt es in der Familie?
Die elterlichen Fernsehgewohnheiten prägen ganz entscheidend den Fernsehkonsum der Kinder. Wenn sich Kinder intensiv dem Fernsehen zuwenden, sollte dies ein Hinweis für die Eltern sein, über Quantität und Qualität des eigenen Fernsehkonsums nachzudenken. Eltern beurteilen das Fernsehverhalten ihrer Kinder häufig viel strenger als ihr eigenes. So können sie nicht von ihrem Kind verlangen, sich

...AM BEISPPIEL FERNSEHEN

auf nur eine Sendung pro Woche festzulegen, wenn sie selbst jeden Tag mehrere Stunden fernsehen. Kinder nehmen diese Doppelmoral der Eltern deutlich wahr und fühlen sich ungerecht behandelt. Neben dem elterlichen Fernsehverhalten hat auch die fernsehbezogene Kommunikation während der Rezeption einen verstärkenden, relativierenden oder störenden Einfluss auf die Wirkung einer Sendung. Wenn eine Mutter beispielsweise während einer Sendung einen Fernsehhelden ständig lächerlich macht, hat dies sicherlich Auswirkungen auf die Bereitschaft des Kindes, mit der Mutter über diese Sendung zu sprechen.

(3) In welcher sozialen Lage befindet sich die Familie?
Wie lange und was genutzt bzw. gesehen wird, hängt auch mit den strukturellen Bedingungen der Familie (Arbeitslosigkeit, Ein-Eltern-Familien, Berufstätigkeit beider Eltern usw.) zusammen. In Familien etwa, in denen ein Familienmitglied arbeitslos geworden ist, lässt sich häufig auch eine Veränderung der Mediennutzungsgewohnheiten beobachten. So wird zum Beispiel aus finanziellen Gründen das Zeitungsabonnement gekündigt und die Zeit des Fernsehens verlängert. Eltern, die beruflich unter großem Stress stehen, neigen möglicherweise dazu, den Fernseher oder auch den Computer als „elektronisches Kindermädchen" einzusetzen.

(4) Wie werden Konflikte in der Familie gelöst?
Erlebt ein Kind, dass Konflikte in der Familie offen angesprochen und diskutiert werden, so ist die Wahrscheinlichkeit eher gering, dass gewalttätige Konfliktlösungsstrategien in Fernsehsendungen das Kind zur Nachahmung anregen.
Die Auswirkung von Gewaltdarstellungen in den Medien auf Kinder ergibt sich aus dem Zusammenspiel vieler Faktoren, insbesondere der Persönlichkeit des Kindes, seiner Familiensituation und seines Freundeskreises. Die Frage nach der Gefährlichkeit eines Medieninhaltes lässt sich nicht generell aus der Erwachsenenperspektive einschätzen, sondern muss anhand der kindlichen Äußerungen individuell und unter Berücksichtigung der bereits genannten Aspekte beurteilt werden. Die Wahrnehmung von Gewaltszenen ist abhängig von Alter, Geschlecht und sozialem Umfeld. Die Fähigkeit, verschiedene Formen der Gewaltdarstellung (Tagesschau, Reality-TV, Spielfilm) zu erkennen und einzuordnen, nimmt mit Alter und Schulbildung zu. Wichtig ist außerdem, dass die Bewertung medialer Gewaltdarstellungen in der Regel nicht aufgrund der Gewalthandlung selbst geschieht, sondern aufgrund der sichtbaren Folgen beim Opfer. Gewalthandlungen

III. MEDIENNUTZUNG UND -REZEPTION...

werden dann als solche erkannt und (negativ) bewertet, wenn die Folgen für das Opfer sichtbar sind, d. h. wenn das Opfer leidet, blutet, regungslos daliegt oder ins Krankenhaus gebracht wird. Deshalb sind Verunsicherungen und Ängste bei Kindern vor allem dann zu beobachten, wenn reale Opfer in Nachrichten oder Informationssendungen (z. B. *Aktenzeichen xy*) gezeigt werden oder wenn beliebte Figuren in Gefahr geraten.

WIE KINDER FERNSEHERLEBNISSE VERARBEITEN

Für die Verarbeitung von Medienerlebnissen sind die entwicklungsbedingten Wahrnehmungsweisen und handlungsleitenden Themen von Kindern von zentraler Bedeutung. Kinder erleben Fernsehsendungen anders als Erwachsene. Sie erinnern sich zum Beispiel meist nicht an die vollständige Handlung, sondern lediglich an die für sie wichtigen Szenen oder Bilder („punktuelle Wahrnehmung"). Außerdem steht für Vor- und Grundschulkinder das Erleben viel stärker im Vordergrund als das Verstehen. Die kindliche Wahrnehmung stellt eine gefühlsbetonte Aktivität dar, bei der das psychische Erleben auch körperlich ausgelebt wird. Der elterliche Kommentar „...ist doch nur Fernsehen..." greift dabei viel zu kurz, denn aufgrund ihres intensiven Erlebens sind für Kinder diesen Alters die gezeigten Figuren und Handlungen real. Neben der Faszination beinhaltet dies allerdings auch ein gewisses Risiko. Das intensive Erleben von Szenen oder Inhalten kann also nicht immer nur zur Unterhaltung und Unterstützung der eigenen Lebensbewältigung genutzt werden, sondern ebenso zu Verunsicherung und Ängsten führen.

Aus dem in der Abb. 9 dargestellten Modell geht hervor, dass ein Individuum seine Erfahrungen in der Familie, im Kindergarten und mit den Medien aktiv gestaltend verarbeitet und bestimmte Themen aufgrund persönlicher Erlebnisse und Beziehungen eine besondere Bedeutung in der Biografie des einzelnen einnehmen. Das führt, neben einer individuellen Lebensgeschichte, auch zu unterschiedlichen Einstellungen, Gewohnheiten und Verhaltensweisen, die in der Abbildung durch das Kästchen „Alltagshandeln" symbolisiert werden. Welcher Film zu Tränen rührt oder welche Szene besonders in Erinnerung bleibt, hängt von der Lebenserfahrung des Einzelnen ab. Eine Filmszene hat also nicht nur dann Auswirkungen, wenn sie besonders brutal, blutig oder gewalttätig ist, sondern vor allem dann, wenn sie einen individuellen Bezug zur eigenen Erfahrungswelt erhält.

...AM BEISPPIEL FERNSEHEN

Abb. 9

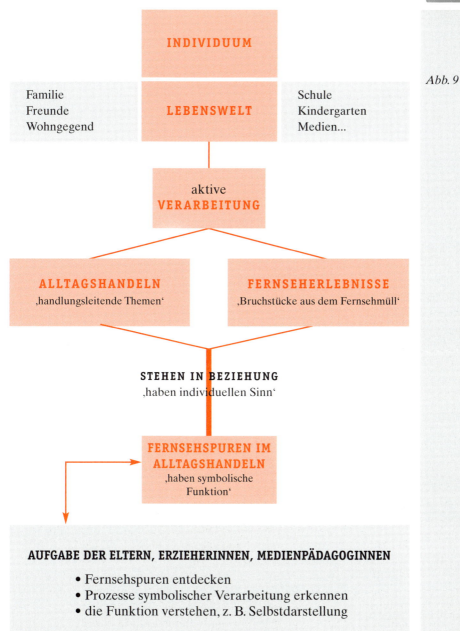

III. MEDIENNUTZUNG UND -REZEPTION...

Diesen Sachverhalt verdeutlicht ausgezeichnet folgende Karikatur, in der die für Erwachsene unerwarteten Reaktionen zweier Kinder auf vier schreckliche Bilder gezeigt werden (s. Abb. 10). Bei den ersten drei Bildern äußern die beiden Kinder keinerlei Reaktion. Entsprechend der bisherigen Überlegungen rufen diese Szenen deshalb keine Wirkung hervor, weil die Kinder weder Krieg, Raubmord noch Atomtod erlebt haben und die Szenen für sie deshalb abstrakt und unverständlich sind. Die uns Erwachsenen so harmlos erscheinende Hundeszene macht den Kindern dagegen große Angst. Der Hund erinnert sie vielleicht an den bösen Nachbarshund oder den „bösen Wolf" aus dem Märchen. „Ich verstehe Dich nicht, ist doch bloß ein Hund", könnte ein Elternteil sagen und damit die Erregung des Kindes nicht ernst nehmen. Die Karikatur illustriert, dass die Reaktionen von Kindern und Erwachsenen aufgrund der unterschiedlichen Wahrnehmungsweisen und Erfahrungen unterschiedlich sind und dass nicht alles, was Erwachsene als bedrohlich empfinden, auch Kinder ängstigt.

Abb. 10

NUTZUNG VON MEDIENSYMBOLEN

Fernsehspuren im Alltagshandeln von Kindern haben symbolische Funktion. Kinder verwenden Mediensymbole, -inhalte und -figuren zur Bewältigung von Alltags- und Lebensproblemen und stellen über ihre medienbezogenen Spiele und Gespräche soziale Beziehungen dar. Mediengeschichten unterstützen Kinder also dabei, eigene Gefühle und Wünsche zu ordnen und symbolisch zu bearbeiten. Es können jedoch unbewusste oder verdrängte Ängste aktiviert werden. „Mediale Szenarien können nicht Angst machen, aber sie können Gefühle wachrufen, können erwünschte wie unerwünschte Fantasien vor Augen führen, auf die ein Kind dann mit Angst, Unsicherheit oder Betroffenheit reagiert" (Rogge 1994, S. 83). Obwohl die handlungsleitenden Themen von Kindern individuell sind und unterschiedlich geäußert werden, tauchen folgende Themen häufiger auf:

...AM BEISPPIEL FERNSEHEN

- Machtfantasien: Der Wunsch nach Stärke, weil man sich selbst als schwach erlebt.
- Gerechtigkeit: Der Wunsch, gewitzt, mit List, mit Tücke und Magie „das Böse" zu besiegen.
- Großwerden: Das Bedürfnis und die Angst davor, erwachsen zu werden, weil man sich selbst als klein bzw. abhängig erlebt.
- Alleinsein: Gefühle der Einsamkeit oder Verlustängste.
- Umweltkatastrophen und -zerstörung: Bedrohung der eigenen Existenz.
- Geschlechtlichkeit: Fragen nach dem eigenen Geschlecht und den damit zusammenhängenden Erwartungen.
- Tod und Sterben: Suche nach Erklärungen.
- Ich und andere: Freunde finden, Banden gründen.
- Erwartungen: Was kommt auf Kinder zu, z. B. im schulischen Bereich?
- Schwangerschaft und Geburt: Wo kommen die Babys her?
- Eigenen Besitz schützen und persönlichen Raum beanspruchen.
- Mit eigenen Gefühlen umgehen, z. B. mit der Eifersucht auf Geschwister.
- Übernatürliche Wesen und Kräfte: Verzauberung, Verwandlung.

ÄNGSTIGENDE MEDIENERLEBNISSE BEARBEITEN

Die Bearbeitung und Verarbeitung von Medienerlebnissen stellen aktive „Tätigkeiten" dar. Während Verarbeitung eher als innere Auseinandersetzung beschrieben werden kann, ist Bearbeitung stärker nach außen orientiert. Die Verarbeitung von Informationen kann durch eine (angeleitete) aktive Bearbeitung unterstützt werden.
Beispielsweise hat man manchmal nach aufregenden Erlebnissen oder Auseinandersetzungen mit anderen Menschen das Gefühl, dass „man das erst einmal verarbeiten muss". Es liegt eine emotionale Ergriffenheit oder Betroffenheit vor, die überdacht und eingeordnet werden will. Dieser Verarbeitungsprozess kann durch Bearbeitung unterstützt werden, indem man über das Erlebte spricht und sich verschiedene Meinungen und Sichtweisen dazu anhört.
Kinder bearbeiten Filme, Erlebnisse und Alltagserfahrungen, indem sie das Erlebte aufgreifen, gestalten (spielen, assoziieren) und dadurch

III. MEDIENNUTZUNG UND -REZEPTION...

in ihren bestehenden Erfahrungsschatz einordnen. Während Erwachsene Informationen eher gedanklich bearbeiten, geben Kinder ihren Eindrücken viel stärker einen körperlichen oder gestalterischen Ausdruck. Ausdruck heißt, Erlebtes nach außen zu tragen. Erlebnisse werden nie vollständig und abschließend verarbeitet. Sie können immer wieder durch die Konfrontation mit Bildern, Texten, Musik oder Gerüchen wachgerufen werden.

Auch medienbezogene Kinderzeichnungen können hilfreich sein, Verständnis für die kindlichen Erlebniswelten zu entwickeln, deshalb soll die Frage, was Kinder ängstigt, an zwei Kinderzeichnungen verdeutlicht werden. Die folgenden Bilder haben Laura (sieben Jahre) und Sophie (fünf Jahre) zum Thema „Was mir beim Fernsehen Angst gemacht hat" gemalt (s. Abb. 11 und 12). Im Anschluss an die Phase des Zeichnens wurde mit Laura und Sophie ein Gespräch geführt, in dem sie dem Autor dieses Aufsatzes ihr Bild erklärt haben.

Abb. 11

Neben dem Verständnis, das medienbezogene Kinderzeichnungen Erwachsenen ermöglichen, hilft Kindern das Zeichnen und das anschließende Gespräch bei der aktiven Ver- und Bearbeitung des Erlebten. Mit der Aufgabe, einen Film zu zeichnen, bei dem man Angst hatte, wird eine schöpferische Auseinandersetzung mit dem Medienerlebnis und der eigenen Angst angeregt. Durch das Zeichnen werden unbestimmte, bedrohliche Gefühle greifbar, eine wesentliche Voraussetzung für einen aktiven Umgang des Kindes mit seinen Ängsten und Gefühlen.

...AM BEISPPIEL FERNSEHEN

WAS LAURA ZU IHREM BILD ERZÄHLT:

N. Neuß: Kannst du mal kurz erzählen, was auf dem Bild alles zu sehen ist?

Laura: Also, da ist ein Wal drauf und eine Bombe, und die Bombe will den Wal töten, und wenn die Bombe in den Körper eindringt, dann noch zehn Minuten und dann wird die Bombe explodieren, und der ganze Wal ist dann tot.

N.: Also die Bombe explodiert... (kurze Pause)

L.: ...in dem Wal.

N.: Wo hast du das denn eigentlich gesehen?

L.: Ähm, ich hatte das mal im Fernsehen gesehen, in SAT 1, und ich fand das eben schlimm, und Greenpeace unternimmt jetzt auch was dagegen, und das finde ich gut.

N.: Und jetzt sieht man ja, dass die Bombe lacht.

L.: Die ist auch böse, weil die lacht, wenn dass die in den Wal eindringen kann, dann findet die das so gut – und wenn die nicht da eindringt und der Wal ist weg, dann ist die Bombe traurig, weil sie dann nur das Wasser gekriegt hat.

N.: Du hast ja die Bombe auch durchgestrichen!

L.: (Zustimmung) Weil so was nicht sein darf.

N.: Was sind denn diese schwarzen Punkte hier?

L.: Das sind die drei Bomben.

N.: Und das Rote mit dem lachenden Gesicht, was ist das?

L.: Das ist so ein spitzes Teil, was in den Wal eindringen muss. (...)

N.: Und der Wal, der weint ja!

L.: Hm (Zustimmung).

N.: Und der weint, weil er abgeschossen wird?

L.: Vielleicht. (...)

N.: Und was war das für eine Sendung?

L.: Das war so der dritte oder vierte Teil von „Explosiv". Das stellt jetzt ein Mann da her, und da unterhalten die sich, so sechs Männer, drei auf der anderen Seite und drei auf der nächsten Seite und dann sagten die..., einer ist gegen die Wale und einer will die Wale schützen.

N.: Du hast ja rechts auch noch ein extra Bild gemalt, was ist da zu sehen?

L.: Das soll darstellen, die Bäume, die Apfelbäume, werden jetzt ja auch so schon absterben, weil die haben eine so komische Krankheit, und das finde ich auch nicht gut, weil ich Äpfel sehr gerne esse.

N.: Und das hast du auch im Fernsehen gesehen?

L.: Hm (Zustimmung).

N.: Und wo kam das?

L.: Nachrichten. (...)

III. MEDIENNUTZUNG UND -REZEPTION...

Laura besitzt eine bemerkenswerte Detailwahrnehmung. Sie hat sich an den Film über den Walfang genau erinnert und ihn gemalt. Auffällig ist die Vermenschlichung der dargestellten Bildelemente: Der Wal weint und die Bombe lacht. Außerdem haben die Gegenstände, z. B. die Bombe, eine eigene Motivation („die Bombe will den Wal töten") und können menschliche Regungen ausdrücken („dann ist die Bombe traurig"). Obwohl sich ihr Bild auf eine Sendung bezieht, in der die Diskussion im Vordergrund steht, hat Laura offensichtlich ein kurzer eingeschobener Dokumentarfilm besonders beeindruckt. Sie verweist vor allem auf die umstrittene Situation des Walfangs. Das Wort „vielleicht" betont sie in dem Gespräch besonders stark, weil ihr ein offener Ausgang dieser Szene sehr wichtig ist. Zu diesem Zweck hebt Laura in ihrer Zeichnung Raum, Zeit und Logik auf, indem sie den unentschiedenen Ausgang in einem einzigen Bild darstellt. Sie beschreibt die verschiedenen Möglichkeiten folgendermaßen: „Die (Bombe) ist auch böse, weil die lacht, wenn dass die in den Wal eindringen kann, dann findet die das so gut – und wenn die nicht da eindringt und der Wal ist weg, dann ist die Bombe traurig, weil sie dann nur das Wasser gekriegt hat." Die Situation ist offen und bleibt es auch. Als wesentliche Akteure in dem Bild sind Laura, der Wal und die Bombe präsent und stellen symbolisch das Verhältnis von „Ich" (wachse in diese Welt hinein), „Du" (tötest Wale) und „Welt" (lebendig und bedroht) dar. An der Gegenüberstellung von Bombe und Wal zeigt sich – wie in der zugrundeliegenden Sendung *Explosiv* – eine Polarisierung der Meinungen und Motive.

Ein Zusammenhang zwischen Alltagswelt und Medieninformation lässt sich auch an dem Bild mit dem Apfelbaum entdecken. Laura nimmt die kurze Nachrichtenmeldung über eine Erkrankung von Apfelbäumen, die zum Absterben der betroffenen Bäume führt, intensiv wahr, weil sie selbst gern Äpfel isst. Bei genauerem Hinsehen entdeckt man, dass Laura auch diese Bedrohung zeichnerisch umgesetzt hat: Sie hat den Himmel über dem Apfelbaum schwefelgelb ausgemalt und die zuvor braunen Äste des Baumes mit schwarzen Strichen übermalt. Erst im Gespräch wird der inhaltliche Zusammenhang mit dem Walfangmotiv deutlich: In beiden Bildern geht es um Umweltzerstörung und Lauras Betroffenheit darüber. So erzählt Laura nach dem Interview, dass sie selbst ein Aquarium „mit bunten Fischen" habe, um das sie sich zusammen mit ihrem fünfjährigen Bruder kümmert. Laura weiß sehr genau, auf welcher Seite sie selbst steht („und ich fand das eben schlimm, und Greenpeace unternimmt

...AM BEISPIEL FERNSEHEN

jetzt auch was dagegen, und das finde ich gut") und an welcher Stelle sie sich in dem Bild sieht. Trotz dieser vereinfachten Weltsicht bearbeitet Laura reale Themen, die sie berühren. Das Bild bringt diese Themen von innen nach außen und macht sie handhabbar. Laura bearbeitet auf diese Weise ihre Fernseherfahrung und wird selbst aktiv, indem sie die Bombe durchstreicht und ihren Namen übergroß – quasi schützend – zwischen die Bombe und den Wal schreibt.

SOPHIES BILD ZUM FILM *KÖNIG DER LÖWEN*

Mit ihrer Zeichnung bezieht sich die fünfjährige Sophie auf einen für sie als beunruhigend empfundenen Ausschnitt aus dem Film *König der Löwen*. Folgendes spielt sich ab:
Simba, der kleine Löwe, spielt in einer Schlucht. Durch die Hyänen, die dem bösen Scar, Simbas Onkel, hörig sind, wird eine Gnuherde in Panik versetzt. Die Gnus rennen durch die Schlucht auf Simba zu. Dieser versucht zu fliehen. Scar, der selbst König werden möchte, läuft zu seinem Bruder Mufasa, dem König der Löwen, und berichtet ihm, dass Simba in Gefahr ist. Mittlerweile ist die Herde gefährlich nah bei Simba und überrennt ihn fast. Mufasa sieht die Gefahr, stürzt sich in die Herde und rettet seinen Sohn. Um sich anschließend selbst zu retten, klettert er an einer steilen Felswand hinauf. Fast oben angekommen, bittet er Scar um Hilfe. Dieser aber schlägt ihm seine Krallen in die Pfoten und stößt ihn in die Tiefe. Simba sieht von einem Felsen aus, dass sein Vater regungslos in der Schlucht liegt. Als er schluchzend neben ihm sitzt, zieht Scar ihn weg und sagt: „Was hast du da angerichtet, Simba? Und was wird deine Mutter dazu sagen?" Simba weiß sich nicht zu helfen und fragt Scar um Rat. Der rät ihm, ganz weit weg zu laufen und Simba läuft davon. Damit er selbst und nicht Simba der neue *König der Löwen* wird, hetzt Scar die Hyänen hinter ihm her, mit dem Auftrag, seinen Neffen zu töten. Sophie hat diesen Filmausschnitt in negativer Erinnerung behalten und zeichnerisch umge-

Abb. 12

III. MEDIENNUTZUNG UND -REZEPTION...

setzt. Auf ihrem Bild ist Scar zu sehen, der auf einer Klippe steht. Sein Bruder Mufasa hängt an der Klippe und bittet seinen Bruder um Hilfe. Dieser stößt ihn jedoch in die Schlucht, wo ihn eine aufgebrachte Herde Gnus überrennt. Die Gesichter von Scar und Mufasa sind so gezeichnet, dass sie den Betrachter der Zeichnung direkt ansehen.

WAS SOPHIE ZU IHREM BILD ERZÄHLT:

N. Neuß: *Und jetzt hast du hier ja auch noch ein Bild gemalt, kannst du mal erzählen, was das ist?*

Sophie: *Das ist Scar (Sophie zeigt auf Scar).*

N.: *Das ist Scar?*

S.: *Den hab ich jetzt auf Video gekriegt, als ich fünf wurde und ohhh, der hatte so was Schwieriges gesagt, das weiß ich jetzt nicht mehr. Muss ich erst mal überlegen. Kann sein, dass ich es doch noch weiß. (Pause) Jetzt weiß ich's wieder. Hat er gerufen: „Bruder, hilf mir", und dann hat er ihn richtig so mit die Krallen richtig an die Pfoten gepackt, und dann hat er ihn losgelassen, und dann ist er runter, und die Gnus haben ihn übergerast. Und dann ist Simba runter, und dann hat er versucht, seinen Vater aufzuwecken, der wußte ja nicht, ob er tot war, und dann ist er doch nicht aufgewacht, und dann wußte er später doch, dass er tot war. Dann hat Scar zu den Hyänen gesagt, Scar der hat sich oben auf die Klippe gestellt, und dann haben sie ihn gesehen, und Scar hat sich nur so hingestellt und dann haben sie ihn gesehen und dann haben sie schon die Gnus runtergejagt. Und dann hat er den losgelassen. Und dann ist der runtergestürzt.*

N.: *Der hier ist runtergestürzt?*

S.: *Ja, das ist ja Mufasa, das ist Simbas Vater.*

N.: *Mufasa heißt der?*

S.: *Und das ist natürlich sein Bruder.*

N.: *Und warum macht der Bruder das?*

S.: *Weil, weil er wollte auch König sein, und der hat ihn ja nicht gefragt, und dann hat er halt gedacht, er lässt ihn einfach von der Klippe runterfallen, Königsfelsen, das hat er auch gemacht. Und dann war er tot, Mufasa.*

N.: *Der war tot?*

S.: *Ja, und dann hat er das gesagt, und dann hat der zu den Hyänen gesagt, sie sollen Simba versuchen zu töten. Aber Simba, ...runter*

(atemlos) huijuijui, er ist runtergesprungen in die Dorn..., in die Dornenhecke rein, drunter durch und der andere da reihein und hat geschrien, ist der hoch und dann hatte der aber lauter Stacheln hinten, das war witzig.

N.: *Und was ist das jetzt hier?*

S.: *Das sind die Gnus. Weil man kann die ja jetzt nicht so gerade machen, dann steht das ja hier unten raus (Sophie hebt das Blatt hoch und zeigt auf die Unterseite des Zeichenpapiers).*

...AM BEISPPIEL FERNSEHEN

N.: *Was meinst du jetzt?*
S.: *Die Beine, dass die hier unten, die stehen ja sonst unten durch. Oh, das finde ich nicht so gut, wenn die unten durchstehen, so jetzt richtig gerade, und dann sieht man die, dass die richtig eingebaut sind, die kommen sonst auf mich zu.*
N.: *Die würden sonst durch das Papier durchgucken?*
S.: *Ja.*
N.: *Da hast du sie lieber gerade gemalt?*
S.: *Da wollte ich sie lieber so machen. Die sehen aus wie Kaulquappen. Jetzt wollen wir das Bild rumdrehen!*

Insbesondere die Art und Weise, wie Sophie begründet, warum sie die Gnus so und nicht anders gezeichnet hat, ist interessant und gibt Hinweise auf ihre Strategie, dieses Medienerlebnis weniger bedrohlich erscheinen zu lassen. So erklärt Sophie, dass sie die Gnus nicht frontal gezeichnet hat, weil sonst die Beine nach unten aus dem Blatt herausragen würden. Sophie weiß also, wie sie die Gnus hätte zeichnen können, wenn sie die im Film gezeigte Perspektive der Bedrohung zeichnerisch umgesetzt hätte. In den nebenstehenden Videoprints werden die unterschiedlichen Perspektiven gezeigt. Im Film kommen sowohl die Vogelperspektive (Abb. 13 und 15) als auch die Frontalperspektive (Abb. 14 und 16) vor. Die Perspektive Simbas ist vor allem die der Bedrohung und des Überranntwerdens. Gerade diesen Blickwinkel vermeidet Sophie und wechselt innerhalb ihrer Zeichnung die Perspektive. Während sie Scar und Mufasa eher aus einem seitlichen Blickwinkel gezeichnet hat und deren Gesichter den Betrachter direkt anschauen, vermeidet Sophie diese Perspektive für die Gnus. Es scheint zunächst so zu sein, als ob Sophie aufgrund ihrer zeichnerischen Fähigkeiten einfach noch nicht in der Lage war, auch bei den Gnus die vorher gewählte Perspektive durchzuhalten. Sophie selbst weist jedoch mit ihrer Begründung über diese rein vom Entwicklungsstand der zeichnerischen Fähigkeiten abhängige Interpretation hinaus. So erklärt sie ihre zeichnerische Umsetzung dieser Szene mit den Worten „die kommen sonst auf mich zu" und „oh, das finde ich nicht so gut". Sie wählt also bewusst die Vogelperspektive, damit die aufgeregte Herde für sie selbst keine Bedrohung darstellt. Dass dies eine entlastende Perspektive für Sophie ist und tatsächlich auf einer

Abb. 13: Simba sieht die panische Herde auf sich zukommen

Abb. 14: Simba flüchtet vor der Herde

Abb. 15: Die Herde holt Simba ein

Abb. 16: Simba zwischen den rennenden Gnus

III. MEDIENNUTZUNG UND -REZEPTION...

Entscheidung im Prozess des Zeichnens beruht, wird auch durch ihre letzte Aussage deutlich. Dort zeigt sich Sophies Reflexionsvermögen hinsichtlich der Perspektivenwahl. Sie sagt, dass sie die Gnus lieber in der beschriebenen Weise zeichnen wollte und vergleicht die so gewählte Perspektive auf die Gnus mit der auf Kaulquappen. Sie benutzt also eine Perspektive, die sie kennt und mit der sie die entsprechenden Größenverhältnisse verbindet. So hat Sophie bei der zeichnerischen Bearbeitung ihres Filmerlebens eine Strategie gefunden, um die Gnus weniger bedrohlich erscheinen zu lassen.

Wie die Zeichnungen und Aussagen von Laura und Sophie zeigen, sind beide Kinder nicht wehrlos im Mediennetz gefangen, sondern gehen aktiv mit ihren Medienerlebnissen um. Allerdings brauchen Kinder bei der Be- und Verarbeitung von problematischen oder ängstigenden Fernseherlebnissen die Unterstützung durch Pädagogen oder Eltern.

ZUSAMMENFASSUNG

Häufig werden die medienbezogenen Reaktionen von Kindern mit einem stark vereinfachten Wirkungsmodell gedeutet, dem so genannten Reiz-Reaktions-Modell (Stimulus-Response-Modell). Medienwirkung hängt jedoch vom Zusammenwirken verschiedener Faktoren ab, die sich im wesentlichen in drei Einflussfaktoren zusammenfassen lassen (multifaktorielles Modell): Medieninhalt, Persönlichkeit des Zuschauers, Bedingungen während und nach dem Medienkonsum. Dieses Modell bezieht unterschiedliche gesellschaftliche, soziale und personale Faktoren bei der Wirkung von Medien mit ein. Dadurch wird deutlich, dass Kinder den Medien nicht wehrlos ausgeliefert sind, sondern aktiv mit ihren Medienerlebnissen umgehen und verschiedene Möglichkeiten der Be- und Verarbeitung zur Verfügung haben. Allerdings brauchen Kinder zur Be- und Verarbeitung problematischer oder ängstigender Fernseherlebnisse die Unterstützung durch Pädagogen und Eltern.

...AM BEISPPIEL FERNSEHEN

FRAGEN ZUR DISKUSSION UND ÜBUNGEN

1) Welche Kindersendungen im Fernsehen fallen Ihnen ein, die Kindern Angst machen könnten? Welche Möglichkeiten sehen Sie, den Kindern bei der Verarbeitung dieser Ängste zu helfen?
(2) Gehen Jungen und Mädchen unterschiedlich mit angstmachenden Szenen um? Wenn ja, wie?
(3) Lassen Sie während Ihres Praktikums in Ihrer Kindergartengruppe die Kinder ein Bild zum Thema „Meine Lieblingssendung" malen und sprechen Sie anschließend mit den Kindern über ihre Zeichnungen.

WEITERFÜHRENDE LITERATUR:

BACHMAIR, B. (1994): <Handlungsleitende Themen: Schlüssel zur Bedeutung der bewegten Bilder für Kinder>, in: Deutsches Jugendinstitut (Hrsg.): Handbuch Medienerziehung im Kindergarten – Teil 1. Pädagogische Grundlagen, S. 171-184

BEST, P. (1993): <Zwischen Nachgeben und Zuhauen – Gewalt und Konflikte aus der Sicht der Kinder>, in: Theunert, H. (Hrsg.): „Einsame Wölfe" und „Schöne Bräute", S. 107-138

KUNCZIK, M. (1983): <Wirkungen von Fernsehsendungen auf Kinder und Jugendliche>, in: Wodraschke, G. (Hrsg.): Jugendschutz und Massenmedien, S. 155-168

KUNCZIK, M. (1987): <Gewalt und Medien>, Köln

NEUSS, N. (1999): <Symbolische Verarbeitung von Fernseherlebnissen in Kinderzeichnungen>, Eine empirische Studie mit Vorschulkindern, München 1999.

NEUSS, (1997): <„Lilopatras Macht" – Die Bedeutung von Kinderzeichnungen für die Medienerziehung>, in: Bachmair, B., Neuß, N., Tilemann, F. (Hrsg.): Fernsehen zum Thema machen. Elternabende als Beitrag zum Jugendmedienschutz, S. 126-142

REISS, W. (1996): <Kinderzeichnungen>, Wege zum Kind durch seine Zeichnung, Neuwied, Kriftet, Berlin

RICHTER, H.-G. (1987): <Die Kinderzeichnung>, Entwicklung – Interpretation – Ästhetik, Düsseldorf

ROGGE, J.-U. (1990): <<Kinder und Medien>, Niedersächsisches Kultusministerium (Hrsg.), Heft 6, Hannover

PIAGET, J. (1981): <Meine Theorie der geistigen Entwicklung>, München

WIDLÖCHER, D. (1974): <Was eine Kinderzeichnung verrät>, Methoden und Beispiele psychoanalytischer Deutung, München

III MEDIENNUTZUNG UND -REZEPTION
AM BEISPIEL FERNSEHEN
MEDIEN UND SPRACHE
WERNER HOLLY

Wie wirken Medien auf unsere Sprache? Nehmen uns der Fernseher oder das Radio womöglich das Gespräch ab? Führen Medien zu einer Art „Sprachlosigkeit"? Verändert sich unsere Sprache durch die Medien zum Nachteil? Oder fördern diese im Gegenteil die Sprachfähigkeit des Einzelnen und bereichern damit die Sprache? Antworten dürfen nicht nur bei den Eigenschaften der Medienprodukte gesucht werden, sondern auch bei uns selbst, den Nutzern.

MEDIENKRITIK

Die Entwicklung neuer Medien wird, wie viele andere technische Entwicklungen auch, sowohl von Hoffnungen als auch von Ängsten begleitet: Den einen sind sie Träger einer besseren, schnelleren, „reicheren" Kommunikation, die uns weltweit zu einem „globalen Dorf" vernetzt. Andere verbinden mit ihnen eher Gefahren: Unsere bisherige Lebensweise und auch unsere Sprache scheinen gefährdet. Doch was bedroht in den Augen der Kritiker die Sprache? Da es sich hierbei um eine Vielfalt unterschiedlichster Aspekte handelt, fasse ich diese in fünf Punkten kurz zusammen:

1 Bilder und Musik statt (gesprochener und geschriebener) Sprache
Eine große Bedrohung unserer Sprache sehen einige Kritiker in der Verbreitung von Medien, die durchweg oder zumindest teilweise andere Zeichen anstelle von „Sprachzeichen" verwenden. Darunter fallen Bilder und graphische Symbole, zum Beispiel in Comics oder Video- und Computerspielen, aber auch Musik auf den verschiedensten Tonträgern (Schallplatten, Kassetten, CDs, Radiosendungen). Diese Zeichen gewinnen durch ihre Anschaulichkeit und Eingängigkeit zunehmend an Bedeutung und übernehmen Funktionen der gesprochenen Sprache.

Auch das Medium Fernsehen fasziniert scheinbar nicht so sehr durch das Gesprochene, sondern durch Bilder(folgen). „Das Fernsehen ist in erster Linie ein visuelles Medium [...]. Obwohl man im Fernsehen auch Sprache hört und diese mitunter sogar Wichtigkeit erlangt, ist es gleichwohl das Bild, welches das Bewusstsein des Zuschauers beherrscht und die entscheidende Bedeutung vermittelt. Um es so einfach wie möglich zu sagen: Die Menschen sitzen als Zuschauer vor dem Fernseher, nicht als Leser und auch nicht so sehr als Hörer. Sie sehen fern" (Postman 1983, S. 92).

2 Bilder, Musik, gesprochene Sprache statt geschriebener Sprache/Schrift

Besonders Verteidiger von Lese- und Schreibfertigkeiten befürchten aufgrund der wachsenden Bedeutung von Bild- und Tonmedien, dass das Lesen und Schreiben immer weiter in den Hintergrund gedrängt werden könnte. Manche sehen die Schriftkultur auf dem Rückzug: Man beklagt „funktionalen" Analphabetismus und die *Deutsche Lesegesellschaft* und die *Stiftung Lesen* entwickeln Programme zur aktiven Leseförderung, „neben" dem und nicht „statt" des Fernsehens (v. Polenz 1999, S. 37-107).

3 „Boulevardisierung" statt Sprachpflege

Ein weiterer Kritikpunkt ist, dass in fast allen Medien zunehmend reißerische Darstellungsformen und triviale Inhalte im Stil von „Boulevardzeitungen" wie *Bild* vorherrschen. Dies spiegelt sich natürlich auch in der verwendeten Sprache wider. Kritiker sehen hier ein Zeichen für den Verfall unserer Sprachkultur (vgl. Holly und Biere, 1998).

4 Vereinheitlichung statt Sprachvielfalt

Auch in diesem Punkt sind es Vermarktungsinteressen, die international verständlichen Begriffen („Internationalismen"), und dabei vor allem Fremdwörtern aus dem Amerikanischen (Lifestyle, Look usw.), aber auch typisch amerikanischen Formaten (Western, Talkshows usw.) den Vorrang geben. Das hat den Vorteil, möglichst viele Menschen unterschiedlichster Nationalitäten ansprechen zu können. Doch führt diese Tendenz auch zu einer sprachlichen und kulturellen Vereinheitlichung, die keinen Platz mehr für einzelne nationale oder regionale Sprachen bzw. Dialekte bietet.

5 Passiver Medienkonsum statt aktiven Gesprächs

Der letzte und vielleicht stärkste Vorwurf der Kritiker findet Ausdruck im Schreckensbild eines passiven, „kommunikationslosen" Medienkonsumenten, der sich in die Isolation des Fernsehsessels zurückgezogen hat oder seine Tage vor dem Computer verbringt. Gespräche mit Freunden oder der Familie spielen in seinem Leben keine große Rolle mehr – das Einzige, was zählt, ist das jeweilige Medium (vgl. Böhme-Dürr 1995, vgl. Hurrelmann 1994).

III. MEDIENNUTZUNG UND -REZEPTION...

Zweifellos sind solche pauschalen Vorwürfe zunächst einmal Vorurteile, die wir alle schon einmal in irgendeiner Weise gehört haben. Deshalb wollen wir nun diese Vorwürfe genauer überprüfen: Dabei gilt es zum einen herauszufinden, welche verschiedenen Aspekte von Sprache jeweils gemeint sein könnten, und zum anderen, auf welche Medien sich diese Vorwürfe möglicherweise beziehen.

UNSERE SPRACHE VERÄNDERT SICH

Als im 15. Jahrhundert mit der Erfindung des Buchdrucks die ersten Bücher und Flugschriften gedruckt erschienen, hatten diese damals „neuen Medien" große Auswirkungen auf die (vor allem geschriebene) Sprache ihrer Zeit: Es entstand die neuhochdeutsche Standardsprache, welche die vielen deutschen (Schreib-)Dialekte vereinte (vgl. v. Polenz, 1991).
Auch im 19. Jahrhundert kann man direkte Zusammenhänge zwischen einem Medium und der Sprache herstellen: So können Veränderungen im Satzbau der geschriebenen Sprache auf den kurzen, kompakten Stil der zu dieser Zeit erschienenen Zeitungen zurückgeführt werden (vgl. v. Polenz 1988, S. 45).
Heute kann man beobachten, dass der zunehmend alltagsnahe, zwanglose sprachliche Stil, der in Radio und Fernsehen vorherrscht, auch auf andere Bereiche (vgl. Holly 1996, S. 29-40), z. B. auf Institutionen wie Schulen und Behörden übergreift. Während die letzten Jahrhunderte vor allem durch eine Kultur der Schrift geprägt waren, spricht man nun von einer „neuen Mündlichkeit" (vgl. Ong, 1987). Anders als die spontane, alltägliche Kommunikation ist diese jedoch auf Schriftlichem aufgebaut, in Schriftliches eingebettet. Sie tut oft nur so, als sei sie spontan mündlich. Der „Anchorman", der Nachrichten im Plauderton moderiert, liest wohlformulierte Schrifttexte ab; ein Politiker, der scheinbar aus dem Stegreif antwortet, gibt ein wohlüberlegtes Statement, das auf vielen Schrifttexten beruht.

Medien führen also zu Sprachwandel. Dieser findet aber immer nur dann statt, wenn viele Menschen ihr Sprachverhalten verändern (vgl. Keller, 1994). Der Einfluss des Einzelnen auf die sprachlichen Entwicklungen ist sehr begrenzt. Die Massenmedien sind ein Instrument, eine große Anzahl Menschen zu erreichen und so auf das Sprachverhalten vieler einzuwirken.
Dennoch sind aus dem Englischen bzw. Amerikanischen in die deutsche Sprache übernommene Begriffe wie „Talkshow", „Action" oder

...AM BEISPPIEL FERNSEHEN

„Gameboy" und Internationalismen wie „TV" nicht allein auf die Medien zurückzuführen. Sie deuten vielmehr auf die zunehmende Internationalisierung der Wissenschaften und Handelsmärkte hin, die eine einheitliche Sprache erforderlich macht. Zudem besitzen Fremdwörter einen höheren Prestigewert als die entsprechenden Wörter der eigenen Sprache: Sie zeugen von Weltgewandtheit, Fach- oder Szenewissen.

Neben der Übernahme von Fremdwörtern kommt es, wie bereits erwähnt, zu einer „Amerikanisierung" und seit langem zu einer „Boulevardisierung" der Inhalte und Stile von Medien (Talkshows, Seifenopern, reißerische Nachrichtenmagazine etc.). Diese Entwicklungen müssen als Folge wirtschaftlicher Interessen gesehen werden, die Medieninhalte nur noch oder vorrangig nach Verkaufszahlen und Einschaltquoten ausrichten. Sie können kaum durch sprachpflegerische oder sprachpädagogische Maßnahmen allein beeinflusst werden. Die Aufgabe der Medienpädagogik ist es, Einsicht in die Struktur der Medien zu bieten und dem Einzelnen zu einer gezielten Nutzung der Medien zu verhelfen. Weder Abschottung, die leicht in kulturelle Enge, wenn nicht in die Nähe von Fremdenfeindlichkeit gerät, noch moralische oder geschmacksbegründete Appelle werden eine weltweite Kulturindustrie, bzw. die kommerziell motivierte Ausbeutung emotionaler Bedürfnisse der Menschen, aufhalten können.

III. MEDIENNUTZUNG UND -REZEPTION...

SPRACH- UND GESPRÄCHSVERHALTEN

Ein weiterer Kritikpunkt gegenüber Medien betrifft die individuell zu erwerbenden Fähigkeiten wie Sprechen, Schreiben, Verstehen, Lesen und das Gespräch miteinander (vgl. Böhme-Dürr, 1995). Hier ist zunächst zu berücksichtigen, dass „Sprachmedien" lediglich einen Teil der Medien, die auch „Bild-" oder „Musikmedien" mit einschließen, ausmachen. Weiterhin können „Sprachmedien" in „Sprechmedien" und „Schriftmedien" aufgeteilt werden (s. Abb. 17):

Abb.17 Sprachmedien

SPRECHMEDIEN		
	Speicherung	Übertragung
Monologisch	Tonträger: Schallplatte, Tonkassette, CD, Tonfilm, Videokassette	Radio, Fernsehen
Dialogisch	Anrufbeantworter	Sprechfunk, Telefon, Videokonferenz

SCHRIFTMEDIEN		
	Speicherung	Übertragung
Monologisch	Schriftträger: Stein, Holz, Papyrus, Pergament, Papier, Film, Videotextbild, Computerspeicher	Laufschrift, Fernsehschriftbild
Dialogisch	Brief, Telegraf, Fernschreiber, Telefax, E-Mail	Chats im Internet

Die meisten Sprachmedien sind jedoch keine „reinen" Sprachmedien, sondern verarbeiten auch andere Zeichen wie Töne, Bilder oder Bildfolgen. Wie im direkten Gespräch werden sprachliche Äußerungen von Mimik und Gestik begleitet.

Trotz zahlloser Forschungsarbeiten zum Thema „Kinder und Medien", ist es beinahe unmöglich, direkte Wirkungen von Medien auf die Sprachentwicklung von Kindern nachzuweisen: Zu viele andere Faktoren spielen in den Zusammenhang Medium-Kind mit hinein (vgl. Böhme-Dürr 1995, S. 73). Plausibel ist jedenfalls, dass sprachlich verfasste Medienangebote Auswirkungen auf die Entwicklung des Wortschatzes haben. Grammatische Regeln oder auch Regeln der Sprachverwendung, d. h. wann was gesagt wird, werden hingegen im direkten Gespräch erworben und bleiben daher von den Medien ziemlich unbeeinflusst.

...AM BEISPPIEL FERNSEHEN

Darüber hinaus ist zu berücksichtigen, was die einzelnen Medien hinsichtlich der Sprache leisten können: Natürlich können Sprechmedien nicht die Schreib- und Lesefähigkeiten trainieren. Umgekehrt werden mit Schriftmedien vielleicht die Sprech- und Hörverstehensfähigkeiten vernachlässigt. Bild- bzw. Musikmedien wiederum erfordern zwar keine unmittelbaren Sprachfähigkeiten, fördern dafür aber das Hörverstehen.

Kinder und Jugendliche beschäftigen sich bei verstärkter Mediennutzung mit Zeichensystemen unterschiedlichster Art (Sprache, Schrift, Bild, Ton...) und lernen, mit ihnen umzugehen. Dass Lesen (wie überhaupt die Beschäftigung mit Schriftmedien) wichtig ist, weil es elementare Sprachfähigkeiten verbessern kann, erscheint heute unstrittig, anders als noch im 18. Jahrhundert, als man „Lesesucht" und „Lesewut" verurteilte. Zur Verteidigung des Buches gegen Fernsehen und Computer wird darauf hingewiesen, dass Vielleser auch Informationen aus audiovisuellen Medien besser verarbeiten als Nichtleser (vgl. v. Polenz 1999, S. 82). Der Hinweis auf gesteigerte Fähigkeiten (Leseverstehen, Hörverstehen) räumt jedoch noch nicht den Einwand aus dem Weg, dass man mit Medien (Fernseher, Zeitung, Radio etc.) kein direktes Gespräch führen, d. h. nicht unmittelbar auf sie antworten könne.

Medienkommunikation besteht aber nicht nur aus dem Angebot, das die Medien liefern, sondern wesentlich auch aus dem, was die Zuschauer/Zuhörer/Leser aus diesem Angebot machen. Sie sind es, die untereinander über das Gesehene/Gehörte/Gelesene sprechen und sich so das Angebot zu eigen machen. Man nennt diese Gespräche auch „Anschlusskommunikation" (vgl. Charlton und Klemm, 1998).

ANSCHLUSSKOMMUNIKATION

Wie Medien sich auf Gespräche in der Familie auswirken, wurde vor allem für das Fernsehen untersucht. Untersuchungen über das Sprechen beim Fernsehen (vgl. Holly und Püschel, 1993; vgl. Püschel und Holly, 1997, vgl. Baldauf und Klemm, 1997) belegen, dass Zuschauer sich zwar oft nur knapp und „in Häppchen", aber durchaus bedeutungsvoll über das Gesehene verständigen. Die Knappheit des Gesagten allein ist jedoch kein Anzeichen für einen Verfall unserer Sprachkultur. Vielmehr kann man hier von einem „handlungsbegleitenden Sprechen" reden, das auch auftritt, wenn wir beim Sprechen beispielsweise arbeiten oder etwas beobachten. Dabei wird die eigene Sprech-

III. MEDIENNUTZUNG UND -REZEPTION...

aktivität verringert und auf kurze Mitteilungen verdichtet. Man kann diese Kommunikation in sechs Felder aufteilen (vgl. Klemm, 1998):

(1) Organisation (Welches Programm, welche Sendung sehen wir und wie laut? Darf man umschalten, sprechen...?)

(2) Verständnis des Fernsehgeschehens (Was passiert gerade? Wer hat was mit wem und wie und weshalb?)

(3) Verarbeitung der Fernsehinhalte (Welche Gefühle und Fragen löst das Gesehene aus und wie werden wir damit fertig?)

(4) Vergnügen an dem Gesehenen (Lachen, lästern, witzeln, frotzeln, gruseln, schwelgen,...)

(5) Deutung der Inhalte (Wieso geschieht dies oder jenes, gibt es einen Zusammenhang zwischen...?)

(6) Übertragung in die eigene Lebenswelt (Das ist mir oder jemandem, den ich kenne, auch schon passiert...)

Man unterstützt sich gegenseitig beim Verstehen, Erleben und Deuten und vermittelt zwischen der Fernsehwelt und der eigenen Alltagswelt. Es entsteht eine gesellige Situation, in der die Meinungen der einzelnen Zuschauer aufeinander treffen, möglicherweise angeglichen werden oder unvereinbar bleiben. So dient Fernsehen nicht nur der Information und Unterhaltung, sondern auch als Orientierungssystem. Dabei ist die wechselseitige Orientierung der Zuschauer gemeint und weniger die einseitige Orientierung durch das jeweilige Medium, in diesem Fall das Fernsehen. Diese fernsehbegleitende oder auch nachträgliche Kommunikation besitzt besonders für Kinder große Bedeutung. Mehr noch als Erwachsene sind Kinder auf diese Orientierung angewiesen.

ZUSAMMENFASSUNG

Zur genaueren Untersuchung des Zusammenhangs von Sprache und Medien muss man zunächst fragen, welche Aspekte der Sprache (Sprechen, Schrift, die gesamte Sprachfähigkeit, der Text-Bild-Zusammenhang, Gespräche, Fremdwörter usw.) gemeint sein könnten.
Der Einfluss von Medien auf unsere Sprache ist unbestreitbar. Die Geschichte der Sprache ist nur im Zusammenhang mit der Geschichte der Medien zu verstehen. Der Einzelne kann kaum alleine auf die Veränderungen unserer Sprache durch die Medien einwirken.

...AM BEISPPIEL FERNSEHEN

Um den Einfluss der Medien auf die Sprachentwicklung näher betrachten zu können, muss man zunächst zwischen den Fähigkeiten „Sprechen" und „Schreiben", „Lesen" und „Hörverstehen" unterscheiden. Je nach Wahl des (Sprach-)Mediums werden bestimmte Fähigkeiten gefördert und andere vernachlässigt. Wichtig ist daher die Aufteilung der Sprachmedien in Sprechmedien und Schriftmedien.
Direkte Wirkungen von Medien auf das Sprachniveau von Kindern können kaum nachgewiesen werden. Man hat jedoch herausgefunden, dass der Wortschatz der Kinder eher beeinflusst wird als die Grammatik und die Regeln, die uns sagen, welcher Sprachgebrauch jeweils angemessen ist.
Auch wenn bei der Nutzung von Massenmedien die eigenen aktiven Sprachfähigkeiten in den Hintergrund geraten, kommt es vielfach zu einer Anschlusskommunikation. Diese Unterhaltung zwischen den Zuhörern/Zuschauern dient zur weiteren Verarbeitung und eigenständigen Aneignung des Gehörten/Gesehenen. Diese Anschlusskommunikation sollte in der medienpädagogischen Arbeit beachtet und gefördert werden.

FRAGEN ZUR DISKUSSION UND ÜBUNGEN

(1) Diskutieren Sie die folgende Aussage des Fernseh- und Medienkritikers Neil Postman: „Als Fernsehzuschauer ist man (...) in einer ähnlichen Situation wie jemand, der eine Party besucht, auf der lauter ihm unbekannte Leute herumstehen. Während er sich durch den Raum bewegt, werden ihm alle paar Sekunden neue Gäste vorgestellt. Das bewirkt insgesamt eine gewisse Erregung, am Ende aber kann er sich kaum an die Namen der Leute oder an das, was sie gesagt haben, oder warum sie überhaupt da waren, erinnern. Und darauf kommt es auch gar nicht an; denn morgen ist wieder eine Party."

(2) Woran können Sie merken, dass Inhalte und Formen von Zeitungen, Zeitschriften, Radiosendungen, Fernsehsendungen nur darauf abzielen, Auflagenzahlen bzw. Einschaltquoten zu erhöhen? Untersuchen und diskutieren Sie Sprachstil, Themen und Typen z. B. in *MTV*, *Marienhof* oder der Zeitung *Little Miss*.

(3) Beobachten Sie ihr eigenes Verhalten im Umgang mit Medien. Übernehmen Sie Sprachliches aus den Medien? Wenn ja, was genau?

III. MEDIENNUTZUNG UND -REZEPTION...

WEITERFÜHRENDE LITERATUR

CHARLTON, M., NEUMANN, K. (1986): <Medienkonsum und Lebensbewältigung in der Familie>, München

FRÖHLICH, W. D., ZITZLSPERGER, R., FRANZMANN, B. (Hrsg.) (1988): <Die verstellte Welt>, Beiträge zur Medienökologie, Frankfurt a. M.

GROEBEL, J. (1994): <Kinder und Medien: Nutzung, Vorlieben, Wirkungen>, in: Media Perspektiven 1/1994, S. 21-27

HOLLY, W. (1997): <Zur Einführung: Was sind Medien und wie gehen wir mit Medien um?>, in: Der Deutschunterricht, Jg. 49, H. 3, S. 3-9

KLEMM, M. (1998): <Kommunikation unter Fernsehzuschauern>, Formen und Funktionen der kommunikativen Aneignung von Fernsehtexten, Dissertation, Chemnitz

MALETZKE, G. (1988): <Kulturverfall durch Fernsehen>, Berlin

Zur Zuschauerkommunikation erscheinen demnächst:

BERGMANN, J., HOLLY, W., PÜSCHEL, U. (Hrsg.): <Der sprechende Zuschauer>, Wie wir uns Fernsehen kommunikativ aneignen

(Darin wird auch ein Kapitel von Michael Klemm zur „Eltern-Kind-Kommunikation während der Fernsehrezeption" zu finden sein.)

MEDIENPÄDAGOGISCHE PRAXIS

I. MEDIENARBEIT IN DER EINRICHTUNG — 245

ANREGUNGEN ZUR REFLEXION EIGENER
MEDIENERFAHRUNG — *Stefan Aufenanger* — 245

MEDIENERLEBNISSE SPIELERISCH BEARBEITEN
Norbert Neuß/Jürgen Zipf — 249

MEDIENPÄDAGOGISCHE ELTERNABENDE IM
KINDERGARTEN — *Norbert Neuß* — 261

II. MEDIENEINSATZ IN DER ARBEIT MIT KINDERN — 273

PRINTMEDIEN — 274

Bilderbuchprojekt „Alle nannten ihn Tomate"
Hans Gärtner — 274

Indianerprojekt im Kindergarten und Hort
Angela Metzner — 281

AUDIOVISUELLE MEDIEN — 288

Da fliegen wir mit „hex-hex" *Annalisa Neumeyer* — 288

Lügen – „Lari Fari Mogelzahn"
Dorothea Jöllenbeck — 296

Medienpädagogische Bausteine zur Förderung
der Werbekompetenz von Kindern
Norbert Neuß/Stefan Aufenanger — 302

Medien selbst herstellen — *Sylvia Näger* — 306

INTERAKTIVE MEDIEN 317

Medienerfahrungen im Spiel und kreativen Gestalten umsetzen *Stefan Aufenanger* 317

Der Computer in der praktischen Medienpädagogik *Andreas Kupfer* 322

1. MEDIENARBEIT

ANREGUNGEN ZUR REFLEXION EIGENER MEDIENERFAHRUNG

STEFAN AUFENANGER

Sinnvolle medienpädagogische Arbeit mit Kindern setzt die Auseinandersetzung mit den eigenen Medienerfahrungen voraus. Dazu gehören nicht nur die Medienerfahrungen in der eigenen Kindheit, sondern auch der aktuelle Umgang mit Medien. Nur wenn man eine Vorstellung davon hat, welche Bedeutung die Medien im eigenen Leben spielen, kann man sich unvoreingenommen auf die Medienerlebnisse anderer einlassen und sich kritisch und konstruktiv mit ihnen auseinandersetzen. In der Medienpädagogik sprechen wir von Medienbiografien und meinen damit, dass es in unserer Biographie Erlebnisse und Erfahrungen mit Medien gibt, die uns zwar nicht immer tief geprägt haben, die aber auf die eine oder andere Weise Einffuss auf Entscheidungen hatten oder uns emotional in Erinnerung geblieben sind (vgl. Beitrag <Elternabend>, S. 261)

So können wir uns meist noch gut an die Bücher erinnern, die wir als Kinder oder Jugendliche gelesen haben: Wie wir beispielsweise mit TKKG spannende Abenteuer erlebt haben oder aufmerksam das Internatsleben von Hanni und Nanni verfolgten. Aber auch bestimmte Kindersendungen können sich uns eingeprägt haben, wie etwa die Marionettenspiele der Augsburger Puppenkiste, die Lach- und Sachgeschichten aus Der Sendung mit der Maus, die Natur- und Umweltsendung Löwenzahn mit Peter Lustig oder die Geschichten von Meister Eder und Pumuckl.

Im folgenden wird zunächst an zwei Fallbeispielen beschrieben, welche Bedeutung und individuelle Funktion Medien im Leben von Kindern erhalten können. Anschließend wird zur Auseinandersetzung mit den eigenen Medienerfahrungen angeregt. Die gewonnenen Erkenntnisse sollen zu einem besseren Verständnis für die Mediennutzung von Kindern führen, einer wichtigen Voraussetzung für eine erfolgreiche Medienerziehung.

245

I. MEDIENARBEIT IN DER EINRICHTUNG

BEDEUTUNG UND FUNKTION VON MEDIEN IM LEBEN VON KINDERN

Peter ist fünf Jahre alt und hat einen älteren Bruder, der schon zur Schule geht. Er kann es kaum erwarten, endlich zu den „Großen" zu gehören und auch in die Schule zu kommen. Zu Hause bestimmt meist sein Bruder, was gespielt wird und welche Rolle Peter dabei zu übernehmen hat. Fast nie darf Peter bestimmen oder spielen, was er will Seine Eltern merken das nicht immer, sie glauben, dass die beiden sich gut verstehen. Was sie lediglich verwundert, ist, dass Peter gern „Actionfilme" mit eigenartigen Heldenfiguren im Fernsehen sieht.

Petra erlebt eine ähnliche Situation. Sie hat zwar keine Geschwister, wird in der Kindergartengruppe aber manchmal von den anderen Mädchen ausgeschlossen, obwohl sie gerne mitspielen möchte. Wenn sie zu Hause ist, spielt sie mit ihren Puppen „Familie", wobei sie die Rolle der Mutter übernimmt, oder sie hört sich stundenlang Kassetten von Bibi Blocksberg an.

Die Beispiele veranschaulichen, dass die individuelle Familien- bzw. Kindergartensituation Auswirkungen auf Bedeutung und Funktion von Medien hat. Peter, der von seinem älteren Bruder bevormundet wird, und Petra, die nicht immer mit den anderen Mädchen im Kindergarten spielen darf, suchen sich in den Medien unbewusst eine Figur, die stark und bestimmend ist.

Mit ihr können sie sich auf symbolischer Ebene gegen die anderen verbünden: Peter kann als Actionheld so tun, als ob er der Stärkere sei und Petra nach dem Vorbild der Hexe Bibi Blocksberg bestimmen, wer mit ihr spielt, und nicht umgekehrt.

Allgemein gilt, dass Medien Kindern helfen können, schwierige oder angstmachende Situationen zu verarbeiten und zu meistern, indem sie ihnen die Möglichkeit geben, sich mit geeigneten Medienfiguren zu identifizieren oder sie symbolisch als Unterstützung zu holen. Eine wichtige Bedeutung können Medien aber auch aus zahlreichen anderen Gründen für Kinder erhalten, beispielsweise indem sie die Fantasie anregen und die Neugierde befriedigen. Für erfolgreiches medienpädagogisches Handeln ist es wichtig, die Bedeutung der Medien in der Alltagswelt von Kindern zu erkennen. Erst auf dieser Basis kann man angemessen auf die kindlichen Wünsche und Absichten eingehen.

ANREGUNGEN ZUR REFLEXION

REFLEXION DER EIGENEN MEDIENERFAHRUNGEN

An anderer Stelle in diesem Buch wird gezeigt, dass Medien im Leben fast aller Menschen eine Rolle spielen und Medienfiguren und -geschichten eine wichtige Funktion bei der Bewältigung von Entwicklungsaufgaben, Lebensproblemen oder der Identitätsfindung übernehmen können (vgl. Beitrag, <Elternabend>, S. 261). Medienerlebnisse sind stark emotional geprägt, das heißt, man erinnert sich meist daran, ob sie einem ein gutes oder schlechtes Gefühl vermittelt haben. Häufig ist es Erwachsenen, insbesondere jedoch Kindern und Jugendlichen, nicht bewusst, welchen Einfluss diese Erfahrungen auf die Bewältigung ihrer aktuellen Aufgaben und Probleme haben. Eine wichtige Aufgabe der angewandten Medienerziehung ist es unter anderem, diesen Einfluss zu erkennen, bewusst zu machen und entsprechend zu reagieren.

Das setzt voraus, dass man sich zunächst über den Einfluss der Medien auf das eigene Leben bewusst wird. Die folgenden Aufgaben sollen zum Nachdenken über die eigene Medienbiografie anregen und beziehen sich zum einen auf die Bedeutung und Funktion von Medienfiguren und -geschichten in der Kindheit und Jugend, zum anderen auf das aktuelle Medienverhalten. Die Aufgaben können selbstständig oder gemeinsam mit anderen bearbeitet werden. Der Vorteil in der Zusammenarbeit mit einem Partner oder einer Gruppe besteht darin, dass durch Nachfragen der anderen einem selbst wichtige Einzelheiten erst auffallen. Bearbeitet man die Fragen allein, sollte dies schriftlich erfolgen, um durch eine größere Distanz zu sich selbst einen ähnlichen Effekt zu erzielen.

- Welche Medien (Buch, Kassette, Fernsehen usw.) waren in Ihrer Kindheit bedeutsam? Wie konnten sie diesen Stellenwert erlangen?
- Mit welchen Medienfiguren haben Sie sich in der Vergangenheit identifiziert und welche Bedeutung haben diese für Sie gehabt?
- An welche Mediengeschichten können Sie sich besonders gut erinnern? Schreiben Sie die wichtigsten auf!
- Welche Bedeutung haben Medien, Medienfiguren und -geschichten heute für Sie? Nutzen Sie Medien (Bücher, Musikkassetten usw.) vor allem, um sich abzulenken oder zu entspannen? Sehen Sie sich regelmäßig bestimmte Serien wie Gute Zeiten, Schlechte Zeiten, Marienhof an?

Achten Sie bei der Bearbeitung der Fragen darauf, dass verschiedene Medien wie Buch, Fernsehen, Hörkassette, Video oder Musik völlig

I. MEDIENARBEIT IN DER EINRICHTUNG

unterschiedliche Funktionen übernehmen können. Die Bedeutung der Medien darf außerdem nicht nur für die eigene Person, sondern sollte auch in Beziehung zu anderen beurteilt werden. Den Walkman kann man zum Beispiel verwenden, um sich zu von den umgebenden Menschen distanzieren, laute Musik dagegen, um andere zu provozieren. Die Identifikation mit Pumuckl kann den Wunsch ausdrücken, symbolisch aus festgelegten Bahnen auszubrechen, die Bewunderung der Power Rangers, Macht zu besitzen und über andere bestimmen zu können. Ferner können Medien Veränderungen in der persönlichen Lebensgestaltung auslösen. So kann die Beschäftigung mit einer bestimmten Musikrichtung zu neuen Themen oder einer anderen Lebenseinstellung führen (Reggae, Techno u. a.). Schließlich sind die emotionalen Anteile im Umgang mit Medien ebenfalls zu berücksichtigen.

Vor allem bewegende Kino- und Fernsehfilme oder entsprechende Geschichten in Büchern wecken Gefühle, die einen lange beschäftigen können. Führen Sie auch einmal anhand der oben aufgeführten Fragen Interviews mit Ihren Kollegen, Lehrern oder Familienangehörigen durch. Befragen Sie Personen unterschiedlichen Alters. Achten Sie bei der Auswertung der Gespräche darauf, ob und wie die Zugehörigkeit zu verschiedenen „Mediengenerationen" die Funktion und den Umgang mit Medien bestimmt. Es bietet sich an, die Ergebnisse der eigenen Überlegungen und der Interviews in einer Wandzeitung oder als Collage zu präsentieren.

ZUSAMMENFASSUNG

Kinder und Jugendliche drücken mit Hilfe von Medienfiguren und -geschichten häufig indirekt aus, was sie bewegt bzw. womit sie sich beschäftigen (vgl. Beitrag <Medienerlebnisse>, S. 249). Sensibilität für die Bedeutung und Funktion von Medien und eine unvoreingenommene Einstellung gegenüber der Medienwelt von Kindern und Jugendlichen sind daher fundamentale Voraussetzungen für angemessenes medienpädagogisches Handeln. Dazu sollte man sich mit der Bedeutung und der Funktion von Medienfiguren und -geschichten in der eigenen Kindheit und Jugend sowie mit der aktuellen Mediennutzung auseinandersetzen, um sich über das eigene Verhältnis gegenüber Medien, einschließlich möglicher Vorurteile, bewusst zu werden.

WEITERFÜHRENDE LITERATUR

NEUSS, N., POHL, M., ZIPF, J. (1997): <Erlebnisland Fernsehen>, Medienerlebnisse im Kindergarten aufgreifen, gestalten, reflektieren, München

1. MEDIENARBEIT

MEDIENERLEBNISSE SPIELERISCH BEARBEITEN

NORBERT NEUSS   **JÜRGEN ZIPF**

Kinder tragen auf vielfältige Art und Weise ihre Medienerlebnisse nach außen und damit auch in den Alltag des Kindergartens: Sie besprechen und spielen, was sie am Tag zuvor vorgelesen bekommen oder gesehen haben, mit den anderen Kindern und bringen häufig auch ihre Spielfiguren mit in die Gruppe. Es lässt sich immer wieder beobachten, wie Gespräche über Fernsehsendungen oder Medienfiguren zum Gruppenthema werden und die Erzieherinnen aufgefordert sind, darauf zu reagieren.

In einem dörflichen Kindergarten spielt sich Folgendes ab: Noch bevor der Morgenkreis beginnt, verteilen drei Kinder kleine Zettel, die sie als Eintrittskarten fürs Kino bezeichnen. Die Kinder erklären, dass es „gleich, in der Bauecke auf dem Flur" losgehe. Als ich die Bauecke betrete, sitzen schon einige Kinder auf Bänken um eine aus Kästen zusammengestellte Burg. Die drei Kinder kündigen gleichzeitig die *Dalmatiner*, den *Glöckner* und den *König der Löwen* an. Sie jaulen in ihrer Burg wie kleine Hunde und hüpfen hin und her. Diese Handlung wiederholt sich mehrmals und stellt den Walt-Disney-Film *101 Dalmatiner* dar. Als in dem Rollenspiel nichts Neues passiert, wird das Publikum unruhig und einige gelangweilte Kinder gehen. Nun entsteht unter den drei Schauspielern eine Diskussion über den weiteren Verlauf „des Films". Es sollen die Rollen der „Hexe" und „Scar" verteilt werden. Keiner der Schauspieler will aber diese „bösen" Figuren spielen. Da sie sich nicht einigen können, beenden die Kinder die Vorstellung mit dem Satz: „Wir müssen uns noch beraten." Sowohl für die Darsteller als auch für die Zuschauer bleibt dieses abrupte Ende unbefriedigend.

Die Kinder haben in dem beschriebenen Fall versucht, ihre Medienerlebnisse eigenständig umzusetzen. Allerdings haben zwei Umstände ihren „Film" gestoppt und ihre Weiterbearbeitung behindert: Zum einen gab es Probleme mit der Rollenverteilung der „bösen" Figuren, zum anderen hat jedes der drei Kinder sein Medienerlebnis in das Rollenspiel eingebracht, d. h. den Film, den es gesehen hat und gerne

I. MEDIENARBEIT IN DER EINRICHTUNG

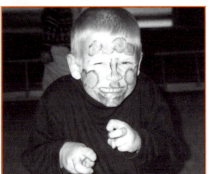

spielen möchte, und hat dadurch die Entwicklung einer gemeinsamen Szene erschwert. Es stellt sich die Frage, inwieweit das Aufgreifen und die Weiterentwicklung einer solchen medienbezogenen Freispielsituation pädagogisch nützlich und förderlich ist, und welches erzieherische Konzept über die beiden bereits genannten Handlungsstrategien hinaus weist.

SITUATIONS- UND HANDLUNGSORIENTIERTER ANSATZ

Die Befürworter des situations- und handlungsorientierten Ansatzes akzeptieren, dass Medien für die kindliche Entwicklung eine immer wichtigere Rolle spielen. Hier setzt der Situationsansatz an: Ausgehend von ihrer individuellen biografischen Situation sollen Kinder die Möglichkeit erhalten, jene Erlebnisse und Erfahrungen bewusst zu bearbeiten, die in ihrer persönlichen Lebenswirklichkeit tatsächlich bedeutsam sind. So werden die Kinder ermutigt, ihre Fragen, Unsicherheiten und gegebenenfalls Ängste auszudrücken, um anschließend ihre Anliegen kreativ zu reflektieren und dadurch zu lernen, selbstverantwortlich und selbstbestimmt zu handeln.

Kinder wenden sich Erziehungspersonen offener zu, wenn diese positiv auf ihre Medienerlebnisse reagieren. Medienerlebnisse als wichtigen Teil der Lebenswelt von Kindern zu begreifen, die neben verschiedenen pädagogisch schwierigen Aspekten auch positive Funktionen innerhalb der kindlichen Entwicklung und sozialen Kommunikation übernehmen, kommt Kindern entgegen, da diese unter anderem auch Medien benutzen, um ihre eigenen entwicklungsbedingten Themen zu bearbeiten.

Aus diesem Grund besteht der erste Schritt pädagogischen Handelns darin, zu klären, welche Rolle die Medien und ihre Figuren für die Kinder spielen. Den Kindern selbst sollte für die Be- und Verarbeitung ihrer Medienerlebnisse ein spielerischer Freiraum angeboten werden. Eine möglichst vorurteilsfreie Akzeptanz der kindlichen Äußerungen ist wesentliche Bedingung für den Umgang mit ihren Medienerlebnissen. Die Äußerungen können dann in Form von Aktionsspielen, Bildern oder Erzählungen aufgegriffen, gestaltet und so verarbeitet werden.

MEDIENERLEBNISSE SPIELERISCH BEARBEITEN

PÄDAGOGISCHE MÖGLICHKEITEN

Im Kindergarten gibt es zahlreiche Möglichkeiten zur Bearbeitung von Fernseherlebnissen. Neben dem medienbezogenen Freispiel können auch gezielte medienpädagogische Angebote entwickelt werden. So kann ein Spiel- und Gestaltungsraum bereitgestellt werden, der den Kindern unterschiedliche Be- und Verarbeitungsmöglichkeiten für ihre Medienerlebnisse bietet. Geeignet sind die Turnhalle oder der Spiel- und Bewegungsraum, weil hier im Gegensatz zu den möblierten Gruppenräumen genügend Platz für Gestaltung, Rollenspiel und „Aktion" besteht. Das Angebot kann sich an eine geschlossene Kindergartengruppe richten oder offen und gruppenübergreifend gestaltet werden. Dabei besteht ein wichtiger pädagogischer Grundsatz in der Kombination aus freiem und angeleitetem Spiel. Im Folgenden werden die beiden Methodenbausteine „Rollenspiel" und „psychomotorische Fantasiereise", die dem Projekt „Erlebnisland Fernsehen" (vgl. Neuß et. al, 1997) entnommen sind, beschrieben (s. Abb. 18).

Dimensionen und Ziele des Rollenspiels und der psychomotorischen Fantasiereise

Abb. 18

Methode	Didaktische Grobziele	Didaktische Teilziele
Rollenspiel	Kognitive Dimension	■ Sich an eine Szene aus einer Fernsehsendung erinnern ■ Über die Umsetzung/Umformung einer Szene Verarbeitungsprozesse anregen
	Kreative Dimension	■ Eine Szene mit Hilfe von Schminke und Requisiten ausgestalten
	Soziale Dimension	■ Sich mit anderen über eine Szene austauschen und sie neu spielen
	Emotionale Dimension	■ Sich mit Rollen identifizieren und durch spontanes Spielen eigene Bedürfnisse der Selbstdarstellung aufgreifen
Psychomotorische Fantasiereise	Kognitive Dimension	■ Assoziationen wecken, Imagination und Vorstellungskraft fördern
	Kreative Dimension	■ Spontaneität, Sinnestätigkeit und Bewegung anregen
	Soziale Dimension	■ Gemeinschaft und Kooperation schätzen lernen
	Emotionale Dimension	■ Freude und Neugier erleben

I. MEDIENARBEIT IN DER EINRICHTUNG

PÄDAGOGISCHES ROLLENSPIEL ZUM FERNSEHEN

Im Rollenspiel werden Medienszenen, z. B. Ausschnitte aus einer Fernsehsendung, nachgeahmt. Nachahmung ist hier jedoch nicht als exakte Imitation zu verstehen, sondern als schöpferische Aneignung von Medienerlebnissen. So werden im Rollenspiel Beziehungen und Handlungen beliebter Kindersendungen sichtbar gemacht; Kinder erhalten damit eine Möglichkeit zur Reflexion und Distanzierung. Für Eltern und Erzieher können Rollenspiele eine Hilfestellung zum Verständnis ihrer Kinder sein. Beim pädagogischen Rollenspiel geht es um die Rekonstruktion, Reflexion und Veränderung von Erlebnissen und Haltungen:

- *Rekonstruktion*: In der Gruppe wird gemeinsam eine Fernsehszene besprochen und rekonstruiert. Dabei bringen die Kinder ihre unterschiedlichen Sichtweisen ein.
- *Reflexion*: Es werden sowohl die unterschiedlichen medialen Erinnerungen als auch Wunschthemen bzw. Vorlieben für bestimmte Sendungen reflektiert.
- *Veränderung*: Die Erinnerungen an eine Sendung oder Programmform („Genre") werden von den Kinder aufgegriffen, gemeinsam gestaltet und mit Hilfe der verschiedenen Ideen und Wünsche zu etwas Neuem umgeformt.

Aufbau und Organisation des angeleiteten Rollenspiels lassen sich in drei Phasen unterteilen: In der *Motivationsphase* wird auf den situativen Spielanlass eingegangen und die Kinder werden durch Schminken, Verkleiden u. Ä. in ihre Rollen eingeführt. Während der Aktionsphase wird den „Fernsehzuschauern" das Rollenspiel gezeigt. Das kann beispielsweise durch einen großen Pappkarton, der als Fernsehgehäuse gestaltet wurde, geschehen. In der anschließenden *Reflexionsphase* wird über das gemeinsam gespielte Programm gesprochen.

MEDIENERLEBNISSE SPIELERISCH BEARBEITEN

Beispiel eines Rollenspiels: Die gute und die böse Fee

Isabelle kündigt folgende Märchenszene an: „Die gute und die böse Fee". Vier Jungen stehen in einer Reihe und zappeln herum, bis die böse Fee kommt und sie durch ihre Berührung erstarren und traurig aussehen lässt. Doch schon naht die gute Fee, bricht den Bann durch ihre Berührung und die Buben können wieder lachen und zappeln. Wiederum erscheint die böse Fee, verzaubert die vier und die gute Fee erlöst sie dann. Das Spiel wird immer schneller und der eine oder andere Mitspieler verwechselt schon mal den gerade bestehenden Zauber. Die Zuschauer nehmen intensiv an der Handlung teil, sie glucksen und kichern begeistert. Heftiger Applaus des Publikums beendet das Rollenspiel schließlich in dem Moment, in dem der gute Zauber wirkt, so dass ein Happy-End herbeigeführt ist.

Dieses Rollenspiel lässt sich nicht mit einer konkreten Fernsehsendung in Verbindung bringen. Die Szene ist jedoch unter den Aspekten die Serialität und die Struktur von Fernsehsendungen und aufgrund ihres Bezuges zu Märchenmotiven interessant. Unter Serialität versteht man einerseits das sich wiederholende wöchentliche Fernsehprogramm und Seifenopern („Lindenstraße"), andererseits auch den immer gleichen dramaturgischen Aufbau von Fernsehsendungen. Die Gut-Böse-Struktur von Handlungen und Charakteren kommt in dem beschriebenen Rollenspiel ebenfalls zum Tragen. Erwachsene haben mit solchen Wiederholungen und Polarisierungen oft Schwierigkeiten, doch für Kinder sind sie wichtig.

Für die Persönlichkeitsentwicklung von Kindern sind also nicht nur reale Ereignisse mit echten Menschen und Gegenständen wichtig, sondern auch Mythen und Märchen. Kinder faszinieren an Medienhelden Verhaltensweisen und Charaktereigenschaften, die sie selbst gerne hätten. Ein bedeutendes entwicklungsbedingtes Thema für Kinder im Vor- und Grundschulalter ist es, groß und unabhängig zu sein. Dieses Thema wird von den Kindern unter anderem dadurch bearbeitet, dass sie sich mit diesem Wunschbild identifizieren und es mit Hilfe von Märchen- oder anderen Medienfiguren („Ich bin der Held/die Heldin") ausleben. Auch die Sehnsucht nach Geborgenheit spielt eine große Rolle. Kinder bearbeiten ihre Ängste, beispielsweise die Angst, allein gelassen zu werden, indem sie Sicherheit in einer klaren Einteilung von Gut und Böse suchen. Neben dem psychischen Prozess der Identifikation spielt für die kindliche Medienrezeption die Projektion ebenfalls eine zentrale Rolle. Dabei überträgt das Kind Charakter-

I. MEDIENARBEIT IN DER EINRICHTUNG

eigenschaften, die es als negativ empfindet und die das eigene Ich bedrohen, auf eine Figur oder Handlung außerhalb der eigenen Person. Insofern haben auch die Bösewichte, Schurken und Halunken eine wichtige Funktion: Sie bieten sich als erlaubte Projektionsfläche für „böse Gefühle" an und ermöglichen es, Zorn, Wut, Hass oder Rachegedanken ohne Reue auszuleben.

Beim pädagogischen Rollenspiel sind außerdem folgende Punkte zu beachten:

- ■ Die Erzieher sollten sich vergewissern, ob die Kinder das Rollenspielthema tatsächlich verstanden haben.

- ■ Vor Spielbeginn sollte nochmals darauf hingewiesen werden, dass einige Kinder die Rolle der Zuschauer übernehmen.

- ■ Die Erzieher sollten nur dann in das Rollenspiel eingreifen, wenn die Kinder nicht selbstständig einen Schluss finden.

- ■ Nach Beendigung des Rollenspiels müssen die Kinder aus ihren Rollen „herausgeholt" werden. Dies kann sprachlich und/oder symbolisch (zum Beispiel Verkleidung ablegen) geschehen.

- ■ Im anschließenden Gespräch über die fernsehbezogenen Rollenspiele dürfen die Erzieher keine negativen Urteile und Bewertungen über Inhalt oder Darstellungsweisen abgeben.

Heute besteht in der Medienpädagogik weitgehend Einigkeit darüber, dass Kinder Fantastisches, Märchen und Monster für ihre Entwicklung brauchen. Ebenso benutzen Kinder Mediensymbole, -inhalte und -figuren zur Bewältigung ihrer Alltags- und Lebensprobleme. Mit Hilfe von Mediengeschichten können Kinder eigene Gefühle und Wünsche ordnen, symbolisch verarbeiten oder ausdrücken. Auch Kinder haben zornige, unbequeme oder gewalttätige Fantasien und fühlen sich häufig mit diesen Fantasien oder ihren Ängsten allein gelassen. Gerade Märchen nehmen diese inneren Konflikte ernst und geben ihnen eine Gestalt. Das Nachspielen von Fernsehsendungen, evtl. mit einem anderen Schluss, dient der Umformung medialer Erlebnisse. Die Kinder werden dabei unterstützt, ihre Fernseherlebnisse nachzuerleben, Gefühle auszuleben und sich ihren individuellen Themen zu nähern. Dabei erleben die Kinder auch, dass das Fernsehen mit dem Ausschalten nicht beendet sein muss.

MEDIENERLEBNISSE SPIELERISCH BEARBEITEN

PSYCHOMOTORISCHE FANTASIEREISEN

In medienpädagogisch ausgerichteten Bewegungsgeschichten geht es um die Kombination aus physischer und psychischer Bearbeitung kindlichen Medienerlebens, um Bewegung und Sprache, Nachahmung und Veränderung. Dieser Handlungsansatz berücksichtigt die Erkenntnisse der Psychomotorik. „Psychomotorik bedeutet, (...) dass zwischen der Psyche – den seelischen Vorgängen – und der Motorik – den körperlichen Vorgängen – ein enger Zusammenhang besteht" (Brüggebors 1989, S. 56).

Die psychomotorischen Fantasiereisen setzen sich aus unterschiedlichen Übungen und Rollenspielen zusammen, die bezugnehmend auf ein aktuelles medienpädagogisches Thema (z. B. „Dinos", „Turtles", „Power Rangers") zu einer „Reise" verkettet werden. Die thematischen Bewegungsgeschichten können entsprechend der Bedürfnisse der Mitspieler erweitert werden und basieren oft auf einer spontanen Idee. Insbesondere Kinder im Alter von fünf bis zehn Jahren werden durch solche Bewegungsgeschichten zu einer intensiven Auseinandersetzung mit für sie bedeutsamen Themen angeregt. Die anleitende (Medien-)Pädagogin steuert die Fantasiereise beispielsweise durch das Erzählen einer Geschichte oder unterstützt die einzelnen Übungen mit eingespielten Geräuschen (Regen, Wind, Musik) und verschiedenen Materialien und Geräten (z. B. Schwungtuch, Fallschirm). Den Kindern wird für die Bewegungsspiele eine „Bühne" bereitet, die zur Verwendung von Mediensymbolik animiert.

Wenn z. B. ein vier- oder fünfjähriges Kind im Spiel einen Löwen nachahmt und feststellt, wie kräftig es als Löwe fauchen kann, ihm allerdings die Krallen fehlen, dann wird es sich von dieser Rolle distanzieren und begreifen, dass es nicht wirklich ein Löwe ist, sondern nur ebenso stark oder furchterregend sein möchte. Auf diese Weise lernen die Kinder, Verhaltensweisen zu hinterfragen, Bewegungsabläufe und Situationen einzuschätzen und ihr Rollen- und Handlungsrepertoire zu erweitern. Ziel der psychomotorischen Fantasiereisen ist es, für Kinder einen „Spielrahmen" zu schaffen, in dem sie ihre medienbezogenen Gefühle und Vorstellungen durch körperliche Bewegung ausdrücken und relativieren können.

Die Umsetzung bzw. Aufbereitung psychomotorischer Fantasiereisen kann auf verschiedene Arten erfolgen. Nachfolgend sind drei Varianten beschrieben, die im Alltag Überschneidungen erfahren können und als Anregungen zu verstehen sind:

I. MEDIENARBEIT IN DER EINRICHTUNG

(1) Diese relativ stark angeleitete Variante eignet sich insbesondere für die Arbeit mit kleinen oder untereinander nicht vertrauten Kindern sowie für thematisch konzipierte Bewegungsgeschichten. Während eine Geschichte vorgelesen oder erzählt wird oder eine Hörspielkassette abläuft, spielen die Kinder die darin enthaltenen Bewegungsanlässe unmittelbar mit bzw. nach, bringen eigene Ideen ein und drücken diese sofort spielerisch aus. Die anleitende Pädagogin gibt eine Geschichte, Medienfigur oder ein Thema als Spielrahmen vor, führt ein und spielt evtl. selbst mit. Vertiefende Übungen oder Spiele können bestimmte Konflikte oder „Stolpersteine" aufgreifen. Die benötigten Materialien und Geräte sind in der Regel bereits vorhanden, der Aufbau ist vorbereitet.

(2) Bei dieser Variante berücksichtigt man noch stärker die Bedürfnisse und die Kreativität der Kinder. Zunächst wird eine Geschichte vorgelesen bzw. erzählt, gemeinsam ein Hörspiel angehört oder ein Videofilm angesehen. Anschließend werden einige Szenen/ Ausschnitte aufgegriffen und rekonstruiert und bilden so den Spielrahmen. Durch eine Beteiligung der Kinder an der Auswahl der Szenen wird ihre Eigeninitiative unterstützt und häufig entwickeln sich auf diese Weise Vertiefungen, Ausweitungen und Variationen, welche die Geschichte verändern und neue Lösungsmöglichkeiten beinhalten. Die Pädagogin sucht die Geschichte aus, vermittelt Orientierung und setzt Akzente. Die Kinder sammeln gemeinsam oder in Kleingruppen Materialien und Geräte und wirken bei der Planung, dem Aufbau und Nachspielen der Szenen mit.

(3) In der dritten Variante wird eine Geschichte, die vorgelesen, erzählt oder als Hörspiel oder Videofilm vorgetragen wird, zum Ausgangspunkt für ein Projekt. Das aktuelle Thema der Geschichte wird nicht nur rekonstruiert und inszeniert, sondern umgestaltet und weiterentwickelt. Dabei werden die Ideen und Wünsche der Kinder aufgenommen und gemeinsam zu einer neuen Geschichte mit eigener Rahmenhandlung zusammengefasst. Eventuell wird eine Fortsetzung geplant. Die organisatorischen Aufgaben (Planung des Vorgehens, Aufbau und Umsetzung der Spielszenen, Sammlung notwendiger Materialien und Geräte usw.) werden von einzelnen Projektgruppen übernommen. Die so entstandenen Bewegungsgeschichten können Anlass für weiterführende mediale Bearbeitungen werden, z. B. eine Modell-Spiel-

MEDIENERLEBNISSE SPIELERISCH BEARBEITEN

landschaft zu bauen, ein Hörspiel zu erstellen oder einen Videofilm zu drehen. Die anleitende Medienpädagogin sucht ein aktuelles, für die Kinder bedeutsames Thema aus, berät und hilft bei der Ausweitung, Vertiefung, Umstrukturierung und Gestaltung.

Beispiel einer vorgeplanten psychomotorischen Fantasiereise – Medienerlebnisse zu Dinosaurier-Filmen bearbeiten

Im folgenden wird beispielhaft die Entwicklung und der Verlauf einer thematisch konzipierten Bewegungsgeschichte (siehe 1. Variante) beschrieben.

Kinder im Kindergartenalter lieben Filme über Dinosaurier. Ob „In einem Land vor unserer Zeit", „Jurassic Park" o. a. – Dinosaurier-Filme sind ein Dauerbrenner im Genre des Kinder- und Familienkinos. Sie sind auf Videokassetten erhältlich und lassen sich dadurch ähnlich selbstbestimmt nutzen wie Hörspielkassetten oder CDs. Kinder sehen sich diese Filme immer wieder an und können daher häufig einzelne Szenen wortgetreu wiedergeben. Besonders attraktiv ist dies, wenn sich ein Erwachsener für ihre Medienvorlieben und Erzählungen interessiert. Bemerken sie eine solche zugewandte Haltung, fühlen sich die Kinder ernstgenommen und trauen sich, auch angstbesetzte Szenen nachzuspielen oder darüber zu sprechen. Um Medienerlebnisse dieser Art weiterzubearbeiten, entwickelten wir innerhalb einer mehrtägigen medienpraktischen Aktion auf der Grundlage der Fernsehsendung „Dink, der kleine Saurier" unter anderem die psychomotorische Fantasiereise „Am Meer der Zeit":

Vorüberlegungen und Absprachen
Als Materialien braucht man Bettlaken, einen Fallschirm, Reifen, eine Bank und eine Verkleidungskiste. Zunächst werden mit den Kindern einige Spielregeln abgesprochen: Den Zeigefinger an den Mund führen heißt leise sein, die Hände hoch über den Kopf halten laut sein. Einen Arm hochhalten bedeutet, dass man eine Mitteilung machen möchte. Wenn jemand eine Pause braucht, setzt er sich auf die Bank.

Durchführung
Durch einen Stofftunnel kriechen die Kinder in den umgestalteten Bewegungsraum. Diese Verfremdung symbolisiert das Verlassen des Kindergartens und erhöht die Bereitschaft, sich auf das kommende Abenteuer einzulassen. Auf der anderen Seite angekommen, versammeln sich alle um ein Schwungtuch, welches in der Mitte des Bewegungsraumes ausgelegt ist. Der Rabe Rudi, eine Handpuppe, die vom

I. MEDIENARBEIT IN DER EINRICHTUNG

Spielleiter geführt wird, erzählt, dass wir ins Land der Saurier wollen und dazu mit der Zeitmaschine (Schwungtuch) reisen müssen, weil die Saurier ja vor sehr langer Zeit gelebt haben. Zunächst müssen wir allerdings das „Meer der Zeit" finden, von wo aus wir zum „Saurierland" gelangen können. Zu diesem Zweck wird der Fallschirm in ein Fluggerät verwandelt. Der Flugkapitän der Zeitmaschine (zweiter Spielleiter) übernimmt das Kommando: „Achtung, Achtung, hier spricht der Flugkapitän! Bitte öffnen Sie den Tank und betanken Sie Ihr Fluggerät, fff... fff... fff..." Die Kinder vollführen mit einer Hand eine schraubende Bewegung und bilden mit der anderen Hand einen Zapfhahn nach, der mit „fff" geöffnet wird. Der gesamte Text wird auf diese Art und Weise mit passenden Bewegungen pantomimisch begleitet.
Schließlich startet die Zeitmaschine mit viel Gewackel und einem lauter werdenden „aaaaaaa..." „Achtung, ein Berg, wir müssen höher!" – die Kinder geben Gas, indem sie sich auf die Schenkel klopfen und mit den Füßen auf den Boden stampfen. „Geschafft, wir sind darüber weg! Linkskurve, wir fliegen nun auf den Ozean zu" – alle kippen ihre Körper nach links. „Wieder gerade!" – in einer letzten langgezogenen Rechtskurve setzt die Gruppe schließlich zur Landung an. Vor uns liegt das „Meer der Zeit". Hier bauen wir die Zeitmaschine in ein schwimmtaugliches Gerät um und lichten die Anker. Uns mit dem Schwimmgerät rückwärtsbewegend, drehen wir am „Rad der Zeit" und geraten immer weiter auf das „Meer der Zeit" hinaus. Plötzlich zieht ein heftiger Sturm auf und wir sitzen fest. Nur durch kräftiges Lachen gelingt es uns weiterzukommen, doch wir geraten in einen Wasserstrudel und kentern. Glücklicherweise lässt der Sturm langsam nach und vor uns liegt eine Insel mit einem hohen Vulkan. Wir sind im „Saurierland" angekommen. Dort haust jedoch ein Ungeheuer, das uns verfolgt und einzelne von uns beißt, bis wir schließlich alle in Saurier verwandelt sind. Danach „fliegen" wir wie Flugsaurier durch die Turnhalle und stampfen wie die Riesensaurier. Zuletzt verwandeln wir uns wieder in Kinder und machen uns auf die Heimreise. Damit auch alle Kinder aus dem „Saurierland" in den Kindergarten zurückkehren, sagt die Erzieherin: „Ich sehe, dass alle diejenigen wieder Kindergartenkinder geworden sind, die sich kitzeln und mit den Nasenspitzen stupsen." Durch den Kriechtunnel geht es schließlich in die einzelnen Gruppen zurück.
Diese Fantasiereise nehmen die Kinder begeistert an und bringen ihre eigenen Bewegungswünsche ein, indem sie mit den Armen rudern oder mit den Füßen stampfen. Insbesondere die Figur des Tyrannosau-

MEDIENERLEBNISSE SPIELERISCH BEARBEITEN

rus wird von den Kindern häufig aufgegriffen. So wird der Tyrannosaurus auch zuletzt – mit sehr viel Getöse – vertrieben. Die Entdeckung der eigenen Vorstellungskraft und der Möglichkeit, innere Bilderwelten zu entwerfen, fasziniert die Kinder sehr. Am liebsten möchten die Kinder nun in den Weltraum fliegen, um dort neue Abenteuer zu erleben...

Während einer psychomotorischen Fantasiereise sollten folgende Regeln eingehalten werden:

- Die anleitende Pädagogin sollte den Kindern die Möglichkeit gewähren auszusteigen, falls diese sich zu sehr in die Geschichte hineinsteigern! Erwachsene unterschätzen häufig die Fantasie der Kinder.

- Bevor die „Reise" beginnt, sollte dafür gesorgt werden, dass während der Spielzeit keine Störungen von außen eintreten, z. B. durch hinzukommende Kinder.

- Am Ende der Bewegungsgeschichte müssen die Kinder symbolisch aus dem Spiel herausgeführt werden.

ZUSAMMENFASSUNG

Viele Pädagogen meinen, bei Kindern einen Verlust an Spielfähigkeit zu beobachten. Häufig wird versucht, dieses Phänomen mit dem Medienkonsum der Kinder oder dem Überangebot an Spielzeug zu erklären. Dabei wird allerdings übersehen, dass allein mit der Analyse und Kritik an der Situation nichts unternommen wird, um die Kinder darin zu unterstützen, Fantasie, Kreativität und Imagination zu entwickeln. Hier sind die Pädagogen gefordert, einen aktiven Beitrag zu leisten.

I. MEDIENARBEIT IN DER EINRICHTUNG

Medienerlebnisse und -erfahrungen der Kinder einzubeziehen und kreativ weiterzuentwickeln ist ein wichtiger Schritt, medienpädagogische Handlungsansätze in die Elementarpädagogik zu integrieren und Vorurteile zu überwinden, denn elektronische Medienprodukte sind Teil der heutigen Erlebnis- und Erfahrungswelt der Kinder und für diese ebenso selbstverständlich wie andere technische Hilfsmittel. Sie nutzen diese zur Erschließung der Welt, Unterhaltung und Artikulation eigener Interessen. Kinder auf zukünftige Situationen vorzubereiten, heißt auch, sie zu einem angemessenen Umgang mit Medien zu befähigen.

WEITERFÜHRENDE LITERATUR

AUFENANGER, S. (Hrsg.) (2000): <Neue Medien – Neue Pädagogik?>, Ein Lese- und Arbeitsbuch zur Medienerziehung in Kindergarten und Grundschule, Bundeszentrale für politische Bildung, Neuauflage, Bonn

BETTELHEIM, B. (1983): <Kinder brauchen Märchen>, München

EGGERT, D., LÜTJE-KLOSE, B. (1994): <Theorie und Praxis der psychomotorischen Förderung>, Dortmund

EHMKE, J., LAMPERT, C. (2000): <Zeit für Teletubbies>, Erzieherinnen und Eltern treffen sich im Teletubbycafé, in: Neuß, N., Koch, C. (Hrsg.): Alarm im Teletubby-Land, Weinheim

GERSTACKER, R., ZIMMER, J. (1978): <Der Situationsansatz in der Vorschulerziehung>, in: Dollase, R. (Hrsg.): Handbuch der Früh- und Vorschulpädagogik, Band 2, S. 112-130.

HUCHLER, M., ZINSER, S. (1990): <Was macht die Medienpädagogik im Spielmobil?>, Medienpädagogische Ansätze in der Spielmobilarbeit, in: Dt. Kinderhilfswerk (Hrsg.): Das Spielmobil, S. 135-155.

NEUSS, N. ET AL. (1997): <Erlebnisland Fernsehen>, Medienerlebnisse im Kindergarten aufgreifen, gestalten, reflektieren, München

ROGGE, J.-U. (1992): <„Die Mahlzeit ist immer die gleiche, auf die Soße kommt es an">, Über Märchenhaftes und Archetypisches in Zeichentrickserien, in: medien und erziehung, H. 3, S. 125-130

ZIPF, J. (1997): <Kommt ihr mit auf Löwenjagd?> Psychomotorische Fantasiespiele zur Bearbeitung von Walt-Disney-Filmen, in: Neuß, N. et al.: Erlebnisland Fernsehen, München

1. MEDIENARBEIT

MEDIENPÄDAGOGISCHE ELTERNABENDE IM KINDERGARTEN

NORBERT NEUSS

ZWÖLF SCHRITTE FÜR GESPRÄCHSRUNDEN ZUM THEMA „KINDER UND MEDIEN"

Wie könnte ein Elternabend gestaltet werden, an dem über das Thema „Kinder und Fernsehen" informiert und diskutiert werden soll? Fragt man die Eltern ganz allgemein nach ihren Vorstellungen von einem gelungenen Elternabend, so kristallisieren sich folgende Wünsche heraus:

- Ein Elternabend soll unterhaltsam sein,
- die Eltern einbeziehen,
- Bereitschaft für Gespräche und Offenheit zum Anhören anderer Meinungen schaffen
- sowie Informationen vermitteln.

Ausgehend von den Wünschen und Bedürfnissen der Eltern ergeben sich für die konkrete Planung eines Elternabends folgende Fragen:

- Mit welchem Vorwissen kommen Eltern zu einem Elternabend, und woher haben sie ihre Informationen?
- Welches Thema interessiert die Eltern besonders, und wie sollte ein ansprechender Elternabend zu diesem Thema aussehen?
- Welche praktischen Möglichkeiten gibt es, um mit Eltern aktiv und kreativ zu arbeiten?

Diese Vorüberlegungen führen zu zwölf Planungsschritten, die zur Vorbereitung eines Elternabends zum Thema „Medienerziehung" sinnvoll sind:

I. MEDIENARBEIT IN DER EINRICHTUNG

1. Schritt: Die eigenen Beweggründe hinterfragen

Um den Eltern in der Diskussion offen gegenüber zu treten, ist es wichtig, sich Ihrer Einstellung gegenüber Medien bewusst zu werden. So gilt es zu hinterfragen, ob Sie einen Elternabend zur Medienerziehung veranstalten, weil Sie beispielsweise Fernsehen für Kinder für schädlich halten und Sie der Meinung sind, dass Kinder eigentlich nur mit guten Bilderbüchern und Holzspielzeug aufwachsen sollten. Oder stehen Sie dem Fernsehen positiv gegenüber und halten einen gezielten Medieneinsatz im Kindesalter für pädagogisch sinnvoll? Wichtig ist es, auch das *eigene* Medienverhalten zu überdenken, ist Fernsehen z. B. eine ihrer liebsten Freizeitbeschäftigungen, sind Sie selbst Hobbyvideograf oder spielen Medien in Ihrem Alltag eine untergeordnete Rolle?
Stellen Sie sich die Frage, inwieweit Ihnen ein positiver Zugang zu diesem Thema möglich ist. Nur wenn Ihnen als Erzieherin klar ist, aus welchen pädagogischen und persönlichen Gründen Sie diesen Elternabend abhalten wollen, wird es Ihnen gelingen, sich auf die Eltern einzulassen.

2. Schritt: Sich auf die Familien einlassen – Das medienpädagogische Gewissen

Bei Planung und Durchführung eines Elternabends sollte man beachten, dass die Eltern nicht selten durch bereits erlebte negative Bewertungen ihres eigenen Fernsehverhaltens verunsichert sind. Für das Gelingen eines Elternabends ist es deshalb wichtig, den Eltern das Gefühl zu vermitteln, nicht bevormundet zu werden. Die Angst, bloßgestellt zu werden und sich auf der „Anklagebank" wiederzufinden, verbunden mit dem schlechten Gewissen, etwas „falsch" gemacht zu haben, sollte grundsätzlich vermieden werden. Nur wenn Eltern keine versteckten Noten für ihre Medienerziehung in der Familie erhalten, werden sie auch von schwierigen Situationen vor dem Bildschirm erzählen. Auf diese Weise muss das Fernsehverhalten der eigenen Kinder nicht schöngeredet werden („Meine Kinder sehen ja nur die *Sendung mit der Maus*, aber die anderen Kinder sehen nicht nur ständig fern, sondern sogar die verbotenen Videos des Nachbarn"). Wenn keine Vorbehalte bestehen, driften Eltern weniger oft ins Allgemeine ab und beschäftigen sich statt dessen mit der tatsächlichen Rolle des Fernsehens in ihrer Familie. Medienerziehung ist auf diese Weise auch weniger der Gefahr ausgesetzt, sie darauf zu reduzieren, vor „schlech-

MEDIENPÄDAGOGISCHE ELTERNABENDE

ten" Medieninhalten zu bewahren. Auf einem Elternabend muss eine Atmosphäre geschaffen werden, die es Eltern ermöglicht, über aktuelle Probleme und Erlebnisse zu reden. So bleiben die konkreten Anliegen und Fragen der Eltern im Mittelpunkt der Veranstaltung und ein einseitiges „Schimpfen" über „die Medien" im Allgemeinen kann verhindert werden. Dies hat meist lediglich die Funktion, von der eigenen Verantwortung und den eigenen Handlungsmöglichkeiten abzulenken.

VORWISSEN

Des weiteren ist für die Elternbildung das „medienpädagogische Vorwissen" der Eltern von besonderer Bedeutung. Gerade weil es zum Thema „Kinder und Fernsehen" kaum Unterstützung von ausgebildeten Fachleuten gibt, beziehen Eltern ihr Wissen häufig aus Artikeln populärer Berichterstattung. Die nebenstehende Abb. 19 deutet die Tendenz dieser Artikel an:

Abb. 19

Artikel dieser Art zeigen jedoch kaum konkrete Handlungsmöglichkeiten für die Medienerziehung in der Familie auf, sondern schüren Ängste vor negativen Wirkungen und Einflüssen medialer Angebote. Das Muster dieser Artikel richtet sich nach dem medientypischen Gesetz „Schreckensnachrichten haben große Wirkung". Häufig dämonisieren diese Artikel die Kinder zu „kleinen Rambos" oder „Fernsehmonstern" und verbreiten medienpädagogisches Wissen von vorgestern. Es werden Vorurteile bestätigt, indem einfache Erklärungsmuster wiederholt werden (z. B. Rückgang der Lesekultur, schleichender Sprach- und Fantasieverlust, „Leben aus zweiter Hand"). Da lediglich Negativbeispiele im Vordergrund stehen, wirken diese Presseartikel wie ein Wahrnehmungsfilter: Wenn in den Köpfen der Erwachsenen ein negatives Bild der heutigen Kinder entsteht, fällt es ihnen immer schwerer, sich von diesem Bild zu lösen und positive Aspekte der Mediennutzung zu erkennen. Auch bei Erzieherinnen kann dies dazu führen, dass sie in ihrem Arbeitsalltag

263

I. MEDIENARBEIT IN DER EINRICHTUNG

eher die „schwierigen Fälle" wahrnehmen, also die Kinder, bei denen sich die Mediennutzung negativ auswirkt.

So verstärkt diese Berichterstattung ein fragwürdiges Medienverständnis, das jedoch ratsuchenden Eltern oft als Anhaltspunkt für ihr erzieherisches Handeln dient. Medienerziehung erscheint als gelungen, wenn der „Aus-Knopf" am Fernsehgerät gefunden wurde. Die Vorstellung vom fernsehfreien Paradies ist jedoch eine Utopie und kein Ansatzpunkt für einen Elternabend. Ein wichtiger Schritt bei einem Elternabend kann es sein, Skepsis gegenüber vereinfachenden Erklärungsmustern zu vermitteln.

3. Schritt: Beispiele aus dem Kindergarten aufzeigen

Für eine konstruktive medienpädagogische Arbeit ist es hilfreich, vor dem Elternabend medienpraktische Aktivitäten mit den Kindern durchzuführen und diese mit den Eltern zu diskutieren (vgl. Neuß et al., 1997b). Einzelne dokumentierte Ergebnisse der Aktivitäten (Zeichnungen, Fotos, Videoaufnahmen von medienbezogenen Spielen) können als Grundlage für die Gestaltung des Elternabends dienen. Dahinter steht die Erfahrung, dass Eltern eher auf einen medienpädagogischen Elternabend kommen, wenn sich das Thema der Veranstaltung konkret auf ihre Kinder bezieht.

4. Schritt: Eigene Beobachtungen einbringen

Statt gezielter medienpädagogischer Aktionen können Erzieherinnen im Vorfeld des Elternabends auch auf medienbezogene Spiele und Gespräche der Kinder achten. Hilfreich ist es dabei, diese Beobachtungen möglichst ohne sofortige Bewertung wahrzunehmen, zu notieren und sie mit Kollegen zu besprechen. Auf dem Elternabend können diese Beispiele und die entstehenden Fragen und Probleme dann ohne Namensnennung erörtert werden. Den Eltern kann so verdeutlicht werden, wie das Thema Medienerziehung trotz seiner Familienbezogenheit in den Kindergarten hineinwirkt.

5. Schritt: Gemeinsame Themensuche

Wurde eine medienpädagogische Aktion durchgeführt, besteht das Thema des Abends aus dem Erfahrungsbericht der Erzieherinnen und einem darauf Bezug nehmenden Themenschwerpunkt. Die Fragen der Eltern sollten unbedingt einbezogen werden. Diese können in der Bring- und Abholzeit ihrer Kinder im Vorfeld des Elternabends von

MEDIENPÄDAGOGISCHE ELTERNABENDE

den Eltern erfragt werden. Folgende Themen wurden von Eltern wiederholt gewünscht:

- „*Teletubbies* und *Sailor Moon*" – Medienhelden und die Identifizierung der Kinder,
- „Und dann... und dann... und dann" – Wie Kinder im Vorschulalter Filme wahrnehmen,
- „So einfach ist das nicht..." – Die Wirkungsweise von Fernsehangeboten,
- „Papa guckt auch immer so lange..." – Umgang mit dem Fernsehen in der Familie,
- „Medienpädagogik schon im Kindergarten?" – Bericht von medienpraktischen Aktivitäten,
- „Was ist gutes Fernsehen?" – Qualitätskriterien so genannter „guter" und „schlechter" Filme,
- „Da halte ich mir die Ohren zu..." – Angst und Spaß beim Fernsehen,
- „Von *Barbie* und *Heman*" – Stereotypes Geschlechterrollenverhalten in den Medien.

6. Schritt: Eine Referentin einladen

Die jeweiligen Themen des Elternabends können durch ein Fachreferat ergänzt werden. Als mögliche Ansprechpartner bieten sich zunächst das städtische Jugendamt oder eine medienpädagogische Institution (s. Vermittlungsliste S. 272) an. Damit es am Elternabend nicht zu unangenehmen Überraschungen kommt, sollte der medienpädagogische Ansatz des Referenten mit dem eigenen abgestimmt werden.

7. Schritt: Eine ansprechende Einladung

Nicht selten befindet sich der pädagogische Zeigefinger schon in der Einladung zum Elternabend: Der Satz „Wir müssen mal wieder mit Ihnen über den Fernsehkonsum Ihres Kindes sprechen", lässt sich oft zwischen den Zeilen lesen. Die Einladung wirkt dann eher ausladend und abschreckend. Durch folgende Gestaltungsmittel kann eine Einladung aufgelockert werden:

I. MEDIENARBEIT IN DER EINRICHTUNG

- Fernseh- oder werbebezogene Sprüche („Nicht immer, aber immer öfter", „Bei ARD und ZDF sitzen Sie in der ersten Reihe", „Abschalten können Sie woanders" usw.);
- fernsehbezogene Karikaturen oder Bilderwitze;
- Bilder aus Fernsehzeitschriften für eine Collage (z. B. Thomas Gottschalk bekommt eine Sprechblase gemalt, in der Thema, Datum und Ort der Veranstaltung stehen);
- medienbezogene Aussprüche von Kindern (ohne Nennung der Namen).

8. Schritt: Wie der Raum, so die Stimmung

Es hat sich für die Gestaltung des Raums als positiv erwiesen, einen Stuhlkreis oder kleinere Sitzgruppen zu wählen, einige Getränke bereitzustellen und den Raum auch optisch so zu verändern, dass er bereits auf das Thema einstimmt (z. B. von Kindern zum Thema Fernsehen gestaltete Collagen aufhängen usw.).

9. Schritt: Den Elternabend kreativ beginnen

Wie der Elternabend verläuft und wie offen die Eltern tatsächlich über ihre Probleme sprechen, hängt sehr von der einleitenden Begrüßung ab. Eine Möglichkeit ist es, zu Beginn den Eltern ein Rollenspiel vorzuführen, das in die Thematik einstimmt. Dieses könnte ungefähr so beginnen:

Sprecher 1 *„Ist ja ganz interessant, so ein Abend zum Thema Kinder und Medien."*
Sprecher 2 *„Finde ich auch. (Pause) Sieht Ihr Kind denn viel fern?"*
Sprecher 1 *„Unser Kind? Nein, das sieht überhaupt nicht fern!"*
Sprecher 2 *„Überhaupt nicht?"*
Sprecher 1 *„Na ja, es sieht schon fern... (kurze Pause) ... es sieht auch schon viel."*
Sprecher 2 *„Aber so viele gute Kindersendungen gibt's doch gar nicht?"*
Sprecher 1 *„Na ja, Kindersendungen sieht's kaum noch – ist ja auch schon fünf! Früher hat's schon mal geweint, wenn in Tierfilmen ein Reh aufgefressen wurde, aber heute kann es sich schon Western ansehen, das macht ihm nichts mehr aus. Es hat sich dran gewöhnt."*
Sprecher 2 *„Oh nein, so was darf Ihr Kind sehen? – Bei uns läuft das ja ganz anders. Sobald im Fernsehen Blut zu sehen ist, muss das Kind raus. Wir sehen doch alle, wohin die Gewalt im Fernsehen führt. Sehen Sie sich doch mal in den Kindergärten oder auf den Schulhöfen um, überall ist Gewalt!"*

MEDIENPÄDAGOGISCHE ELTERNABENDE

Das Rollenspiel knüpft zunächst an das Gefühl der Eltern an, in der Öffentlichkeit nicht ehrlich über die Mediennutzung in der Familie reden zu können. Die Szene lockert die Atmosphäre auf und verdeutlicht den Wunsch der Erzieherinnen nach einer offenen und ehrlichen Diskussion. Außerdem werden zwei gegensätzliche Deutungsmuster von Medienwirkungen zum Thema „Gewalt" und die daraus resultierenden erzieherischen Konsequenzen angesprochen. Die Eltern erkennen in den dargestellten Positionen vielleicht ihre eigene Einstellung, müssen aber gleichzeitig möglicherweise über diese Extremeinstellung lachen.

10. Schritt: Zielgruppenorientiert arbeiten

Eltern und Erzieherinnen haben bereits einen langen Arbeitstag hinter sich, wenn sie zu einem Elternabend kommen. Deshalb sollte dieser methodisch vielfältig gestaltet sein und die Eltern immer wieder neu zum Mitdenken und Mitmachen aktivieren. Dabei muss auch ausreichend Zeit für das Gruppengespräch eingeplant werden.

Um zu einem ehrlichen Gespräch über die Mediennutzung im Alltag zu gelangen, ist es notwendig, an den persönlichen Erfahrungen der Teilnehmer anzusetzen und die Interessen, Bedürfnisse und Unsicherheiten der Eltern als Ausgangspunkt für die medienpädagogische Elternbildung zu machen. Angesetzt wird an der Reflexion und dem Verständnis der familiären und der kindlichen Alltags- und Medienwelt, da die Veränderung von Alltagsstrukturen in der Reichweite der Betroffenen selbst liegt. Zwei Beispiele, die Eltern zur aktiven Mitarbeit anregen können:

Karikaturensammlung

Karikaturen, die das Fernsehen, die Bücherwelt, die Computerisierung und andere Medien „aufs Korn nehmen", gehen in die Karikaturensammlung ein. Solche Abbildungen findet man in Tageszeitungen, (Fach-)Zeitschriften, Büchern, Programmzeitschriften usw. Die Karikaturen werden vergrößert und anschließend auf Pappkartons geklebt. Auf einem medienpädagogischen Elternabend kann eine solche Sammlung folgendermaßen zum Einsatz kommen:

Eine Karikaturenausstellung wird in der Eingangshalle des Kindergartens aufgehängt. Auf großen Plakaten sind fast 60 Karikaturen und Cartoons zum Thema „Kinder und Medien" zu sehen. Die ersten Eltern kommen und nutzen die Zeit bis zum offiziellen Beginn des

I. MEDIENARBEIT IN DER EINRICHTUNG

Elternabends, indem sie sich die Ausstellung anschauen. Ziel ist es zunächst, die Eltern auf das Thema einzustimmen. Später fordert die Erzieherin die Eltern auf: *„Schauen Sie sich in aller Ruhe die Karikaturen an. Suchen Sie sich dann bitte eine Karikatur heraus, die Sie besonders ansprechend finden. Ihre Gründe dafür können vielseitig sein, sei es, dass Sie das dargestellte Problem kennen oder Sie eine ähnliche Situation schon einmal erlebt haben. Anschließend nehmen Sie bitte „Ihre" Karikatur mit zu Ihrem Platz."* Nachdem alle Eltern eine Karikatur gefunden haben, berichten sie anhand der Bilder über ihre persönlichen Erfahrungen, Beispiele, Ideen, Gefühle und Fragen zu diesem Thema. Hieraus entwickeln sich dann erste Gespräche, die sich um die Medienwelt und den Umgang mit ihr drehen.

Je nach Themenschwerpunkt der Veranstaltung kann die Sammlung variiert werden. Karikaturen sind für die medienbezogene Elternbildung geeignet, weil sie zum Lachen anregen und damit dem Thema seine Brisanz nehmen, ohne es inhaltlich zu verharmlosen. Außerdem können Bilder helfen, Gedanken, Gefühle und Auffassungen auszudrücken. In einem geleiteten, aber ungezwungenen Gespräch können alle etwas über ihre persönlichen Einstellungen, Erziehungsmethoden, Sorgen, Ängste und natürlich auch über ihre positiven Erfahrungen berichten. Jeder Teilnehmer liefert einen eigenen Beitrag. Dadurch werden mögliche Gesprächshemmungen leichter aufgehoben und auf diese Weise die Bereitschaft, auch im weiteren Verlauf des Abends aktiv mitzumachen, erhöht.

268

MEDIENPÄDAGOGISCHE ELTERNABENDE

Partnerinterview

Eine weitere Methode, um thematisch in den Elternabend einzusteigen, ist das Partnerinterview. Charakteristisch für alle Formen des Partnerinterviews ist die Bearbeitung einer oder mehrerer Fragestellungen in einer Zweiergruppe:

- Was waren und was sind für Sie wichtige Medienerlebnisse?
- Welche Medien nutzten Sie als Kind – und in welcher Weise?
- Welche Medien nutzt Ihr Kind heute – und in welcher Weise?
- Wie hat sich die Medienlandschaft seit Ihrer Kindheit verändert?

Anschließend werden die Ergebnisse für alle sichtbar auf einer Wandzeitung zusammengetragen und als Grundlage für vertiefende Gespräche genutzt.

11. Schritt: Reflektieren, Informieren, Handeln

Grundsätzlich sollte das Ziel sein, mit den Eltern die eigene Medienbiografie und die eigenen Mediengewohnheiten sowie die Bedeutung und den Stellenwert der Medien in der Familie zu reflektieren, um dann über die Erweiterung der eigenen Deutungsmuster zu einer differenzierten Handlungsorientierung zu gelangen.

Reflektieren: Die Wäscheleine mit Fernsehlieblingen

Die folgende Methode ist ebenfalls für die Elternarbeit entwickelt worden und eignet sich insbesondere dafür, über die Bedeutung von Medienfiguren für Kinder und Erwachsene nachzudenken. Sie knüpft mit Hilfe von Prominenten-Bildern an die Erfahrungen der Teilnehmer an und ist vor allem für das Thema „Medienhelden und Identifizierung" vorgesehen.

Quer durch den Raum wird eine Wäscheleine gespannt, an der mit Wäscheklammern bunte Pappkartons befestigt sind, auf denen alle möglichen Fernsehlieblinge, Helden und Antihelden abgebildet sind. Diese Bilder sind aus Deckblättern von Programmzeitschriften zusammengestellt worden. Zu sehen sind beispielsweise Thomas Gottschalk, Michael Jackson, *Die Schöne und das Biest*, *Pippi Langstrumpf*, *Batman*, die Crew des Raumschiffs Enterprise, *Meister Eder und sein Pumuckl*, *Die Maus*, Hannelore Elsner, Katja Riemann usw. Insgesamt hängen fast 70 Figuren an der Leine. Ähnlich wie bei der Karika-

269

I. MEDIENARBEIT IN DER EINRICHTUNG

turenausstellung bittet der moderierende Erzieher die Eltern, sich ein Bild unter folgender Fragestellung von der Leine zu nehmen „*Ist unter den Figuren eine Ihres Fernsehlieblings oder eine Ihrer Helden?*" und „*Sollten Sie keine finden, die Sie richtig gut finden, suchen Sie eine, die Sie überhaupt nicht ausstehen können!*" Wenn die Eltern sich eine Figur ausgesucht haben, werden sie aufgefordert, sich Erinnerungen, Erfahrungen und Gefühle mitzuteilen, die sich für sie hinter den Bildern verbergen.

In den Gesprächen wird deutlich werden, dass die Einschätzung, was gut und schlecht, was langweilig und unterhaltsam, was brutal und nicht brutal ist, von der individuellen Bedeutung und Bewertung der Medienfigur abhängt. Gerade in der Auseinandersetzung mit Filmen und Serien, die Kinder gerne sehen, treten solche subjektiven Bewertungen, zumeist von pädagogischer Seite, hervor. Auch wenn es schwer fällt: Um zu verstehen, was Kinder fasziniert, muss man sich von der eigenen Bewertung der Figur oder der Serie freimachen – bewertet man eine Medienfigur, mit der sich jemand anderes identifiziert, bewertet man auch die Gefühle des anderen. Die Folge ist häufig Distanzierung („*Dem erzähle ich nichts mehr*") oder Unehrlichkeit („*Du hast ja recht*"). Kinder kennen diese Bewertungen von Erwachsenen nur zu gut und reagieren darauf äußerst sensibel.

Ziel dieser Methode ist es, die Identifizierung mit Medienfiguren zu erkennen und ihr einfühlsam zu begegnen. Die „Heldenwäscheleine" ist also eine Methode zur Reflexion der eigenen Medienbiographie und den damit verknüpften Medienerlebnissen sowie der Identifizierung mit Medienhelden. Sie soll Eltern helfen, ihren eigenen Helden und Idolen auf die Spur zu kommen, um so Offenheit, Verständnis und Sensibilität für die „grässlichen" Filme und Figuren ihrer Kinder zu ermöglichen.

Informieren: Voneinander lernen, statt übereinander reden

Es ist nötig, Formen der Vermittlung von medienpädagogischem Wissen zu entwickeln, die sich eng an den Fragen und Problemen der Eltern ausrichten. Eine häufig gestellte Frage ist, wie Kinder Fernsehfilme wahrnehmen. Dazu einige Informationen für ein Kurzreferat:
Kinder nehmen ihre Umwelt anders wahr als Erwachsene. Ihre entwicklungsbedingten Wahrnehmungsfähigkeiten bestimmen auch ihre Wahrnehmung von Fernsehsendungen. Kinder müssen erst Fähigkeiten im Umgang mit Filminhalten erwerben, um in der Lage zu sein, filmische Techniken wie z. B. Perspektiven und Schnitte zu verstehen.

MEDIENPÄDAGOGISCHE ELTERNABENDE

Oftmals sind sich Eltern nicht darüber im Klaren, dass Kinder Filme anders sehen als sie selbst. Sie machen ihre eigene Wahrnehmung zur „richtigen" Wahrnehmung und die der Kinder zur „falschen". So erscheint die Wahrnehmung der Kinder mit ihrer Orientierung an Einzelheiten und deren Ausschmückung als mangelhaft. Auch nehmen Kinder ganz andere Szenen aus dem Fernsehen als beängstigend oder lustig wahr als Erwachsene. Dadurch wiederum lassen sich Erwachsene schnell zum Urteil verleiten, bestimmte Sendungen seien noch nichts für Kinder, da diese den Inhalt noch nicht verstünden.

Methodisch kann dies auf einem Elternabend bearbeitet werden, indem ein Ausschnitt eines Kinderfilms (gut wäre ein umstrittener Film wie z. B. *Sailor Moon*) von den Eltern in Kleingruppenarbeit diskutiert wird. Hier sollte keine abstrakte Diskussion über die Machart der Filme geführt werden. Das Verständnis für eine differenzierte Perspektive wird erreicht, wenn die Eltern persönliche Erfahrungsberichte einbringen und austauschen. Die Eltern werden ermutigt und angeregt, ihre Verhaltensweisen in der Familie zu reflektieren. Deshalb sollten auf einem Elternabend auch Fallbeispiele diskutiert werden, die zeigen, wie Familien mit dem Fernsehen umgehen und welche konkrete Bedeutung Medien in der Alltagswelt der Kinder haben. Hilfreich ist dabei das Zurückgreifen auf medienpädagogische Fallbeispiele (vgl. Bachmair, 1993) und Materialien.

Bei der Erkundung der individuellen Mediennutzung ist Sensibilität notwendig. Dabei bestimmen die Eltern den Grad der „Intimität" ihrer Beiträge selbst. Auch deshalb sollte die Erzieherin darauf achten, dass keine vorschnelle Abwertung des Mediengebrauchs anderer passiert.

Handeln: Was Eltern tun können – Rollenspiel zu Problemsituationen in der Familie

Um den Eltern Hilfestellung bei der Bearbeitung konkreter Schwierigkeiten mit dem Medienumgang in der Familie zu leisten, eignen sich Rollenspiele sehr gut. Dazu kann eine Problemsituation eines Elternteils als Ausgangspunkt dienen. Sollte sich niemand trauen, ein eigenes Beispiel zu erzählen, können folgende vorgegebene Problemsituationen in Kleingruppen nachgespielt werden:

1. Konfliktsituation: Die Eltern sitzen vor dem Fernsehapparat und sehen um 20.30 Uhr einen Spielfilm. Der sechsjährige Sohn kommt hinzu und fragt: *„Was seht ihr?"* und besteht darauf zu bleiben.

I. MEDIENARBEIT IN DER EINRICHTUNG

2. Konfliktsituation: Die Familie sitzt vor dem Fernseher und sieht die Tagesschau. Jetzt stellt sich die Frage, wie der Abend weitergehen soll. Die Mutter will „Tatort" sehen, der Vater eine Fußballübertragung, die Tochter eine ausgeliehene Video-Kassette, und der Sohn will mit den anderen etwas spielen.

Aufgabe der Eltern ist es, sich eine Situation auszusuchen und sie in der Kleingruppe per Rollenspiel zu bearbeiten. Anschließend wird das Ergebnis der Gesamtgruppe vorgespielt. In den Rollenspielen werden meist unterschiedliche Lösungswege der Eltern deutlich. Diese unterschiedlichen Lösungen können dazu beitragen, das eigene Handeln in Frage zu stellen.

12. Schritt: Der Schritt nach außen

Damit Eltern die Informationen und Anregungen nach außen tragen, ist es angebracht, einige Materialien auszulegen. Dafür eignen sich folgende Broschüren:

- „Nicht nur laufen lassen". Bezug über: Bundeszentrale für gesundheitliche Aufklärung, Ostmerheimer Str. 200, 51109 Köln.
- „Neue Medien – Freunde unserer Kinder?", „Neue Medien und Familie" und „Augenblick mal...": Bezug über: Bundeszentrale für politische Bildung, Postfach 2325, 53013 Bonn.

Eine weitere Möglichkeit, die Informationen des Elternabends weiterzuleiten, ist der Elternbrief. Der Inhalt des Briefes sollte sich dicht an den Inhalten, Methoden und Diskussionen des Elternabends ausrichten. In den Elternbrief kann eine kurze Beschreibung der medienbezogenen Beobachtungen oder der medienpädagogischen Aktivitäten einfließen.

VERMITTLUNG VON MEDIENPÄDAGOGISCH GESCHULTEN REFERENTEN

Blickwechsel – Verein für Medien- und Kulturpädagogik, Waldweg 26, D-37073 Göttingen/Tel. + Fax.: 0551/487106
Gesellschaft für Medienpädagogik (GMK), Körnerstraße 3, 33602 Bielefeld, Tel.: 0521/67788; Landesfilmdienste; Bildstellen; Kirchliche Medienstellen

WEITERFÜHRENDE LITERATUR

BACHMAIR, B., NEUSS, N., Tilemann, F. (Hrsg.) (1997a): <Fernsehen zum Thema machen>, Elternabende als Beitrag zum Jugendmedienschutz, München

EDER, S., NEUSS, N., ZIPF, J. (1999): <Medienprojekte in Kindergarten und Hort>, Berlin

II. MEDIENEINSATZ IN DER ARBEIT MIT KINDERN

In den folgenden Beiträgen geht es um Methoden praktischer Nutzung von Medien im Kindergartenalltag. Die Beispiele sind als Anregungen für die Arbeit mit Kindern gedacht und können weiterentwickelt, abgewandelt und neu zusammengestellt werden. Sie sind nicht als fertige Rezepte zu verstehen, sondern sollen die vielen Möglichkeiten von Medien und Mediennutzung aufzeigen.

Zunächst wird der Einsatz von *Printmedien* zu verschiedenen entwicklungsrelevanten Themen vorgestellt. Die Autorin und der Autor zeigen, wie mit Bilderbüchern Spieleinheiten und Aktionen angeregt, begleitet und weiter entwickelt werden können (Gärtner, Metzner). Die kreative Nutzung *audiovisueller* Medien sowie die spielerische Erfahrung von Medienwirkung werden in vier weiteren Beiträgen thematisiert (Neumeyer, Jöllenbeck, Neuß/Aufenanger, Näger). Wie mit *interaktiven Medien* Projekte gestaltet werden können, veranschaulichen zwei Autoren (Aufenanger, Kupfer) anhand des Computers.

Die Autorinnen und Autoren gehen vom situationsorientierten Ansatz aus und beschreiben zunächst, wie im Kindergarten die Themen im Spielgeschehen oder Gespräch auftauchen. Dann stellen sie die Medien vor, auf deren Basis sie später Spieleinheiten entwickeln. Angehende Erzieherinnen können so exemplarisch lernen, wie viele Möglichkeiten ein gezielter Einsatz von Medien eröffnet und wie Kinder in kreativer medienpädagogischer Arbeit zu Medienkompetenz geführt werden können.

273

I. MEDIENEINSATZ IN DER ARBEIT MIT KINDERN

BILDERBUCHPROJEKT
„ALLE NANNTEN IHN TOMATE"
HANS GÄRTNER

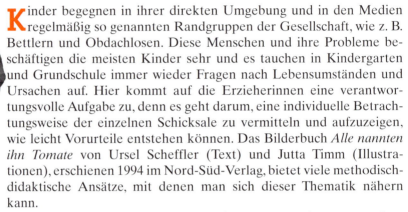

Kinder begegnen in ihrer direkten Umgebung und in den Medien regelmäßig so genannten Randgruppen der Gesellschaft, wie z. B. Bettlern und Obdachlosen. Diese Menschen und ihre Probleme beschäftigen die meisten Kinder sehr und es tauchen in Kindergarten und Grundschule immer wieder Fragen nach Lebensumständen und Ursachen auf. Hier kommt auf die Erzieherinnen eine verantwortungsvolle Aufgabe zu, denn es geht darum, eine individuelle Betrachtungsweise der einzelnen Schicksale zu vermitteln und aufzuzeigen, wie leicht Vorurteile entstehen können. Das Bilderbuch *Alle nannten ihn Tomate* von Ursel Scheffler (Text) und Jutta Timm (Illustrationen), erschienen 1994 im Nord-Süd-Verlag, bietet viele methodisch-didaktische Ansätze, mit denen man sich dieser Thematik nähern kann.

Die Geschichte handelt von einem älteren Mann, der wegen seiner dicken roten Nase von allen „Tomate" genannt wird. Sämtliche Verbrechen, die an einem eiskalten Februarnachmittag auf dem Polizeirevier gemeldet werden, schiebt man ihm in die Schuhe. Wer so einen komischen Hut trägt und so aussieht, sich zwischen Büschen herumtreibt und Kinder „merkwürdig" ansieht, ist gemeingefährlich.

Als Räuber gebrandmarkt, verlässt Tomate die Stadt, beginnt zu klauen und muss den ganzen Winter lang Angst haben, entdeckt zu werden. Längst ist bekannt geworden, dass er keine der ihm angelasteten Untaten begangen hat. Als die Polizei Tomate schließlich entdeckt, läuft er davon und macht sich dadurch verdächtig. Schließlich lässt er sich freiwillig festnehmen. Er hat es satt, sich weiter verstecken und stehlen zu müssen. Die Zeitung verbreitet Tomates Inhaftierung schnell, und die Leute, die ihn noch immer für einen schlechten Kerl halten, sind froh, ihn endlich in polizeilichem Gewahrsam zu wissen.

Der Stadtrat aber verschafft Tomate Jobs. Darüber ist Tomate zwar froh, aber nicht glücklich. Als ihm dann im Herbst der Posten des Hausverwalters im neu eingerichteten Kinderheim der Stadt angeboten wird, nimmt Tomate mit Freuden an. Kinder mochte er schon immer. Dass er nun für sie da sein darf, erfüllt ihn mit Genugtuung, und die Kinder finden in ihm einen echten Freund.

PRINTMEDIEN

PÄDAGOGISCHE BEDEUTUNG

Die Erzählung macht Kindern gesellschaftliche Mechanismen verständlich und bringt sie in einen konkreten Handlungszusammenhang – so z. B. das Verurteilen eines Menschen, dessen Schuld nicht nachgewiesen ist und schwerlich nachgewiesen werden kann. Mit der Figur „Tomate" wird ein Plädoyer für gesellschaftliche Randgruppen und Minderheiten gehalten. Kinder lernen und erfahren anhand der bebilderten Geschichte, dass:

- Menschen nicht allein nach ihrem Äußeren be- und schon gar nicht abgeurteilt werden dürfen,

- nicht nur Erwachsene, sondern auch Kinder zu Vorurteilen (ungeprüften Urteilen) neigen,

- Gerüchte leicht in Umlauf gebracht werden, ohne dass die Überprüfung auch nur eines Teils der Taten stattgefunden hätte,

- die meisten Menschen voreilig und gedankenlos handeln und sich durch Meinungen anderer in ihrem Handeln beeinflussen lassen,

- Menschen wie Tomate, die man ohne Beweise für Verbrecher hält, in ein menschenunwürdiges Leben getrieben werden und dieses Leben schließlich in Verzweiflung und Selbstaufgabe enden kann,

- Menschen erst durch das (Vor-)Urteil anderer zu dem werden, was sie eigentlich selbst gar nicht sein wollen – Tomate wird zum Dieb, zu dem ihn die Menschen letztlich erst gemacht haben,

- Menschen in ihnen ausweglos erscheinenden Situationen lieber den Weg des geringsten Widerstands wählen – Tomate stellt sich freiwillig der Polizei und lässt sich einsperren,

- es unter den Politikern (hier als Beispiel der Stadtrat Pix) nicht nur Versager, sondern auch Helfer gibt – Pix verschafft, aus welchen Motiven auch immer, Tomate Arbeit,

- es einen Unterschied ausmacht, ob jemand „froh" ist oder „glücklich", und dass es immer wieder die Kinder sind, die einen alten Menschen zu einem Stück Lebensglück verhelfen können...

Kein Zweifel: Diese Kindergeschichte geht Erwachsene nicht weniger an als Kinder, für die sie geschrieben und illustriert worden ist. In ihrer Aktualität – Außenseiter, Zusammenleben mit Menschen aus anderen Ländern, zunehmende Verarmung im nahen, scheinbar gesicherten

I. MEDIENEINSATZ IN DER ARBEIT MIT KINDERN

Lebens- und Bekanntenkreis, tiefgreifende und folgenschwere Arbeitslosigkeit usw. – übertrifft die Erzählung „Alle nannten ihn Tomate" viele andere Kinderbücher. Nicht zuletzt dadurch, dass die Geschichte von Tomate an Verstand und Gefühl gleichermaßen appelliert.

Die Autorin Ursel Scheffler erfüllt mit *Alle nannten ihn Tomate* ein entscheidendes Kriterium für ein vorzügliches Kinderbuch. Es verweist, trotz seiner Schlichtheit, auf die Komplexität der Lebenszusammenhänge, in die Kinder hineinwachsen müssen. Diese Komplexität wird vor allem durch ein zunehmend schwierigeres und moralisch indifferentes Sozialgefüge bestimmt, in dem nichts dringender notwendig ist als mitmenschliches Engagement, Akzeptanz auch des vermeintlich „Anderen", Offenheit, Toleranz und die Bereitschaft zur Integration.

DAS BILDERBUCH IN DER ERZIEHERISCHEN PRAXIS

Die Wege, die mit einem Kinderbuch in einer Gruppe oder Schulklasse beschritten werden können, richten sich grundsätzlich nach den jeweiligen Bedingungen der Gruppe, d. h. unter anderem nach der Zusammensetzung und Anzahl von Jungen und Mädchen, dem Alter, der zur Verfügung stehenden Zeit und selbstverständlich auch danach, ob das Bilderbuch nur einmal (in der Hand der Erzieherinnen bzw. Lehrperson) oder mehrmals (für einzelne Kinder, eine Tischgruppe usw.) vorhanden ist. Eine gute Arbeitsmöglichkeit bietet auch die Diaserie zu den Bildern des Buches (zu bestellen bei: media nova Verlag, Weinzierlstraße 13, 84036 Landshut: unter dem Titel *Kinder lernen Bücher lieben*).

Im Folgenden sollen Hinweise zur Arbeit mit dem Buch „Alle nannten ihn Tomate" gegeben werden, die sich als Auswahlangebot und Anregung verstehen und als Beispiel dafür dienen sollen, wie man mit Bilderbüchern in Kindergruppen arbeiten kann.

VORLESEN, VORZEIGEN

Ideal ist eine kleine „Runde" (mit bequemen Sitzmöglichkeiten) von höchstens sechs Kindern, wenn mit dem Bilderbuch gearbeitet wird und nicht mit den Dias. Die Kinder sind schon neugierig auf die Geschichte, wenn ihnen lediglich das Titelbild ohne nähere Erklärungen – als stummer Impuls – gezeigt wird. In diesem Fall kann dann Tomate an seiner roten Nase leicht identifiziert werden. Die Kinder sollen nun Vermutungen äußern: Was könnte Tomate für einer sein?

PRINTMEDIEN

Warum drehen sich die Leute auf der Straße nach ihm um? Der kleine Junge links auf dem Titelbild läuft gar vor Tomate weg...! Selbst der Dackel schaut argwöhnisch drein...! „So einen Mann hab ich neulich auch gesehen...", werden vielleicht einige Kinder sagen und eigene Beobachtungen schildern. Beim Vorlesen sollte darauf geachtet werden, dass

- zwischendurch auch mal frei erzählt wird,
- die Dialoge möglichst textgetreu wiedergegeben werden,
- die Kinder kurz unterbrechen dürfen, falls etwas unverständlich ist,
- auf „antizipierendes" Lesen hingearbeitet wird: Manche Stellen eignen sich vortrefflich dazu, die Kinder „vorwegnehmen" zu lassen, was möglicherweise folgt (z. B. nach „Aber wo sollte er bleiben?" oder nach „Da geschah etwas Sonderbares"),
- manchmal zuerst die Bildseite gezeigt wird (bzw. das entsprechende Dia) und von ihr aus die Erzählung, zum Teil durch die Kinder selbst, fortgeführt wird.

Die spontanen Äußerungen der Kinder werden – nachdem die ganze Geschichte vorgelesen und gezeigt worden ist – aufgegriffen und vielleicht ein paar Verständnisfragen gestellt (Wie hat Tomate ausgesehen? Was geschah denn auf dem Polizeirevier genau? Wie kam es dazu, dass Tomate verfolgt und eingesperrt wurde?). Viele Kinder werden sofort versuchen, eigene Erlebnisse mit Bettlern, Obdachlosen, Pennern, Einzelgängern u. a. vorzubringen. Es kommt auf das Geschick der Erzieherin an, solche Äußerungen zwar nicht ausufern zu lassen, sie aber geschickt in den Reflexionskontext einzubinden. In dieser – vor allem sprachlich betonten – inhaltlichen Aufarbeitungsphase kann

- die ganze Geschichte nacherzählt werden,
- die Geschichte in Einzelszenen „gegliedert" werden,
- nach Bildern (Dias) als Rückgriffsmöglichkeiten und Impulsen erzählt werden,
- auf die Gefühle, die Tomate hatte, eingegangen werden,
- Anfang und Schluss der Geschichte miteinander verglichen werden und vieles andere mehr.

I. MEDIENEINSATZ IN DER ARBEIT MIT KINDERN

Wichtig ist, dass den Kindern der Spaß, an den Problemen Tomates (Außenseitertum, Vorurteile...) dranzubleiben, sie zu erkennen und daraus zu lernen, nicht durch Zerreden und Detailforderungen, z. B. die Texttreue betreffend, verdorben wird.

Es ist denkbar, dass die Kinder nach dieser ersten „Ansprechphase" den Auftrag erhalten, die gehörte und gesehene Bilderbuchgeschichte daheim wiederzugeben. Am nächsten Tag sollen sie darüber berichten, was die Eltern zu der Geschichte gesagt haben.

AKTIV MIT DER BILDERBUCHGESCHICHTE UMGEHEN

Zunächst werden die Anregungen, die in der Erzählung selbst stecken, aufgegriffen, z. B.:

- Wachtmeister Kern fragt „überall in der Stadt herum, ob jemand diesen Räuber beschreiben könne",
- „Und dann ließ er nach den Beschreibungen der Leute einen Steckbrief anfertigen".

Weitere „produktionsorientierte" Umgangsmöglichkeiten mit dem Bilderbuch sind z. B.:

- einen Brief an Tomate entwerfen, als es ihm schlecht ging,
- ein Tagebuch schreiben, das Tomate während des Winters, als er allein in dem Häuschen lebte, geführt haben könnte,
- eine utopische Stadt erfinden, in der es Menschen wie Tomate noch viel schlechter oder aber viel besser geht,
- einen Zeitungsartikel verfassen, in dem genau steht, wie es zur Verhaftung Tomates kam,
- zur Geschichte um den „Räuber" Tomate eine Vorgeschichte erfinden,
- überlegen, was passieren würde, wenn Tomate eine Frau wäre – die Geschichte entsprechend umformulieren und andere Motive hineinspielen lassen,
- ein Kind „zwängt" sich als Mitspieler in die Geschichte hinein und versucht dabei, sich immer auf die Seite Tomates zu stellen...

278

PRINTMEDIEN

SZENISCHES UMSETZEN

Einzelne Szenen der Bilderbuchgeschichte können im darstellenden Spiel und im Stegreifspiel verdeutlicht werden. Dabei geht es insbesondere darum, das Verständnis der Problemsituation des schuldlos zum Verbrecher gemachten Außenseiters zu erhellen:

- „Als die Kinder Tomate bemerkten, steckten sie die Köpfe zusammen und tuschelten miteinander…",

- „Am Nachmittag lief im Polizeirevier 7 das Telefon heiß…",

- „Das Gerücht vom gefährlichen Mann mit der Tomatennase verbreitete sich in der Stadt…" („Stille Post"-Spiel: Ein Satz von ca. sechs Wörtern Länge wird von Ohr zu Ohr geflüstert – am Schluss ist aus dem ursprünglichen Satz in der Regel ein ganz anderer Satz entstanden),

- „Noch am Mittag rissen sich die Leute am Zeitungskiosk um die neueste Ausgabe…" (unterschiedliche Reaktionen der Zeitungskäufer/innen verbalisieren),

- Pantomime: Erraten, welche Arbeiten Tomate verrichtete (Montag: Papierkörbe ausleeren, Dienstag: bei der Müllabfuhr helfen usw.),

- Schlussbild: „Eines Abends saßen alle auf der Wiese und…" (spielten miteinander, erfanden Rätsel rund um Tomate, sangen vom Sich-Mögen und von Freundschaft…).

BILDNERISCH-KREATIVES GESTALTEN

Trotz der vorgegebenen Illustrationen im Buch kann versucht werden, in den Kindern eigene „Bilder" zu aktivieren und zum Ausdruck bringen zu lassen. Das könnte geschehen durch:

- Malen (Wachsmalstifte, Wasserfarben) der Hauptfigur – auch in einer erfundenen Variation (statt roter Nase z. B. grüne Finger),

- Malen oder Zeichnen einer Szene, die im Buch nicht illustriert ist, z. B. „Nach langem Herumirren entdeckte er ein altes, verlassenes Haus",

- Basteln etlicher kleiner Geschenke für Tomate, die ihn erheitern könnten – aus Wegwerfmaterial, Kartons, Bonbonpapier u. a.,

I. MEDIENEINSATZ IN DER ARBEIT MIT KINDERN

- Verkleiden: Kinder ziehen sich als Penner, Strolche, Bauern, Kaufleute, Polizisten... an,
- Papierarbeit: Für Tomate wird ein bunter Blumenstrauß (aus Krepp-Papier, Seidenpapier, farbig gestalteter Zeitung, Illustriertenblättern u. Ä.) gebastelt.

Es geht bei den Projektvorschlägen nicht darum, eine Moral der Geschichte zu formulieren. Bei Kindern im Vor- und frühen Grundschulalter sollte es genügen, die Situation der Figur Tomates aus verschiedenen Blickwinkeln mit didaktisch-methodischen Aktivitäten herauszuarbeiten. Die Übertragung auf die Lebenssituation der Kinder und auf die aktuellen Aspekte der Geschichte (Arbeitslosigkeit, Außenseitertum...) wird dann ohne Schwierigkeiten gelingen.

PRINTMEDIEN

INDIANERPPROJEKT
IM KINDERGARTEN UND HORT
ANGELA METZNER

Wenn man Kinder beim Freispiel beobachtet, begegnen einem immer wieder die gleichen Spielsituationen, Rollen, Handlungen und Gespräche. Die Kinder schaffen sich Räume, in denen sie ihre Fantasien und Erfahrungen umsetzen und verarbeiten können. Sie verwandeln sich in Prinzessinnen, Könige, Tiere, Cowboys oder Indianer und spielen z. B. Märchen-, Familien-, Arzt- und Krankenhaus-, aber auch Kampfszenen nach. Dann werden plötzlich aus „harmlos" herumliegenden Stöcken oder Spielsteinen Pistolen und Gewehre.
Schießen kann als Möglichkeit des Aggressions- oder Angstabbaus und als Verarbeitung von Gesehenem, z. B. in Film oder Fernsehen, gewertet werden. Aber Schießen ist auch eine Demonstration von Macht oder Ausdruck von Gewalt. Eltern, Erzieherinnen und Pädagoginnen müssen sich diesem Thema stellen und sich damit in mehrfacher Hinsicht auseinandersetzen. Zum einen müssen die Schwächeren und Unterlegenen in diesem Spiel unterstützt und geschützt werden, zum anderen ist es wichtig, dass Aggressionen auf spielerische Weise „entladen" werden können. Wenn Aggressionen und Wut das Spiel bestimmen, kommen Erzieher schnell an die Grenzen ihrer Toleranz. Sie reagieren abweisend und empört auf aggressives Verhalten – auch im Spiel. Sie unterbrechen das Spiel, entfernen die Spielgewehre und mahnen zur Ruhe. Nicht selten werden die besonders aggressiven Kinder in einen anderen Raum geschickt, wenn sie nicht bereit sind, den Anweisungen der Erzieherinnen zu folgen. Damit ist durch Unterdrücken der Aggressionen die Ruhe zwar wieder hergestellt, dem Bedürfnis nach Aggressionsabbau aber nicht Rechnung getragen. Hier gilt es, Handlungsperspektiven zu entwickeln, die dem Spielgeschehen Raum geben und eine konstruktive Lenkung von Aggresionen ermöglichen. Dafür eignet sich ein Projekt zum Thema Indianer besonders gut, weil hier Kampf und Schießen aus unterschiedlichen Perspektiven betrachtet und im Spiel ausgelebt werden können.
Zuvor sollte im Gruppengespräch überlegt werden, wann und wie heute Gewehre und Pistolen eingesetzt werden. Jäger erlegen z. B. kranke Tiere, Soldaten setzen ihre Waffen im Krieg ein, die Polizei gebraucht sie bei der Verfolgung von Straftätern, auch in Schießbuden auf Jahrmärkten und im Sport wird geschossen. Die realen Folgen des

I. MEDIENEINSATZ IN DER ARBEIT MIT KINDERN

Schießens sollten mit den Kindern besprochen werden, so dass ihnen bewusst wird, dass Schießen, außer beim Sport oder auf dem Jahrmarkt, mit der Absicht verbunden ist, zu verletzen oder zu töten. Hier könnte man nun das Thema Indianer aufgreifen und darauf eingehen, dass Indianer ursprünglich mit Pfeil und Bogen auf die Jagd gingen, um sich Nahrung zu beschaffen (u. a. um Büffel zu jagen). Später wurden sie häufig von „Weißen" durch Gewehre bedroht und erschossen, weil diese die Indianer vertreiben wollten. Gewehre haben die Indianer im Tauschhandel von den „Weißen" erhalten und sie dann zur Jagd und im Kampf eingesetzt.

Ein Indianerprojekt dient jedoch nicht nur der Kanalisation von Aggressionen, sondern macht die Kinder auch mit einer fremden Kultur bekannt, die durch Verkleidung, Rollen- und Kampfspiele, Geschichten und verschiedene Medienerlebnisse erfahren werden kann. Die folgenden Fragestellungen können als Ausgangspunkt für gemeinsames Entdecken dienen:

- Was wissen wir über Indianer?
- Wie kämpften und verteidigten sich Indianer?
- Wie haben die Indianer gelebt?
- Wie erzogen die Indianer ihre Kinder?
- Welche Rolle spielte die Natur im Leben der Indianer?

Dem Situationsansatz folgend werden die Interessen und das Spielverhalten der Kinder aufgegriffen. Die Erzieherinnen gehen mit den Kindern auf Entdeckungsreise und tauchen in die Bilderwelt, Erzählungen, Spiele und Lebensgewohnheiten der Indianer ein.

In Bibliotheken, Buchhandlungen und Medienzentralen findet man ein breitgefächertes Angebot von Medien wie Musikkassetten (z. B. Barbara Cratzius und Ulrich Maske: *Indianerfrühling*, Hamburg, Chico Musikverlag, 1997), Filmen (z. B. *Navajo*, USA 1951, 69 Min., ab 8 J., Dokumentarfilm, Regie: Norman Forster, oder *Tschetan, der Indianerjunge*, BRD 1972, 94 Min., ab 10 J., Regie: Hark Bohm; beide Filme sind zum Beispiel über die Kath. Bildstelle zu beziehen), Lexika, Sach- und Geschichtsbüchern, aus denen sich ein lebendiges Projekt entwickeln lässt. Vielleicht gibt es auch ein Völkerkundemuseum, eine aktuelle Ausstellung oder einen Indianerverein in der Nähe? Wichtig ist es, sich einen guten Überblick zu verschaffen und – entsprechend der Kindergruppe, dem Alter, der Zusammensetzung nach Mädchen und Jungen – passende Medien auszuwählen.

PRINTMEDIEN

Folgende drei Bücher können Anregungen für das Indianerprojekt geben:

- Crummenerl, Rainer und Klaucke, Peter: *Das große Arena-Buch der Indianer*, Würzburg, Arena Verlag GmbH, 1996: In diesem übersichtlich gestalteten Buch wird die Vielfalt der nordamerikanischen Indianerkulturen, ihr Stammes- und Familienleben dargestellt.

- Taylor, Colin: *Die Mythen der nordamerikanischen Indianer*, München, C. H. Beck Verlag, 1996: In dieser Text- und Fotodokumentation werden die bedeutendsten Mythen der nordamerikanischen Indianer anhand von authentischen Text- und Bildzeugnissen erzählt. Fotos von „Little Hand" oder anderen können im Folgenden als Impuls zur Annäherung an Leben und Verhalten der Indianer dienen: Was fällt auf an Gesicht, Haltung, Kleidung? Was erzählen die Bilder?

- Wölfel, Ursula: *Fliegender Stern*, Ravensburger Buchverlag, 1996: Einfühlsam erzählt die Autorin die Geschichte des kleinen Indianerjungen „Fliegender Stern", der schon zu den Großen gehören möchte. Mut, Angst, Unsicherheit, die Erfahrung elterlichen Verständnisses und seine Freundschaft mit „Grasvogel" begleiten diesen Prozess.

Die Erzählung *Fliegender Stern* bietet vielerlei Ansatzmöglichkeiten, dem Leben der Indianer auf die Spur zu kommen:

- Wie bekamen die Indianerkinder ihre Namen?
- Wie wurden die „Kleinen" zu „Großen"?
- Was spielten die Indianer?
- Wie ernährten sich die Indianer?
- Wie hat sich die Situation der Indianer durch das Eindringen der „Weißen" verändert?

Beim Spiel in der Gruppe wäre es vorstellbar, mit den Kindern an deren Fähigkeiten und Stärken anzusetzen und passende Namen zu suchen. Ein Kind, das sehr gut beobachten kann, wird z. B. „scharfes Auge" genannt. Jedes Kind könnte sich eine Rolle suchen, und daraus wird dann eine gemeinsame Geschichte entwickelt.

I. MEDIENEINSATZ IN DER ARBEIT MIT KINDERN

ENTWICKLUNG DES INDIANERPOJEKTS

Als Einstieg in das Projekt könnten Ausschnitte aus den beiden oben genannten Filmen *Navajo* und *Tschetan, der Indianerjunge*, gezeigt werden. Obwohl die Filme erst ab dem Schulalter empfohlen werden, eignen sich einzelne Ausschnitte sehr gut für eine erste Beschäftigung mit der Indianerthematik im Kindergarten. Mit den Eltern sollte vorher, evtl. an einem Elternabend, eine Absprache über die Filmausschnitte getroffen werden.

SPIEL- UND GESTALTUNGSIDEEN UNTER EINBEZIEHUNG VERSCHIEDENER MEDIEN

Zunächst wird das „Territorium" der Indianer innerhalb der vorgegebenen Räume abgesteckt. Mit Bohnenstangen, großen Stoffbahnen (Baumwolle, Jute, Sackleinen) und Seilen baut dann jeder Indianerstamm seine Tipis. Lexika und Bildbände geben notwendige Informationen zum Bau der Tipis. Der Fantasie sind bei der Gestaltung, z. B. der Bemalung der Stoffbahnen, keine Grenzen gesetzt. Bemalungen echter Tipis erzählen meist von der Jagd oder vom Kampf. Diese Elemente können gut aufgenommen werden, indem die Kinder eigene Jagd- und Kampfmotive für ihre Tipis gestalten.

BÜFFELJAGD

Die Jagd auf Büffel stand im Mittelpunkt der Prärieindianer, denn Büffel waren ihre Hauptnahrungsquelle. So eine „Jagd" bietet den Erziehern die Möglichkeit, Aggressionsverhalten und Bewegungsdrang aufzugreifen und zu begleiten. Jedes Kind entscheidet, ob es jagen oder im Tipi bleiben möchte. Die Kinder können anhand der Medien zusammenstellen, wie sich die Jäger kleideten, auf die Jagd vorbereiteten, sich tarnten, welche Jagdstrategien sie hatten und wie sie mit den Jagdgeräten umgingen. Um ein guter Jäger zu sein braucht ein Indianer z. B.:

- ein Pferd (ein Steckenpferd oder einen Stab mit Wollsocken überziehen und gestalten),
- Pfeil und Bogen, Köcher (Pfeil und Bogen aus Weidenruten schnitzen und mit Federn verzieren, die Köcher aus Kartonrollen herstellen),
- Umhänge, Hosen, Lendenschurze (dafür Stoffe zuschneiden und bemalen oder mit Perlen, Muscheln und Leder besticken),

PRINTMEDIEN

- Kopfschmuck (aus Federn, Lederbändern und Perlen),
- Geschicklichkeit in der Bewegung und ein gutes Training.

Gemeinsam stellen die „Jäger" nun die Regeln für ihr Kampfspiel auf, das heißt, wie sie sachgerecht und ohne sich und andere zu verletzen, ihre „Gewehre" einsetzen. Hier kann Kampf nach Regeln geübt werden, begleitet von Geschrei, rennen und toben. Spuren werden verfolgt, bis endlich das gejagte Tier gefunden wird und erlegt werden kann. Durch die von den Kindern gemeinsam getroffenen Absprachen wird eine Eskalation verhindert, und dennoch können Aggressionen und Bewegungsdrang ausgelebt werden.

In den oben vorgestellten beiden Sachbüchern werden Jagdsituationen dargestellt, die Anregungen für das Spiel der Kinder geben können. Die Bücher stehen am besten aufgeschlagen auf einem Regal, damit die Kinder sich immer wieder mit echten indianischen Kampfsituationen auseinandersetzen können. Auf diese Weise wird auch der Umgang mit Sachbüchern eingeübt. Die Erzieherinnen sollten zur vergleichenden Betrachtung der Sachbücher anregen und Unterschiede oder Gemeinsamkeiten in Gestaltung und Information „herausarbeiten". Falls Filmausschnitte gezeigt werden, könnten die Kinder im Anschluss daran aufgefordert werden, einzelne Elemente zu Jagd, Leben, Ernährung usw. in den Abbildungen der Sachbücher wiederzufinden.

WIE LEBTEN DIE INDIANERINNEN UND WAS ARBEITETEN SIE, WÄHREND DIE MÄNNER AUF DER JAGD WAREN?

Lesen Sie die entsprechenden Abschnitte aus der aufgeführten Literatur vor. Dies kann Impuls zu malerischem Ausdruck sein. Weitere Aktionen bieten sich an:

- Indianerkleid aus Baumwolle oder Jute herstellen. Das Kleid kann bemalt, bedruckt oder bestickt werden,
- Trage für Indianerbabys aus Weidenruten, Stoff und Lederbändern basteln,
- Armband aus Perlen weben, Freundschaftsbändchen flechten,
- Kopfschmuck mit Zöpfen, Lederbändern, Perlen, Muscheln oder Federn gestalten,

I. MEDIENEINSATZ IN DER ARBEIT MIT KINDERN

WELCHE ROLLE SPIELTEN DIE KINDER BEI DEN INDIANERN?

Die Indianer hatten keinen Begriff für Kinder. Diese waren „kleine Indianer" und den Erwachsenen rechtlich weitgehend gleichgestellt. Die Erwachsenen mischten sich nicht in die Angelegenheiten der „kleinen Indianer" ein oder störten sie gar. Es gab kein hartes Wort, kein Anbrüllen oder gar Schläge. Keiner musste auf sich aufmerksam machen, denn alle wurden gehört. „Kleine Indianer" lernten durch Beobachten, Zuhören, Ausprobieren und Mitmachen, was sie zum Leben brauchten und was sie gerade besonders interessierte.

Die Spiele der Indianerkinder boten und bieten die Möglichkeit, wichtige Fähigkeiten zu erproben. Unter Berücksichtigung bekannter Wahrnehmungsspiele können gemeinsam mit den Kindern neue Spiele unter Einsatz verschiedener Medien entdeckt und erprobt werden, z. B.:

- „Zauberzeichen und Büffelbild" (üben und erlernen der wichtigsten Handbewegungen der Zeichensprache, vgl. Sommer, 1998).
- Indianertänze (z. B. nach der MC *Indianerfrühling*: Hier besingen Kinder das Leben der Indianer und regen durch rhythmische Musik zum Mittanzen an.)
- Tarnspiele – Wahrnehmungssinne fördern (geschickte, leise, schleichende Bewegungen, natürliche Verstecke suchen).
- „Fliegender Stern" – Bei diesem Spiel werden zum Erlernen von Werfen und Zielen Wurfgeräte hergestellt. Orientierung bieten die Abbildungen in den genannten Sachbüchern.
- Stöckchenschlagen – Stöckchen werden in einer gerade noch erreichbaren Höhe aufgehängt und sollen vom Indianer mit dem Jagdgerät angeschlagen werden. Auf diese Weise wird Geschicklichkeit geübt und das Schlagen in eine gewünschte Form gebracht.
- Steinchen werfen – Ein typisches Indianerspiel, bei dem das Zielen auf ein entfernt stehendes Gefäß geübt wird.

PRINTMEDIEN

Die im Anhang aufgeführte Literatur gibt weitere Anregungen, z. B. zur Ernährung. Einige Rezepte können die Kinder erproben: Popcorn (allerdings mit Salz zubereitet) kannten schon die Indianer. Speisen wie Polenta (aus Maisgries, Wasser und Salz), Maistortillas, Maisbrot und gebratene Ananas (1 Ananas, 2 EL Honig) sind ebenfalls einfach zuzubereiten.

Das Projekt wird mit einem großen Indianerfest abgeschlossen. Motto könnte folgende Prophezeiung der Hopi-Indianer sein: „Es wird der Tag kommen, an dem die Kinder des Weißen Mannes sich wie Indianer kleiden werden, Perlenschnüre und Stirnbänder tragen werden. Aus dieser Generation werden unsere ersten wahren nichtindianischen Freunde hervorgehen." (Sommer, 1998).

Mit der erlernten Zeichensprache und gemalten Symbolen können sich die Kinder gegenseitig einladen (z. B. die Nachbargruppen). Alle Indianer kommen in ihrem Festgewand mit Festbemalung, Festschmuck (Stirnband, Kopfschmuck, Ketten) und Instrumenten wie Schellenbändern, Trommeln und Bambusflöten. Vielleicht versammeln sich alle zu einem gemeinsamen Tanz, wie z. B. dem „Heya, heya", um das Feuer.

Der Häuptling begrüßt alle mit indianischem Gruß und lässt die Friedenspfeife kreisen. Der Stammesälteste erzählt nun am Feuer eine Geschichte aus dem Leben des Stammes. Dann ruft ein Jäger zur Jagd und alle Jägerinnen und Jäger machen sich auf die Büffeljagd. Die zurückbleibenden Indianerinnen und Indianer bereiten das Essen zu: Maisfladen, Stockbrot, Popcorn, Polenta und gebratene Ananas. Für diese Kinder könnten verschiedene Mut- und Geschicklichkeitsspiele vorbereitet worden sein.

Aus der Ferne ertönt Freudengeheul. Die Jäger waren erfolgreich und schleppen ihre schwere Beute herbei. Eventuell erhält jedes Kind ein Stück Fleisch, das es dann auf einem Stock über dem Feuer im Freien braten kann. Ein Festmahl folgt. So gestärkt, zufrieden und gut gelaunt tanzen, singen und spielen die Indianer. Der Medizinmann erzählt von seinen Gesprächen mit den „Weißen" und gemeinsam überlegt der Stamm, wohin sie morgen weiterziehen werden, um neue Jagdgründe zu finden.

WEITERFÜHRENDE LITERATUR

MURDOCH, D. (1997): <Sehen-Staunen-Wissen>, 3. Auflage, Hildesheim
WÜPPER, E. (1998): <Indianergeschichten>, Bindlach

I. MEDIENEINSATZ IN DER ARBEIT MIT KINDERN

„DA FLIEGEN WIR MIT HEX-HEX" BIBI BLOCKSBERG – KREATIVER EINSATZ DES MEDIUMS HÖRSPIEL

ANNALISA NEUMEYER

Gelegentlich kommt es vor, dass Kinder ihre Lieblingskassetten mit in die Kindergartengruppe bringen. Solche Hörspielkassetten lassen sich sehr gut in den Kindergartenalltag integrieren. Die Geschichten mit der kleinen Hexe Bibi Blocksberg gehören sicher zu diesen Lieblingskassetten. Den meisten Kindergartenkindern ist diese Figur wahrscheinlich bekannt und sie haben viel Spaß daran, immer wieder neue Abenteuer mit ihr zu erleben.

Im Folgenden soll am Beispiel der Hörspielkassette *Bibi Blocksberg und der Hexenfluch* (Kiosk-Verlag; für Kinder ab fünf Jahren empfohlen) beschrieben werden, welche Möglichkeiten es gibt, das Interesse der Kinder aufzugreifen, um dann mit Hörspielkassetten kreativ weiterzuarbeiten. Die Frage lautet: Wie können die Kinder angeregt werden, ihre Hörspielkassetten aktiv und kreativ für die Gestaltung ihres Spiels (in Rollenspielen oder gestaltenden Tätigkeiten) zu nutzen, statt nur passiv zuzuhören? Zum Einstieg sollte die Kassette in der Gruppe gemeinsam angehört werden.

Die kleine Hexe Bibi Blocksberg ist die Tochter von Barbara und Bernhard Blocksberg. Sie fliegt auf ihrem Besen „Kartoffelbrei", genauso wie ihre Mutter auf „Baldrian", zu so mancher Hexenversammlung. Gewitzt sucht sie – oft noch mehr als die großen, guten Hexen – nach Lösungen, wenn es Schwierigkeiten gibt. Natürlich kann Bibi schon richtig hexen und das ist auch häufig von Nöten: Wenn es nämlich um die Landung mit ihrem Hexenbesen geht, scheppert es viel zu oft und ein ums andere Mal muss sie „hex-hex" neue Fensterscheiben herbei- oder eine verschrammte Tür wieder ganz zaubern.
Dieses Mal geht es beim großen Hexentreffen um die alte, böse Hexe Mania. Sie soll aus dem Hexenverband ausgeschlossen werden, weil sie wieder einmal schreckliche Dinge gehext und damit eine ganze Stadt voll friedlicher Menschen geärgert hat. Aber Mania ist stark und mächtig und rächt sich mit einem furchtbaren Fluch. Niemand, auch nicht die abgebrühteste Oberhexe, kann es fassen: Mania hext die

AUDIOVISUELLE MEDIEN

Sonne weg. Während alle verzweifelt sind, beschließt Bibi, das Unheil abzuwenden. Mithilfe eines kleinen Kätzchens findet sie die halbverhungerte Mania, die durch den Fluch ihre Hexenkraft verloren hat. Wie Bibi Blocksberg es schafft, dass sich am Schluss nicht nur alle Hexen und Menschen über Licht, Wärme und Leben freuen, sondern auch Mania selbst eine glückliche Hexe wird, darüber sei hier nur so viel verraten: Bibi glaubt an die Kraft des Guten.

WIE KANN „BIBI BLOCKSBERG" PÄDAGOGISCH GENUTZT WERDEN?

Bibi Blocksberg ist gerade für Mädchen eine positive Identifikationsfigur: Bibi ist pfiffig, gutherzig, neugierig, tatendurstig, mutig und hilfsbereit. Sie verliert auch in ausweglos erscheinenden Situationen nie die Hoffnung und den Mut, sondern sucht aktiv und kreativ nach Lösungen, indem sie immer aufmerksam ist und in ihrer Umwelt sehr bewusst wahrnimmt, was zu tun ist. In schwierigen Situationen steckt sie nicht den Kopf in den Sand, sondern guckt – ganz im Gegenteil – genau hin. Fünf kleine Schritte sind meist leichter als ein ganz großer. So entdeckt sie Manias abgelegtes Kleid, findet und rettet das halbverhungerte kleine Kätzchen, das ihr dann als „Spürkatze" hilft, anhand des Hexendufts im Kleid die gesuchte Mania zu finden.

Bibi Blocksberg ist ein selbstbewusstes Mädchen mit starken intuitiven Fähigkeiten, das Vertrauen in die eigenen Fähigkeiten hat und sich darauf versteht, diese für sich und andere Hexen (und Menschen) zu nutzen. Dabei kann sie mehr bewirken als die Erwachsenen. Sie stellt daher eine Figur dar, mit der sich Kinder – besonders Mädchen – leicht identifizieren.

Bei so viel Perfektion macht dann gerade ihre kleine Schwäche sie so liebenswert: Bibi kann einfach nicht immer richtig „landen". Viele Kinder werden sich mit dieser Figur auch deshalb so gut identifizieren können, weil sie Ähnliches erleben: Da strengen sie sich so an, und dennoch stürzt der Turm in sich zusammen, sobald sie auch nur in die Nähe der Bauecke kommen; da fällt schon wieder ein Glas um, auch wenn sie sich bemüht haben, dieses Mal ganz still zu sitzen. Wie schön wäre da so ein bisschen Zauberkraft, um ganz schnell, „hex-hex", alles wieder ins Reine zu bringen.

Mit ihren Stärken und Schwächen kann Bibi zum Beispiel dem Mädchen, dem immer alles kaputtgeht, Mut machen: Obwohl Bibi holprig landet, startet sie immer wieder federleicht von Neuem. Dem Kind,

I. MEDIENEINSATZ IN DER ARBEIT MIT KINDERN

das sich nur schwer an Regeln halten kann, wird es gut tun zu sehen, dass selbst Bibi ihre Hausaufgaben nicht einfach fertig hexen darf, sondern diese konzentriert am Tisch erarbeiten muss. Soziale Fähigkeiten erfahren Kinder in den Bibi Blocksberg-Geschichten, weil Bibi eine gute Hexe ist, die von ihrer Mutter faires Verhalten und gute Hexenregeln lernt. Wenn Bibi an einem Wettbewerb teilnimmt, gehört es zu den Hexenanstandsregeln, den Sieg nicht herbeizuhexen. Bibi akzeptiert, dass sie mal gewinnt und mal verliert.

Aber auch Bibi kommt manchmal in Situationen, die nicht so leicht zu klären sind. Dann bewährt sich ihr Glaube an das Gute und ihr Durchhaltevermögen. Schritt für Schritt und immer auf die aktuelle Situation bezogen, entwickelt sie Strategien und kommt so zum Ziel. „Bibi Blocksberg gibt nicht auf", sagt sie sich selbstbewusst, und: „Ich muss nachdenken, scharf nachdenken". Bibi gewinnt ihre Stärke vor allem durch das Vertrauen ihrer Mutter und durch ihre Liebe zur Welt und allen guten Dingen. Unbeirrbar glaubt sie daran, dass auch das Böse sich zum Guten wenden und sogar die gemeine Hexe Mania Liebe im Herzen hat: „Eigentlich sollte ich dir ja gar nicht helfen, so gemein, wie du zu uns warst". Sie spürt aber, dass Mania auch deshalb so gemein wurde, weil alle immer sagten, dass sie gemein sei, und dass die verbitterte Hexe zu Gutem fähig ist, da sie ihre Tiere liebt.

„Bibi Blocksberg" eignet sich besonders, um das Thema Hexen/Zaubern in Kindergruppen einzuführen. Bibis Hexenkraft ist genau das, was Bibi zu etwas Besonderem macht. Diese spezielle Kraft ist es, die Kinder beim Hören nur passiv erleben können. Wenn Hexenkunst und Zauberkraft aber in die medienpädagogische Arbeit einbezogen werden, erleben die Kinder auf zauberhafte Weise eine Stärkung ihrer Person. Zaubern und Hexen macht selbst den Kindern Spaß, die sonst schwer zu Gruppen- oder Einzelaktivitäten zu motivieren sind. Spielerisch üben Kinder beim Hexen nicht nur handwerkliche und motorische Fähigkeiten, sondern erleben durch das positive Im-Mittelpunktstehen ein neues Selbstbild. Darüber hinaus hat Hexen und Zaubern immer kommunikativen Charakter: Mit spielerischer Leichtigkeit nehmen Kinder Kontakt zu Gleichaltrigen und Erwachsenen auf. Die Erarbeitung des Themas wird dadurch erleichtert, dass es zahlreiche Publikationen, Sach-, Kinder- und Bilderbücher zu den Themen „Hexen" und „Zaubern" gibt.

Damit alle Kinder ein klein wenig an der wunderbaren Fähigkeit, hexen und zaubern zu können, teilhaben dürfen, lernen sie in der Kindergruppe einige Hexenkunststücke, die das Kind, genau wie Bibi,

AUDIOVISUELLE MEDIEN

positiv in den Mittelpunkt stellen. Die kleinen Hexenkinder erleben: „Ich kann etwas, was eigentlich nicht möglich ist". Zaubern ist ein geeignetes Medium, mit dem Pädagogen ein Stück aus der geheimnisvollen Welt der Bibi Blocksberg in ihren Kindergarten-, Hort- oder Schulalltag hereinholen können. Weil sich Kindergartenkinder noch im so genannten magischen Alter befinden, das heißt noch an Zauberei/Hexerei glauben, sollten ihnen keine „echten" Hexenkunststücke beigebracht werden. So sagte ein sechsjähriger Junge zu einer Logopädin, die ihm ein Zaubergeheimnis verraten hatte: „Und jetzt zeigst du es mir ohne Trick!" Aus diesem Grund werden nachfolgend für Kinder dieses Alters Hexenkunststücke vorgestellt, die kein Trickgeheimnis verraten. Sie gehen „von selbst", weil sie auf Körperwahrnehmungen oder Sinnestäuschungen beruhen. Ähnlich verhält es sich auch mit Hexenbastelkunststücken. Kinder im Vorschul- und Grundschulalter sind meist in der Lage, Zaubergeheimnisse zu bewahren und wachsen am Erfolg, den sie durch das Aufführen einfacher Kunststücke erleben. Zauberregeln, an die sich Kinder dieses Alters meist schon halten können, schützen den geheimnisvollen Reiz von Zauberei, Hexenkunst und Magie.

Mit Hexerei verbinden die Menschen sehr unterschiedliche Assoziationen. Kaum jemand unseres Kulturkreises hat in Märchen, Mythen und überlieferten Geschichten nicht von klein auf auch furchterregende, grausame Hexen kennen gelernt. Immer noch wird der Begriff „Hexe" auch als Schimpfwort benutzt. Andererseits ist der Begriff „Hexe" auch mit Weisheit, Heilkunst, positiv genutzten, außergewöhnlichen Fähigkeiten, mit Mut und Humor verknüpft. Da grundsätzlich jedes Kindergartenteam seine Arbeit so transparent wie möglich für die Eltern gestalten sollte, müssen gerade bei diesem sensiblen Thema die Eltern über das „Hexenprojekt" informiert werden. Sie lernen Hexenfiguren wie *Bibi Blocksberg*, *Die kleine Hexe* von Otfried Preußler oder *Merrilu* von Dorothea Lachner und Christa Unzer kennen. Sie erfahren von der Idee, gerade Mädchen mit selbstständigen, witzigen, kreativen und starken weiblichen Identifikationsfiguren zu fördern.

Die „Hexenkraft" kann jedoch nicht nur an Mädchen weitergegeben werden, sondern es gibt bei Bibi Blocksberg auch einen Jungen, der ausnahmsweise hexen kann. Die Kassette, die Jungen eine Identifikationsfigur bietet, heißt: *Bibi Blocksberg – Der kleine Hexer* und ist ebenfalls für Kinder ab fünf Jahren empfohlen. Um auszudrücken, dass auch Jungen beim „Hexenprojekt" einbezogen sind, wird im Folgenden von „Hexenkindern" gesprochen.

I. MEDIENEINSATZ IN DER ARBEIT MIT KINDERN

Zum Thema „Bibi Blocksberg" können nicht nur einzelne Hexenkunststücke in der Gruppe erlernt und/oder vorgeführt werden, die Hexenkinder können auch:

- für die Gruppe Hexenregeln – ähnlich den fairen Regeln von Bibi Blocksberg – aufstellen;
- gemeinsam eine Hexenmahlzeit genießen, beispielsweise eine Hexensuppe mit selbst gesäten oder gepflanzten und geernteten Kräutern kochen;
- ein Hexenfest mit Hexentänzen und -spielen feiern und dazu Hexeneinladungen basteln;
- eine Hexenzauberaufführung planen und dafür Hexenbesen und Hexenkostüme gestalten;
- eine Hexenbesenreise in den Wald oder auf den hauseigenen „Blocksberg" unternehmen;
- lustige Hexenreime erfinden;
- eigene Bibi Blocksberg-Geschichten zu einem Problem aus dem Kindergarten oder eines einzelnen Kindes so weiterspinnen, dass gute Lösungen entstehen;
- ein Hexenbuch gestalten, in das die eigenen Lieblingsdinge gezeichnet, gemalt, geklebt oder geschrieben werden (Lieblingsessen, -musik, -beschäftigung, -freundin und Ähnliches mehr); Hexenkinder aus Schule und Kindergarten können sich gegenseitig in das Hexenbuch – ähnlich wie in ein Poesiealbum – Hexensprüche und -wünsche schreiben, die dem befreundeten Hexenkind in schwierigen Situationen Kraft geben sollen;
- beispielsweise einen Besenhindernislauf machen oder den Blocksberg (eine in eine Sprossenwand eingehängte Bank) besteigen.

HEXENKUNSTSTÜCKE FÜR KLEINE HEXEN

Um mit Kindern eine Zaubervorstellung zu gestalten, lassen sich folgende Hexenkunststücke einüben. Besonders eindrucksvoll wirken sie, wenn sich die Kinder für die „richtige" Aufführung als Hexen und Zauberer verkleiden. Zuvor sollten die Kinder die „sechs goldenen Regeln der Hexenkunst" kennen lernen:

AUDIOVISUELLE MEDIEN

GOLDENE REGELN DER HEXENKUNST

(1) Hexenkunst lebt vom Geheimnis, Hexenkinder verraten deshalb unter keinen Umständen den Trick eines Hexenkunststücks.

(2) Hexenkunst braucht Überraschungsmomente, daher erzählen Hexenkinder nie, was als Nächstes geschehen wird.

(3) Hexenkinder zeigen nur Kunststücke, die sie sicher vorführen können.

(4) Hexenkinder wiederholen kein Kunststück vor demselben Publikum am gleichen Tag; kämen die Zuschauer hinter das Geheimnis, wäre die zauberhafte Atmosphäre zerstört.

(5) Hexenkinder beziehen das Publikum ein. Die Zuschauer geben gern ihre Hexenpuste oder sagen einen Hexenspruch, damit ein Kunststück gelingt. Hexenkunst soll eine miteinander erlebte, gemeinsame Sache sein.

(6) Hexenkinder schaffen eine geheimnisvolle Atmosphäre, indem sie den äußeren Rahmen passend zum Thema gestalten und die Fantasie der Zuschauer mit Geschichten, Ritualen und Metaphern anregen.

Fliegen lernen

Das „Hexenkind" stellt sich in einen Türrahmen, lässt zuerst die Arme hängen und presst dann so kräftig wie möglich die Handrücken links und rechts gegen den Rahmen. Dabei spricht es folgenden Zauberspruch: „Fliegen ist ein Hexenglück, zähl bis zwanzig und zurück: Eins-zwei-drei..., zwanzig-neunzehn-achtzehn..., drei-zwei-eins, Arme schweben, schweben, schweben, Hexenkräfte sie erleben." Wenn das Hexenkind dann wieder aus dem Türrahmen heraustritt und seine Arme locker hängen lässt und der Druck auf die Arme stark und lange genug war, haben sie sich so an die Anspannung gewöhnt, dass sie nach einigen Sekunden von selbst in die Höhe gehen. Besonders unruhige Kinder, die ihren eigenen Körper oft nicht richtig zu spüren scheinen, erleben eine unmittelbare körperliche Rückmeldung, die verblüfft und viel Spaß macht. Wenn einige Hexenkinder dieses Kunststück gleichzeitig ausprobieren wollen, aber nicht genügend Türrahmen vorhanden sind, können sie sich auch seitlich zur Wand stellen und einen Arm gegen die Wand drücken (bei dieser Variation geht dann natürlich nur ein Arm in die Höhe).

I. MEDIENEINSATZ IN DER ARBEIT MIT KINDERN

Der fliegende Finger

„Der Finger fliegt jetzt durch die Luft: Hokuspokus-Fidibus, hex-hex-hin und hex-hex-her". An einer Hand sind Zeige- und Mittelfinger, an der anderen nur der Zeigefinger ausgestreckt. Bei „hex-hex" stoßen die beiden Zeigefinger mit Schwung zusammen, der linke Mittelfinger schnellt nach oben, der rechte nach unten. Kinder lernen diese Bewegung leichter, indem sie die beiden Zeigefinger langsam aneinander hoch- und wieder herunterschieben. Immer neben dem gerade oberen Zeigefinger erscheint der Mittelfinger, der auf der anderen Seite verschwindet. Am besten in Zeitlupe üben! „Der fliegende Finger" ist ein spaßiges Hexenkunststück, das Konzentration, Fingerfertigkeit und die Auge-Handkoordination trainiert.

Der festgehexte Arm

Das Hexenkind drückt sich die eigene Hand auf den Kopf. Ein Zuschauer versucht, den Arm hochzuheben: „Wetten, dass selbst der Stärkste nur mit Mühe diesen Arm hochheben könnte!" Das Erleben eigener Kraft und Stärke, womöglich die Umkehrung der Positionen – wenn der große Junge dem kleinen Mädchen oder der starke Vater dem kleinen Sohn unterlegen scheint – macht Kindern diebische Freude.

Bibi ist nicht zu erwischen

Fünf Spielkarten mit Bibi-Symbolen (Bibi, Mania, Hexenbesen, Katze, Eule) werden nebeneinander gelegt und jeweils halb überlappend aufeinander geklebt. Bibi befindet sich in der Mitte der Kartenreihe. Die Kartenreihe wird gezeigt: „Guckt mal, Bibi ist in der Mitte". Anschließend werden die Karten umgedreht und ein Zuschauer bekommt eine Miniwäscheklammer: „Jetzt versuch' mal, Bibi mit der Klammer zu fangen!" Dreht man die Kartenreihe um, sitzt die Klammer daneben: „Siehst du, Bibi lässt sich nicht erwischen!"

AUDIOVISUELLE MEDIEN

Neues aus der Hexenküche

Die Hexensuppe besteht aus einem Teller Wasser, in das Gewürze oder Kräuter gestreut und gleichmäßig auf dem Wasser verteilt worden sind. Die Hexe tippt mit einem Finger in die Hexensuppe und es passiert nichts. Nun lässt sie es auch einige Zuschauer versuchen und wieder passiert nichts Besonderes. Aber wenn die Hexe ihren Hexenreim spricht: „Hexenkraft, Kartoffelbrei, Hexensuppe – letzter Schrei! Tunkt irgendwer den Finger rein, bewegen sich die Kräutlein? – Nein! Nur mit Witz und geheimem Wissen lasse ich sie auseinander flitzen." und jetzt ihren Finger in die Suppe taucht, stieben alle Gewürze bzw. Kräuter auseinander.

Das Geheimnis dieses Hexenkunststücks besteht darin, dass die Zauberhexe sich vor der Aufführung einen Finger mit einem Tropfen Spülmittel benetzt hat. Beim „sauberen" Finger verändert sich nichts, erst das Spülmittel am „präparierten" Finger löst die Oberflächenspannung des Wassers auf. Dieses Hexenkunststück funktioniert mit Gewürzen und Kräutern wie Pfeffer, Paprikapulver, geriebener Muskatnuss, Dill, Schnittlauch oder Petersilie. Die Hexenkräuter können getrocknet oder frisch verwendet werden, müssen aber ganz klein geschnitten sein. Aber Spinnenbein und Krötenei: Mit Curry geht gar nichts – au wei!!!

Hexenzauber

Dieses Kunststück sollte nur von größeren Hexen im Beisein eines Erwachsenen durchgeführt werden. Die Hexe nimmt ihren Hexenhut vom Kopf, zieht eine schwarze Feder an einem Baumwollfaden aus dem Hut und bindet diese an einen kleinen knorrigen Ast, den sie zuvor aus ihrem Gürtel, den Stiefeln oder einem Beutel „gehext" hat. Sie zündet den Faden an, dieser verbrennt und die Feder schwebt zu Boden. Die Hexe greift sich an die Stirn: „Wir haben den Hexenspruch vergessen!" Sie zieht aus ihrem Hut eine neue Feder an einem Faden, bindet sie an den Hexenzweig und murmelt: „Vergänglich ist der Welten Tand, der Faden verlöscht im Feuerbrand, Hexenfaden bleibt bestehen, das können nicht nur Hexen sehn!" Der Baumwollfaden brennt zwar, zerfällt aber nicht zu Asche und die Feder bleibt hängen. Bei der ersten Demonstration wird mit unbehandeltem Faden gearbeitet, der Zauberfaden jedoch wurde vor der Darbietung sechs bis zwölf Stunden in eine Salzlösung aus einem Kaffeelöffel Salz und fünf Kaffeelöffeln Wasser gelegt, anschließend herausgenommen und getrocknet.

I. MEDIENEINSATZ IN DER ARBEIT MIT KINDERN

LÜGEN – "LARI FARI MOGELZAHN"

DOROTHEA JÖLLENBECK

Auf den ersten Blick scheint die pädagogische Zielsetzung in Zusammenhang mit dem Thema „Lügen" eindeutig zu sein. Muss es nicht in jedem Fall darum gehen, den Kindern die Grundregel „Du sollst nicht lügen" nahe zu bringen und ihr Gewissen in eben diese Richtung zu schärfen? Bei genauerer Betrachtung aber fällt der Blick auf die Frage, was es denn für Kinder attraktiv, hilfreich oder gar notwendig macht (bzw. erscheinen lässt) zu lügen, was also der Nährboden für so genanntes unaufrichtiges Verhalten ist.

Das Erzählen von Unwahrheiten oder das Verschweigen der Wahrheit scheint den jeweiligen Moment zu erleichtern, es umschifft einen sonst drohenden Konflikt und bewahrt – hoffentlich – vor Bestrafung. Als gezielt eingesetzte gedankliche Erfindung wird mit der Lüge eine ganz bestimmte Absicht verfolgt. Diese kann unter Umständen auch darin bestehen, das Gegenüber schützen oder schonen, einer geliebten Person nicht weh tun zu wollen. So ist es im Zusammenhang mit dem Thema „Lügen" konsequent und sinnvoll, sich zunächst an die Erwachsenen zu wenden. Eine entsprechende Aufforderung an sie kann lauten: „Du sollst keine Situationen schaffen, die Kinder zum Lügen auf- oder herausfordert".

Wenn es gelingt, ohne Vorwurf, ohne wertende Be- oder Verurteilung und ohne Bestrafung mit den Kindern ins Gespräch zu kommen sowie das eigene Verhalten zu reflektieren, ist ein wesentliches Ziel erreicht. Ganz wichtig in diesem Zusammenhang ist der Aspekt des Geheimnisses. Für die gesunde Entwicklung der kindlichen Persönlichkeit braucht jedes Kind seine Geheimnisse. Wird dieses Grundbedürfnis nicht respektiert, müssen die Kinder Auswege, Umwege, Fluchtwege suchen.

Grundsätzlich können wir davon ausgehen, dass den Kindern selbst der Unterschied zwischen Flunkern, Mogeln, Geschichten erfinden usw. auf der einen und dem „richtigen" Lügen auf der anderen Seite intuitiv klar ist. Zugleich können die im Folgenden vorgestellten Medien, Spiele und Übungen dazu beitragen, Kindern einen humorvollen Zugang zum Thema zu ermöglichen. An die Stelle eines moralisch erhobenen Zeigefingers tritt die Erlaubnis zum Geheimhalten, Fantasieren, Schummeln und So-tun-als-ob. Dies schärft die Sinne

AUDIOVISUELLE MEDIEN

aller Beteiligten für Sinn und Unsinn der hier angesprochenen Phänomene und ermutigt die Kinder zu gewissenhaftem und ehrlichem Verhalten.

DAS MEDIUM: Hörspielkassette – Janosch, *Lari Fari Mogelzahn* Deutsche Grammophon, HÖR FEST, 1972

Lari Fari Mogelzahn ist ein pfiffiges, leichtes und heiteres Hörspiel von Janosch, in dem ein Nussknacker mit einem auswechselbaren Lügengebiss Mogel-, Fantasie- und natürlich auch Lügengeschichten erzählt. Seine Zuhörerschaft besteht aus dem Quasselkasper, dem Krokodil und dessen Kind, dem Fiedelbären und – nicht zu vergessen – dem ehrlichen Löwen Hans. Dieser wacht stets und in ganz besonderer Weise darüber, was gelogen, was gemogelt und was ehrlich nicht wahr ist. „Lügen is' nicht, wird von mir genau kontrolliert" lautet sein Motto. Und mit der Drohung „einmal gelogen und schon gefressen" versucht er, Lari Fari in Schach zu halten. Für den Nussknacker liegt jedoch gerade darin der Reiz, seine Geschichten noch listiger und feinsinniger zu spinnen, zu erfinden und zu erzählen. Zustimmung und Beifall werden ihm ebenso häufig zuteil wie die kritischen Anmerkungen des Quasselkaspers, der dafür dann vom Fiedelbären gleich eins übergezogen bekommt. Ort des Geschehens ist der Dachboden der Mottengasse Nr. 11. Dort öffnet sich allabendlich knarrend die alte Spielzeugkiste, die Figuren klettern heraus und versammeln sich erwartungsvoll um Lari Fari. Heute gibt er folgende vier Geschichten zum Besten:

(1) Die Mehlmahlgeschichte ohne Wind, in der er selbst, als Müller mithilfe seines Mehlmahlgebisses, auf wundersame Weise dafür sorgte, dass die Bürger des Spielzeuglandes Lutschbonbon genug Brot und sogar Kuchen zu essen hatten.
(2) Die Geschichte vom Taschendieb Kiebitzki, den er dank seiner ungeheuren Schlauheit und mittels seines Fuchsfanggebisses schnappte und der Polizei übergab.
(3) Die Erzählung von den sehr turbulenten Ereignissen in Lutschbonbon, die aufgrund seines heldenhaften Einsatzes schließlich zu seiner eigenen Heirat mit der schönen Prinzessin Wilhelmine Puderdose führten.
(4) Die Geschichte, in der Lari Fari Mogelzahn von seiner unerhört anstrengenden Tätigkeit als Sternschnuppenzähler im schönen Städtchen Wurmerlitz zu berichten weiß.

I. MEDIENEINSATZ IN DER ARBEIT MIT KINDERN

1 DAS GEHEIMNIS – DIE SCHATZTRUHE

Inhaltlicher Bezug: Thema „Geheimnis, Schweigen"
Material: Stoff, Dezifix, Papier, Klebstoff, Tesakrepp, Watte, rotes Seidenpapier, ein Karton, Zeitungspapier, evtl. ein Plastiksack

Die Kinder wurden aufgefordert, einen kleinen Gegenstand mitzubringen, der für sie die Bedeutung eines Schatzes hat. Das kann ein Steinchen, eine Münze, ein Ringlein o. Ä. sein. Wichtig ist, dass die Kinder ihre mitgebrachten Kostbarkeiten vorerst noch in ihren Taschen lassen, niemand soll sie sehen.

Zunächst wird eine „Schatztruhe" angefertigt. Ein Karton wird gemeinsam beklebt. Jedes Kind bekommt von dem dafür vorgesehenen Material ein kleines Stück. Reihum befestigen die Kinder ihre Teile auf dem Karton, bis er vollständig beklebt ist. Dann wird der Boden der Kiste mit Watte gepolstert und ein Stück rotes Seidenpapier darüber gelegt. Dies muss ausreichend groß sein, um später auch die Schätze damit zu bedecken. Jedes Kind erhält ein Stück Zeitungspapier. Darin werden die Schätze eingepackt. Das tun die Kinder ganz für sich allein, denn niemand soll erfahren, welchen Schatz sie in die Kiste stecken. Die Kinder kleben ihre Päckchen zu und kennzeichnen sie, so dass sie sie gegebenenfalls später wieder erkennen können. Wenn alle mit dem Einpacken fertig sind, versammeln sich die Kinder wieder um die Kiste und jedes Kind legt seinen Schatz in die Truhe hinein. Der Deckel wird verschlossen, versiegelt und es folgt das Geheimnisritual: alle Kinder legen ihre Hände gemeinsam auf die Kiste und schweigen.

Die Erzieherinnen sollten bereits einen Ort ausfindig gemacht haben, an dem die Schatztruhe versteckt oder vergraben wird (für draußen muss die Schatztruhe wasserdicht verpackt werden). Die Kiste wird an den Geheimort getragen und dort sicher versteckt. Auch hier kann ein Geheimnisritual den Abschluss der Aktion bilden: alle Kinder legen ihre rechten Hände übereinander, direkt über der Kiste. Ein Moment Schweigen. Dann die linken Hände, die kommen vom Herzen! Schweigen. „Und niemand auf der ganzen Welt darf erfahren, wo der Schatz ist und was darin ist."

2 DAS GIBT ES NUR IN LUTSCHBONBON

Inhaltlicher Bezug: *Hörspiel Lari Fari Mogelzahn* – zweite und dritte Geschichte, Thema „Geschichten erfinden"
Material: große Bögen Packpapier (ca. 1m x 1m), Malstifte, Bonbons, Dauerlutscher, Knöpfe, Nüsse u. a.

AUDIOVISUELLE MEDIEN

Zwei der Mogelzahnschen Geschichten spielen in „Lutschbonbon". Anlass genug, sich dieses Land mit den Kindern einmal genauer anzusehen, es zu gestalten und darin zu spielen: Es werden Kleingruppen mit jeweils fünf Kindern gebildet. Jede Gruppe bekommt ein großes Blatt Packpapier, das auf den Boden gelegt wird. Die Kinder sitzen darum herum. Dann werden die Spielfiguren und Utensilien ausgegeben: Knöpfe, Nüsse, Bonbons, Dauerlutscher, Schokoladentäfelchen; sie alle gehören in das Land „Lutschbonbon", sind sowohl Bewohner als auch Bau- und Spielmaterial. Mit Wachsmalstiften gestalten die Kinder das Land, wählen sich ihre Spielfiguren aus, geben ihnen ihre Plätze und Wohnungen, malen Wege, Wiesen, Behausungen und Bäume und bauen so die Landschaft auf.

Wenn das Malen abgeschlossen ist, kann das Spielen beginnen. Darin sollen die Kinder so frei wie möglich sein. Es können aber auch Themen wie „Das Hochzeitsfest", „Auf dem Wochenmarkt", „Am Hof des Königs", „Die Prinzessin Wilhelmine", „Der Taschendieb" u. a. m. vorgegeben werden.

3 SO KLAR WIE REINES TINTENWASSER

Inhaltlicher Bezug: Hörspiel *Lari Fari Mogelzahn* – Einleitung
Material: Gläser mit Schraubverschluss, Tinte und andere Färbematerialien (s. Text), Löffel

In seinem Weckruf zu Beginn der Kassette singt Lari Fari Mogelzahn: „(...) viele Geschichten, tolle Geschichten, nichts ist gelogen, alles so wahr, wie bestes Tintenwasser so klar." Diese Einführung gab die Idee für die folgenden Experimente:

Es werden viele Gläser mit Wasser gefüllt und auf den Tisch gestellt. Nun werden der Reihe nach die unterschiedlichsten Zutaten in die Gläser gegeben. Jeweils ein Kind kann das Experiment durchführen, die anderen schauen zu. Meistens entstehen interessante Formen im Wasser, bevor alles miteinander verrührt und die jeweilige Flüssigkeit zu einer gleichmäßigen Brühe wird. Hier einige Vorschläge für Zutaten: Tinte – natürlich! –, Milch, Mehl, Honig, Dreck, Tipp-Ex, zerstoßenes Gras, zerbröselte Blätter, Lebensmittelfarbe, Tomatenketchup, Zitronensaft, Spüli, Zahnpasta, Haarshampoo, Marmelade usw. Bei Zucker oder Salz gibt es nicht allzu viel zu sehen, da bleibt die Flüssigkeit wirklich klar.

Abschließend werden die Gläser zugeschraubt und einzeln mit Namen für den jeweiligen Inhalt versehen, z. B. Tomatenmix, Drecksuppe,

I. MEDIENEINSATZ IN DER ARBEIT MIT KINDERN

Grassaft.... Ein Glas sollte es geben, in dem sich „klares, reines Wahrheitswasser" befindet. Die Gläser werden gut sichtbar in einer Reihe auf ein Regal gestellt.

4 MIT KIEBITZKI UNTERWEGS

Inhaltlicher Bezug: Hörspiel – zweite Geschichte, Thema „Klauen"
Material: Verkleidungsrequisiten, Wolle, Tesafilm, Plastiktüten

Diese Spielidee knüpft direkt an Lari Faris Geschichte vom Taschendieb Kiebitzki an. Am Vortag sind die Kinder aufgefordert worden, zum Verkleiden Mützen, Hüte und Sonnenbrillen mitzubringen. Es macht nichts, wenn einige zu groß sein sollten. Zu Beginn sitzen alle Kinder im Kreis und zeigen ihre mitgebrachten Requisiten. Was noch fehlt, sind Bärte. Diese werden gemeinsam –rasch und einfach – aus Wolle und Tesafilm gebastelt. Die Kinder probieren aus, wie sie die Bärte am besten im Gesicht ankleben können. Dann verkleiden sie sich mit ihren übrigen Utensilien. Jedes Kind bekommt eine Plastiktüte in die Hand.

Die Kinder werden aufgefordert, im Raum herumzugehen und – von den anderen unbemerkt – Sachen in ihren Beuteln verschwinden zu lassen. Nichts von dem, was herumliegt, ist vor den Kiebitzkis sicher, aber aufpassen müssen sie schon, dass sie nicht erwischt werden. Zunächst einmal sind alle Kinder „Diebe", die den Taschendiebstahl üben. In der nächsten Spielphase gibt es zusätzlich die Polizisten. Jeweils drei Kinder werden zu Ordnungshütern ernannt und angehalten, jeden Kiebitzki, den sie beim Klauen erwischen, zu fangen und abzuführen. Die Rolle der Polizisten wird mehrere Male gewechselt.
Nun werden die Kinder in kleinere Gruppen aufgeteilt. In jeder Gruppe gibt es einen Polizisten, einen Kiebitzki, zwei Marktverkäuferinnen und einige Einkäufer. Die Kinder verkleiden sich ihren Rollen entsprechend. In der Mitte des Raumes wird ein Markt aufgebaut. Das ist die Bühne für die nun folgenden Theaterszenen. Jeweils eine Gruppe spielt etwas vor, die anderen schauen zu. Wenn den Kindern das Theaterspielen Spaß macht, können noch einmal Gruppen mit neuen Rollenverteilungen gebildet werden.

Dem Spiel sollte eine Gesprächsrunde folgen: „Was hat euch beim Spielen am besten gefallen, was mochtet ihr nicht?", „Ist Taschendieb eigentlich ein richtiger Beruf?" Abschließend räumen die Kinder gemeinsam auf, alles „Geklaute" wird zurückgelegt.

AUDIOVISUELLE MEDIEN

5 WER WAR'S? ICH SAGE NIX!

Inhaltlicher Bezug: Thema „Wahrheit", „Schweigen als Lüge"
Material: keines

Vor diesem Spiel ist es ratsam, den Kindern den Ablauf zu erklären, damit sie wissen, was sie erwartet, wenn sie sich als Freiwillige zur ersten Runde melden. Zwei Kinder hocken sich auf den Boden, ihre Rücken sind den anderen Kindern zugewandt. Diese stehen in einer Reihe mit einigem Abstand zu den beiden. Die Hockenden stützen ihren Kopf in ihre Händen und halten sich so die Augen zu. Von dem Geschehen hinter sich dürfen sie nichts mitbekommen. Es ist ganz still. Aus der Reihe der stehenden Kinder läuft eines vor und malt den Hockenden etwas auf die Rücken. Das Kind läuft wieder zurück und stellt sich an seinen alten Platz in der Reihe. Alle Kinder rufen nun zusammen: „Fertig!". Das ist für die beiden Knienden das Zeichen, aufzustehen und sich umzudrehen. Sie fragen laut „Wer war das?", erhalten darauf jedoch keine Antwort. Die übrigen Kinder schweigen und verziehen keine Miene. Die beiden kommen näher auf die Reihe zu und fragen wieder, wer ihnen etwas auf den Rücken gemalt hat. Weiterhin regloses Schweigen. Wenn sie recht nah bei den Kindern angekommen sind, fragen sie die Kinder einzeln: „Warst Du's?" Nach Möglichkeit sollen auch hier alle Kinder weiter schweigen. Sobald einer der beiden einen Verdacht hat, kann er/sie ihn äußern. Andernfalls endet die Runde des Spieles damit, dass das Kind, das den beiden auf den Rücken gemalt hat, aus der Reihe tritt und sagt „Ich war's!". Dafür gibt's Applaus. Zwei weitere Kinder hocken sich hin, ein anderes Kind malt.

Im Anschluss an dieses Spiel sollte es auf alle Fälle eine Gesprächsrunde darüber geben, ob es einer Lüge gleichkommt, wenn man einfach nur schweigt, etwas nicht sagt oder sich nicht zu erkennen gibt.

ZUM ABSCHLUSS

Hier noch der Text des Lieds vom Flunkern:

Hört euch die Geschichten an, vom Lari Fari Mogelzahn.
Hört doch wie er dichten kann, der Lari Fari Mogelzahn.
Flunker, Flunker, nichts gelogen, alles aus dem Hirn gezogen.
Flunker, Flunker, Spindel, alles falscher Schwindel.

I. MEDIENEINSATZ IN DER ARBEIT MIT KINDERN

MEDIENPÄDAGOGISCHE BAUSTEINE ZUR FÖRDERUNG DER WERBEKOMPETENZ VON KINDERN

NORBERT NEUSS   STEFAN AUFENANGER

Fernsehwerbung begegnet uns in unserem Alltag ständig – und macht auch vor den Türen eines Kindergartens nicht Halt. Kinder sammeln schon früh Erfahrungen mit Fernsehwerbung, doch wie gehen sie damit um? Wie verarbeiten sie die vielfältigen Eindrücke aus Programmen und Werbung? Sind Kinder im Vorschulalter überhaupt schon in der Lage, Programme und Werbung auseinander zu halten? In einer empirischen Studie (Charlton et al., 1995) konnte nachgewiesen werden, dass Kinder unter fünf Jahren die Intentionen von Werbung kaum erfassen. Außerdem hat die Studie gezeigt, dass etwa 37% der Vierjährigen den Unterschied zwischen einem Programm und Werbung nicht kennen. Sie besitzen keine Unterscheidungsstrategien und sind der Fernsehwerbung daher schutzlos ausgeliefert. Das Gleiche gilt noch für 21% der fünfjährigen und 12% der sechsjährigen Kinder. Die Frage ist also, wie man Kinder darin unterstützen kann, mit Werbung und Konsum richtig umzugehen, also „werbekompetent" zu werden. Dieser Frage hat sich das Projekt *Vermittlung von Werbekompetenz im Kindergarten* (Aufenanger, Neuß, 1999) anhand medienpädagogischer Bausteine gewidmet.

VORSCHULKINDER IN IHRER WERBEKOMPETENZ UNTERSTÜTZEN

„Vermittlung von Werbekompetenz" bedeutet zum einen, den Kindern zu helfen, die im Fernsehen angebotenen Werbeformen (z. B. Spotwerbung, Werbeblöcke) von den Programmangeboten unterscheiden zu lernen, zum anderen, die Botschaften von Werbung zu durchschauen und zu differenzieren. Damit sollen erste Schritte zum Verständnis für Werbung und zur Distanzierung von ihr gefördert werden.

Im Folgenden möchten wir vier, der von uns entwickelten zwölf medienpädagogischen Bausteine kurz vorstellen. Erklärung und Moderation der medienpraktischen Bausteine werden von zwei Handpuppen „übernommen". Diese beziehen die Ideen der Kinder ein, stellen sich gegenseitig „dumme Fragen" und sorgen für den „roten Faden" zwischen den einzelnen Bausteinen.

AUDIOVISUELLE MEDIEN

Medienpädagogischer Baustein 1: „Billy Büchse in der Welt der Werbung" – ein Bilderbuch

Anhand eines Bilderbuchs wird das Thema Werbung aufgegriffen. Das Bilderbuch erzählt folgende Geschichte: Billy Büchse, eine schlichte graue Konservendose, steht im Supermarktregal und ist noch nicht verkauft worden. Da erscheint Klara Konserve, eine schicke Spargeldose. Sie ist der Meinung, dass es ohne Werbung völlig logisch sei, dass Billy nicht gekauft wird. Sie erzählt ihm von der Welt der Werbung und ist stolz, schon einmal im Werbefernsehen aufgetreten zu sein – als fliegende Spargeldose! Sie beschließt, Billy zu verschönern und malt ihn an. Doch Billy ist stolz auf seine grünen Erbsen; er hält nicht viel von der Werbung und wischt sie daher wieder ab. Ein kleiner Junge und seine Mutter kaufen ihn schließlich, weil sie Appetit auf Erbsen haben. Billy wird nicht weggeworfen, sondern von dem Jungen zu einer Dose für Stifte umgestaltet. Die offenen Gedankenblasen Billys am Schluss des Buches sind geeignet, die Kinder erzählen zu lassen, wie es ihm jetzt wohl geht, was er denkt und wie die Geschichte vielleicht weitergehen könnte. Es bietet sich an, die Kinder nach eigenen Erfahrungen mit bunten Verpackungen zu fragen.

Medienpädagogischer Baustein 2: „Programmlogos und Fernsehbilder" – eine Drehscheibe

Zunächst unterhalten sich die beiden Handpuppen über das Fernsehen und die Schwierigkeit, Werbung und Programm auseinander zu halten. Die eine Puppe erklärt der anderen einen Trick: am Logo sei das Programm, am fehlenden Logo die Werbung zu erkennen. Sie schlägt der anderen Handpuppe und den Kindern ein Spiel vor, bei dem man das prima ausprobieren kann: Mit einem einfachen Pappfernseher und einer Drehscheibe, auf der sich vier Senderlogos und zwei ausgeschnittene Kreise befinden – letztere als Symbol für Werbung, da diese kein Logo besitzt (s. Abb. 20). Die Erzieherinnen erklären, dass die Kinder ihr Programm selbst gestalten und über die Drehscheibe die Reihenfolge festlegen können. Jeweils ein Kind dreht an der Scheibe, hält sie dann an und wählt ein anderes Kind aus, das unter zwölf bis 15 großformatigen Videoprintbildern das passende „Fernsehbild" heraussuchen darf. Erscheint z. B. das ZDF-Logo auf der Drehscheibe im „Bildschirm", wird ein Bild mit ZDF-Logo gesucht, erscheint der ausgeschnittene Kreis, wird ein Werbebild ohne

I. MEDIENEINSATZ IN DER ARBEIT MIT KINDERN

Logo gesucht. Hat das Kind das entsprechende Bild gefunden, wird dieses in den Pappfernseher gesteckt. Die ErzieherInnen fragen dann das Kind, das gedreht hat, ob es mit dem ausgesuchten Bild einverstanden ist. Je nachdem ob das Bild „richtig" oder „falsch" ist, wird nach der Begründung gefragt. Ist das Bild „falsch", startet das Kind – vielleicht mit Hilfe eines anderen Zuschauers – erneut einen Versuch.

Abb. 20

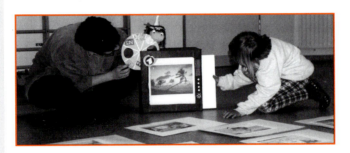

Medienpädagogischer Baustein 3: „Smarties und Siebenstein" – eine Hörkiste

Mit Hilfe dieses Bausteins wird versucht, die Kinder über den Hörsinn für die Unterschiede zwischen Werbung und Programm zu sensibilisieren. Zu dem Zweck wurden aus dem Fernsehen Titelmelodien („Intros") von Kindersendungen sowie Melodien aus Werbespots aufgenommen und auf zwei Pappen jeweils ein großformatiger Fernseher gemalt. Die Kinder sitzen im Kreis auf dem Boden und hören bekannten Melodien und Stimmen aus dem Fernsehen zu, die vom Tonband abgespielt werden. Vor ihnen liegen Produkte aus der Werbung und Bilder von Medienfiguren. Das Tonband wird zunächst einmal abgespielt, während die Kinder die Augen geschlossen haben. Während eines zweiten Durchlaufs sollen die Kinder auf die Gegenstände und Bilder schauen und prüfen, ob sie die Melodien und Stimmen an die Dinge erinnern. Nachdem die Programmteile bzw. Produkte benannt und „erklärt" worden sind, wird im Gespräch versucht herauszubekommen, ob es sich hierbei um Programmsendungen handelt oder um Werbeprodukte mit entsprechenden Werbesendungen. Im Anschluss an dieses Gespräch ordnen die Kinder die Bilder bzw. Produkte einem der beiden „Pappfernseher" zu. Ziel ist es, die Kinder für akustische Komponenten der Fernsehangebote zu sensibilisieren, um diese in die Überlegungen zur Unterscheidung von Werbung und Programm einzubeziehen.

AUDIOVISUELLE MEDIEN

Medienpädagogischer Baustein 4: „Ein Teil zuviel?" – das Fernsehpuzzle

Die Kinder sollen mittels eines ihnen bekannten Mediums auf spielerische Weise das bisher Gelernte anwenden. Dazu dienen unterschiedliche Puzzles mit Werbe- und Programmbildern (s. Abb. 21). Allerdings haben diese Puzzles einen „Haken". So wie bei manchem Puzzle ein Teilchen abhanden gekommen ist, ist hier bei jedem Puzzle ein Teil zuviel. Die linke obere Ecke des Bildes gibt es bei jedem Puzzle einmal mit und einmal ohne Senderlogo. Aufgabe der Kinder ist es nun zu entscheiden, ob es sich um ein Motiv aus der Werbung handelt und daher die Ecke ohne Logo auszuwählen ist oder ob es sich um ein Motiv aus einem Programm handelt, dem dann die Ecke mit dem Logo zuzuordnen ist. Dies setzt jedoch voraus, dass die Kinder verstanden haben, wofür ein Logo steht. Das begleitende Gespräch kann denen, die noch unsicher sind, bei der Entscheidung helfen.

Abb. 21

WEITERFÜHRENDE LITERATUR

BAACKE, D., SANDER, U., VOLLBRECHT, R., KOMMER, S. (1999): <Zielgruppe Kind>, Opladen

KOMMER, S. (1996): <Kinder im Werbenetz>, Eine qualitative Studie zum Werbeangebot und zum Werbeverhalten von Kindern, GMK-Schriftenreihe, Opladen

MÜLLER, M. (1997): <Die kleinen Könige der Warenwelt – Kinder im Visier der Werbung>, Frankfurt a. M.

I. MEDIENEINSATZ IN DER ARBEIT MIT KINDERN

MEDIEN SELBST HERSTELLEN
DIA, DIA-GESCHICHTEN UND TON-DIA-SERIEN-PRODUKTIONEN MIT KINDERN
SYLVIA NÄGER

Diaprojektion fasziniert und begeistert Kinder, nicht nur aufgrund der Größe der Lichtbilder, sondern auch wegen des verdunkelten Raums. Dieser wirkt sich besonders in unserer reizintensiven Zeit förderlich auf die Konzentrationsfähigkeit der Kinder aus. Werden in einem dunklen Raum Lichtbilder projiziert, können sich Kinder diesem Reiz nur schwer entziehen. Diesen Effekt sollte man sich für die pädagogische Arbeit zu Nutze machen.

OBJEKT- UND EINZELDIAS

Der Diaprojektor vergrößert das, was sich in den Diarahmen befindet. Das muss aber nicht immer eine Fotografie sein. Zum Experimentieren eignet sich vieles:

- Verschiedene Materialien werden zwischen die Glasträger eines Dias gelegt und betrachtet: kleine Gräser, Federn, gepresste Blumen und Blätter, Wollfäden, Salz, Pfeffer, Zucker, Kaffee, Mull, Transparentpapier und transparente Lebensmittelverpackungen.

- Klebstoff (UHU) und Flüssigkeiten beginnen zu fließen und bewegen sich durch die Wärme, die der Diaprojektor erzeugt, auf der Leinwand. Besonders gut funktioniert das, wenn Wasser und Öl aufeinandertreffen. Gibt man einige Körnchen Salz oder Zucker in ein mit transparenten Glasmalfarben bemaltes Glasdia, fließen die Farben in ständig neuen Formen ineinander.

- Auf ein Zeitschriftenbild klebt man ein Stück Tesafilm und rubbelt mit dem Fingernagel darüber. Wird der Klebestreifen vom Papierbild abgezogen, bleibt die Druckfarbe daran haften. Den Streifen legt man in ein Glasdia. Projiziert man nun das Dia, ist der abgenommene Bildausschnitt an der Wand zu bestaunen. Allerdings eignet sich nicht jedes Druckerzeugnis für diese Methode. Die besten Erfolge werden mit Abbildungen aus Hochglanzmagazinen erzielt.

AUDIOVISUELLE MEDIEN

RUSS-DIAS MIT SPANNENDEN SCHWARZ-WEISS-KONTRASTEN

Diarahmen mit Glasträger eignen sich für vielerlei selbst gestaltete Bilder. Die Technik, einen der beiden Glasträger zu schwärzen und in dieses eingerußte Glas ein Bild zu zeichnen, eignet sich für Kinder ab fünf Jahren: Ein Diaglas wird herausgenommen und über einer Kerzenflamme eingerußt. Da sich das Glas dabei erhitzt, bewegt man es mit Hilfe einer Wäscheklammer aus Holz über der Kerzenflamme. Dann wird das Diaglas auf ein Blatt Papier gelegt und mit einem Zahnstocher auf die geschwärzte Fläche gezeichnet. Das fertige Dia legt man mit der gerußten Seite nach innen in den Rahmen zurück. Zuvor kratzt man an der Halterung mit einer Schere ein wenig Plastik ab, damit das Glas wieder eingepasst werden kann. Zuletzt wird das Dia wieder zugeklappt und seitenverkehrt und auf dem Kopf stehend in ein Diamagazin gestellt. Auf diese Weise können die Kinder gemeinsam Geschichten entwickeln, die hinterher mit dem Projektor vorgeführt werden. An möglichen Themen mangelt es nicht: die Arche Noah, ein Besuch im Zoo oder Zirkus, ein Märchen usw. Geeignet sind Geschichten, die von möglichst vielen Kindern gemeinsam in Bilder umgesetzt werden können. Tipps für die Praxis:

- Legt man zusätzlich buntes Transparentpapier zwischen die Glasrahmen, wird aus der Ruß-Dia-Schau eine Diaserie in Farbe. Witzig ist es auch, mit den Zuschauern vor der Vorführung eine farbige Brille zu basteln: in einen Brillenrahmen aus Pappe wird farbige Folie geklebt. Trägt man das Nasenfahrrad während der Ruß-Dia-Vorführung, ergibt sich ein farbiger Blick auf die Leinwand.
- Texte für Titel und Abspann geben der Schau einen professionellen Touch.
- Eine Vorführung mit Live-Musik oder einer auf Kassettenrecorder aufgenommenen Tonspur machen die Diaschau noch eindrucksvoller.
- Eine selbst produzierte Diaschau eignet sich bestens als Vorprogramm fürs Kinderkino und zur Präsentation am Elternabend.
- Sind bei der Produktion einer Ruß-Dia-Schau jüngere Kinder beteiligt, die mit der kleinen Zeichenfläche des Diaglases aufgrund ihrer noch nicht ausreichend entwickeltern Feinmotorik nicht zurechtkommen, haben diese doch eine Möglichkeit mitzumachen: Sie produzieren in der Rußfläche einen Fingerabdruck.

I. MEDIENEINSATZ IN DER ARBEIT MIT KINDERN

Diesen kann ein Erwachsener weitergestalten: mit einer Zipfelmütze wird er zum Zwerg, mit Strahlen zur Sonne, mit Beinen und Armen zum Fantasiewesen,...

- Die Ruß-Dia-Produktion ist auch mit größeren Gruppen durchführbar. Wenn die notwendigen Materialien alle bereitliegen und jemand die Produktion betreut, kann eine solche Diaserie beispielsweise während eines Festes oder an einem Tag der offenen Tür von allen Besuchern gemeinsam hergestellt und anschließend angeschaut werden.
- Werden von den Ruß-Dias großformatige Papierabzüge hergestellt, können die gemeinsam entwickelten Geschichten auch als Bilderbuch präsentiert werden. So kann jedes Kind die gesamte Produktion mit nach Hause nehmen.

BILDERBUCHKINO MIT TON

Viele Bilderbuchtitel sind auch als Diaserien erhältlich. Dies ist die Chance, ein „Bilderbuchkino" zu starten: Im verdunkelten Raum werden die Dias projiziert, während der Bilderbuchtext erzählt oder vorgelesen wird. Manche Geschichten fordern ein Vorlesen mit verteilten Rollen geradezu heraus, beispielsweise *Du hast angefangen, nein du* von David Mc Kee, erschienen im Sauerländer Verlag. Dazu ein Tipp aus der Praxis: Für den persönlichen Gebrauch kann man Bilderbücher selbst mit einem Diafilm abfotografieren. Am einfachsten ist das an einem leicht bewölkten Tag im Freien, dann benötigt man kein Kunstlicht: Das Bilderbuch plan hinlegen und in der Draufsicht die Einzelszenen oder Ausschnitte abfotografieren. Aus urheberrechtlichen Gründen sollte man allerdings vorher bei der Pressestelle des jeweiligen Verlags um eine Genehmigung bitten. Bereits fertig produzierte Bilderbuch-Kinos sind in den Kreisbildstellen auszuleihen. Wenn die Diavorführung durch selbstgestaltete Einladungen, Plakate und Eintrittskarten, einer zum Bauchladen umfunktionierten Tomatenkiste, Platzanweisern, die Zuspätkommende im Dunkeln mit Taschenlampen einweisen, ein bisschen spielerische Kinoatmosphäre erhält, wird es für die Kinder „fast genau wie im echten Kino".

In den Tagen nach der Premiere haben die Kinder immer wieder mal Interesse, eine „eigene" Vorführung zu inszenieren: Sie projizieren die Dias und übernehmen die Sprechrollen einzelner Personen, oder entscheiden sich für die Variante, dass jedes Kind den Geschichtenpart für ein Dia übernimmt und erzählt.

AUDIOVISUELLE MEDIEN

Diaserien können zu Tonbild-Shows umfunktioniert werden, indem

- der Text in Sprechrollen aufgeteilt wird,
- mit selbstgemachten oder mit Orff-Instrumenten Musik zu den Bildern gemacht wird,
- Geräusche selbst erzeugt werden.

Wird das Ganze mit dem Kassettenrecorder aufgezeichnet, hat man eine Ton-Dia-Schau, welche die Kinder immer wieder vorführen und betrachten können. Eine Tonspur verleiht den Bildern eine besondere, meist intensivere Wirkung. Die Kinder erleben, dass Ton und Bild eine Einheit ergeben, und nehmen mit Zufriedenheit zur Kenntnis, dass es „jetzt fast wie im Fernsehen ist". Für die Kassettenaufnahme empfiehlt es sich, einen Plan – genannt „story board" – zu erstellen. Darin wird festgehalten, wer welchen Text spricht, welche Geräusche wann produziert werden, und welche Materialien zum Geräuschemachen benötigt werden. Einige Titel von Bilderbuchkinos (Bilderbuch, Dias und Begleitmaterial), die sich für ein solches Unterfangen eignen:

- *Fünfter sein* von Ernst Jandl und Norman Junge, erschienen im Beltz Verlag. Als Diaserie im Vertrieb von Matthias-Film. Ein illustriertes Wartezimmer-Gedicht der skurrilen und sprachspielerischen Art.
- *Das Abenteuer* von Rotraut Susanne Berner, erschienen im Beltz Verlag. Als Diaserie im Vertrieb von Matthias-Film. Die Geschichte eines mutigen Katzenmädchens, das sich mit einem Hund anfreundet.
- *Pin Kaiser und Fip Husar* von Dieter Wiesmüller, erschienen im Verlag Sauerländer. Als Diaserie im Vertrieb von Matthias-Film. Die Geschichte einer wunderbaren und ausgefallenen Freundschaft.
- *Papa* von Philippe Corentin, erschienen im Moritz Verlag. Als Diaseri im Vertrieb von Matthias-Film. Eine Geschichte zwischen Wirklichkeit und Traum – von ungeheuerlichen und menschlichen Ängsten.
- *Wo die wilden Kerle wohnen* von Maurice Sendak, erschienen im Diogenes Verlag. Als Diaserie im Vertrieb des media nova Verlag. Ein Klassiker zu den Themen Konfliktbewältigung und Selbstfindung.
- *Irma hat so große Füße* von Ingrid und Dieter Schubert, erschienen im Verlag Sauerländer. Als Diaserie im Vertrieb des media nova Verlag. Eine Geschichte über das Anderssein, Hexenkönnen und sich anfreunden.

I. MEDIENEINSATZ IN DER ARBEIT MIT KINDERN

Sich mit Kindern aufs Bilderbuchkino einzulassen, ist ein kreativer Prozess für alle. Gleichzeitig ist es ein kindgemäßer Ausgangspunkt für die medienpädagogische Arbeit in Tageseinrichtungen. Und eben ein Ereignis, in dessen wohligem Kinogefühl Bildergeschichten prächtig wirken, weil sie groß an der Wand stehen und zwar so lange und hoffentlich so oft, wie Kinder sie brauchen.

MIT MIKROFON UND KASSETTENRECORDER

Wer mit Kindern Kommentare, Texte, Musik und Geräusche aufnehmen möchte, für den sind robuste, kompakte und leicht portable Geräte mit integriertem Mikrofon am besten geeignet. Für qualitativ zufriedenstellende Tonaufnahmen mit dem Kassettenrecorder ist ein externes Mikrofon notwendig. Neben einer Mikrofonbuchse sollte ein optimal einsetzbares Gerät auch über ein Zählwerk mit Nullstelltaste verfügen. Dadurch sind die Aufnahmen zu protokollieren, was eine unersetzliche Arbeitsersparnis darstellt. Ist es erst einmal eingeführt, dass Kinder Kassetten als Speichermedium für Sprache, Geräusche und Musik verwenden können, ergibt sich viel kreativer Hör-Spiel-Raum. Der Reiz dieser Beschäftigung liegt auch darin, dass die Möglichkeit, das Gespeicherte immer wieder anhören zu können, dem kindlichen Wiederholungsdrang sehr entgegenkommt.

GEISTEREI MIT DER KASSETTE

Geister und Gespenster sind für Kinder ein animierendes Thema. Dieses lässt sich ausgezeichnet in einer Kassettenproduktion zusammenfassen. Spezifische Geschichten und gespenstische Geräusche kennt man ja zur Genüge: Flattern und ächzen, heulen und scheppern, rascheln und wimmern, knacken und knistern... Eine Geräuschproduktion über „Gespenstererlebnisse" sorgt für experimentierfreudige Erfahrungen im kreativen Umgang mit dem Kassettenrecorder: „Schaurige Geräusche, gruselige Laute, Kurzberichte aus dem Gespensterleben". Tipps aus der Gespenster-Trick-Kiste:

- Heulschläuche durch die Luft wirbeln,

- einseitig mit Sandpapier beklebte Holzbrettchen aneinanderreiben – leises Scharren,

- mit einer Papprohre in einen Eimer sprechen – hallende Stimme,

AUDIOVISUELLE MEDIEN

- Glockenschläge mit einem hängenden Becken imitieren,
- mit einer Holzratsche die Knochen eines Skelettes knacken lassen,
- mit einer Kleider- oder Spülbürste über ein Kuchenblech reiben,
- mit der Kette vom Fahrradschloss rasseln,
- mit großen alten Schlüsseln klirren,
- mit Aluminiumfolie rascheln,
- mit einem nassen Finger am Glasrand reiben,
- Topfdeckel aufeinander schlagen,
- schaurige Töne in eine Flasche blasen.

KLANGFÄNGER

Jede Einrichtung hat ihre Geräusche und Töne; wenn Kinder zusammentreffen, herrscht daran ohnehin kein Mangel. Kinder benötigen gemeinhin weniger leise und stille Situationen als Erwachsene. Im Gegensatz zu diesen hört man von Kindern selten, dass es zu laut sei, dass sie mehr Ruhe bräuchten. So ist es auch sehr aufschlussreich, sich hin und wieder zu überlegen, wie viel der meditativen Bemühungen mit Kindern wohl dazu dienen, die Bedürfnisse der Erwachsenen nach Ruhe und Stille zu befriedigen...
Aber jetzt auf zum Klangfang: Gemeinsam wird überlegt, wo es im Haus etwas zu hören gibt: die quietschende Zimmertür, das Hämmern an der Werkbank, die singende Nachbargruppe, das Geschirrklappern beim Tischdecken, die einstürzende Bauklötzchenburg, das Kerzenauspusten am Geburtstag, die rauschende Toilettenspülung oder der Computersound im Leiterinnenbüro – alles wird mit dem Kassettenrecorder festgehalten. Klangfängereien sind relativ unspektakuläre, aber interessante Teilstrecken auf dem Weg, das Zuhören zu erlernen. Selbst der Jahresablauf einer Einrichtung kann auf diese Weise dokumentiert werden. Wenn auf der „Jahreskassette" die Stimme des Nikolaus zu hören ist, die Originalgeräusche der großen sommerlichen Wasserplantscherei, dazwischen die Osterlieder oder Gesprächsfetzen vom Ausflug in den Stadtwald, werden Erinnerungen wach. Das akustische Album ist ein Garant für die Kommunikation unter den Kindern. Solche Kassetten hören sie sich immer wieder an und kommentieren die Geräusche.

I. MEDIENEINSATZ IN DER ARBEIT MIT KINDERN

KÖRPERGERÄUSCHE

Der menschliche Körper ist ein wahres Klang- und Geräuschereservoire. Die Beine stampfen, die Füße trippeln. Und wer gerne in die Hände klatscht, erprobt den unterschiedlichen Klang zwischen dem Klatschen mit gewölbten Handflächen und dem Zusammenklatschen flacher Hände. Wer kann mit den Fingern schnippen, den Zähnen klappern oder mit der Zunge schnalzen?

„Das ist wie pupsen auf dem Klo..." Soweit Lisas Kommentar beim Hören eines Körpergeräuschs, das folgendermaßen zustande kommt: Die Backen aufblasen und die Luft mit den Fingern durch die zusammengepressten Lippen wieder nach draußen drücken. Die Abfolge – zuerst mit flachen Händen auf die Oberschenkel klopfen und dann in die Hände klatschen, in temporeichem und gelassenem Wechsel – ergibt eine rhythmisch interessante Körpergeräusch-Variante. Ein dicker Handkuss klingt schmatzend – tiefes Ausatmen erleichternd bis zischelig.

Körpergeräusche sind auch Bestandteil von Spielen. Wenn beim „Pferderennen" beschleunigter Galopp durch Schenkelklatschen hörbar inszeniert, in Eisenbahnspielen rhythmisch gezischt wird, werden mit dem Körper Klänge und Laute produziert und variiert. Die eignen sich auch bestens, um bei Wortaufnahmen mit dem Kassettenrecorder die erforderlichen Unterbrechungen herzustellen. Beispielsweise können die Kinder ihre eigene „Am-liebsten-Kassette" herstellen: „Ich bin der Jakob und spiele am liebsten auf Bäumen" – Körpergeräusche – „Ich bin die Anna und spiele am liebsten mit meiner Schwester" – Körpergeräusche...

TRICKS FÜR DIE GERÄUSCHEWERKSTATT

Viele Geräusche kann man auf künstliche Art selbst erzeugen. Sind die Hilfsmittel für diese Experimente zusammengesucht, kann die Arbeit in der Geräuschewerkstatt losgehen: „Achtung! Ruhe bitte! Aufnahme!" und schon beginnt der Spaß. Den Abstand des Mikrofons zur Geräuschquelle muss man durch Experimentieren herausfinden. Wie Geräusche aus der Trickkiste entstehen, zeigen die folgenden Beispiele:

- ■ *Telefonstimme:* Nase zuhalten und nahe am Mikrofon in einen leeren Joghurtbecher sprechen.

AUDIOVISUELLE MEDIEN

- *Geisterstimme 1:* Das Mikrofon dicht an einen Plastikeimer stellen und in eine lange Pappröhre sprechen, deren Ende in den Eimer gehalten wird.

- *Geisterstimme 2:* In eine mit Wasser gefüllte Schüssel sprechen.

- *Geistermusik:* Während der Musikaufnahme den Lautstärkeregler vom Radio, so schnell wie möglich, immer laut-leise-laut-leise... drehen.

- *Unfallgeräusch:* Einen mit Besteck gefüllten Kochtopf fallen lassen.

- *Schritte im Schnee:* Eine Decke auf einen Kiesweg legen und darüber laufen.

- *Schritte im Laubwald:* Alte Kassettenbänder (vom letzten Bandsalat) vor dem Mikrofon zerknüllen, bzw. in den Händen durchkneten.

- *Flatternde Vögel:* Ein Geschirrtuch an zwei Ecken fassen und durch Hin- und Herschwingen vor dem Mikrofon Flattergeräusche verursachen.

- *Feuerspeiender Drache:* Die Geräusche eines Dampfbügeleisens aufnehmen.

- *Donner:* In einen Luftballon kleine Murmeln stopfen, aufblasen und nahe am Mikrofon hin- und herschütteln.

- *Regen:* Reis in eine Pappschachtel rieseln lassen.

- *Wind:* In kreisenden Bewegungen mit einer Kleiderbürste über eine Pappschachtel streichen.

- *Feuer:* Nahe vor dem Mikrofon ein Stück Cellophan zerknüllen.

- *Ruderboot:* Eine Plastikschüssel mit Wasser füllen und ein flaches Holzbrettchen im Paddelrhythmus hineintauchen.

- *Dampfertuten:* Eine leere Bierflasche an die Unterlippe setzen und behutsam über die Öffnung blasen. Je mehr man sie mit Wasser füllt, desto höher klingt das Tuten.

- *Meeresrauschen:* Mit einer Bürste in kreisenden Bewegungen über ein Kuchenblech streichen. Je nachdem, wie fest man drückt, gehen oder kommen die Wellen.

- *Kleiner Bach:* Aus einer Gießkanne einen dünnen Wasserstrahl in eine mit Wasser gefüllte Schüssel gießen.

313

I. MEDIENEINSATZ IN DER ARBEIT MIT KINDERN

GERÄUSCHE-BILDER-LOTTO

Ein Geräusche-Bilder-Lotto-Spiel komplett selbst herzustellen ist eine kreative Gemeinschaftsproduktion für Groß und Klein. Dafür lohnt es, sich länger Zeit zu nehmen. Das empfiehlt sich schon deshalb, weil für diesen Hör- und Spielspaß 36 Geräusche nötig sind. Diese nimmt man mit dem ersten Kassettenrecorder auf und überspielt sie in unterschiedlicher Reihenfolge viermal auf den zweiten Kassettenrecorder. Das fertige Geräuscheband sollte eine tolle Mischung bieten: von selbstgemachten Materialgeräuschen wie einer geschüttelten Streichholzschachtel, Topfdeckelgeklapper aus der Küche, über tierische Stimmen, Menschliches wie Niesen bis hin zu musikalischen Klängen und gerätetechnischem Gerappel ist alles verwendbar. Der Entdeckungslust und dem Einfallsreichtum sind keine Grenzen gesetzt. Zu den eingefangenen Geräuschen braucht man noch die entsprechenden Abbildungen, die selbst gemalt oder gezeichnet werden. Daraus entstehen vier Bildtafeln mit jeweils neun Motiven. Zum Spielen brauchen wir noch 36 Chips oder Spielsteine. Das Band wird an irgend einer Stelle gestartet. Wenn die Mitspieler ein Geräusch, das auf ihrer Lottokarte abgebildet ist, erkannt haben, legen sie ein Steinchen auf dem entsprechenden Bild ab. Wer zuerst alle neun Felder seiner Karte voll hat, gewinnt.

HÖRCOMIC

Dazu sucht man sich eine Geschichte aus einem Comic oder erfindet selbst kurze Comicszenen. Dann werden die Geräusche durch die Kinder nachgeahmt und die Texte dazwischen gelesen: „Grrrrrrr – Superman bremst sein Fahrrad vor dem Laden ab. Didöngklingkling – Hi, ein Hering mit Essiggurke. Schlll, iiep, klong. – Macht zwei Mark achtzig. Good bye, mein Guter. Sssssssss. Er fliegt davon, sein Fahrrad lässt er stehen..."

HÖRGEDICHTE

Für jede Gruppe von zwei bis drei Kindern bereitet man ca. fünf Karten vor. Auf den Rückseiten steht immer „Es war einmal..." Auf den Vorderseiten unterschiedliche Substantive: ein Pferdeschwanz, ein Segelboot, ein Riesenfloh, eine Zauberfeder, eine Kirchturmspitze usw. Die Gruppen suchen sich drei Karten aus und dichten diese Impulse zu Vierzeilern weiter. Jedes Gedicht wird mit zwei bis drei selbst produzierten Geräuschen auf Band aufgenommen.

AUDIOVISUELLE MEDIEN

HÖRSPIELPRODUKTION

Die Produktion eines Hörspiels bietet Kindern kreative und handlungsorientierte Spielmöglichkeiten. Zum einen erleben sie den Umgang mit der Technik, zum anderen können sie ihre Fantasien und die Themen, die sie bewegen, zu Gehör bringen. Es gibt Sprechrollen und technische Aufgaben: Wer eher Interesse an Tönen hat, produziert Geräusche oder Musik. Hörspiele bieten die Möglichkeit, von fiktiven Dingen zu erzählen. Leichter als im Film können Figuren auftreten, die es eigentlich gar nicht gibt. Wird eine Hörspielgeschichte gemeinsam erfunden, gelten einige grundsätzliche Dinge:

- Das Thema sollte von den Kindern ausgewählt werden.
- Bilderbücher oder Geschichten zu dem ausgesuchten Thema inspirieren die Entwicklung der Handlung.
- Beim Entwickeln der Geschichte auf die akustische Umsetzbarkeit des Textes achten.
- Die Rahmenhandlung erfinden, die Sprechtexte aber nicht komplett festschreiben, sondern im Laufe der Aufnahmen entwickeln.
- Die Kinder suchen sich ihre Rollen aus und wählen die Namen dafür selber aus. Das vereinfacht die Identifikation und das Weiterspinnen der Geschichte.
- Der Rahmen der Geschichte wird in Szenen aufgeteilt (draußen, drinnen, unterschiedlich hallende Räume). Bei Zeitsprüngen, Rückblenden, Raumwechsel oder parallelen Handlungen bietet sich ein Szenenwechsel an.

Aufnahme und Technik

- Sätze nicht auswendig lernen, sondern frei sprechen lassen.
- Vor der Aufnahme den richtigen Abstand der Sprecher, Geräusche- und Musikmachenden zum Mikrofon ermitteln.
- Vor Beginn der Aufnahme jedesmal abklären, ob alle bereit sind. Immer mit dem Satz einleiten: „Ruhe bitte!".
- Jede Szene und die Aufnahmen, die wiederholt werden, ansagen: Beispielsweise 1. Szene 2. Aufnahme. Darüber ein Protokoll zu führen, hilft beim Schnitt weiter.

I. MEDIENEINSATZ IN DER ARBEIT MIT KINDERN

- Der Schnitt erfolgt durch Überspielen der einzelnen Aufnahmen vom ersten (linken) auf den zweiten (rechten) Kassettenrecorder. Diese sind mit einem Überspielkabel verbunden.

- Links liegt die Originalkassette, Pausen- und Starttaste sind gedrückt.

- Rechts liegt die leere Kassette, Pausen- und Starttaste sind gedrückt.

- Beim Überspielen immer zuerst die Pausentaste des linken Geräts und dann die des rechten lösen. Ist der Überspielvorgang beendet, immer zuerst die Pausentaste des rechten Gerätes drücken.

Zur Gestaltung

- Jedes Hörspiel mit passender Musik einleiten, den Titel ansagen, noch einmal passende Musik aufnehmen.

- Musik immer am Taktende schneiden oder wenn die Töne tiefer werden.

- Höhepunkte der Geschichte mit Geräuschen und Instrumentalmusik wie Trommeln, Becken, Gong und Tamburin inszenieren.

- Am Ende der Produktion werden alle, die mitgearbeitet haben, namentlich genannt.

- Für die Kassette wird ein passendes „Cover" entworfen, aus leichtem Karton ausgeschnitten und gestaltet.

- Das fertige Produkt wird gemeinsam angehört.

Hörspielproduktionen regen an zu bewusster akustischer Wahrnehmung. Haben Kinder einmal ein Hörspiel produziert, folgt diesem Erlebnis oft eine Phase intensiver Auseinandersetzung mit dem Kassettenrecorder und seinen Produktionsmöglichkeiten.

INTERAKTIVE MEDIEN

MEDIENERFAHRUNGEN IM SPIEL UND KREATIVEN GESTALTEN UMSETZEN –
DAS BEISPIEL *LÖWENZAHN* AM COMPUTER
STEFAN AUFENANGER

Die Fernsehsendung *Löwenzahn* mit Peter Lustig ist eine der erfolgreichsten Kindersendungen im deutschen Fernsehen. In ihr werden Sachgeschichten aus Natur, Umwelt und Technik so anschaulich und verständlich erklärt, dass selbst viele Erwachsene diese Sendung gerne sehen. Der Erfolg ist sicher auch der besonders umgänglichen und sympathischen Person Peter Lustigs zu verdanken. Neben der Fernsehsendung sind inzwischen auch einige CD-ROMs auf dem Markt, auf der die Themen von *Löwenzahn* multimedial aufbereitet wurden. Dies heißt, dass man, von Peter Lustig in seinem Bauwagen geleitet, am Computer Filme aus der Fernsehsendung ansehen kann, Kochrezepte und Bauanleitungen findet, Spiele und Rätsel lösen kann und viel Interessantes über die Natur erfährt. Mit diesen CD-ROMs lassen sich aber nicht nur Informationen und Wissen vermitteln, sondern sie können auch so eingesetzt werden, dass sie zu weiterem Arbeiten und kreativem Gestalten anregen. Gerade bei *Löwenzahn* wurde darauf geachtet, dass man die Sendung nicht nur konsumiert, sondern auch Anregungen zum Weitermachen bekommt. Diese Idee soll hier aufgegriffen werden, indem einige Möglichkeiten des kreativen Gestaltens anhand der ersten *Löwenzahn*-CD-ROM aufgezeigt werden.

In den meisten Kindergärten in Deutschland ist es noch nicht üblich, mit Computern zu arbeiten. Deshalb wäre es gut, ein Projekt mit diesem „neuen Medium" vorher in einem Elternabend vorzustellen und zu besprechen, um so Unsicherheit und Missverständnisse auszuräumen. Es sollte deutlich gemacht werden, dass es weder um einen Computerkurs geht, noch um ein „Ruhigstellen" mit Hilfe dieses Mediums, sondern dass die Kinder spielerisch die Möglichkeiten erfahren sollen, die ihnen die verschiedenen Medien bieten, um auf diese Weise einen selbstverständlichen Zugang zu ihnen zu finden.

Im Kindergarten und Hort ist es sicher sinnvoll, den Computer in einen abgegrenzten Raum zu stellen. Dies soll nicht nur den Computer vor unbedarften Kinderhänden schützen, sondern den Kindern auch die Möglichkeit geben, sich in Ruhe und mit Konzentration den

I. MEDIENEINSATZ IN DER ARBEIT MIT KINDERN

Programmen zuzuwenden. Auch sollte bei den jüngeren Kindern die Zeit, die sie am Computer verbringen, beschränkt werden.

Da auf dem Markt von Lernsoftware (auch „Edutainment" genannt) und Unterhaltungsprogrammen die Angebote sehr schnell wechseln, ist es wichtig, sich in Fachgeschäften (Buchhandlungen, Computergeschäften) über die neuesten Computerprogramme für Kinder zu informieren. Hier ist die Beteiligung der Eltern besonders vorteilhaft, da sich manche bereits neue Software angeschafft haben, so dass keine unnötigen Ausgaben entstehen.

ANREGUNGEN ZUM WEITERMACHEN MIT „LÖWENZAHN"

Von den vielen Möglichkeiten, die die *Löwenzahn*-CD-ROM bietet, sollen einige herausgestellt werden, die als Anregungen für weiterführendes Arbeiten besonders geeignet erscheinen. Einige davon lassen sich mit herkömmlichen Mitteln verwirklichen, andere beziehen sich auf eine Weiterarbeit mit dem Computer. Bei der Umsetzung muss man das Alter der Kinder beachten, sie sollten nicht über-, aber auch nicht unterfordert werden. Es bietet sich an, die CD-ROM in kleinen Gruppen mit jeweils drei Kindern auszuprobieren und später in der Gesamtgruppe weiterzuarbeiten.

FOTOALBUM

Im Bauwagen von Peter Lustig gibt es ein Fotoalbum, zu dem Peter von seiner Seereise erzählt. Ein Fotoalbum kann man natürlich konventionell herstellen, indem man ein leeres Album kauft und Bilder hineinklebt. Hier soll jedoch einmal etwas Neues ausprobiert werden. Mit dem Computer kann man nämlich selbst ein Fotoalbum produzieren. Dazu macht man mit einem normalen Fotoapparat Bilder, die anschließend eingescannt werden. Ein Scanner ist ein Gerät, das Bilder oder Texte „liest", die dann im Computer weiterverarbeitet werden können. Wenn die eigene Einrichtung noch nicht über ein solches Gerät verfügt, kann man bei den Eltern nachfragen. Da Scanner inzwischen recht preiswert sind, findet sich sicher jemand, der schon einen besitzt. Oder man kennt jemanden, der eine digitale Kamera hat, mit der die Bilder direkt in den Computer eingelesen werden können. Die Qualität ist zwar noch nicht toll, für den Druck eines selbst hergestellten Fotoalbums aber allemal ausreichend. Außerdem haben diese Kameras den Vorteil, dass man nicht auf die Entwicklung der Bilder warten muss, sondern sofort mit der Bearbeitung und Gestaltung beginnen kann.

INTERAKTIVE MEDIEN

Die Bilder können in die üblichen Textprogramme eingebaut werden. Sie lassen sich mit einem Rahmen gestalten, und es können Texte dazu geschrieben werden. Der Ausdruck erfolgt mit einem guten Drucker. Auch hierbei kann es sinnvoll sein, Eltern oder Kollegen anzusprechen, die ein hochwertiges Gerät besitzen. Die Ausdrucke kann man anschließend mit Leim oder Heftklammern selbst binden oder man gibt sie in einen Copy-Shop, in dem viele verschiedene Bindungen und Farben für die Umschläge angeboten werden.

Das Thema für das Fotoalbum sollte gemeinsam mit den Kindern erarbeitet werden. Es kann sich um die Dokumentation eines Ausflugs handeln oder um eine Erinnerung an die gemeinsame Kindergartenzeit. Wichtig ist, die Schritte des Arbeitsprozesses mit den Kindern gemeinsam zu planen, durchzusprechen und auch die vorgesehenen Aufgaben zu verteilen.

REZEPTBUCH

Ähnlich wie das Fotoalbum lässt sich auch ein Rezeptbuch gemeinsam gestalten. Die Rezepte müssen natürlich vorher selbst ausprobiert werden. Die Texte gibt man in den Computer ein und malt dann mit einem entsprechenden Malprogramm Bilder dazu. Besonders interessant sind Rezepte zu einem bestimmten Thema. Diese können entweder solche sein, die dort, wo man lebt, als besondere Delikatesse gelten, oder solche, die von bestimmten Lebensmitteln ausgehen. Es kann auch interessant sein, die Großeltern zu befragen, welche Rezepte sie aus ihrer Kindheit kennen, und diese dann auf die heutige Zeit zu übertragen. Wenn Kinder unterschiedlicher Nationalitäten in einer Gruppe sind, könnte zum Beispiel ein internationales Kochbuch mit Lieblingsessen aus verschiedenen Ländern entstehen. Der Fantasie sind hier keine Grenzen gesetzt! Technisch wird dann genauso wie beim Fotoalbum gearbeitet.

HÖREN

Auch das Hören ist ein wichtiges Thema bei Peter Lustig. Dabei ist Hören nicht gleich Hören. Neben dem Hören gibt es nämlich noch das Lauschen und das Horchen. Das Lauschen unterscheidet sich vom Horchen dadurch, dass es eher ein unbestimmtes Hören ist, das heißt, dass man sein Ohr einfach „gehen" lässt und das aufnimmt, was um einen herum passiert. Hier bietet sich eine kleine Übung an, um die Unterscheidung zwischen Lauschen und Horchen zu erfahren: Man

I. MEDIENEINSATZ IN DER ARBEIT MIT KINDERN

kann sich zum Beispiel in einen Wald stellen und den vielen Vogelstimmen lauschen. Horchen ist dagegen zielgerichtet, das heißt ich will ein ganz bestimmtes Geräusch oder Gespräch hören. Ich lege sozusagen das Ohr auf die Lauer. Bezogen auf diese beiden Formen des Hörens lassen sich unterschiedliche Situationen nachspielen, in denen wir das eine oder das andere tun.

FILM

Auf der CD-ROM zeigt Peter Lustig, wie ein Daumenkino funktioniert und wie man einen Zeichentrickfilm machen kann. Hier sollen einige Anregungen gegeben werden, um selbst einen kleinen Videofilm zu erstellen. Dies kann schon mit Kindergartenkindern gemacht werden, wenn man nicht zu hohe Ansprüche an das fertige Produkt stellt. Folgende Dinge sind dabei zu beachten:

Technische Voraussetzungen: Eine Videokamera lässt sich, wenn man selbst keine besitzt, entweder von den Eltern oder in einem Medienzentrum ausleihen. Sie sollte einfach zu bedienen sein und mit einem Stativ verwendet werden. Eine kurze Einführung macht die Kinder mit den technischen Möglichkeiten vertraut: Wie schalte ich die Videokamera ein und aus? Wichtig ist auch der Ton. Soll das eingebaute Mikrofon verwendet werden oder ein externes Mikrofon mit einem langen Kabel angeschlossen werden? Letzteres gibt einen besseren Ton.

Planung: Die Planung beginnt mit der Suche nach einem Thema. Gemeinsam entwickelt die Gruppe eine Geschichte, die dargestellt werden soll. Dazu gehört es auch, die Rollen zu bestimmen und zu verteilen. Hier sollten nicht nur die Stars einer Gruppe zum Zuge kommen, sondern auch jene Kinder, die sich nicht gleich trauen. Sinnvoll kann es sein, die Rollen regelmäßig zu wechseln, damit viele Kinder mitspielen können.

Durchführung: Für die Umsetzung sollte man sich viel Zeit nehmen, denn nicht immer klappt alles beim ersten Mal. Der Ort des Geschehens sollte sorgfältig ausgewählt und geprüft werden, ob das Licht ausreicht und keine Nebengeräusche vorhanden sind. Wichtig ist auch, ob das Mikrofon funktioniert und die Videokassette in Ordnung ist. Dann kann es losgehen! Ein Kind darf die Kamera führen, die auf einem Stativ steht. Ein anderes Kind hält das Mikrofon, so dass der Ton deutlich aufgezeichnet wird. Auch auf eine gute Ausleuchtung wird geach-

INTERAKTIVE MEDIEN

tet. Falls einmal etwas nicht funktioniert, wird es einfach wiederholt; die misslungene Szene lässt sich später herausschneiden. Die kleinen Schauspieler sollten sich ohne zu viele Regieanweisungen bewegen können, dann wirkt der Film später natürlicher. Während der Dreharbeiten muss natürlich darauf geachtet werden, dass sich alle Kinder im Raum völlig ruhig verhalten, so dass keine störenden Geräusche aufgenommen werden.

Bearbeitung: Der Film muss nach der Aufnahme noch bearbeitet werden. Dies geht am einfachsten, wenn man die Videokamera an einen Videorecorder anschließen kann und dann nur jene Szenen überspielt, die man für gelungen hält. Bei guten Recordern sieht man die Schnitte kaum, so dass die Übergänge nicht zu sehr auffallen.

Präsentation: Die Präsentation des Films ist für alle ein wichtiges Ereignis. Hier sollte zu einer Vorführung eingeladen werden. Die Einladungskarten selbst lassen sich ebenfalls gut mit dem Computer gestalten. Es können die Nachbargruppen im Kindergarten und die Eltern eingeladen werden. Sehr schön ist es auch, wenn der Film an Festen vorgeführt wird.

WEITERFÜHRENDE LITERATUR

FEIBEL, T. (1999): <Kindersoftware Ratgeber>, Haar

I. MEDIENEINSATZ IN DER ARBEIT MIT KINDERN

COMPUTER? –
DER COMUTER IN DER PRAKTISCHEN MEDIENPÄDAGOGIK
FÜR WAS IST DAS GUT?

ANDREAS KUPFER

Ein wichtiger Anspruch der Medienpädagogik ist es, Kindern die Vielschichtigkeit eines Mediums zu vermitteln und ihnen die Gelegenheit zu geben, Erfahrungen in allen Teilbereichen zu machen. Je umfassender sie informiert sind, desto eher haben sie die Möglichkeit, eine eigene, freie Entscheidung zu treffen, in welcher Art und Weise sie das betreffende Medium für sich nutzen wollen.

Die Erfahrungswelt von Kindern in Bezug auf Computer besteht meist nur aus verschiedenen Arten von Spielen und allenfalls noch aus dem, was „Mama und Papa daran arbeiten". Ziel des folgenden Projekts ist es, den Kindern die verschiedenen Einsatzmöglichkeiten des Computers zu verdeutlichen, um so erste Anregungen zu einer vielschichtigen und kreativen Auseinandersetzung mit diesem Medium zu geben.

Im Verlauf des Projekts wird eine Gruppe älterer Kindergartenkinder (häufig „Vorschüler" genannt) mehrere Ausflüge in ihrem Stadtteil unternehmen, um Menschen an ihrem Arbeitsplatz zu besuchen und dort anhand von einfachen, praktischen Beispielen zu erfahren, welche unterschiedlichen Aufgaben der Computer erfüllt.

Je nachdem, inwieweit die Erzieherin mit Computern vertraut ist, muss sie sich zunächst selbst mit dem Thema auseinandersetzen und durch Befragung von Kollegen und Bekannten die praktische Durchführbarkeit abklären.

SCHRITT 1 – DIE BEFRAGUNG

Das Projekt beginnt mit einer kurzen Einleitung, in der angesprochen wird, dass es um den Computer geht; um das, was er alles kann, und um das, was die Kinder über ihn wissen. Alle weiteren Details werden erst schrittweise bekannt gegeben bzw. erarbeitet.

Zunächst werden die Kinder befragt, welche Berufe bzw. Personen ihnen bekannt sind, die einen Computer benutzen, und was diese am Computer tun. Die Ergebnisse werden auf einer Wandzeitung festgehalten, die über einen längeren Zeitraum für alle sichtbar aufgehängt wird und genügend Platz für Erweiterungen hat. Wenn den Kindern

INTERAKTIVE MEDIEN

ein paar Tage Zeit gelassen wird, werden sie bestimmt immer neue Punkte finden, und die Liste kann so täglich erweitert werden.

SCHRITT 2 – DIE ERGÄNZUNGEN

Hat nach einigen Tagen die erste Eigendynamik zur Bearbeitung des Themas nachgelassen, werden in einer gemeinsamen Runde alle vorhandenen Punkte durchgesprochen und mit Hilfe der ErzieherInnen Ergänzungen vorgenommen. Spätestens zu diesem Zeitpunkt sollte geklärt sein, welche Personen oder Einrichtungen im Rahmen kleinerer Ausflüge besucht werden können, um dort den Computereinsatz praktisch zu erleben. Als Anregung in der folgenden Aufstellung einige mögliche Bereiche:

Arzt	Rezepte ausdrucken, Berichte schreiben, Patientenbuch
Blumenladen	Rechnungen schreiben, Blumenbestellung und -versand per Internet
Druckerei	Texte/Grafiken bearbeiten, Rechnungen schreiben
Friseur	Frisurenprobe, Adressenverwaltung
Elektrogeschäft	Einsatzpläne für die Mitarbeiter
Fahrschule	Stundenpläne, Demonstrationen
Rechtsanwalt	Briefverkehr, Nachschlagewerke
Supermarkt	Kasse, Bestellungen, Warenbestand
Architekt	Konstruktionen, Baupläne, Rechnungen schreiben
Bank	Überweisungen, Kontostände, Einzahlungen, Briefe
Musiker	Komponieren, Noten schreiben, Musik anhören
Kindergarten	Elternbriefe, Gruppenliste, Kassenbuch, Projektplanung, Dienstplan
Zulassungsstelle	Erfassung von Autonummern
Autowerkstatt	Fehlersuche
Rathaus	Einwohnerkartei
Arbeitsamt	Stellensuche
Schwester/Bruder	Spielen, Malen, Schreiben

SCHRITT 3 – DIE AUSFLÜGE

Abhängig von Infrastruktur und persönlichen Kontakten werden sich natürlich nur einige Punkte praktisch umsetzen lassen. Mit Büchern aus der Bibliothek und Informationsmaterial vom Arbeitsamt lassen sich aber auch viele Computeranwendungen verdeutlichen, ohne sie selbst gesehen zu haben. Das eigene Erleben, das direkte Gespräch mit den Anwendern und konkrete Beispiele werden aber mit Sicherheit den intensivsten Eindruck hinterlassen.

I. MEDIENEINSATZ IN DER ARBEIT MIT KINDERN

An den verschiedenen Arbeitsplätzen werden die Kinder die unterschiedlichsten Computeranwendungen vorfinden. Sie sollten sich überall die Erstellung eines Beispiels zeigen und die Art der Anwendung (Textverarbeitung,...) kurz erläutern lassen und das Beispiel als Ausdruck mitnehmen. Möglicherweise lässt sich auch klären, warum der Computer benutzt wird und nicht einfach alles von Hand erledigt wird. Zudem sollten die Kinder fragen, ob sie von der betreffenden Person und ihrem Arbeitsplatz ein Foto für ihre Wandzeitung machen dürfen. Die besuchte Person und die begleitenden ErzieherInnen sollten auf die Fragen der Kinder so einfach und verständlich wie möglich antworten. Den Kindern soll dargestellt werden, dass für verschiedene Aufgaben, die an den Computer gestellt werden, auch verschiedene Fähigkeiten (Programme) des Computers nötig sind und somit auch jede Einrichtung ihre speziellen Programme hat. Denn was hilft es dem Elektrogeschäft, wenn es ein Programm zur Frisurenprobe hat?

SCHRITT 4 – DIE AUSWERTUNG

Zurück im Kindergarten werden die Ergebnisse besprochen und für eine zweite Wandzeitung aufgearbeitet. Die Kinder sollen in eigenen Worten beschreiben, was sie gesehen und erlebt haben, dies in Stichworten auf der Wandzeitung festhalten und das Foto der entsprechenden Person am Arbeitsplatz und – sofern vorhanden – einen Beispielausdruck hinzufügen.

Viele Inhalte werden für die Kinder nicht in all ihren Aspekten nachvollziehbar sein, was aber auch nicht zwingend erforderlich ist. Schwerpunkt des Projekts liegt im Erkennen der Vielseitigkeit des Computers und nicht im Begreifen aller mit ihm verbundenen Zusammenhänge. Die Kinder sollen in erster Linie erfahren, dass der Computer Texte, Bilder und Geräusche darstellen kann und in fast jedem Beruf zum Einsatz kommt.

Nebeneffekt des Projekts stellt die Anregung der Kinder zu einem veränderten Verhalten am Computer dar. Indem sie neue Möglichkeiten kennen lernen, wird ihnen die Chance gegeben, eigene Ideen zu entwickeln und neue Anwendungen auszuprobieren. Bei den im Projekt vorgestellten Anwendungen handelt es sich zwar nicht um speziell für Kinder entwickelte Programme, sondern um reine „Erwachsenenprogramme". Das ist auch beabsichtigt. Der Aspekt der Nützlichkeit des Computers für die Arbeit soll im Vordergrund stehen, dass die Kinder dies spielerisch in ihre eigene Welt übertragen können, wird lediglich angeregt.

INTERAKTIVE MEDIEN

SCHRITT 5 – DIE HINTERGRÜNDE

Nachdem die Kinder einen Einblick in die verschiedenen Arbeitsmöglichkeiten am Computer erfahren haben, kann noch ein kleiner Blick hinter die Kulissen geworfen werden:
Über die Sondermüllsammelstelle der Stadt sollte es kein Problem sein, einen alten Computer zu besorgen, den man aufschrauben und auseinandernehmen kann. Auf technische Einzelheiten soll dabei natürlich nicht eingegangen werden, aber die Kinder können erkennen, dass sich in der grauen Blechkiste erstaunlich wenig Bauteile befinden und sich dort nichts allzu Geheimnisvolles verbirgt.
Die Kinder erkennen nicht nur, wie einfach ein Computer im Prinzip arbeitet, sie können auch sehr leicht nachvollziehen, wie langwierig die Computersprache aufgrund ihrer Einfachheit ist. So wird auch für die Kinder verständlich, dass Computer den Strom sehr schnell an- und abschalten müssen, um die vielen Aufgaben zu erledigen und daher immer neue Computer gebaut werden, die noch schneller arbeiten.

SCHRITT 6 – DIE VERÖFFENTLICHUNG

Da die Kinder in ihrem Stadtteil nach den verschiedenen Einsatzmöglichkeiten des Computers gesucht haben, sollte dieses Ergebnis auch dem Stadtteil und den Eltern zugänglich gemacht werden. Hierzu bietet sich eine Ausstellung mit Einladung der besuchten Institutionen im Kindergarten oder an einem der Arbeitsplätze an.
Die Einladung kann viele Elemente der Wandzeitung erhalten und sollte, wenn möglich, am Computer erstellt werden. Die Kinder können so ihre neuen Erfahrungen direkt für eine eigene praktische Anwendung einsetzen.

LITERATURVERZEICHNIS

Medienerziehung als pädagogische Aufgabe
Dina Schäfer/Astrid Hille

BACHMAIR, B. (1981): <Grundbegriffe der Medienpädagogik>, in: Hüther, J., Schorb, B. (Hrsg.), medien und bildung, Band 1, S. 93-98

Informationen zur politischen Bildung (1998): <Massenmedien>, 3. Quartal, München

JUGENDMINISTERKONFERENZ (1996): <Medienpädagogik als Aufgabe der Kinder- und Jugendhilfe>, Beschluss der Jugendministerkonferenz am 13/14 Juni 1996 in Hamburg, in: Kind Jugend Gesellschaft, Zeitschrift für Jugendschutz, 41 (3), S. 90-96

REETZE, J. (1993): <Medienwelten>, Heidelberg

SCHULZE, E. (1909): <Die Schundliteratur>, Halle

Ziele und Konzepte der Medienpädagogik
Stefan Aufenanger

BACHMAIR, B. (1993): <TV-Kids>, Ravensburg

CHARLTON, M., NEUMANN-BRAUN, K. (1992): <Medienkindheit – Medienjugend. Eine Einführung in die aktuelle kommunikationswissenschaftliche Forschung>, München

ROGGE, J.-U. (1990): <Kinder können fernsehen. Vom sinnvollen Umgang mit dem Medium>, Reinbek

TULODZIECKI, G. (1995): <Handlungsorientierte Medienpädagogik in Beispielen. Projekte und Unterrichtseinheiten für Grundschulen und weiterführende Schulen>, Bad Heilbrunn/Obb.

Entwicklungsaufgaben und Sozialisation
Matthias Brungs

JÖRG, S. (1994): <Entwicklungspsychologische Voraussetzungen der Medienrezeption bei Kindern>, In: Deutsches Jugendinstitut (Hrsg.): Handbuch Medienerziehung im Kindergarten, Teil 1: Pädagogische Grundlagen, S. 188-202

KEGAN, R. (1991): <Die Entwicklungsstufen des Selbst>, München

KELLER, U. (1995): <Bilderbücher für Vorschulkinder>, Bedeutung und Auswahl, Zürich

KÜBLER, H.-D., KUNTZ, S., MELCHERS, C. (1987): <Angst wegspielen>, Mitspieltheater in der Medienerziehung, Opladen

PIAGET, J. (1980): <Das Weltbild des Kindes>, Frankfurt

PIAGET, J. (1973): <Das moralische Urteil beim Kinde>, Zürich

STURM, H. (1990): <Einflüsse des Fernsehens auf die Entwicklung des Kindes>, In: Unsere Kinder, Fachzeitschrift für Kindergarten und Kleinkindpädagogik, H. 5, S. 97-103

Printmedien *Horst Künnemann/Dina Schäfer*

BETTELHEIM, B. (1999): <Kinder brauchen Märchen>, München

EWERS, H.-H. (1999): <Unterhaltung? Na klar!>, in: Bulletin Jugend und Literatur (Hrsg.), H. 10, S. 22-24

GÄRTNER, H. (1997): <Spaß an Büchern>, München

GMELIN, O. F. (1972): <Böses kommt aus Kinderbüchern>, München

MECKE, J., C. C. (1913): <Leitfaden der Berufskunde für Frauenschulen, Kindergärtnerinnen und Jugendleiterinnen-Seminare und Kleinkinderlehrerinnen-Seminare>, Bamberg

LITERATURVERZEICHNIS

RÜHMKORF, P. (1967): <Über das Volksvermögen>, Exkurse in den literarischen Untergrund, Hamburg

SCHAUFELBERGER, H. (1987): <Märchenkunde für Erzieher>, Freiburg

STENZEL, G. (1999): <Gute Zeiten für verbotene Liebe>, in: Bulletin Jugend und Literatur (Hrsg.), H. 10, S. 24-26

Audiovisuelle Medien *Detlef Ruffert*

AUFENANGER, S. (1996): <Gutes Fernsehen – Schlechtes Fernsehen>, München

BAACKE, D., SCHÄFER, H., VOLLBRECHT, R. (1994): <Treffpunkt Kino>, München

BACHMAIR, B. (1994): <Handlungsleitende Themen: Schlüssel zur Bedeutung des bewegten Bildes für Kinder>, in DJI (Hrsg.), Handbuch Medienerziehung im Kindergarten, Teil 2, Opladen

BISCHOFF, S., ANTON, U. (1997): <Das Phänomen der Faszination von Action-Serien im Kinderfernsehen>, in: Kinder brauchen Helden, S. 29

DAMMANN, U. (1996) <Kakadu – Programm für Kinder> in: Schill, W., Baacke, D. (Hrsg.): Kinder und Radio, Gemeinschaftswerk der evangelischen Publizistik

FEIERABEND, S., KLINGLER, W. (1999): <Was Kinder sehen – Eine Analyse der Fernsehnutzung 1998 von Drei- bis 13jährigen>, in: Media Perspektiven, H. 4, S. 174-186

GROEBEL, J. (1985): <Bericht zur Lage des Fernsehens>, Gütersloh

HALEFELDT, E. (1999): <Heile Welt (nicht nur) für Kleine>, in: Funk-Korrespondenz, H. 15, S. 26

HURRELMANN, B. (1998): <Medien in der Familie>, in: Grundschule 12/98, S. 29

KATH. INSTITUT FÜR MEDIENINFORMATION (1999): <GfK-Bilanz>, in: Funkkorrespondenz 30.99, S. 9-13

KLINGLER, W. (1994): <Was Kinder hören>, in: Media Perspektive H. 1, S. 14 ff

KUNCZIK, M. (1994): <Dann eben mit Gewalt>, in: Tilmann Gangloff, Liebe, Tod und Lottozahlen

ROGGE, J.-U. (1994): <Kinder können Fernsehen>, Reinbeck

ROGGE, J.-U. (1994): <Probleme und Konflikte im Medienalltag von Familien>, in: DJI Handbuch Medienerziehung, Opladen, S. 328

SCHILL, W., BAACKE, D. (1996): <Kinder und Radio>, Gemeinschaftswerk der evangelischen Publizistik, Frankfurt

Wer hat Angst vor den *Teletubbies*? *Maya Götz*

GÖTZ, M. (1999): <Teletubbies im Alltag von Kindern: Begeisterung bei den Kindern, Besorgnis bei den Eltern>, Studie des Internationalen Zentralinstituts für das Jugend- und Bildungsfernsehen (IZI)

Wie Kinder und Jugendliche mit Medien umgehen *Maya Götz*

HORTON, D., WOHL, R. R. (1956): <Mass Communication and Para-social Interaction>, Observations on Intimacy at the Distance, in: *Psychiatry* 19, H. 3, S. 215-229

PAUS-HAASE, I. (1998): <Heldenbilder im Fernsehen>, Eine Untersuchung zur Symbolik von Serienfavoriten in Kindergarten, Peer-Group und Kinderfreundschaft, Wiesbaden

Medien, Angst und Gewalt *Norbert Neuß*

HURRELMANN, B. (1991): <Sozialisation vor dem Bildschirm>, in: Funkkolleg Medien und Kommunikation, Studieneinheit 25, S. 57-85

LITERATURVERZEICHNIS

ROGGE, J.-U. (1994): <Kinder können fernsehen>, Reinbek

Medien und Sprache *Werner Holly*

BALDAUF, H., KLEMM, M. (1997): <Häppchenkommunikation>, Zur zeitlichen und thematischen Diskontinuität beim fernsehbegleitenden Sprechen, in: Zeitschrift für Angewandte Linguistik 27, S. 41-69

BÖHME-DÜRR, K. (1995): <Verlust der Gesprächsfähigkeit durch Medien?> Ein Forschungsüberblick, in: Der Deutschunterricht 47, H. 1, S. 70-76

CHARLTON, M., KLEMM, M. (1998): <Fernsehen und Anschlusskommunikation>, in: Klingler, W., Roters, G., Zöllner, O. (Hrsg.): Fernsehforschung in Deutschland. Themen – Akteure – Methoden, S. 709-727

HOLLY, W. (1996): <Mündlichkeit im Fernsehen>, in: Biere, B. U., Hoberg, R. (Hrsg.): Mündlichkeit und Schriftlichkeit im Fernsehen, S. 29-40

HOLLY, W., BIERE, B. U. (1998) (Hrsg.): <Medien im Wandel>, Opladen, Wiesbaden

HOLLY, W., PÜSCHEL U. (1993) (Hrsg.): <Medienrezeption als Aneignung>, Opladen

HURRELMANN, B. (1994): <Kinder und Medien>, in: Merten, K., Schmidt, S. J., Weischenberg, S. (Hrsg.): Die Wirklichkeit der Medien, S. 377-407

KELLER, R. (1994): <Sprachwandel>, 2. Aufl., Tübingen, Basel

KLEMM, M. (1998): <Von AUFMERKSAM MACHEN bis ZURECHTWEISEN>, Zum kommunikativen Repertoire von Fernsehzuschauern, in: Brock, A., Hartung, M. (Hrsg.), Neuere Entwicklungen in der Gesprächsforschung, S. 191-211

ONG, W. J. (1987): <Oralität und Literalität>, Die Technologisierung des Wortes, Opladen

POSTMAN, N. (1983): <Das Verschwinden der Kindheit>, Frankfurt a. M.

PÜSCHEL, U., HOLLY, W. (1997): <Kommunikative Fernsehaneignung>, in: Der Deutschunterricht 49, S. 30-39

V. POLENZ P. (1988): <Deutsche Satzsemantik>, Berlin, New York

V. POLENZ, P. (1991, 1994, 1999): <Deutsche Sprachgeschichte vom Spätmittelalter bis zur Gegenwart>, 3 Bände, Berlin, New York

Medienerlebnisse spielerisch bearbeiten *Norbert Neuß/Jürgen Zipf*

BRÜGGEBORS, G. (1989): <Körperspiele für die Seele>, Hamburg

KELLER, R., FRITZ, A. (1995): <Auf leisen Sohlen durch den Unterricht>, Schorndorf

Medienpädagogische Elternabende im Kindergarten *Norbert Neuß*

BACHMAIR, B. (1993): <TV-Kids>, Ravensburg

NEUSS, N., POHL, M., ZIPF, J. (1997b): <Erlebnisland Fernsehen>, Medienerlebnisse aufgreifen, gestalten, reflektieren, München

Bilderbuchprojekt „Alle nannten ihn Tomate" *Hans Gärtner*

SCHEFFLER, U., TIMM, J. (1994): <Alle nannten ihn Tomate>, Nord-Süd-Verlag, als Diaserie beim media nova Verlag, Landshut, Reihe: „Kinder lernen Bücher lieben" (1999)

Indianerprojekt im Kindergarten und Hort *Angela Metzner*

CRATZIUS, B., MASKE, U. (1997): <Indianerfrühling>, Hamburg, Chico Musikverlag

CRUMMENERL, R., KLAUCKE, P. (1996): <Das große Arena-Buch der Indianer>, Würzburg

LITERATURVERZEICHNIS

SOMMER, J. (1998): <Oxmox ox Mollox>, Kinder spielen Indianer, Ökotopia Verlag, Münster

TAYLOR, C. (1996): <Die Mythen der nordamerikanischen Indianer>, München

WÖLFEL, U. (1996): <Fliegender Stern>, Ravensburg

Da fliegen wir mit „hex–hex" *Annalisa Neumeyer*

DONNELLY, E. (1986): <Bibi Blocksberg>, Der Hexenfluch, MC, Kiosk-Verlag

DONNELLY, E. (1983): <Bibi Blocksberg>, Der kleine Hexer, MC, Kiosk-Verlag

LACHNER, D., UNZER, C. (1997): <Merrilu>, Zürich

NEUMEYER, A. (2000): <Mit Feengeist und Zauberpuste>, Zauberhaftes Arbeiten in Pädagogik und Therapie, Lambertus-Verlag, Freiburg

PREUSSLER, O. (1999): <Die kleine Hexe>, Stuttgart

Lügen – „Lari Fari Mogelzahn" *Dorothea Jöllenbeck*

JANOSCH (1972): <Lari Fari Mogelzahn>, MC, Deutsche Grammophon, HÖR FEST

Medienpädagogische Bausteine zur Förderung der Werbekompetenz von Kindern *Norbert Neuß/Stefan Aufenanger*

AUFENANGER, S., NEUSS, N. (1999): <Alles Werbung, oder was?>, Medienpädagogische Ansätze zur Vermittlung von Werbekompetenz im Kindergarten, Kiel, diese Studie ist kostenlos (dazu gibt es ebenfalls kostenlos das Bilderbuch *Billy Büchse in der Welt der Werbung*, Fax: 0431/974 56 60).

CHARLTON, M., NEUMANN-BRAUN, K., AUFENANGER, S. HOFFMANN-RIEM, W. (1995): <Fernsehwerbung und Kinder>, Band 1 und 2, Opladen

Medien selbst herstellen *Sylvia Näger*

BERNER, R. S. (1996): <Das Abenteuer>, Beltz Verlag, als Diaserie im Vertrieb von Matthias-Film

CORENTIN, P. (1997): <Papa>, Moritz Verlag, als Diaserie im Vertrieb von Matthias-Film

JANDL, E., JUNGE, N. (1997): <Fünfter sein>, Beltz Verlag, als Diaserie im Vertrieb von Matthias-Film

MC KEE, D. (1998): <Du hast angefangen, nein du>, Frankfurt, als Diaserie im Vertrieb von Matthias-Film

NÄGER, S. (1999): <Kreative Medienerziehung im Kindergarten>, Freiburg

SCHUBERT, I. UND D. (1986): <Irma hat so große Füße>, Verlag Sauerländer, als Diaserie im Vertrieb des media nova Verlag

SENDAK, M. (1967): <Wo die wilden Kerle wohnen>, Diogenes Verlag, als Diaserie im Vertrieb des media nova Verlag

WIESMÜLLER, D. (1997): <Pin Kaiser und Fip Husar>, Verlag Sauerländer, als Diaserie im Vertrieb von Matthias-Film

Medienerfahrungen im Spiel und kreativen Gestalten umsetzen *Stefan Aufenanger*

„Löwenzahn"-Geschichten aus Natur, Umwelt und Technik, (1997-2000), 4 CD-ROMs im Terzio-Verlag

AUTORENVERZEICHNIS

Aufenanger, Stefan, Prof. Dr.
Studium der Erziehungswissenschaften und Soziologie
Professor für Medienpädagogik an der Universität Hamburg
Lebt in Mainz

Brungs, Matthias, Prof. Dr.
Studium der Psychologie und Pädagogik
Lehrt an der Berufsakademie Villingen-Schwenningen im Fachbereich Sozialwesen
Lebt in Kirchzarten bei Freiburg i. Br.

Gärtner, Hans, Prof. Dr. phil.
Ehem. Lehrstuhl für Grundschulpädagogik und -didaktik an der Kath. Universität Eichstätt
Ist seit vielen Jahren auch Autor und Herausgeber von Büchern zur Leseerziehung für Kinder
Lebt in Polling bei Mühldorf/Inn

Götz, Maya, Dr.
Staatsexamen für das Lehramt an Grund- und Hauptschule, Magistra der Erziehungswissenschaften, Promotion zum Thema „Fernsehen im Alltag von Mädchen"
Wissenschaftliche Mitarbeiterin beim Internationalen Zentralinstitut für das Jugend- und Bildungsfernsehen (IZI) beim Bayerischen Rundfunk
Lebt in Oberpfaffenhofen bei München

Hille, Astrid
Studium: Dipl. Grafik-Design, Dipl. Pädagogik (Schwerpunkt Medienpädagogik)
Ausbildung zur Spiel- und Theaterpädagogin
Lektorin im Lektoratsbüro Hille & Schäfer für die Bereiche Kunst, Malerei, Pädagogik, Kinder- und Jugendbuch
Lebt in Freiburg i. Br.

Holly, Werner, Prof. Dr.
Studium der Germanistik und politischen Wissenschaft in Heidelberg, München und Freiburg
Professor für germanistische Sprachwissenschaft an der Technischen Universität Chemnitz
Lebt in Chemnitz

Jöllenbeck, Dorothea
Studium: Diplompädagogik
Freiberufliche Bewegungslehrerin, Spiel- und Theaterpädagogin und Autorin
Lebt in Werther (BRD) und Santa Cruz (USA)

Künnemann, Horst
Lehrer, Buchautor und Journalist
Mitbegründer und Mitarbeiter von Bulletin für Jugend und Literatur, Rezensent bei in- und ausländischen Tages-, Wochen- und Fachzeitschriften
Lebt in Hamburg

Kunstreich, Pieter
Studium an der Fachhochschule für Gestaltung in Hamburg (Illustration)
Freiberuflicher Illustrator (Grafikdesigner)
Lebt in Hamburg

Kupfer, Andreas
Ausbildung: Fachschule für Sozialpädagogik, Fachwirt für Organisation und Führung (Schwerpunkt Sozialwesen)
Inhaber und Leiter eines Computertraining-Centers (FUTUREKIDS) für Kinder, Jugendliche und Erwachsene
Lebt in Baden-Baden

LITERATURVERZEICHNIS

Metzner, Angela
Ausbildung und Studium: Erzieherin, Diplom-Sozialpädagogin (FH), Bildhauerin
Lehrtätigkeit an der Fachhochschule für Sozialpädagogik in Freiburg
Lebt in Freiburg i. Br.

Näger, Sylvia
Studium der Medienpädagogik
Freiberufliche Fortbildungsreferentin und Autorin zu Themen der Kinderkultur und Medienpädagogik
Lehrt an Hochschulen und an Fachschulen für Sozialpädagogik
Konzipiert kultur- und medienpädagogische Projekte wie „Kinderhörspieltage", „Computer im Kindergarten" und „Mädchen-Medien-Tage"
Herausgeberin der Edition Bilderbuch-Kino
Lebt in Freiburg i. Br.

Neumeyer, Annalisa
Studium: Diplom-Sozialpädagogin/Heilpädagogin
Ausbildung an der Pantomimeschule in London
Zauberkünstlerin und Therapeutin:
Gruppen- und Einzelarbeit in freier Praxis, Spezialthema: Zaubern als Medium in der pädagogischen und therapeutischen Arbeit mit Kindern
Lebt in Freiburg i. Br.

Neuß, Norbert, Dr.
Medienpädagoge
Vorstandsmitglied des Blickwechsel e.V. (www.blickwechselev.de)
Akademischer Rat an der Pädagogischen Hochschule Heidelberg
div. medien-pädagogische Publikationen
Lebt in Hamburg
homepage: www.dr-neuss.de
E-Mail: norbert.neuss@t-oneline.de

Ruffert, Detlef
Studium und Ausbildung: Sozialarbeiter und Diplompädagoge
Leiter des Instituts für Medienpädagogik und Kommunikation in Frankfurt
Lebt in Steffenberg

Schäfer, Dina
Studium: Musik, Theologie und Pädagogik für das Lehramt an Realschulen
MA Germanistik (Schwerpunkt Kinderliteratur) und Musikwissenschaft
Lektorin im Lektoratsbüro Hille & Schäfer für die Bereiche Musik, Pädagogik, Bilder-, Kinder- und Jugendbücher
Lebt in Freiburg i. Br.

Zipf, Jürgen
Studium: Medienpädagogik
Bildungsreferent für Medienpädagogik des Blickwechsel e. V.
wissenschaftlicher Mitarbeiter am Fachbereich Erziehungswissenschaften der Universität Lüneburg
Lebt in Lüneburg